改革开放四十年与中国社会科学丛书

# 中国人口学四十年

郑晓瑛　主编
陈　功　副主编

本书由
"中央高校基本科研业务费专项资金"及
"北京大学建设世界一流大学(学科)和特色发展引导专项资金"
资助

# 改革开放四十年与中国社会科学丛书
## 编委会

总 顾 问：郝 平　林建华　高 松

总 主 编：王 博　杨 河

编委会主任：杨 河

　　副主任：关海庭　文东茅　汪建成

编　　　委（以姓氏拼音为序）：

　　　　　陈晓宇　贾庆国　李广建　陆绍阳

　　　　　孙熙国　姚 洋　俞可平　张 静

　　　　　张守文　郑晓瑛

项目统筹：佟 萌

# 改革开放四十年与中国社会科学丛书

# 总　序

杨　河

1978年中国共产党的十一届三中全会,冲破了长期"左"的错误的严重束缚,重新确立了马克思主义的思想路线、政治路线、组织路线,拉开了中国改革开放的大幕。四十年来,中国社会发生了深刻的历史性变化,作为其思想反映和理论概括,中国社会科学也在守正创新中与时俱进。认真梳理其发展的历史逻辑与理论逻辑,总结其历史经验与理论成果,对于我们面向未来,继续砥砺前行,着力构建中国特色哲学社会科学学科体系、学术体系、话语体系,不无裨益。

一

中国传统文化中的学术思想源远流长,但是将它们作为学科即分门别类的知识体系来对待,却是近代以后的事情。发展迄今,有五个重要的转变时期。①

第一个转变时期：从"书院四部"到"学堂七科"。

1840年第一次鸦片战争以后，中国陷入了半殖民地半封建状态，清朝在帝国主义入侵下的节节败退和妥协，将中国两千多年的封建制度带入了穷途末路，作为这个制度的意识形态的儒学随即陷入危机。在向西方学习、谋强图变的努力中，西学东渐进入了中国思想界。

中国古代的学问讲究博通，旨在培养"通才"，要求研读经、史、子、集，晚清的政治和社会危机引发了人们对"四部典学"有何"用处"的质疑，转向了"经世实学"的研究，然植根于农耕文明的传统"经世实学"仍难以"匡时济世"，19世纪60年代开始的洋务运动提出"中体西用""师夷制夷"，在开启大规模翻译输入"有用之学"——西学的同时，也开启了中国教育的学科建设之途。

中国古代的学校，没有学科和层次之分，启蒙教育之后即可进入书院，主要的学问大都包含在儒学之哲学思想中，在与西方学术思想的对话和碰撞中，西学的逻辑结构显示了一种强势的知识力量，中国学术思想一方面被重新解读，另一方面也得以重新整理和组合。这是一个重要的转化过程，有待于与此相适应的教育体系特别是近现代高等教育系统的形成，当这些条件比较具备的时候，已经是1898年京师大学堂的成立了。在这之前，以甲午战争为界，这个转化过程经历了前后两个阶段的演变。

甲午战争前，洋务运动的"中体西用"被理解为中国的人文（伦常名教）为"体"，西方的科技为"用"，因此，对西学的译介，大都为自然科学诸

---

① 本节的写作主要参考和借鉴了肖朗：《中国近代大学学科体系的形成——从"四部之学"到"七科之学"的转型》，《高等教育研究》2001年第6期；纪宝成主编：《中国大学学科专业设置研究》，北京：中国人民大学出版社，2006年。

学科，如天学、算学（即数学）、重学（即物理学）、热学、光学、电学、化学、地学、医学、植物学、动物学等。为"师夷制夷"，一些培养外语人才和军事技术人才的专门学校建立了起来，最初有1862年成立的京师同文馆和1867年创办的福建船政学堂，至1894年前后，又先后有30所左右的此类学堂开办。这些在外来因素诱发下创办的学堂，是中国学人接受"分科治学"的西学观念而展开的最初的办学实践。

冯桂芬在1861年撰写的《采西学议》中，将西学称为有"格致之理"的"舆算之学"，分为"算学、重学、视学、光学、化学等"，将中学分为经学、史学和古学，这是中国近代最早的学术分科考虑，其要义是以中国伦常名教为原本，辅以西方富强之术。此后，王韬、陈虬、郑观应等又继之对这一问题以及中学西学的教学重点和比例结构进行了探讨。

中国在甲午战争中的失败，暴露了洋务运动的局限。日本的崛起，使中国人转移了向欧美学习的眼光，开始以日本为榜样，从器物层面的图强转向了制度层面的图强，中国教育深受影响。一方面，对西学更为重视，由胡聘之、秦绶章等倡议，经礼部复议后于1896年颁行各省实行的学科方案，将以往的"四部典学"扩充为经学、史学、掌故之学、舆地之学、算学、译学六大门类，除经学、史学外，其余四门皆吸纳了西学的内容；另一方面，开始注重研究中学与西学的融通结合，这与对西学中人文社科地位的重新认识密切相关。

针对洋务运动专注技艺的教育思想，梁启超指出："中国向于西学，仅袭皮毛，震其技艺之片长，忽其政本之大法，故方言、算学、制造、武备诸馆，颇有所建置，而政治之院曾靡闻焉。"[1]张之洞也认为，"西学亦有

---

[1] 梁启超：《上南皮张尚书书》，《饮冰室合集》，北京：中华书局，1936年，第104—105页。

别,西艺非要,西政为要","大抵救时之计,谋国之方,政尤急于艺"。①这种对"西艺"和"西政"的区分,既是对西学之"用"的认识的深化,也是对近代学科两大知识体系——自然科学技术与人文社会科学分类的最初意识。

1897年,梁启超在《湖南时务学堂学约》中,进一步做了尝试解构中学西学二元结构的努力,将所讲授的课程分为两类:"溥通学"和"专门学",前者包括经学、诸子学、公理学、中外史志;后者包括公法学、掌故学、格算学。两类之中,经学、诸子学、掌故学系中国传统学术,公理学、公法学、格算学系西方近代学术,中西学术在其中融汇结合,这是一个新的综合性学科分类考虑,为新式学堂课程设置开了先河。

1898年,以"西政为要"的戊戌变法在清王朝内部发生,一时风生水起,然保守力量的过于强势使光绪皇帝及其一班学者、大臣的努力终于付之东流,在103天的轰轰烈烈之后,一切似乎又归于旧态,但却为后来的辛亥革命提供了借鉴。1898年至1911年的最后十余年,清王朝做了自我挽救的最后努力,一是在实行"新政"过程中于1905年宣布废除科举,二是在"五大臣出洋"后于1906年宣布预备立宪,虽均为不得已而为之,然却在为中国政治另辟新径的同时也为中国教育的发展开了转折之途。继1895年、1896年、1897年天津中西学堂、上海南洋公学、浙江求是书院先后成立之后,在戊戌变法的风雨中诞生的中国近代第一所国立综合大学——京师大学堂幸存了下来,中国大学教育的学术分科在这里从探索走到了初建。

早在1896年,孙家鼐在奉命筹办京师大学堂上奏的《议复开办京师大学堂折》中,就按照"总古今、包中外、该体用、贯精粗"的方针,拟定了

---

① 张之洞:《张文襄公全集》第4卷,北京:中国书店,1990年,第545、570页。

分天学、地学、道学、政学、文学、武学、农学、工学、商学、医学十科立学的章程，确立了京师大学堂分科立学的基本格局。戊戌变法期间，康有为在《请开学校折》中进一步论证，"夫学至于专门止矣，其所谓大学者"[①]，只有注重专门，才能"诸学并立，大学岿然，人才不可胜用"[②]。由梁启超执笔的《京师大学堂章程》，将大学堂的教育分为预科和本科，分别学习"溥通学"和"专门学"。预科是基础教育，中西科目兼顾；本科是专门教育，以西学为主。

戊戌变法的失败，使得孙家鼐和梁启超的方案都未能实施，直到1901年在清王朝开始实行"新政"改革时，张之洞等为重开京师大学堂而上奏的《筹议变通政治人才为先折》中，才又以日本大学的学科设置为蓝本，提出京师大学堂分设经学、史学、格致学、政治学、兵学、农学、工学的"七科方案"。

为弥补这一方案中未设"医学"和"商学"的不足，1902年（光绪二十八年），时任京师大学堂管学大臣的张百熙拟订了《钦定京师大学堂章程》即"壬寅学制"，将大学分为政治、文学、格致、农业、工业、商务、医术七大学科，这是我国第一个以法定形式颁布的学制，但由于没有将"经学"单独列为一科，被认为有违"中体西用"，受到质疑而搁置，未真正实施。

1904年1月13日（光绪二十九年十一月二十六日），清政府公布了由张之洞、荣庆、张百熙主持重新拟定的新学制《奏定学堂章程》即"癸卯学制"，将"经学"置于群科之首，形成了经、法政、文、医、格致、农、工、商八大学科四十三门的学科体系。在此基础上，京师大学堂在1910年正

---

[①] 《康有为政论集》（上册），北京：中华书局，1981年，第306页。
[②] 《康有为政论集》（上册），北京：中华书局，1981年，第307页。

式确立了经科、法政科、文科、格致科(理科)、工科、商科、医科的"七科立学"的教育教学体系,至此,初步完成了从传统"书院四部"体制向近代"学堂七科"体制的转化。

第二个转变时期:从"独尊经学"到"兼容并包"。

当大臣们还在固守"经学"的"至尊"地位时,清王朝已经走到了它的尽头。以"大权统于朝廷,庶政公诸舆论"为原则的预备立宪由于其保守性和欺骗性,加剧了中央与地方之间、满汉之间和各阶级之间的矛盾,引发了社会动荡,加速了清王朝的灭亡,1911年辛亥革命的枪声催生了新的政治制度。

1912—1913年,刚刚成立不久的民国政府教育部在蔡元培的主持下颁布了"壬子癸丑学制",这是我国第一个具有资产阶级教育性质的学制,废除了原有的读经讲经课,充实了自然科学知识,规定了妇女受教育的权利与男女同校制度。

在推行新学制的同时,1912年10月24日教育部颁布了《大学令》和《专门学校令》,次年1月12日又颁布了《大学规程》,规定大学设预科、本科和大学院,以文科、理科为主,凡办大学,必须或者并设文理两科,或者设立文科并法商两科,或者设立理科并医、农、工任一科。

教育部的这三个文件,在新学制的基础上,进一步扭转了"中体西用"在教育上的规范。一是废除忠君尊孔的宗旨,禁用清朝教科书,接受西方近代大学课程体系;二是废除奖励科举身份,实行学位制,以成绩论进退;三是废除官吏制度,设立评议会,实行教授治校。

西方学科的大规模进入,一方面改变了原有的学科格局,西学除了在自然科学中一统天下外,在人文社会科学中也与传统中学平分秋色,西学教育学的理念由此开始深刻影响中国大学的发展;另一方面改造了原有的学术话语体系,西学理性主义的认知倾向、主客二分的思维模式、概念化的逻辑结构、定量的数学分析方法等等,也由此开始深刻影响中国传统学术思想的未来走势,开启了中国教育和中国传统学术的现代转化历程。

当然,正如历史上一切变革的发生一样,这个历程也不可能一帆风顺,辛亥革命后的七年中,先后发生了袁世凯、张勋、段祺瑞的三次文化复古运动,每一次都重提尊孔读经,但皆因逆时代潮流而未能得逞。其中起了重要作用的是中国教育界的那些向西方国家寻求真理的"先进中国人",这里首先要提到的是1912年京师大学堂更名为北京大学后的第一任校长——严复。

作为中国"精通西学第一人"(康有为语)和《天演论》的翻译者,严复在介绍西方民主与科学思想的过程中,悟出了西方近代文明的精华——"自由为体,民主为用",并将它们应用于北京大学的建设。严复提出,大学之根本,在"保存一切高尚之学术,以崇国家之文化",办学之方针,在"兼收并蓄,广纳众流,以成其大"。四年以后,蔡元培主政北大,借鉴德国大学的经验,在北京大学推行教育教学改革时提出的"思想自由、兼容并包",正是对严复办学方针的继承和发扬。循着这一办学方针,蔡元培以北京大学为试点,对学科布局和结构进行了重要调整。首先,在"学"与"术"亦即基础学科与应用学科的关系上,蔡元培提出了"学为基本,术为支干""学重于术"的原则,强调基础知识的重要性;其次,在文科和理科的关系问题上,蔡元培提出改"门"为"系",废除文科、理科之名,分别将两科所属的14门专业调整组建为数学系、物理学系、化学系、地质学系、中文系、史学系、哲学系、经济系、政治学系、法学系、英文系、法文系、德文系、俄文系;最后,在学科教育的层次上,蔡元培提出招收研究生,建立研究生学科教育平台的主张,在北京大学开设了研究生教育课程。始于严复、行于蔡元培的北大改革,开中国近代高等教育改革之先河,其经验和成果影响至今。

1929年,民国政府颁布了《大学组织法》《大学规程》《专门学校组织法》《专门学校规程》,对1912年和1913年的三个文件内容作了进一步的完善,借鉴欧美的中国大学制度基本确立。后来,一是在大学内部管理体制上,又通过一些补充文件进行了充实:规定综合大学设学院、系,为三级管理,独立学院和专科学校为两级管理;二是在学位制度上,规定国立大学可以设立研究机构,以学科为基础的学位分为学士、硕士、博士三级,实行分类分级培养;三是在课程建设上,明确课程建设以学科为中心,按照"厚基础、严质量"的原则,规定了文、理、法、工、农、商六类学院的共同必修课目。这些制度化的建设,直接影响了1949年以后中国大学制度的改革与发展。

第三个转变时期:从西方模式到"以俄为师"。[①]

中华人民共和国成立以后,社会制度发生了根本性的变革,高等教育在"培养什么人、怎样培养人"的指导思想上也随之变化,为社会主义现代化建设服务是基本的要求。

1949年12月,在第一次全国教育工作会议上,时任教育部副部长钱俊瑞提出了教育改革任务,方针是:"以老解放区新教育经验为基础,吸收旧教育的有用经验,借助苏联经验,建设新民主主义教育。"但是在后来的实践中,全面学习苏联教育成了教育改革的主流。1952年下半年,教育部规定全国高校从一年级起采用苏联教学计划和教学大纲,组织力量翻译苏联教材,成立教学研究组,学习苏联教学方法。由此,苏联高等教育模式开始取代过去的欧美高等教育模式进入了中国。以法学为例,1949—1959年间共出版译作165种,基本上都是苏联的法学著作

---

① 参见纪宝成主编:《中国大学学科专业设置研究》,北京:中国人民大学出版社,2006年。

和教科书,这一时期的法学理论、法学体系、法律机制以及法制实践的方法等,无不沿袭苏联。

第四个转变时期:从教育改革到教育革命。

1953年,在苏联的帮助下,中国开始实施第一个五年计划,在编制"一五"计划和引进苏联156个大中型项目的同时,苏联的计划经济管理体制也进入了中国,教育也被纳入其中。

在应用苏联的经验和方法的过程中,出现了一些与中国实际情况"水土不服"的问题。苏共"二十大"后,在调查研究的基础上,毛泽东于1956年4月25日作了《论十大关系》的重要报告,提出了要"以苏为鉴,走自己发展道路",指出:"最近苏联方面暴露了他们在建设社会主义过程中的一些缺点和错误,他们走过的弯路,你还想走?过去我们就是鉴于他们的经验教训,少走了一些弯路,现在当然更要引以为戒。"9月召开的中国共产党第八次全国代表大会总结了探索适合中国国情发展道路的初步经验和理论,作出了党和国家的工作重点必须转移到社会主义建设上来的重大战略决策,提出了促进科学和艺术发展的极为重要的方针——百花齐放、百家争鸣。1956年4月28日在中央政治局扩大会议的总结讲话中,毛泽东就指出:"艺术问题上的百花齐放,学术问题上的百家争鸣,我看应该成为我们的方针","讲学术,这种学术也可以讲,那种学术也可以讲,不要拿一种学术压倒一切。你讲的如果是真理,信的人势必就会越来越多"。[①] 5月2日,在最高国务会议第七次会议上,毛泽东正式宣布了"百花齐放、百家争鸣"的方针。他说:"现在春天来了嘛,一百种花都让它开放,不要只让几种花开放,还有几种花不让它开放,这就叫百花齐放。百家争鸣,是说春秋战国时代,二千年以前那个时

---

① 《毛泽东文集》第7卷,北京:人民出版社,1999年,第54—55页。

候,有许多学派,诸子百家,大家自由争论。现在我们也需要这个。……在《中华人民共和国宪法》范围之内,各种学术思想,正确的、错误的,让他们去说,不去干涉他们。……有那么多的学说,那么多的自然科学学派。就是社会科学,也有这一派、那一派,让他们去谈。在刊物上、报纸上可以说各种意见。"

1957年2月,毛泽东在《关于正确处理人民内部矛盾的问题》的报告中再次强调:"百花齐放、百家争鸣的方针,是促进艺术发展和科学进步的方针,是促进我国的社会主义文化繁荣的方针。艺术上不同的形式和风格可以自由发展,科学上不同的学派可以自由争论。利用行政力量,强制推行一种风格,一种学派,禁止另一种风格,另一种学派,我们认为会有害于艺术和科学的发展。艺术和科学中的是非问题,应当通过艺术界科学界的自由讨论去解决,通过艺术和科学的实践去解决,而不应当采取简单的方法去解决。"[①]

在"以苏为鉴,走自己发展道路"这个总的思想的指导下,中国高等教育也开始了扭转全盘苏化的改革进程,但是这个过程很快就出现了曲折。1958年5月中国共产党的八大二次会议提出社会主义建设总路线之后,没经过认真的调查研究,就轻率地发动了"大跃进"运动。"大跃进"中忽视客观规律、急躁冒进的问题也反映到了高等教育的发展中:一方面,高等学校数量盲目扩大,使得办学质量下降较大;另一方面,专业设置盲目增加,又使得高等教育人才培养口径不合理地收窄。

为了纠偏,1961年9月教育部印发了《中华人民共和国教育部直属高等学校暂行工作条例(草案)》,即"高校六十条",在学科设置上,要求"高等学校的专业设置,应根据国家的需要、科学的发展和学校的可能条

---

[①]《毛泽东文集》第7卷,北京:人民出版社,1999年,第229页。

件来决定。专业设置不宜过多,划分不宜过窄。每个学校应该努力办好若干重点专业。专业的设置、变更和取消,必须经过教育部批准"。1963年9月经国务院批准发布了《高等学校通用专业目录》和《高等学校绝密和机密专业目录》,这两个专业目录根据"宽窄并存,以宽为主"的原则,一是将1962年已经增加到的627种专业压缩到432种,二是适当调整了一些专业的培养目标。虽然没有完全解决专业过窄的问题,但是作为1949年以后第一个由国家统一制定的高等学校专业目录,还是较好地适应了当时社会经济文化发展的需要,以其较齐全的专业种类设置为以后的进一步补充完善奠定了基础。

1966年发生的"文化大革命"中断了中国高等教育在调整改革中的发展进程。"文革"期间,教育和其他领域一样,受到了严重的破坏,遭遇了严重的挫折。

第五个转变时期:从重新起步到跨越式发展。

1978年12月召开的中国共产党的十一届三中全会,正确总结了"文化大革命"的经验教训,停止了"以阶级斗争为纲"的方针,确立了经济工作的中心地位,开始实施改革开放,在拨乱反正、开创中国特色社会主义道路的过程中,中国高等教育的发展迎来了前所未有的大好机遇。1977年,受"文化大革命"冲击而中断了十年的中国高考制度得以恢复,中国高等教育在"回归"中重新起步。一些在历史上被错误取消的学科如社会学、政治学等得以恢复重建。

1983年10月1日,邓小平为北京景山学校题词"教育要面向现代化,面向世界,面向未来",为整个中国教育的发展指明了方向。1985年,中共中央《关于教育体制改革的决定》指出,"高等教育的结构,要根据经济建设、社会发展和科技进步的需要进行调整和改革",提出要解决"专业设置过于狭窄"问题,这就需要逐步消减和改造一些陈旧落后的专业，增加和创立一些具有重要前沿性和现实性的专业。"如何进行"成为高等学校专业设置的重要课题。20世纪80年代中后期，为了整合资源，中国一些规模较大的高校在学科组织的构建上开始突破"系—教研室"的模式，恢复和创建学院。1998年《中华人民共和国高等教育法》的颁布进一步扩大了高校的自主办学权。为了改变长期以来学科管理条块分割的问题，教育部在推动高校管理体制的改革中进行了自1952年院系调整以来的新一轮大规模院系调整，通过共建、合作、合并等形式，重组了一批高校特别是综合性大学。与此相适应，改革开放以来，高等学校专业目录进行了多次调整，2000年以前有三次较大幅度的调整。

第一次是1987年的调整，这次调整的重点是解决"文化大革命"十年的耽误和改革开放初期匆忙上马分别造成的专业缺口和专业混乱问题，专业总数从1982年的1343种减少到671种，其中人文社会科学214种，理工科325种，农林75种，医药57种。恢复和增设了文科、财经、政法类中一批长期比较薄弱的专业，加强了一些如管理类的新兴、交叉、边缘学科的专业。通过专业目录修订，明确了专业划分与设置的基本原则。这是1963年9月发布《高等学校通用专业目录》后第二次对高校专业目录的全面修订，解决了"文化大革命"所造成的专业设置混乱的问题，专业名称和专业内涵得到整理和规范。

第二次是1993年的调整，这次调整的重点是解决专业归并和总体优化的问题，全部专业分为哲学、经济学、教育学、文学、历史学、理学、工学、农学、医学等十大门类，下设71个二级学科。经过调整，专业总数从之前的813种压缩至504种，其中含有56种跨学科门类的专业，形成了体系完整、统一规范、比较科学合理的本科专业目录。

第三次是1998年的调整，这次调整的重点是改变过去过分强调"专业对口"的教育观念和模式，按照"科学、规范、拓宽"的原则，本科专业目录的学科门类调整为11个,专业类为71个,增设了管理学门类,专业种数由504种调减到249种,其中跨学科门类专业31种。这次调整的力度较大,为培养面向21世纪需要的复合型、创新型高层次专门人才做了准备。

进入21世纪以后,比较大的是2012年的调整,这次调整的重点是要适应中国经济社会可持续发展的需要,按照科学规范、主动适应、继承发展的原则,经过分科类调查研究、专题论证,将学科门类分为哲学、经济学、法学、教育学、文学、历史学、理学、工学、农学、医学、管理学、艺术学12个,新增了艺术学学科门类,专业类由修订前的73个增加到92个;专业由修订前的635种调减到506种,推进了学科布局的总体优化配置。

## 二

改革开放四十年来中国高等教育学科专业的调整,是中国高等教育走向世界强国的客观要求,贯穿在这个调整中的根本问题是培养什么人、怎样培养人,需要处理好的基本关系主要有五个:一是政治与学术的关系,这里涉及的是马克思主义对学术研究的指导问题;二是中学与西学的关系,这里涉及的是古今中外的问题;三是"通才"教育与"专才"教育的关系,这里涉及的是人才培养的知识结构问题;四是基础性研究与应用性研究的关系,这里涉及的是学术发展"源"与"流"的问题;五是专业性研究与跨学科研究的关系,这里涉及的是学问的深度与广度以及新的知识成长点的问题。推动这种调整的基本力量主要来自三个方面的现实需要:一是中国特色社会主义经济、政治和文化发展的现实需要;二是世界科技进步和现代化进程的现实需要;三是世界高等教育发展的现实需要。从总的趋势上看,中国高等教育在调整中对五个基本关系的认识是越来越趋向于辩证综合,而不是简单地肯定一个方面、否定另一个方面。

这些调整,既存在于自然科学学科,也存在于哲学社会科学学科,从调整的内容和形式上看,哲学社会科学学科的调整更为突出,这主要在于:第一,从历史上看,中国高校学科建设的一个重要问题是走出"中体西用"的束缚,融通古今中西,哲学社会科学一马当先,改革开放推进了这种进程,提出了新的要求;第二,从实践上看,改革开放以来中国社会在历史性转型的过程中呈现了大量社会矛盾和社会问题,需要哲学社会科学加以研究和回答;第三,从学科关系上看,自然科学的发展出现了越来越多的关于人的生存价值等问题,要求哲学社会科学予以诠释。

恩格斯讲过:"社会上一旦有技术上的需要,则这种需要会比十所大学更能把科学推向前进。"自然科学如此,哲学社会科学也是如此,以法学的发展为例,党的十一届三中全会完成了指导思想上的拨乱反正以后,工作重点转移到社会主义现代化建设上来,法制在国家与社会治理体系中的重要性被充分认识。[①] 十一届三中全会公报指出:"为了保障人民民主,必须加强社会主义法制,使民主制度化、法律化,使这种制度和法律具有稳定性、连续性和极大的权威,做到有法可依,有法必依,执法必严,违法必究。"在新的观念体系、制度环境和建立社会主义市场经济的改革开放实践中,一方面,持续性的社会主义法制建设全面展开,大量的基本法律陆续得以制定。从1978年全国生效的法律(包括宪法)只有8部到2018年国家层面的法律262部、行政法规680部、地方性法规8000部、政府的规章11000部,形成了一个覆盖众多社会生活领域的以

---

① 参见陈甦:《当代中国法学的历程:〈当代中国法学研究〉导论》,《中国社会科学院研究生院学报》2010年第6期。

宪法为基础、以七个部门法为分支的完整的中国特色社会主义法律体系,用四十年的时间走完了西方用三百多年才走完的立法道路;另一方面,中国法学摆脱了对苏联法学的理论依赖,也走出了原有的政治学结构,开始作为一个独立的理论体系和一门独立的专业学科走上自己的路。在澄清了法的阶级性与法的其他属性之间的关系、脱离了"以阶级斗争为纲"的基本研究范式之后,中国法学确立了自身的研究对象、逻辑起点、推演方法与展开路径,逐渐形成了与中国的法制实践和法制建设相适应的法理学、宪法学、行政法学、刑法学、民法学、经济法学、诉讼法学、环境法学等基本的二级学科、众多的三级学科和许多边缘交叉学科组成的枝形学科体系,文献引证、学术批评、学术评审、学术道德等规范化程度不断提升。全国 630 多个法学院系的建立,200 多种法学期刊的出版,大量法律实用人才和法学研究人才的培养,为依法治国、推进中国的现代化事业提供了重要的理论支撑和人才支撑。

邓小平指出:"我们要赶上时代,这是改革要达到的目的。"改革开放四十年来,随着中国经济的快速发展,高等教育实现了跨越式的发展。教育部的数据显示,1978 年,中国的高等教育毛入学率只有 1.55%,1988 年为 3.7%,1999 年高校扩招后,2001 年毛入学率达到 11%,2014 年,在校生规模达到 3559 万人,居世界第一,毛入学率达到 37.5%,2017 年在校生规模 3779 万人,毛入学率达到 45.7%,2018 年高等教育在校生规模达到 3833 万人,毛入学率 48.1%。按照目前国际上比较公认的看法,中国的高等教育已经进入大众化阶段,这是中国实行科教兴国战略、优先发展教育的大政方针的历史结果。高等教育的发展提高了全民族素质,推进了科技创新、文化繁荣,为经济发展、社会进步和民生改善做出了重大贡献,是中国实现从人口大国向人力资源大国转变的重要途径。

## 三

未来的发展,在实现现代化的总体要求下,中国教育发展的方针是,以育人为本作为教育工作的根本要求,以改革创新作为教育发展的强大动力,以促进公平作为国家基本教育政策,以提高质量作为教育改革发展的核心任务,加快解决经济社会发展对高质量多样化人才需要与教育培养能力不足的矛盾、人民群众期盼良好教育与资源相对短缺的矛盾、增强教育活力与体制机制约束的矛盾,完善中国特色社会主义现代教育体系,办好人民满意的教育,建设人力资源强国。

对于中国高等教育来讲,在教育改革中提高质量具有特殊的意义,关系到高素质高层次人才的培养。为了带动全局工作,国家启动了"双一流"即建设世界一流大学和一流学科的规划,这是继"211工程""985工程"之后的又一国家战略,旨在提升中国高等教育综合实力和国际竞争力,为实现"两个一百年"奋斗目标和中华民族伟大复兴提供有力支撑。

"双一流"的基础是一流学科建设,没有世界一流的学科,就没有世界一流的大学。从哲学辩证法的观点讲,任何命题都是一般与个别的统一,"世界一流"也是如此,只有具体的"世界一流",没有抽象的"世界一流"。在中国要建成世界一流的高校和世界一流的学科,必须从中国的实际出发,具有中国的特色。中国高校的学科建设,从最初的清末学欧洲,然后学日本,到民国逐渐转向学美国,1949年以后从最初学苏联,到重新借鉴美欧,一路走来,几经磨难,在否定之否定以后还是回到了自我。

学科的底蕴是学术,中国学术古来就有着高度的自觉和自信,"为天地立心,为生民立命,为往圣继绝学,为万世开太平"是中国知识分子的学术志向和传统。鸦片战争以后,这个学术志向和传统融入了民族复兴的大业,成为教育兴国、知识报国的自觉意识。中国高校的学科建设历史,形式上是学科设置规划的调整变化,内容上却是中国学术的砥砺前行,学习和借鉴外来的东西,实现的还是中国学术的自我发展。

改革开放四十年来,中国政治、经济、文化发生了巨大变化,习近平总书记在庆祝改革开放四十周年大会上指出:"改革开放是我们党的一次伟大觉醒,正是这个伟大觉醒孕育了我们党从理论到实践的伟大创造。改革开放是中国人民和中华民族发展史上一次伟大革命,正是这个伟大革命推动了中国特色社会主义事业的伟大飞跃!"这场伟大觉醒、伟大革命、伟大飞跃为中国高校的学科建设特别是哲学社会科学的学科建设开辟了新的发展道路。一方面,改革开放这场中国历史上最为广泛而深刻的社会变革和人类历史上最为宏大而独特的实践创新,给哲学社会科学的理论创造、学术繁荣提供了强大动力和广阔空间;另一方面,改革开放所敞开的思想解放视域使中国高校的哲学社会科学学科建设能够更深入地了解世界高等教育的历史与现状、问题与挑战、特点与规律,在路径选择上有了更多的机会和机遇。

面向未来,我们既需要只争朝夕的精神,也需要任重道远的定力。习近平总书记在哲学社会科学工作座谈会上指出:"面对新形势新要求,我国哲学社会科学领域还存在一些亟待解决的问题。比如,哲学社会科学发展战略还不十分明确,学科体系、学术体系、话语体系建设水平总体不高,学术原创能力还不强;哲学社会科学训练培养教育体系不健全,学术评价体系不够科学,管理体制和运行机制还不完善;人才队伍总体素质亟待提高,学风方面问题还比较突出,等等。总的看,我国哲学社会科学还处于有数量缺质量、有专家缺大师的状况,作用没有充分发挥出来。

改变这个状况，需要广大哲学社会科学工作者加倍努力，不断在解决影响我国哲学社会科学发展的突出问题上取得明显进展。"

解决这些前进中的问题，一是要坚持马克思主义的指导，因为人类社会至今仍然生活在马克思所阐明的发展规律之中。实践证明，无论时代如何变迁、科学如何进步，马克思主义依然显示出科学思想的伟力，依然占据着真理和道义的制高点。因此，要探索人类社会发展前景，我们必须向马克思求教，以现实问题为导向，努力揭示我国社会发展、人类社会发展的规律和趋势。二是要传承中华优秀传统文化，因为它是我们国家和民族的精神血脉和文化基因。历史和现实都表明，一个抛弃了或者背叛了自己历史文化的民族，不仅不可能发展起来，而且很可能上演一场历史悲剧，因此，要加强对中华优秀传统文化的挖掘和阐发，使中华民族最基本的文化基因与当代文化相适应、与现代社会相协调，把跨越时空、超越国界、富有永恒魅力、具有当代价值的文化精神弘扬起来，推动中华文明创造性转化、创新性发展。三是要吸取世界所有国家哲学社会科学取得的积极成果，因为社会主义、共产主义本身就是世界历史的产物，只有站在时代潮流前列，才能使社会主义保持生机活力，而只有广泛吸取人类文明的积极成果，才能站在时代潮流的前列。人类思想史告诉我们，任何一种文化的长足发展，都离不开人类文明发展的大道，离不开对其他文化的吸取和借鉴，因此，既要坚持古为今用，也要坚持洋为中用，不忘本来、吸收外来、面向未来，对一切有益的知识体系和研究方法，都要研究借鉴，不能采取不加分析、一概排斥的态度。

习近平总书记在哲学社会科学工作座谈会上还指出："当代中国的伟大社会变革，不是简单延续我国历史文化的母版，不是简单套用马克思主义经典作家设想的模板，不是其他国家社会主义实践的再版，也不是国外现代化发展的翻版，不可能找到现成的教科书。我国哲学社会科学应该以我们正在做的事情为中心，从我国改革发展的实践中挖掘新材料、发现新问题、提出新观点、构建新理论，加强对改革开放和社会主义现代化建设实践经验的系统总结，加强对发展社会主义市场经济、民主政治、先进文化、和谐社会、生态文明以及党的执政能力建设等领域的分析研究，加强对党中央治国理政新理念新思想新战略的研究阐释，提炼出有学理性的新理论，概括出有规律性的新实践。这是构建中国特色哲学社会科学的着力点、着重点。一切刻舟求剑、照猫画虎、生搬硬套、依样画葫芦的做法都是无济于事的。"

当前，经济全球化、政治多极化、文化多样化正在持续发展，新的科技革命所展现出的巨大潜力正在孕育世界高等教育新的理念和新的改革，认真回顾和总结中国哲学社会科学学科建设改革开放四十年以来走过的道路，对于我们规划未来，必然大有裨益。从中国的实际出发，抓住机遇，迎接挑战，守正创新，努力构建中国哲学社会科学的学科体系、学术体系、话语体系，是民族复兴和现代化事业赋予中国哲学社会科学工作者的历史使命，我们应当承担起这份历史责任。

为此目的而组织撰写的"改革开放四十年与中国社会科学丛书"，涵盖法学、政治学、社会学、国际政治与国际关系学、新闻传播学、图书馆情报与档案管理学、马克思主义理论、教育学、经济学、人口学等社会科学学科，由郝平、林建华、高松任总顾问，王博、杨河任主编，杨河兼任编委会主任。十卷本的具体组织撰写者为：《中国法学四十年》(张守文)、《中国政治学四十年》(俞可平)、《中国社会学四十年》(张静)、《中国国际政治与国际关系学四十年》(贾庆国)、《中国新闻传播学四十年》(陆绍阳)、《中国图书情报学四十年》(李广建)、《中国马克思主义理论四十年》(孙熙国)、《中国教育学四十年》(陈晓宇)、《中国经济学四十年》(姚洋)、《中国人口学四十年》(郑晓瑛)。

由于能力所限,呈献给读者的文稿与我们的初衷会有不小差距,不足之处在所难免,请大家不吝赐教。

2018 年 12 月 17 日

# 目 录

第一章　中国人口学的产生与学科体系的建立 …… 穆光宗　1

第二章　人口学的理论与方法 …………… 郑晓瑛　郭　超　54

第三章　人口研究的基础数据收集与应用 …… 乔晓春　吴振东　113

第四章　人口学的研究领域与分支学科 ………… 陈　功　武继磊　159

第五章　人口学在人口政策领域的应用 ………… 庞丽华　郭　超　204

第六章　以问题为导向 …………………… 宋新明　郑晓瑛　227

第七章　以分析技术为基础：基础数据与大数据的整合

………………………… 武继磊　庞丽华　王振杰　259

第八章　以社会发展为目标：服务于国家重大需求的实践经验

………………………………… 裴丽君　陈　功　331

第九章　对人口学学科体系在社会科学领域发展的重新审视

………………………………… 张　蕾　庞丽华　370

第十章　对人口学的人才培养和展望 …………… 郑晓瑛　郭　超　398

参考文献 ……………………………………………………… 420

# 第一章　中国人口学的产生与学科体系的建立

穆光宗

问题是科学发现之父,兴趣是科学发现之母。根据现在的认识,现代人口学(population sciences)不等于人口统计学(demography)。[①] 根据中国学者的观点,人口学是一个学科体系,包括人口理论、人口统计学、人口学三个分支学科组成部分[②],这里的人口理论可以理解为人口学公理或者基本原理。人口学虽然起源于人口变量的统计分析,但不局限于此,而是包括了人口经济学、人口社会学、健康人口学、人口生态学、人口地理学、人口思想史、历史人口学和老年人口学等分支学科。我国人口学研究肇始于20世纪初,复苏于70年代初[③],学科体系建立于80

---

[①] 人口统计学可以理解为与本体人口学、纯粹人口学、描述人口学、规范人口学、数理人口学、计量人口学、实证人口学和应用人口学等分支学科属于同一个组群和类别的学科。

[②] 邬沧萍主编:《人口学学科体系研究》,北京:中国人民大学出版社,2006年;路遇主编:《新中国人口五十年》上、下,北京:中国人口出版社,2004年;吴忠观、李永胜、刘家强:《当代人口学学科体系研究》,成都:西南财经大学出版社,2000年。

[③] 1971年,我国恢复了在联合国的合法席位后,各种国际人口会议要求中国这个第一人口大国派代表参加,国内也要求研究国际人口学文献。因此机遇,产生了一批(转下页)

年代,但作为一个开放的体系,至今仍在发展之中。中国人口为世界之最,其生有序,则万物兼济;其老有安,则天下太平。

# 一、国外人口学的简要回顾

## (一) 缘起

### 1. 威廉·配第和格兰特首开人口研究先河

国内学界一般认为,英国古典经济学家威廉·配第(William Petty,1623—1687)是人口理论的先驱之一。他认为:货币资本和劳动力是生产的两个条件;从事生产的人口是真正的财富;人口少是真正的贫穷;贫困的原因不是由于人口的增多,而是增加的人口没有直接从事资本主义生产;只要合理使用劳动者,人口就不会过多;重视"人"的价值。[①] 他的《政治算术》分析了人口和财富,特别是人口和土地的关系,而且把劳动力作为基本国力进行计算,可以将其看作"总人口理论"的先导。[②]

重商主义兴起于文艺复兴时期,以法国大革命的胜利而告终。其目标并非增进人类福利,而是国家权力和荣誉,基本属于"权力经济学"(power economics)而不是"福利经济学"(welfare economics)的范畴。重商主义者认为:人口众多及其不断增长对国家和统治者都是有利的。由于1347年开始流行的黑死病和百年战争(1337—1453)导致的人口减员,重商主义的出现恰好处于欧洲人口变动的大低谷时期。人口减少导

---

(接上页)我国现代人口科学研究的拓荒者。1974年布加勒斯特第一次世界人口会议后,中国人民大学成立了国内第一个人口研究所。参见邬沧萍主编:《人口学学科体系研究》。

① 梁中堂:《人口学》,太原:山西人民出版社,1983年。
② 李竞能编著:《现代西方人口理论》,上海:复旦大学出版社,2004年。

致经济衰退,为了确保将来有充足的劳动人口,高生育率被认为是必需的。① 当时欧洲人口处于早期均衡阶段,婴儿死亡率居高不下,人口增长率很低,这种状况一直延续到 19 世纪现代医药发明之前。

人口统计分析起源于英国人格兰特(G. J. Graunt,1620—1674)于 1662 年出版的《关于死亡率表的自然和政治的观察》一书,该书以伦敦几十年的人口统计资料为根据,对出生、死亡等人口现象进行分析并试图找出其中的规律性,对人口统计学的形成有重要影响。他发现:婴儿性别比是男孩略多于女孩;年龄别死亡分布相对稳定;生育率、死亡率和移民构成人口自然变动的内在因素。他编制的死亡表成为现代生命表的基础。他认为,人口研究的基本任务是揭示人口数量变化的内在联系。②

2. 马尔萨斯人口原理影响深远

现代人口学已经发展成包括了诸多分支学科的学科群,人口统计学(demography)是其本体,但人口统计分析(population statistics)只是人口学的一部分,更广阔的领域是人口研究(population study),研究的是人口变量与经济社会发展、资源环境条件及其变迁的相互关系和作用机制。人口研究起源于 18 世纪末英国牧师马尔萨斯(Thomas R. Malthus)所写的《人口原理》,该书影响深远。马尔萨斯被视为计划生育(birth planning,family planning)的理论先驱,其人口论是现代人口学发展的一个重要源泉。

任何历史人物都属于历史,有历史的局限,也有历史的光环。透过《人口原理》百年回望,我们看到了一个智慧和才情独迈千古的马尔萨斯,也看到了一个必然带有历史烙印的受到历史局限,但小非之暗不掩

---

① J. 奥威毕克:《人口理论史》,彭松建等译,北京:商务印书馆,1988 年。
② 刘铮、李竞能主编:《人口理论教程》,北京:中国人民大学出版社,1985 年。

大是之光的马尔萨斯。

其一,关于"两个公理"。马尔萨斯的全部理论是从两个永恒法则或者说两个公理出发的:第一,食物为人类生存所必需;第二,两性之间的情欲是必然的,而且几乎会保持现状。马尔萨斯认为:"这两条法则,自从我们对人类有所了解以来,似乎一直是有关人类本性的固定法则。"马尔萨斯的全部观点都是从这两个前提中推理演绎得到的。

欲望是一种自然属性,是超社会的存在,所谓"食色性也"。所以说是公理并没有错,可以说这是关于人类本性的法则。但欲望的实现方式和条件却不可能脱离一定的社会历史背景。另外,人类的需求是一个极富多样性的复杂的层次结构,不仅有生理需求,也有心理需求;不仅有物质生活的需求,也有精神文化的需求;不仅有生存需求,也有发展需求;不仅有分年龄的需求,也有分性别的需求。美国人本主义心理学家马斯洛(Abraham H. Maslow)概括的五层次需求理论已经成为解读人类需求的经典理论,显然,马尔萨斯所讲的食物需求和性需求在人类需求层级结构中是最基本的。

马尔萨斯从人类需求的角度出发来研究人口问题,可以说是抓住了问题的根本。从人类的本性出发思考人口问题的产生机制是深刻的。人口的自然属性和生物属性是基本的,社会属性是后赋的和开放的。我们从中可以获得的启发是:人口问题的症结是伴随着人口的每一轮增长和发展而来的需求的推移和满足问题,相对应的是人类需求和社会供给的矛盾问题。我们所讲的"人口"不仅仅是一个人多人少的数量概念,更是一个结构的概念,是一个变化和发展中的人群的集合概念。人口与人的关系有点儿像"森林"和"树木"的关系。历史的经验表明,在人口快速增长而经济却不发达的社会里,人口问题大多是与人类需求增加却得不到很好地满足相关的,大者可能引发为生存权利、空间和资源的战争,小者可能陷入权利受限、空间促狭、资源匮乏的贫困和苦难的深渊。马尔萨斯从这种公理出发的推论给后人的启发是巨大的。人口的本质属性是社会属性,但这并不意味着要否认或者无视"自然属性"的存在。人类是高级生物,但再怎么高级,也只是生物种群中的一类。人口的自然属性是人类在大自然中赖以生存的基础。但从《人口原理》第191—198页的论述中可见,马尔萨斯并没有简单地将人类与其他生物相等同,"肯定地说,不能把人类看作只是没有理性的动物"[①]。

在《人口原理》的相关论述中,不难发现马尔萨斯的食物观是大陆内向型的,食物只是指土地上的粮食产品。马尔萨斯注意到了生活资料供应对于人口增长的制约关系,并在当时的历史条件下详加考察,确为首创之功;但我们知道,粮食只是食物的一部分,仅仅将食物限定在粮食的范畴上是片面的。

其二,关于两个级数。马尔萨斯认为:一方面,人口在无所妨碍的情形下,以几何级数增加,即以 1、2、4、8、16、32……的比率增长;另一方面,生活资料以算术级数增加,即以 1、2、3、4、5、6……的比率增长。[②] 马尔萨斯认为,一切生物的增殖都有不断超过为它提供的营养物的倾向和趋势。这"一切生物"也包括了人类自身。也就是说,人口的增长有超越生活资料增长的内在趋势。

遗憾的是,马尔萨斯在《人口原理》第一章中没有论证为什么人口在没有被抑制的情况下会按几何比率增加,两个级数的定量说法很难说是

---

[①] 马尔萨斯:《人口原理》,北京:商务印书馆,1992年。
[②] 在马尔萨斯之前,同为英国牧师的华莱士(1697—1771)在《关于上古和近代人口的论争》一文中试图证明人口是按几何级数增长的,每隔30年增加一倍,但是实际人口数少于应有人口数,这是因为人口增长受到灾害和疾病等"自然原因"以及战争和贫困等"道德原因"的阻碍。而且华莱士认为,人口过剩是自然法则,人口增长必然超过食物供给的增长。从中可见对马尔萨斯人口思想的影响。参见杨德清主编:《人口学概论》,石家庄:河北人民出版社,1982年。

正确的,第二章对两个级数的简单化论证也是无法让人接受的。但我们要将马尔萨斯的定量解说和定性结论善加区分。例如,两个级数所包含的"人口增殖力和土地生产力发展不平衡"的观点是可以接受的,应该符合前现代社会自由放任的生育制度。

马尔萨斯在《人口原理》第 72 页谈道:虽然美洲腹部居民有 15 年增加一倍的情形,但"我们只假定人口增加一倍的时间为 25 年,众所周知,美国北部各州的人口就是以这一速度增加的"。在马尔萨斯那个时代,美国已经相当强大,社会发展相当迅速,拥有很多肥沃的土地,也有自由和平等的社会制度。显然,当时美国人口 25 年增加一倍是由许多特殊历史条件共同造就的,例如人口迁移等。马尔萨斯根据美国人口每 25 年翻一番来推断人口若不受到抑制将以几何比率增加的确是草率的,其论证不充分。有意思的是,我国明朝学者徐光启的观点和马尔萨斯的论点有异曲同工之妙,他在《农政全书》中如是说:"生人之率,大抵三十年而加一倍,自非有大兵革,则不得减。"但马尔萨斯两百多年前的研究有多少是可以被理解的,因为当时人口信息的获得非常不易。无论如何,他已经比很多人站得更高,也看得更远了。

现代人口学告诉我们,在人口呈几何级数增长态势的假定下:

$$Td = \frac{0.3010}{log(1+r)}$$

式中,$r$ 为人口增长率,$Td$ 为人口倍增时间。在人口呈指数级数增长态势的假定下:

$$Td = \frac{0.693}{r} = \frac{70}{r \times 100}$$

一般我们取第二种方法,简称"70 法则"。

关于算术级数，马尔萨斯是根据一个假想的岛国的情形，凭经验想象出生活资料是按算术比率增加的。总之，两个级数的定量解说经不起事实的检验。后来，马尔萨斯本人在分析他所处的那个欧洲社会时，发现两个级数的假设被证伪了："看一下现代欧洲各主要国家的情况，就会发现，……要使人口增长一倍，25年的时间已经不够，现在要三四百年以上的时间人口才能增长一倍。实际上，有些国家的人口处在绝对停滞状态，而另一些国家的人口甚至在减少。"①这是为什么呢？马尔萨斯的答案是：预防性抑制和现实性抑制阻止了人口的增长。

对两个级数的观点不能太较真，因为这是马尔萨斯对假设条件下一种自然倾向的概括性描述。马尔萨斯自己也承认，现实生活中绝对存在人口不按几何级数增长的情形，"实际上人口连续按任何一种几何级数增长的情况极为罕见"，"然而，如果这种增长未能达到，那也许是受到了一种比较有节制的力量的抑制。……自然法则或者阻止这种过剩人口的产生，或者以使粗心大意的观察家都几乎难以觉察的方式将这些多余人口消灭在萌芽状态"。②

在讨论人口与生活资料关系的时候，马尔萨斯的论证和思考有以下不足：第一是马尔萨斯显然对人口增长与生活资料供养的关系作了过于简单化的分析。马尔萨斯将人类所需要的生活资料仅仅看作由土地所产出的，这有所局限和偏颇。归根结底，这是农业时代的人口问题观，也是大陆内向的人口经济观。

第二是马尔萨斯忽视了社会制度因素的存在及其作用，这是一个致命的硬伤。在讨论现实人口问题时，抽去制度等社会经济因素的影响是

---

① 马尔萨斯：《人口原理》。
② 马尔萨斯：《人口原理》。

不符合科学认识论的。马尔萨斯没有区分"生活资料生产""生活资料供给"以及"生活资料占有"之间的差别。供给并不等于占有。问题恰恰在于,在一定的历史条件下,因为社会制度的不同,人们对于社会财富的生产和占有情况很不相同。

第三是马尔萨斯忽视了"社会文化"因素的作用,所以就看不到人们有节制生育的愿望,而这种内在的抑制力将使人口增长渐渐低于生活资料的增长,也就是说,当人口增长还没有接近生活资料供养的极限时,就被人类的自觉所抑制住了。人们对生活质量的追求已经使我们相信"内在抑制力"所发挥的作用将在今后逐渐取代"外部抑制力"的作用。由于马尔萨斯忽视了对社会制度和影响人们观念和行为的文化因素的分析,所以他不可能看到也存在着"内部抑制"人口增长的力量。

人口增长的动力到底是什么?马尔萨斯没有作出清楚的解说。人口增长的动力归根结底来自生育。人们为什么生育?他们的行为又为什么会遵循一定的生育模式?理解了这些,人口增长的动力问题就迎刃而解了。此外,倘欲求全面客观的理解,则必须考虑死亡率的因素,人口转变理论对此有很好的解释。在马尔萨斯看来,似乎只要粮食供给量增加,那么在"食色性也"的自然法则下,人口增长就会紧跟其上。其实,这种现象并非恒常不变的。在人口和生活资料之间有一系列中间变量需要细致分析,例如工资制度、婚姻制度、分配制度等都可以刺激或者抑制人口的出生变动。在开放人口(open-population)的假定下,人口的迁徙和再分布是协调和平衡人口与资源环境关系的机制,也是人口调控的一种方式和力量,但它既不是道德性抑制,也不是现实性抑制,可以理解为开放性抑制(对应于闭合性抑制)。

第四是马尔萨斯的人口是封闭人口的假定,他只看到生育和死亡这两个变量。而人口增长的平衡公式则告诉我们,除了出生与死亡的相对关系所产生的影响外,还有流迁入与流迁出的关系对人口增长的影响。人口流迁会改变一定区域里人口与生活资料的数量关系,而马尔萨斯却将人口移动看作不幸的表现,这是可以讨论的。①

第五是将人口增长等同于一切动物和植物的那种没有理性的本能的增长,这是马尔萨斯的历史局限性所在。人类的生存与发展除了同一切生物一样受本能驱使之外,也受理性和智慧的调遣。我们所说的人口是由具体的人类个体所组成的,人类不同于有适应力而无创造力的一般动物和植物,人类的智慧、能动和适应使得人口增长及变动与外界环境存在着自觉调适的机制,而不是任由环境力量来加以恶性地抑制,譬如体现了人类主观能动性的环境移民。资源环境的力量既影响人口的死亡率也影响人口的出生率。根据中国古老而神秘的《周易》学说,天人相应、天人合一都说明了大自然对人类的全息影响。人类的愚昧只是历史的一段时光,而不是历史的全部。

其三,关于两个抑制。两个抑制说是马尔萨斯杰出的思想和理论贡献,现实性抑制(positive checks)是他的事实判断,预防性或道德性抑制(preventive checks/moral checks)是他的价值判断。或者说,事实判断是对事实的概括,预防性或道德性抑制则是其主张。马尔萨斯在《人口原理》第三版附录中明白无误地告诉读者:"我的终极目的当然是减少罪恶和贫困,我所提出的任何人口限制只是达到这个目的的手段。"18世纪以降的中外人口思想史主要围绕着一个问题来展开讨论,这就是"人口过剩对家庭和社会的压力问题"。马尔萨斯一个重要的思想遗产就是指出了人口增长与资源供给之间关系协调的可能性,这就是他提出的预防性抑制或道德性抑制。至今,这仍然是当今之世关注的话题。

---

① 马尔萨斯:《人口原理》。

从自然法则角度看,战争、饥荒、瘟疫、贫困和疾病等现实性抑制力量是不可避免的。无论是什么抑制,之所以必要,是因为在马尔萨斯看来它们是把人口和生活资料保持在相应水平上的直接原因。局限于自然法则角度来看其必要性,实质上是对客观性的一种承认,这是马尔萨斯的事实判断而非价值判断。若说他主张用罪恶和贫困来消灭人口,这是大大地误解和冤枉了他。真理就是事实,真相和真理有时是狰狞和残酷的,它告诉我们的是可怕的事实,然而可怕的事实也是事实。马尔萨斯指出:"饥馑是自然抑制过剩人口的最不适当、最可怕的方式","要么养活家庭的困难将阻止一些人结婚并使其他一些人推迟结婚;要么营养不良引起疾病的发生并使死亡人数增加;要么人口的增长由于这种或那种原因而受到抑制"。[①]总之,当实际人口的增长接近生活资料供应边界时总是要受到种种抑制。或者,若无人类自觉的抑制,就必然存在客观的抑制。从大历史的角度出发,两种抑制力的此消彼长反映了社会文明的进步程度,具体体现在预防性抑制作用的增强上。马尔萨斯在该书的结尾部分总结道:"回顾现代欧洲各国对人口增长的抑制情况,与古代而后世界许多未开垦地区相比,看来积极抑制较少,而预防性抑制较多。……或许可以有把握地说,在现代欧洲几乎所有比较发达的国家中,目前使人口与实际生活资料保持在相应水平上的主要抑制,就是对结婚的谨慎抑制。"[②]

当然,在更多的时候,现实性抑制和预防性抑制共同发挥作用。"当环境不能提供充足的生活资料来养活增多的人口和人口没有因向国外移民而减少时,如果不是普遍存在谨慎抑制,那么不管自然环境多么有利于健康,也不会防止人口的大量死亡。"[③]人口大量死亡,是在自然法

---

[①] 马尔萨斯:《人口原理》。
[②] 马尔萨斯:《人口原理》。
[③] 马尔萨斯:《人口原理》。

则作用下,由严重的乃至极端的贫困和苦难所造成的。显然,马尔萨斯首先考虑了移民的可能性,但他没有展开讨论;其次肯定了谨慎抑制或者说道德性抑制。

在人口增长动力上,马尔萨斯提出的是一种宏观经济的决定模型。他认为,几乎毫无例外,人口的实际增长是由获得生活资料的相对困难程度决定的。但马尔萨斯没有研究保持在与生活资料相适应的水平究竟是什么样的"水平",适应的标准又是什么。或许可以说,马尔萨斯比较早地讨论了"适度人口问题",只不过他讨论的是"人口保持在能生存得下去的数量"[1],实为与维持经济相匹配的适度人口,即生存适度人口。在《人口原理》中,我们看到的是一个以人口经济学者面世的马尔萨斯。

对于传统社会里历史人口增长机制的理解,马尔萨斯的理论有着权威的话语影响。也就是说,人们对前现代社会或者说传统社会的理解基本上是马尔萨斯式的。在对中国传统社会人口抑制机制的解释上,马尔萨斯认为,中国作为一个典型的非西方社会,或者与西方社会的代表"英国社会"相对立,存在着一个"中国社会"——历史人口增长的抑制机制是现实性的,而不是预防性的,其中饥荒是最强有力的现实性抑制力量,这形成了东西方的差异。"对古老的国家来说,……人口看来与其说是受到预防性的控制,毋宁说受到积极的控制。"[2]

---

[1] 马尔萨斯:《人口原理》。
[2] 马尔萨斯:《人口原理》。这里引用原文时还是用了"积极抑制",但并不表明笔者赞同这一译法。1998年初,笔者主持《人口研究》杂志人口与发展论坛"百年回眸:马尔萨斯人口理论的再认识"时,指出了"积极抑制"译法的不当,并提出最好用"现实抑制"的观点。令人高兴的是,其后《人类的四分之一:马尔萨斯的神话与中国的现实》一书的中文译本也采用了这一译法。从而澄清了对马尔萨斯长期以来的一个重大误解,以为用"罪恶"和"贫困"的手段来减少现有人口是马尔萨斯的主张,其实这是将马尔萨斯妖魔化为穷人的敌人了。参见穆光宗:《百年回眸:马尔萨斯人口论的再评价》,《人口研究》1998年第1期。

美国华裔学者段纪宪在其大著《中国人口造势新论：中国历代人口社会与文化发展》中曾经指出："战争是人口丧失的根本方式，战争直接杀害青壮男丁，他们大量迅速地减少，不仅直接提高死亡率，而且还会促使出生率下降。更由于他们的伤亡，造成生产力的破坏，又引起饥荒，从而导致更大规模的人口死亡，这种现象在中国周期出现。一直到1644年清兵入关以前一直没有根本改变。"[①]18世纪中叶的中国开始出现"人满为患论"。从人口与土地资源的关系来看，18世纪中叶以后中国人口的增加已经达到当时生产力水平下的"饥寒界线"，此后土地资源曲线远远低于人口增长曲线，人口数量大大超过了社会经济负载力。与此同时，"地广人稀"的观点开始受到挑战，"人满之患"说开始酝酿和传播。[②]

马克思和恩格斯在1850年1—2月的《国际述评》中谈到德国传教士从中国回去后宣传的一件"值得注意的"新奇之事。这就是："在这个国家，缓慢地但不断地增加的过剩人口，早已使它的社会条件成为这个民族的大多数人的沉重枷锁，……大批居民赤贫如洗……"当时英国派驻中国的大使的私人秘书在游历中国的过程中曾经留下一段文字描述了人口过剩的情景，他在广州看到了这样一幅景象："一群人拥向一条大运河的岸边，其中有几个人爬上一只旧船高高翘起的船尾，突然，这只不堪重负的船散架了，船上的人全部落水。尽管出事地附近有很多船，但没有一只船去救援正在水中挣扎的人，只看见有个家伙正忙着用带钩的篙子去捡一个溺水者的帽子。"这种情况为什么发生呢？是因为人太多而"帽子"太少，演绎开来，就是人太多而资源太少，是"生之者寡，食之者众"，所以出现了人命不值钱的情况。在资源的约束下，为了生存，更多

---

① 段纪宪：《中国人口造势新论：中国历代人口社会与文化发展》，北京：中国科学技术出版社，1995年。
② 何清涟：《人口：中国的悬剑》，成都：四川人民出版社，1985年。

的人只是分享有限的资源,却不可能将更多的资源用于提高人口的质量和保障人类的尊严。正如意大利人口经济学家卡洛·M. 奇波拉在1962年《世界人口经济史》中所指出的:"如果人口数量的增长超过了某些关键点,人口质量与人口数量就很可能会发生竞争。"①

美国华裔学者李中清和王丰通过对中国历史人口的考察来检验马尔萨斯对中国人口增长抑制机制的观点。他们认为,中国历史上的家庭生育存在着强大的婚姻内部的抑制,表现在生育间隔时间长、生育结束早以及已婚总和生育率低等特征上,对马尔萨斯的观点提出了修正。②马尔萨斯认为,人口增长必然受到经常而巨大的抑制的根本原因是自然法则,但人类和社会制度也负有巨大的责任。马尔萨斯的主张是道德性抑制,他的定义是:"就是出于谨慎考虑,在一定时间里或者长久地不结婚,并在独身期间性行为严格遵守道德规范。"③并认为"这是使人口同生活资料保持相适应并且完全符合道德和幸福要求的唯一办法"。人口原理所承认的自然法则引起的罪恶可以通过道德性抑制加以避免,这就是马尔萨斯人口思想中的道德关怀。但仅仅因为养育条件不足而不婚、迟婚,极可能错过婚配的良缘和生育的时机,这种反人性的"道德性抑制"几乎就是说教了。

现代节育是从道德抑制中引申而来的。马尔萨斯理论的核心是"两个抑制",即以婚姻作为人口调节器的预防性抑制,和以死亡率作为人口调节器的现实性抑制。马尔萨斯认为预防性抑制可以采取多种形式,然

---

① 卡洛·M. 奇波拉:《世界人口经济史》,北京:商务印书馆,1993年。
② 总和生育率是指任何一个妇女假定按照某一年度的分年龄生育率的模式来生育所生育的终身子女数。已婚总和生育率则是指任何一个已婚妇女假定按照某一年度的分年龄生育率的模式来生育所生育的终身子女数。参见李中清、王丰:《人类的四分之一:马尔萨斯的神话与中国的现实》,陈卫、姚远译,北京:生活·读书·新知三联书店,2000年。
③ 马尔萨斯:《人口原理》。

而多数是非意愿性的、不可能的,或者对马尔萨斯来说是不道德的。马尔萨斯的预防性抑制主要是指推迟结婚。人口史学家一般认为,马尔萨斯是现代节育思潮的嚆矢。在《人口原理》中,我们发现了微观人口控制思想——具体说是婚内节育——的宝贵萌芽。在这个意义上,说马尔萨斯是现代节育思潮的嚆矢并不为过。由于食物的增加不能与人口更加迅速的增加相适应,"所以对人口的增加必须实行某种控制"。如何控制呢?马尔萨斯的意见是建立婚姻制度——即每个男人要承担抚养自己子女的某种义务的制度。抚养的责任感赋予了抚养者以"最自然、最明显的控制",因为"可以预料,人们如果无法获得用以供养后代的生活资料,就不会生儿育女"。① 马尔萨斯极力主张结婚成家者要切实承担起为人父母、抚育好后代的义务和责任,他认为:"如有必要,社会可以强迫一切男子担负起抚养子女的责任。"

马尔萨斯实际上已经点出了人的社会性和生育的外部效应:"一个不能养家糊口而结婚的劳动者,在某些方面可说是他所有劳动伙伴的敌人。"②这是否暗示着看似家庭内部事务的婚育行为其实有着强烈的外部社会性呢?马尔萨斯看到了生育过程中"生育理性"的重要性和"社会干预"的必要性。他的思想与现代节育运动的确有不可分割的联系。在看似与社会无关的婚育行为中,其实连带着每一个社会成员一份沉甸甸的社会责任。

马尔萨斯看到了人口增长的推力效应:"如果不是人口增殖能力大于生活资料的增长力,这个世界就不会有人居住了。"因为人口增长的压力不断刺激人类去耕种土地。相反地,如果没有人口增长压力产生的刺

---

① 马尔萨斯:《人口原理》。
② 马尔萨斯:《人口原理》。

激作用，人类的进化就会受阻，正如马尔萨斯所说的："假如人口和食物按相同的比率增长，人类很可能永远也不会脱离野蛮状态。……在人口增长法则的作用下，地球上的人口总是会与生活资料的数量不相上下，这一法则是一种强大的刺激因素，不断促使人类去进一步耕种土地，使土地能养活更多的人口。"①所以，马尔萨斯认为人口增长快于生活资料增长这一自然法则所产生的善超过了恶，因为"要使人不懈地努力，似乎只有在得到了很强的刺激时才行"②。总之，在马尔萨斯的思想中，人口增长压力所带来的影响是利弊互见的，现实性抑制所导致的人口减少是自然法则所带来的局部的恶，更多的结果却是善，正如马尔萨斯所表达的："这一法则在产生上述明显符合上帝意图的结果时，不可能不带来局部的恶。"③

挑战与机遇并存，马尔萨斯的人口思想包含了辩证的观点："从各方面来看，人口法则所带来的那些公认的困难，很可能会促进而不是阻碍达到上帝的一般目的。这些困难会刺激人们做出普遍的努力，有助于造成无限多样的处境和印象，而这从整体上说是有利于精神的发展的。"④精神的发展大抵是指人类心智的发达和文明的进步。换言之，人口原理对人类社会的进步作用功不可没。人口增长的压力使人类更具进取心和适应力，这就是马尔萨斯所说的"大善"了。

马尔萨斯所说的"道德性抑制"实际上引入了"理性预期"的因素。马尔萨斯没有考虑到结婚和生育是两种可以分离的行为，他囿于当时的教义和道德规范而不曾有"异想天开"的雄心壮志。

---

① 马尔萨斯：《人口原理》。
② 马尔萨斯：《人口原理》。
③ 马尔萨斯：《人口原理》。
④ 马尔萨斯：《人口原理》。

没有性生活的晚婚是马尔萨斯推崇的预防性抑制起作用的主要方式,但严格意义上的这种道德性抑制在实际生活中到底能普遍实行到多大程度还是一个问题。更何况,古今社会,不婚和晚婚不一定是因为经济困难,而可能是因为找不到合适的配偶等原因。供养家庭的预期困难可能丝毫不会导致人们推迟结婚,除非理性预期普遍为人们所看重,除非文明的进化使人类普遍有了崇高的责任感。事实上,经济困难家庭子女早婚现象屡见不鲜,这里既有生物属性的驱动,也有婚育文化的影响。如此看来,马尔萨斯的道德性抑制主张带点牧师的说教和知识人的幻想;虽然带有自我牺牲意味的崇高,却不是从大地上生长出来的有根基的崇高,因为它与人性相悖。节育的做法与其说起源于孩子本位的"道德性抑制",不如说脱胎于含义更广的"预防性抑制"。

马尔萨斯思想的历史影响至今余响不绝。对于《人口原理》的思想价值,来自批评者的评价也许更见公允。恩格斯在《政治经济学批判大纲》一文中曾经指出:"马尔萨斯的理论是一个不停地推动我们前进的、绝对必要的转折点。由于他的理论,总的说来是由于政治经济学,我们才注意到土地和人类的生产力,而且只要我们战胜了这种绝望的经济制度,我们就能保证永远不再因人口过剩而恐惧不安。我们从马尔萨斯的理论中为社会改革取得了最有利的经济论据,因为即使马尔萨斯是完全正确的,也必须立刻进行改革,原因是只有通过这种改革来教育群众,才能够从道德上限制生殖的本能,而马尔萨斯本人也认为这种限制是对付人口过剩的最容易和最有效的办法。"

20世纪被称为人口爆炸和人口控制的世纪。马尔萨斯主义的追随者和发扬者普莱斯发表了《人口原理的说明和例证》。在这部著作中,他运用人口数据试图证明:人口有比生活资料增长得更快的趋势,失业和贫困是人口增长快于资本增长的后果。普莱斯主张用避孕等人工方法来节制生育,认为这符合人性,使人人都能结婚。节制生育可以使一对夫妇不致生育超过他们所希望的子女的数目,人口的数量能够经常保持在生活资料能供应的水平上。继普莱斯之后,越来越多的后继者提倡用避孕方法节制生育,控制出生率,以降低人口增长。他们的学说被称为新马尔萨斯主义,许多国家因此开展了节育运动。

综上所论,可以说马尔萨斯是一位可敬的学者,而不是可憎的"恶魔"。我们对马尔萨斯有太多的误解,太深的偏见,但这与其说是马尔萨斯的不幸,不如说是后人的悲哀。

(二) 发展

1. 多学科视野中的人口问题

人口是社会生活的主体,在与经济社会发展和资源环境变迁的互动关系中扮演着能动角色,处于关键地位。人口研究从来就存在着不同的视角。马尔萨斯《人口原理》发表之后,英国近代哲学家和社会学家斯宾塞(Herbert Spencer)成为人口社会学和人口生物学的开拓者。他的代表作有《人口理论》《生物学原理》以及《社会学原理》。他认为,生存竞争法则是物竞天择、适者生存,用生存法则解释人口与社会发展,就是著名的社会达尔文主义。他从社会学角度观察人口,提出"社会人口有机论"。在人类社会有机体中,社会人口存在着机能上的自然分工。社会有机体存在着三种器官,即营养系统器官、分配系统器官和管理系统器官。类似管理系统器官的那一类人口是社会的大脑,具有支配功能;其他人口各安其所。[1] 这与"劳心者治人,劳力者治于人"的说法有点类似。而且他认为,越是社会地位高的人口,越是致力于个体的发展和幸福,其生育率就越低,这与教育程度越高生育率越低的看法相近。

---

[1] 刘铮、李竞能主编:《人口理论教程》。

法国社会学家杜蒙特(1849—1902)针对19世纪末法国人口出生率下降的现象，提出了"社会毛细管理论"。他继承了斯宾塞有关一国人口发展和个人发展呈反向变化的观点，认为低出生率是文明发展的必然产物：在现代社会中，人们有向上层社会流动的欲望和动力，这就要求减少生儿育女带来的羁绊和负累。这触及了"生育的间接成本""生育的时间成本""生育的机会成本""生育的健康成本"和"生育的人力成本"的认识领域。

美国社会学家汤普逊(1887—1973)强调人口研究的综合性，关注人口数量与社会福利的关系，认为要研究人口要素变动的原因，就要关注人口生活于其中的环境，其中特别是社会福利。他反对从纯经济观点看待人口是否"适度"，还注意到不同群体的生育率差异问题，认为社会阶层的不同造成了"差别生育率"。人口垂直向上的社会流动有助于降低生育率，这与由乡及城的人口地理流动对生育观念和行为的影响有异曲同工之处。

斯宾塞提出了人口会根据生存法则自我调节的观点。生物进化必须依靠自身的生存能力和生殖能力。低等生物的生存能力弱，生殖能力强；高等生物则相反，生存能力强，生殖能力弱。现代社会也存在着类似现象，文明的生产力和竞争力越是低下，人口的繁殖能力往往更强，反之则弱。欠发达国家和地区的生育率高于发达国家和地区的生育率这一现象就可能有这样的背景因素。的确，人类不是一般生物，但毕竟也是地球上的生物种群之一，无非因智能发达而"生态位"最高，处于食物链的顶端而已，所以恐怕也得遵循基本的自然和社会双重的生存法则。

美国生物学家帕尔认为人类的繁殖遵循生物学规律。通过封闭器皿中果蝇的繁殖实验，他推断出，在一个封闭的生态系统中，人口增长到一定程度就会减缓直至停止，好像有一个看不见的"天花板"。这种情况如同海绵吸水一样,达到饱和之后将不再吸水,因此被称为"人口海绵理论"。他还用"逻辑斯蒂曲线"来描述这种现象。

2. 人口经济学的兴起

对人口经济问题的探讨可以追溯到久远。我国春秋战国时期的重要著述《管子·重令篇》提出:"地大国富,人众兵强,此霸王之本也。"《管子·霸言篇》提出:"夫霸王之所始也,以人为本。本理则国固,本乱则国危。"人口众多是强国之本,欲争霸业,必先争民,明确主张以慈幼、恤孤、合独等手段增加人口并增强人口实力,还提出士农工商"四民分业"以及农之子恒为农"固化阶层"的人口经济思想。孔子则提出了惠民、安民和富民的仁政思想。[①] 古希腊哲学家柏拉图曾经提出人口与土地应保持适当比例的人口经济思想。

但把人口经济学作为一门学科提出来大概是在 20 世纪 30 年代末,英国经济学家 W. B. 雷德韦首次提出这个命题,并于 1950 年为《钱伯斯百科全书》(第 11 卷)撰写了"人口经济学"词条。他认为,人口经济学研究有两个方向:第一,某一时间点上总人口或者分人口对经济的影响;第二,一定时期内人口增长或者人口减少对经济的作用。考量人口变动的经济效应要结合不同的时空环境。这是有关人口经济学早期的定义。[②]

哈佛大学经济学家莱宾斯坦(Harvey Leibenstein)于 1957 年首次在《经济落后与经济增长》一书中提出生育率决定的微观人口经济学理论,即生育成本-孩子效用理论。贝克尔提出了孩子是类似"耐用消费品"的假设和生育率经济分析的框架。

---

① 杨德清主编:《人口学概论》。
② J. 奥威毕克:《人口理论史》,彭松建等译。

### 3. 数理人口学的崛起

数理人口学关注人口过程的数量关系和发展规律。但人口发展的社会关系特别是因果关联不是数理统计所能完全揭秘的。比利时统计学家凯特莱（Lambert A. Quételet）在《社会物理学概论》（1835）中将概率论引入人口研究，提出了"平均人"概念，认为社会人群和"平均人"差距越小，社会矛盾越小。这与壮大中产阶级稳定社会发展的现代观点相似。

英语中的 demography 是由拉丁语 *demos*（人民）和 *graphein*（描述）两词复合而成的，意思是对人群的描述（description of the people），首先使用这个词的是法国学者基亚尔（Achille Guillard），最早出现于 1855 年基亚尔所著的《人类统计或比较人口学大纲》一书中。他认为，人口学是关于人类或人口的一般变化及其体质、文明、智力和精神条件的自然和社会的历史或数学知识。他用人口统计方法来分析人口现象，并把人口学看作人类的自然史和社会史。"人口学"一词在 1882 年日内瓦国际卫生学和人口学大会上被正式认可，20 世纪 30 年代以后，这一术语被广泛应用于教科书中。法国现代人口学家朗德里（Adolphe Landry）和其他作者合著的《人口学概论》对"纯粹人口学"（Pure Demography）进行了定义，即研究出生、死亡、迁移、性别、年龄、结婚等人口现象的学问。"纯粹人口学"又被理解为正式人口学（formal demography），法国人口学家索维（Alfred Sauvy）则认为"纯粹人口学"构成了数学的一个分支。联合国 1982 年出版的《多种文字人口学辞典》将"人口学"定义为主要是对人口数量、结构和发展进行科学研究的一门学科。

数理人口学的代表人物是美国人口学家洛特卡（A. J. Lotka，1880—1949），他用数理统计方法研究人口再生产过程，提出了经典的稳定人口理论。稳定人口是指按一定增长率增长的封闭人口,该人口的年龄结构、出生率和死亡率都固定不变,他求出了稳定人口自然增长率的计算公式。[1] 稳定人口理论为研究人口的出生、死亡和年龄结构的关系,对预测人口各种变量的变化奠定了理论基础。在稳定人口模型的基础上,可以用队列分析终身生育率等的变化,分析各种人口再生产指标,例如人口粗、净再生产率,世代间隔等。[2]

## 二、中国人口学的产生

### (一) 从人口思想到人口研究

#### 1. 人口思想历史回顾

人口数是最早被记录的项目。中国是最早有人口统计的国家之一,西汉元始二年(公元 2)就有了正式的有关全国和地区的人口数字记载。当人们对人口有了数的概念后,基于对人口的关注,自然会产生一系列人口思想。

人口思想古已有之,中国先秦时期的管仲、孔子、墨子、商鞅、孟子、韩非子等人的著作都涉及有关人口的观点,甚至提出人口和土地之间应有一个理想的比例的思想。在清代洪亮吉之前,历代人口思想都强调实力人口和增殖人口的重要性,提出"民之众寡为国之强弱""民之寡众为国之贫富"等观点,这是由地广人稀和农业经济形态等因素决定的。人地关系是古代人口思想的关注重点。

春秋战国时期,诸侯争霸,狼烟四起,人口与霸业关系突显。例如,

---

[1] 刘铮、李竞能主编:《人口理论教程》;佟新:《人口社会学》(第二版),北京:北京大学出版社,2004 年。

[2] 邬沧萍主编:《人口学学科体系研究》。

《管子·重令篇》说:"地大国富,人众兵强,此霸王之本也。"《管子·霸言篇》说:"夫霸王之所始也,以人为本。本理则国固,本乱则国危。"古文献中的"以人为本"最早就出自《管子》,这里的"人"应该被理解成"众民",这一观点的出发点是为了王道霸业,人口是被工具化的。

其时普遍早婚早育,人口世代更替快速,人均寿命短,人口再生产周期也短,新生人口经十几年的养育就可以成为劳力和战士。齐桓公曾下令"丈夫二十而室,妇人十五而嫁"(《国语·齐语》),驱使青年男女早婚早育。管仲提出"夫争天下者必先争人"的政治主张,并提出促进人口增殖的政策建议,譬如"老老""慈幼""恤孤""养疾""合独""问病""通穷""振困""接绝"此"九惠之教"。其中,"慈幼"通过减少赋税来减轻家庭的养育负担,直接鼓励人们生养众多。

管仲提出过富民、分民和留民等系统思想。他睿智地关注了人口社会结构中的"亚人口"问题,提出了历史上颇有影响的"四民人口分类说"。他把所有人口按照职业分为农、士、工、商四类,给人口贴上了社会标签,并以此为序,主张贵农士轻工商。而且他提出"农之子恒为农"的子承父业、固化阶层的思想,认识到人口社会结构的稳定是社会秩序稳定的基础。

管仲还关注到人口迁徙问题,提出"留民"思想。主张一方面防止齐国国民外流,同时另一方面设法从其他国家吸引大量移民,提出在生活中要善待外来移民。管仲还提出要加强人口调查和人口统计。[①] 追根溯源,管仲堪称中国历史上第一位有独到人口眼光的政治家,其思想对后世影响较大。

当时孔子所在的鲁国也是地广人稀,所以孔子也主张增加人口。

---

① 梁中堂:《人口学》。

"孝"和"仁"是孔子人口思想的核心,就是繁衍人口,传宗接代。孔子很重视夫妇关系,并把繁衍后代看作婚姻和家庭的基本任务。他认为一个国家应当人口众多,"地有余而民不足,君子耻之"(《礼记·杂记下》)。他主张先要使民"庶"(众),然后使民"富"。他建议君主招徕"远人"尤其是"百工"以增加劳动人口。孔子主张用"德化"来实施仁政,不但要使本国人民安居乐业,并可使远方的人前来归附。孔子提出安民、惠民、富民思想,认为国家不怕地小民寡,怕的是政理不均,进而指出民可以使君存,也可以使君亡。①

孟子继承孔子的人口思想,主张"广土众民"(《孟子·尽心上》),鼓吹"不孝有三,无后为大"(《孟子·离娄上》)。孟子认为"有恒产者有恒心,无恒产者无恒心",又说"民为邦之本,本固邦宁"。

中国人口到了明清时期有了明显增长。18世纪之后"地广人稀论"逐渐被"人满为患论"替代。从统计数据看,自西汉到明末的1800年间,中国人口几乎没有什么增长,最高人口纪录大概出现在西汉盛年,为6000万左右。但中国人口在清朝攀升到了前所未有的高度,有了真正突破性的增长。1720年,人口增加到了1亿2500万。到乾隆末期的1783年,人口数攀升到了2亿8300万,比60年前增加了一倍有余。嘉庆年间(1812),已达到3亿6000万。②

清人洪亮吉(1746—1809)于1793年写出了蕴含着宝贵人口思想的《意言》,其中第六篇《治平篇》集中地表达了"东方马尔萨斯"的人口思想。洪亮吉注意到人口增长超过生活资料增长的现象,提出的两个调节说类似于马尔萨斯的两个抑制说,但时间上要早五年。在追求"治平"的

---

① 杨德清主编:《人口学概论》。
② 穆光宗:《人口增长与文明转型——对十八世纪以来中国人口增长机制的历史省察》,《学习时报》2004年3月25日。

社会里,因为人口增加过快,生活资料逐渐缺乏,就可能发生动乱,这是洪亮吉忧虑人口过剩的原因。他发现了人口数量调节的两种方法和机制,即天地调剂法和君相调剂法。天地调剂人口数量的方法就是水旱疾病之灾,因之死亡人口大概十分之一二。君相调剂法包括:使野外没有闲置的田地,使社会没有剩余的劳力;新开辟的疆土,迁移佃农去居住;削减百姓的繁重赋税;禁止浮华浪费;控制兼并行为;遇到水旱疾病之灾,就打开公仓救济。

持人口过剩论的还有龚自珍,他已经看到浮民和流民问题的严重性,认为食之者众、生之者寡的根源在于土地兼并。汪士铎认为,太平天国起兵的原因是人多地少,因此主张限制生育,晚婚少育,"女子应二十五岁嫁而男子应三十而娶"。

孙中山独具慧眼地看到了人口潜藏的力量。他反对用马尔萨斯人口论来解释中国人口问题。孙中山是人口实力论者:"中国现在的新青年,也有被马尔萨斯学说所染,主张减少人口的。殊不知法国已经知道了减少人口的痛苦……","人为的力量,可以巧夺天工,所谓人定胜天",并指出"这种人为的力量,最大的有两种,一种是政治力,一种是经济力……"[①]

2. 20世纪上半叶的中国人口研究

1949年以前,我国少数曾留学海外的学者引进了西方早期的人口学知识(主要是马尔萨斯人口理论)[②],在个别大学里讲授,并开始了初步的研究,但没有形成气候。代表人物及其著作有陈长衡的《中国人口论》(1918),许仕廉的《中国人口问题》(1930),陈达的《人口问题》

---

[①] 孙中山:《孙中山选集》(下卷),北京:人民出版社,1956年。
[②] 1906年《独立评论》发表章宗元《论古今世界之竞争》,介绍了马尔萨斯生存竞争思想。1933年世界书局正式出版了郭大力翻译的马尔萨斯《人口论》。

(1934),费孝通的《生育制度》(1947)等。① 1918年,陈长衡出版了最早一部研究中国人口问题的专著,提出中国乱源之病根在于人口过多,一些学者持相同观点。"人满为患论"逐渐成为当时知识界的主流声音。陈长衡提出"适度人口"观点,认为解决问题的根本在于节育。许仕廉认为人口过多引起生存竞争,也主张节制生育。

中国当时的人满为患、生育无度、人口增长超过生活资料增长的趋势导致底层人民普遍贫困的现象,也引发了国际上有识之士的关切。关于近代中国所遭遇过剩人口的农业文明危机,最具感染力的文字当推当年美国节育运动的推动者玛格丽特·桑格(Margaret Sanger)夫人于1922年某一天在纽约卡内基大厅的讲演,这位曾因推动节育运动而入狱的先驱以无奈和沉痛的话语告诉美国人:"在中国,我们目睹了人口过剩造成的民族大悲剧的最后一幕。在这里,一个伟大的帝国疲惫地倒在尘土之中。中国,这个世界艺术、哲学和智慧的神秘的源泉由于其平民的过度生育而逐渐衰竭。没有来过中国的人很难认识到这种情形。这里许多人的生活水平很低。……我们尊敬和景仰中国的古代文化,我们拜倒于亚洲的古代文明——人类智慧的最初源泉之前。正因为这样,我们越发感到中国的可悲。亚洲文明的火焰在抖动摇曳。它遭受着毁灭的威胁。一股饥馑、灾难、疾病的浪潮正在上升。这股由于千百万人无限制生育而造成的浪潮像瘟疫一样到处蔓延。"②桑格夫人演讲的目的是唤起美国人对中国人的同情心并发起救助行动。

在当时中国学者看来,中国的人口问题主要表现在:一方面是生育过多和人口过剩(浮民);另一方面是人口品质太低,底层人民普遍营养

---

① 查瑞传主编:《人口学百年》,北京:北京出版社,1999年。
② 乔启明、W. S. 汤姆逊、陈彩章:《近代中国人口统计的一项实验:1931—1935》,南京:南京大学人口研究所,1984年。

不良、受教育机会太少且程度太低,医疗卫生条件落后导致健康素质不高。陈达认为,欲求生存竞争的胜利,需要控制人口数量同时关注人口素质,提倡优生优育。20世纪40年代,当时的国民政府曾经提出"限制人口数量、改善人口品质"的政策主张,但由于时局不稳而无法实施。

(二) 20世纪50年代的人口论战

1. "人口论"与"人手论"之争

1954年中国有了第一次人口普查,当时估计中国人口只有4亿,但普查结果却有6亿,位居世界第一。那时候一个妇女平均生五六个孩子,普遍是自由放任地生育,不知道避孕方法也得不到避孕工具的支持。在各个方面,百废待兴的中国还在模仿和学习苏联。在人口思想上,苏联由于二战导致本国人口大量减少,推崇"英雄母亲"和人口增加,对中国的政治经济学有重要影响,即人口不断增加被认为是社会主义的基本规律。

人口是生产者和消费者的对立统一。侧重消费者角色的"人口论"认为:一个人终其一生都要消费食物,而只有在过了抚养期和成长期后才有生产能力。因此,人作为消费者是绝对的,而作为生产者是相对的。"人口论"强调人作为消费者的一面,认为在人口过剩条件下减少人口有利于改善生活品质。"人手论"认为:人有一张口,要吃饭;人又有两只手,能创造财富。侧重生产者角色的"人手论"强调人作为生产力和创造力的一面,认为人口增长包含着人口推力和人口活力。在人类文明进程中,主导的一面是人口的生产者、创造者角色,但人口创造力、生产力的激发需要很多条件的配合。"人口论"和"人手论"都不完备,强调了人口的某个特质(消费力和生产力),其实人口身上具备很多特质(譬如创造力、威慑力、战斗力),只是由于历史条件的局限,没有充分展现而已。

在计划经济体制的背景下,社会对人口的养育力的确非常有限,"短缺经济"和"过剩人口"形成明显对照。很多知识分子和爱国人士都提出要晚婚、节制生育和控制人口过度增长的主张,其中包括李景汉、吴景超、陈达、陈长衡、孙本文、费孝通、潘光旦、戴世光、全慰天、邵力子、钟惠澜等知名人士。1957年,北京大学校长马寅初发表了《新人口论》,系统阐述控制人口过快增长、计划生育和提高人口品质的理论和主张,邓小平、周恩来、刘少奇等一些国家领导人也表示同意倡导节制生育。

有些人认为:人有一张嘴但有两只手,劳动力是最活跃的生产力要素,提出"人手论"。① 其实人手论并非没有道理,学界也认为:在整个文明史中,人口作为生产力是要大于消费力的。这是积极人口观的历史基础。但结合具体情境分析,也会有相反情形出现。在农业文明形态中,人口作为生产力要素不仅有人口自身的年龄、性别和能力等条件约束,而且要形成现实生产力,还需要拥有劳动工具和土地等生产资料,以及天时地利(如旱涝问题、土地肥力问题)等自然条件——在某种程度上,农业生产力是自然生产力的转化,所谓靠山吃山、靠水吃水。

不幸的是,正常的学术讨论很快被1957年的"反右"运动扩大化所淹没,人口研究成了学术"禁区"。虽然对人口是生产者与消费者的对立统一早有共识,但利弊影响是不确定的,必须结合具体情境展开。随着"人口论"与"人手论"的学术争论演化为不寻常的政治事件,对人口问题的科学探索被遮蔽了。

2. 马寅初的《新人口论》"新"在何处?

早在1920年4月,马寅初就在著名的《新青年》杂志上发表过《计算人口的数学》一文,可见他对人口问题的关注由来已久。20世纪50年

---

① 毛泽东曾经说过:人是第一可宝贵的。只要有了人,什么人间奇迹都可以创造出来。"人定胜天"的豪气似乎为人口乐观派提供了权威性支持。

代初，勤于调查研究的马寅初及时敏锐地发现了人口增加过快对整个国计民生的严重影响，他认为这是一个"致命伤"。1955年，马寅初写成了《控制人口和科学研究》的发言稿，在浙江人大代表组征求意见，当时有人沉默，有人赞成，也有人反对。

如果说学术思想传承，可以说马尔萨斯所论的预防性或者道德性抑制主要是针对穷人来说的，是在个体道德层面上的劝说；马寅初所生活的时代是高度集权的计划经济时代，马寅初认为国家理应有干预生育之权，他所论的是"制度性抑制"。到了崇尚人权、自由和发展的市场经济时代，倘若我们将个人、夫妇和家庭的生育意愿、生育权利和生殖健康放置于中心环节来考量，那么我们需要发展的马寅初思想，就是从"制度性抑制"拓展到"制度性保障"[①]，国家和政府要为人们奉之为基本生活方式的避孕节育提供基本的信息、知识和技术的支持，要为降低不孕不育发生率、减少出生缺陷发生率、提高优生优育和生殖健康人口比例提供医疗技术和公共服务的支持，同时要为消除性别歧视、倡导男女平等开辟文化濡染之路和制度保障之路。

马寅初的伟大不仅仅在于人格的伟大，也在于思想的高度。中华人民共和国成立后，他衷心拥护共产党，但对问题有自己的独立见解，不盲从。当年中国学苏联，大学不搞科研，他执掌北大期间，主张高等院校也应当从事科学研究。1957年7月5日，《人民日报》全文刊登的《新人口论》提出了"提高人口质量，控制人口数量"的人口理论，"控制人口，实属刻不容缓"，否则"必严重影响国民经济的发展和人民生活的提高"。通过对1953年人口普查数据和亲自调查情况的计算，马老认为当时的人口增长率超过20‰，结论是"我国人口增殖太快"，认为当时社会的主要

---

① 穆光宗：《论科学人口观》，《学习时报》2008年5月12日。

矛盾是人口增殖太快而资金积累太慢，导致消费多而积累少。

马寅初提出的政策建议包括：(1) 开展人口普查，建立生命统计；(2) 宣传避孕为主，倡导晚婚晚育；(3) 反对人工流产，尊重孩子出生权，保护妇女健康。马寅初理论的出发点是以民为本的，说到和马尔萨斯立场的不同，他说："我则从提高农民的劳动生产率，从而提高农民的文化和物质生活水平出发。"[1]其主张成为国家人口生育政策的主要依据，也是"宣传教育为主、避孕节育为主、经常性工作为主"这个著名的"三为主方针"最早的理论构想。

任何一种思想都有它诞生的时代的历史印记。历史地看，马寅初提出的"国家理应有干涉生育、控制人口之权"的观点适用于计划经济体制时代。[2] 在崇尚个体自由和人权保障的市场经济体制中，我们需要确立计划生育新的理论依据：计划生育是为了家庭的幸福和人的健康、自由和发展，归属于公民自主决策范畴，而国家和政府更应当承担的是在避孕节育、优生优育、生殖健康等方面的信息、知识和技术手段的支持和保障。所以，人口政策改革的大方向是逐渐淡化直至取消对生育私权的干涉，朝自由、理性和负责的"家庭计划""夫妇计划"迈进。直言之，家庭享有生育自主之权，政府则有生育保障之责。

从文献看，对于早在1955年就提出人口控制主张的马寅初提案，毛泽东本人并没有直接否认过。1957年2月，毛泽东在最高国务会议上提出人口问题，给马寅初很大鼓舞。1957年10月9日，毛泽东也提出："人口问题，三年试点，三年推广，四年普做，达到计划生育，是否可能？"同年10月26日发表的《1956到1967年全国农业发展纲要(修正草案)》

---

[1] 马寅初：《新人口论》，长春：吉林人民出版社，1997年。
[2] 马寅初：《新人口论》。

第二十九条第三项规定:"除了少数民族的地区以外,在一切人口稠密的地方,宣传和推广节制生育,提倡有计划地生育子女,使家庭避免过重的生活负担,使子女受到较好的教育,并且得到充分就业的机会。"这事实上是采纳了马寅初的观点。不幸的是,随着后来"大跃进"的发动,人海战术出现了暂时性的劳动力不足假象。毛泽东在《介绍一个合作社》一文中说:"除了党的领导之外,六亿人口是一个决定的因素,人多议论多,热气高,干劲大。"观点发生了变化。但毛泽东主导的观点还是提倡节育的。1974年12月29日毛泽东在审阅《关于一九七五年国民经济计划的报告》时批示:"人口非控制不行!"这句话,竟与17年前马寅初《新人口论》中的"故就粮食而论,亦非控制人口不可"①的说法异曲同工。

(三) 20世纪70年代为政策服务的人口学研究

1. 两种生产理论

中国的计划生育是在传统的计划经济体制下提出并展开的。② 马克思主义"两种生产理论"成为中国人口控制最初的理论依据。当初的认识是,社会主义经济是有计划发展的,那么人口生产也应当是有计划按比例的,即人类自身再生产和物质资料生产要互相适应、互相协调。无疑,这种源自马克思、恩格斯的哲学思想包含着朴素而深刻的辩证法。

据考证,两种生产理论是马克思晚年借助摩尔根(Thomas H. Morgan)等人提供的原始人类社会的材料对人类历史发展的动力问题做出的阐释。两种生产理论虽然是马克思提出的,但是它的最终形成却是由恩格斯阐释完成的。③ 在《〈家庭、私有制和国家的起源〉第一版序

---

① 马寅初:《新人口论》。
② 这里的计划生育是指国家计划中的"计划生育"(planned childbearing)而非家庭范围内的"生育计划"(family planning)。
③ 隽鸿飞:《马克思的两种生产理论及其当代意义》,《哲学研究》2004年第8期。

言》中,恩格斯对两种生产理论给予了系统的阐述。在这篇序言中恩格斯指出:"根据唯物主义的观点,历史中的决定性因素,归根结底是直接生活的生产和再生产。但是,生产本身又有两种。一方面是生活资料即食物、衣服、住房以及为此所必需的工具的生产;另一方面是人类自身的生产,即种的繁衍。一定历史时代和一定地区内的人们生活于其下的社会制度,受着两种生产的制约:一方面受劳动的发展阶段的制约,另一方面受家庭的发展阶段的制约。劳动愈不发展,劳动产品的数量从而社会的财富愈受限制,社会制度就愈在较大程度上受血缘关系的支配。"[1]

自20世纪70年代以来,不少学者对经典作家的"两种生产理论"作了人口学的论证和阐发,从而赋予了"两种生产理论"以特定的人口学意义。将经典作家的两种生产理论引进人口学领域并确立为中国人口理论体系雏形的基础,已被公认为中国人口学成长史的一个里程碑。20世纪80年代,关于马克思主义两种生产理论的人口学认识归于统一,权威的《人口理论教程》所述观点就颇具代表性。[2] 该书第二章详尽介绍了中国学者理解的"马克思主义两种生产的原理",认为:(1) 关于人类自身生产和物质资料生产的两种生产的原理,是马克思主义人口理论的基石;(2) 社会生产有两种,一种是物质资料生产,即创造物质财富的生产活动;另一种是人类自身生产,包括自身生命的再生产和为了世代延续而进行的种的繁衍(新生代生命的生产);(3) 两者存在着对立统一的关系,相互依赖,相互渗透,相互制约;(4) 两种生产是人类社会存在和发展的基础,共同制约和决定历史的发展;(5) 物质资料生产方式决定人口发展和变化趋势;(6) 人类自身生产与物质资料生产相互适应是社

---

[1] 《马克思恩格斯选集》(第4卷),北京:人民出版社,1972年。
[2] 刘铮、李竞能主编:《人口理论教程》。

会生产的共有规律,等等。

两种生产理论在指导人口控制实践和引导人口学发展方面显得空泛和抽象。恩格斯总结了直接生活的生产和再生产是历史中的决定性因素这一历史唯物主义的基本观点。具体说,就是物质资料生产和人类自身生产共同制约历史的发展。就"两种生产原理"的本来意义而言,并没有包含两种生产要相适应的含义。在不同时空条件下,相互适应的标准很难确定。"两种生产互相适应"的论点是在新的时代背景下从特定的人口学角度对"两种生产理论"的一种引申。诚然,经典作家或多或少论述过两种生产本身的关系,譬如《强迫移民》一文中曾提出"人口压迫生产力"和"生产力压迫人口"的著名命题。

"两种生产理论"被用于指导实践,始自广东汕头地区。在计划经济年代,这个地区人多地少,人口压迫生产力严重。1977年12月召开的全国人口理论学习班工作座谈会则揭开了人口学界研讨"两种生产理论"的序幕。[1] 两种生产理论之所以能对中国人口学产生影响,主要是因为马克思历史唯物主义在中国意识形态中拥有崇高的地位以及理论本身所具有的哲学指导意义。毋庸置疑,"两种生产理论"的发掘、论证和阐发是中国人口学发展必须经历的一个过程,被公认为中国特色马克思主义人口理论的基石。[2] 但人口学不等于人口控制学,也不等于计划生育学,人口学研究领域不是两种生产理论所能涵盖的。人口处在社会经济关系网络的结点,是社会关系的构造者和承担者,人口与社会、政治、经济、文化、生态等诸因素相互关联,彼此影响。

---

[1] 廖田平、温应乾:《两种生产理论和我国的人口问题》,广州:广东人民出版社,1982年。
[2] 田雪原主编:《人口学》,杭州:浙江人民出版社,2004年;吴忠观:《人口学》(修订本),重庆:重庆大学出版社,2005年。

2. 人口控制和计划生育理论

20世纪中叶以后,全球人口快速增长。到20世纪六七十年代,国际学界分别提出"人口爆炸论""人口危机论""增长极限论"和"人口、贫困、污染恶性循环论(三P理论)"等人口理论,一时风行世界。人口爆炸论是第二次世界大战后流行于西方的有关人口数量增加的悲观主义观点。主要代表人物和著作有:W. 福格特(William Vogt)的《生存之路》(1949年)、J. O. 赫茨勒(J. O. Hertzler)的《世界人口危机》(1956年)、P. R. 埃里奇(P. R. Ehrlich)的《人口爆炸》(1968年)、G. 泰勒(G. Taylor)的《世界末日》(1970年)、D. L. 梅多斯(D. L. Meadows)的《增长的极限》(1971年)、A. 佩奇(A. Peccei)的《未来的一百页:来自罗马俱乐部总裁的报告》(1981年),等等。他们认为:当时全球世界面临着"人口爆炸"的危机,并认为"人口危机"必将导致"资源危机""粮食危机""生态危机",世界人口增长已超过了土地和自然资源的负载能力。这些学者警告说,这种状况如果不迅速得到控制,人类将面临可怕的毁灭性灾难;并且强调人口爆炸来自第三世界,认为这些国家的人口发展过快,造成失业和贫困以及生态破坏和环境污染,即三P问题(population, poverty & pollution)。譬如,1968年,美国生物学家P. R. 埃里奇在《人口爆炸》中发出恐怖预言:"为养活人类而进行的战斗已经结束了,70年代,世界将经历一场高比例的饥荒——几亿人会被饿死。"1972年,罗马俱乐部关于人类困境的第一份报告《增长的极限》则提出了"人口零增长"的主张。

人口增长迅速是20世纪50年代以后欠发达国家的共同特点。但到20世纪60年代,中国人口的出生数和增长量在全球处于领先位置,开始了持续十几年之久的人口出生高峰和人口增长高峰。根据历年《联合国人口估计和预测》统计,20世纪60年代中国妇女总和生育率平均高达5.96,当时中国育龄妇女终生平均生育子女达6个之多。这一水平高于亚洲和拉美的平均生育水平,同非洲、南亚和西亚各国的平均生育水平不相上下。20世纪60年代后期,中国人口自然增长率年平均高达26.1‰,甚至高于出生率最高的非洲和南亚,只略低于西亚。1960—1975年,年平均出生2730万人,累计出生4.1亿人,净增2.7亿人。其中1965—1975年净增的人口就相当于其时美国的总人口。① 在这样的时代背景下,全球人口最多的大国,也是最大的发展中国家的中国于20世纪70年代初开始了人口控制和计划生育。

中华人民共和国成立之初,总人口只有一个4.75亿的概数。那时百废待兴,社会主义建设需要大批人力,与此同时,中国还有许多待开发利用的土地和资源,所以潜在的人口问题还未能引起普遍关注。根据1953年全国第一次人口普查数据推算,中华人民共和国成立时的全国人口实际是5.4亿,已占当时全球人口的22%。到1954年,中国人口突破6亿大关,其时中国已同所有欠发达国家一样,遵循人口转变规律进入了人口转变增长时期(transitional growth),即死亡率迅速下降的同时,出生率却没有作出相应的反应,依然居高不下。出生率与死亡率的巨大反差,形成了人口转变过程中的高速自然增长。1969年中国人口突破8亿大关,至20世纪70年代中期又逾9亿。人口的快速增长使得当时濒临崩溃边缘的国民经济雪上加霜,突出的是吃饭和就业问题。据统计,1978年全国没有解决温饱的绝对贫困人口达到2.5亿。大批知识青年上山下乡反映出城镇就业难的矛盾。周恩来总理指出,中国再不抓计划生育就太迟了! 20世纪70年代初,政府终于发出"人口非控制

---

① 参见邬沧萍、穆光宗:《低生育率、市场经济和中国的人口控制》,《中国人口科学》1996年第3期。

不行"（毛泽东语）的号召。1972年12月，中共中央在转发《国务院关于粮食问题的报告》的批语中明确指出："在城乡人民中，要大力宣传和提倡计划生育。少数民族地区除外。"1973年重建国务院直属领导的计划生育机构，从而拉开了明确控制人口增长的帷幕。

在中国，"人口控制"是一个有历史渊源的概念范畴。1953年第一次人口普查后的若干年中，中共中央、政务院批准卫生部修订的《避孕及人工流产办法》《关于节制生育问题》等报告和文件已是计划生育的序幕。在实践上最早可追溯到20世纪60年代初期。当时，在上海等城市和苏南农村等相对发达地区已开始提倡节制生育并为群众提供避孕药具服务，并在一些地区陆续开展节制生育的试点工作。只是，当初仅在有限的人群中倡导"节制生育"和"避孕节育"，与后来严格意义上的"计划生育"有较大区别。

推行避孕节育为主的计划生育有两个目的。一是为了更好地保障妇女、儿童的健康和权益。早在1956年，周恩来总理在《关于发展第二个五年计划的建议的报告》中就提出："为了保护妇女和儿童，很好教育后代，以利民族的健康和繁荣，……提倡有计划地生育子女。"1960年又重申："提倡有计划生育子女，使家庭避免过重的负担，使子女受到较好的教育。"计划生育能使父母有更多的时间、精力和财力用于培育子女，达到优生、优育、优教的目的。同时，计划生育也使妇女从繁重的生育劳动中得到了解放，能更好地接受教育和参与就业，从而有利于妇女地位的提高。二是计划经济的需要。经济是有计划的，人口也不能例外，这是当时的普遍认识。

## 三、人口科学体系的建立

二战之后，全球社会迎来了人口激增、人口爆炸、人口快速转变增长的时期,如何控制人口、如何降低生育率成为人口学研究的中心,提出了人口零增长理论、人口控制理论等。但随着人口的转型和新人口问题的不断出现,人口学的深度和广度得到前所未有的拓展。可以说社会科学的所有领域都有人口因素的影响,从而使人口学的迅速发展成为可能。人口科学(population science)已经成为最具有交叉性、综合性的学科。

毫无疑问,人口学是一个以社会人为中心的学科群,是一个实践和开放的体系。苏联莫斯科大学经济系人口研究中心学者曾经合著《人口学体系》,根据马克思主义的人口理论,提出人口学各门学科的体系,是关于人口的知识体系,其使命是揭示人口发展的规律。苏联学者建立的人口学体系"大厦"包括了理论人口学、人口学说史、描述人口学、人口经济学、人口社会学、人口地理学、历史人口学、地区人口学、应用人口学。[1] 人口规律实际上就是量变规律、大数定律、大众行为、结构力量和内在联系。

改革开放以来,中国人口学研究空前繁荣,人口学体系在20世纪80年代就逐渐建立并在其后不断完善。回望过去,中国人口研究取得了丰硕成果,极大促进了人口学的本土化,掌控了中国人口科学对中国人口问题的话语权,更是直接推动了我国人口政策的两次重大调整(2013年"单独二孩"政策和2016年的"全面二孩"政策),为人口治理体系的现代化提供了强大的智力支持。在中国,人口学的取向具有强烈的现实性、关怀性和应用性,人口发展关乎国计民生,关乎持续发展,关乎国家安全。近四十年来,一代又一代人口学者有责任有担当,筚路蓝缕,砥砺前行,深入调研,理性思考,为时代发声,为人民而问,发表了难以计数的优秀科研成果,在人口科学的诸多领域都卓有建树,提出有原创性和前瞻

---

[1] Д.И.瓦连捷伊主编:《人口学体系》,侯文若译,北京:中国人民大学出版社,1981年。

性、有解释力和预见力的理论和观点,不断诊断人口问题的病症并开出药方,提升人口的品质,矫正发展的方向。始于马寅初先生《新人口论》的开拓性研究,通过学术的传承与创新,中国人口学已然成长为一棵大树,成为国际人口学界不可忽视的一支劲旅。

2000年,西南财经大学吴忠观教授等人合著的《当代人口学学科体系研究》率先提出当代人口学体系,分方法、理论和应用三个维度。方法维度包括了人口学方法论、人口统计学、现代人口分析技术、数理人口学、人口的社会调查方法;理论维度包括了人口社会学、人口经济学、人口生物学、人口地理学、质量人口学、人口生态学、人口思想史;应用维度包括了民族人口学、工商人口学、人口法学、人口史、人口结构学、人口政策学、计划生育管理学、生育健康研究。①

2006年,中国人民大学邬沧萍教授主编的《人口学学科体系研究》强调人口学的主要研究对象是人口变量(包括数量、质量、结构、迁移和分布),研究总人口也研究亚人口,是一门以数量实证为主的、独立不可替代的学科,是21世纪的朝阳学科。它涵盖人口理论、人口统计学和人口分支学科,包括了理论部分(人口理论、人口史、人口学说史)、方法部分(人口统计学、人口普查、人口分析技术方法和数理人口学)、变量研究部分(生育率研究、人口迁移、死亡率研究、人口结构研究、人口分布研究、人口质量研究、人口学中的婚姻家庭研究)、亚人口研究部分(女性人口研究、老年人口研究、民族人口学研究)、人口变量与非人口变量相互关系研究(人口与经济、人口与社会、人口与资源环境、工商人口学、人口政策、人口管理)。②

2012年,由美国华裔社会学家梁在主编、中外学者合撰的《人口学》

---

① 吴忠观、李永胜、刘家强:《当代人口学学科体系研究》。
② 邬沧萍主编:《人口学学科体系研究》。

由中国人民大学出版社出版。内容共有五大部分:第一部分系统介绍了人口学的经典话题"人口结构"(第一到第三章);第二部分集中讨论了人口学的核心课题"人口过程"(第四到第七章);第三部分介绍了多学科视角的人口学(第八章到第十章);第四部分介绍了人口学分析和数据搜集的新技术(第十一章到第十三章);第五部分介绍了人口学的最新发展方向(第十四章到第十六章)。这个体系给我们以新的启发。

2009年,路遇、翟振武主编的《新中国人口六十年》由中国人口出版社出版;2012年,宋健、巫锡炜主编的《中国人口问题与人口学发展:21世纪初十年的回眸与展望》由社会科学文献出版社出版;2016年,美国人口学家约翰·R.魏克斯的《人口学概论》(第11版)由中国社会科学出版社出版,主要内容包括人口学导论、全球人口趋势、人口学观点、人口资料、健康与死亡变迁、生育变迁、移民变迁、年龄变迁、人口与环境等。

中国人口学分支学科近40年的进展,择其要者,简述如下。由于篇幅所限,无法罗列近来各分支学科研究的全部研究成果,尚请读者原宥。

人口统计学或数理人口学:人口统计学(demographic statistics/population statistics)是人口学(demography)最核心、最古老也是最基础的部分。传统观点认为,人口学是一门数量科学;现代观点认为,人口科学(Population Science)不仅是数量科学,而且是有思想有理论的学科群。可以认为,现代人口学已经成长为一门以人口统计和人口思想为基础的综合性、交叉性人文社会科学,研究婚姻、家庭、出生(生育)、死亡、迁移、分布以及性别、年龄结构变动的人口过程及其与非人口变量之间的相互作用和量变规律的学科。1980年以来,我国引进大量的西方人口统计学知识,深入研究本土人口问题,发表了大量的人口学著述。

1981年,中国人民大学刘铮、邬沧萍和查瑞传三位教授编著的《人口统计学》问世。此书被教育部定为高等院校文科教材,是我国出版最早、影响较大的一本书,曾经多次重印。查瑞传教授发明的"标准生育率"预测法,率先提出"人口惯性"原理,对人口科学的发展发挥了理论指导作用。他首创了科学、完整的人口再生产指标体系,该指标体系成为我国人口统计和计划生育统计的基本工具;规范和统一了人口统计学的基本概念(如"总和生育率,TFR"),为人口学学科的规范化建设做出了卓越贡献。

2002年,西南财经大学李永胜教授出版了《人口统计学》一书,作者以多年积累的教学经验和理论研究成果,密切结合我国和当代世界人口发展的实际,全面系统地介绍了20世纪60年代以来国内外人口统计的发展历史。国家统计局前副局长孙兢新曾经在该书序言中给予高度评价:一是介绍了国内人口统计的理论与方法,二是介绍了国际上知名学者的最新研究成果。该书内容丰富,对现代人口学研究很有启发。

2004年,中国人民大学出版社出版了查瑞传著的《数理人口学》。本书是查瑞传教授在多年潜心研究、系统探索基础上,经长期教学实践检验而完成的中国第一本数理人口学教材。数理人口学的主要任务是运用数学的形式探讨人口数量和结构变化的规律,在人口学的知识体系中,数理人口学是最重要、最核心、最基础的学科之一。

2006年,东南大学出版社出版了温勇、尹勤主编的《人口统计学》,该书的编写既考虑到人口统计学科知识结构的科学性和系统性,又结合了人口学领域对统计应用的具体要求和特点,同时针对人口和计划生育干部的基础和培养要求,适当选取教材内容的深度和广度,并反映学科发展的时代特征,内容系统而全面。[1]

---

[1] 有关人口统计学的其他著作,参见查瑞传主编:《人口普查资料分析技术》,北京:中国人口出版社,1991年;曾毅编著:《人口分析方法与应用》,北京:北京大学出版社,1993年;曾毅:《中国人口分析》,北京:北京大学出版社,2004年;翟振武等编:《常用人口统计公式》,北京:中国人口出版社,1993年;内森·凯菲茨:《应用数理人口学》,北京:华夏出版社,2000年。

人口思想史或人口学说史：人口思想是有关人口现象和人口问题的认识和看法，人口理论或者学说则是概念化、系统化的人口观。人口思想史或者学说史是对历史上产生过影响的人口思想或者学说演变过程的概括和呈现。人口思想是人口理论的源头和萌芽，人口理论是人口学的先导和基础。中国学者在这个领域有杰出的成就。[①]

2013年，世界图书出版社出版了李仲生教授的《欧美人口经济学说史》。该书从人口经济学的角度阐述了有关人口与经济之间关系的思想史，同时研究了人口和经济的相互关系，评价了近现代100多位欧美经济学家和人口学家的人口经济理论、分析模型和研究方法，为人们了解人口经济思想发展史提供了较多的资料。此外，2015年中国社会科学出版社出版了李文琴的《中国传统人口思想研究》。

社会人口学或人口社会学：一般来说，人口社会学是研究人口发展与社会变迁的关系及其相互影响的学科。人口社会学是社会学和人口学两者相互交融的边缘学科，是社会学的分支学科，也是人口学的分支学科。在学科分类上，人口社会学属于社会学分支，社会人口学则属于人口学分支，都研究人口与社会的关系，只是学科视角不同。人口社会学是研究人口变量对社会结构和社会发展的影响和制约的一门分支学科，包括人口过程、人口结构、人口变动的探讨，将人口行为作为引起社会变动和社会发展的一个重要因素来研究，分析人口变化造成的社会后果，也探讨社会发展对人口过程的影响，等等。从历史传统看，美国把人

---

① 20世纪80年代以来出版的有关人口思想史的主要著作有张纯元主编：《马克思主义人口思想史》，北京：北京大学出版社，1986年；吴申元主编：《中国人口思想史稿》，北京：中国社会科学出版社，1986年；倪跃峰：《西方人口思想史纲要》，北京：中国人民大学出版社，1995年；杨中新主编：《西方人口思想史》，广州：暨南大学出版社，1996年；米咏梅：《中国古代的人口思想与人口政策》，北京：中国社会科学出版社，2010年；吴希庸：《人口思想史》，郑州：河南人民出版社，2016年。

口学研究视为社会学的研究领域。例如,美国社会学家 K. 戴维斯在其著作《人的社会》中,使用大量篇幅论证影响出生、死亡、迁移的社会和文化因素以及社会制度的关联。

人口社会学的方法论特点是,深入城乡社区进行实地调查,以期取得第一手数据资料,调查方法通常可分为个案调查、抽样调查、回顾调查、跟踪调查等,在数据资料分析的基础上,从定量定性结合、微观宏观结合中进行综合性比较研究。

20 世纪 80 年代,我国刚刚开始探讨人口社会问题,人口社会学基本的概念和范畴还没有达成共识,更不要说形成知识体系了。正如方向新指出的:"人口社会学,既是人口学的一个分支,又是社会学的一个分支,属于人口学和社会学之间的一门边缘学科。人口社会学是在第二次世界大战以后,特别是近十几年来才兴起的,在我国则不过短短的几年。由于学科比较年轻,加之其母体——人口学和社会学的体系尚处于发展和完善阶段,人口社会学的研究对象还不够明确,众说纷纭,莫衷一是,学科体系也未形成。"[①]

2000—2010 年,北京大学出版社四次出版了佟新的《人口社会学》。该书第 4 版共分四编十五章,此次修订在每一章中增加了中国人口的现状和研究。第一编介绍了人口社会学的基本概念、基本研究方法和基本理论,人口社会学的发展过程和中国人口社会学的发展。第二编通过对人口的生育、死亡和迁移的描述讨论了人口生产和再生产过程,这一部分是人口社会学的基础内容,并重点分析了中国人口在生育、死亡和迁移方面的特点。第三编通过对人口年龄结构、性别结构、社会分层、婚姻家庭结构和人口的空间结构的描述分析了人口的分化状况,重点介绍了

---

① 方向新:《人口社会学的研究对象和内容初探》,《人口学刊》1986 年第 6 期。

中国人口诸结构与社会问题之间的现状和关系。第四编分析中国社会人口变迁和社会变迁的过程与特点。该教材的特点是在注重基础知识的同时,关注对中国人口问题的讨论。

2005年,中国劳动社会保障出版社出版了王树新的《人口社会学》。该书借鉴人口学和社会学理论、技术和方法对当代中国变革中所产生的各种社会问题进行系统的研究,主要强调人口过程的社会学分析理论和方法。内容广泛,讨论了与人口变动有关的社会、经济、文化、思想、观念、意识形态等社会中间变量;影响人口质量、人口各种构成变化的各种社会因素;人口迁移流动的理论、类型、原因、流向、距离、时间、人员构成及由于人口迁移流动对社会经济发展所产生的影响;各种特殊人口群体的基本状况、特征、基本需求、社会问题及其有关的社会工作;人口发展与社会发展之间的互动关系,不同社会状态下的人口特征与人口问题的比较研究。

2010年,华中科技大学出版社出版了汤兆云的《人口社会学》。该书介绍分析了人口社会学的基本理论、基本内容、研究方法,以及如何利用人口社会学原理和方法科学地认识人口社会现象,揭示人口社会的发展规律、人口与社会发展的互动关系,探索人口社会发展的趋势及其影响因素。

人口萎缩对社会可持续发展有潜在的负面影响。2014年,中国社会科学出版社推出郭志刚等著的《中国的低生育率与人口可持续发展》一书。此书堪称中国人口低生育风险研究的力作,其中"人口可持续发展"概念的提出具有前瞻性。我国的低生育问题受到关注,出版了大量科研成果。[①]

---

① 参见王丰、彭希哲、顾宝昌编著:《全球化与低生育率:中国的选择》,上海:复旦大学出版社,2011年;郭志刚:《中国的低生育水平与被忽略的人口风险》,北京:北京大学出版社,2012年。

此外，探讨后人口转变问题，介绍国外社会人口学理论，从人口社会学角度探讨性别失衡问题，从人口社会学角度探讨婚姻家庭问题，从人口社会学角度探讨养老问题，从社会人类学角度探讨人口问题的著作也所在多有。①

制度是社会的基本架构。譬如有制度经济学，是否也有制度人口学？制度人口关系研究已经取得丰硕成果，但作为一门新兴学科仍不成熟，还没有得到学界的公认。2015 年，中国社会科学出版社出版了王跃生的《制度与人口：以中国历史和现实为基础的分析》，集中探讨了制度与人口数量、分布、结构和秩序的关系，考察制度对人口行为的制约、调整和引导作用，分析制度与人口行为的因果关系，认识制度对人口行为的积极作用和消极后果。主要涉及五种类型的制度：一是影响人口数量变动的制度，包括婚姻制度、生育制度和人口压力应对制度；二是与人口承载单位相关的制度，有家系传承制度、家庭形态制度；三是与人口空间分布有关的制度，主要是人口迁移制度；四是与人口结构有关的制度，包括性别制度、老年人口制度；五是与人口管理有关的制度，主要为户籍制度和人口统计制度。在分析每类制度时，对不同制度形式在历史时期和当代社会的状态、演变加以梳理，同时对该制度的实施效果进行研究。

经济人口学或人口经济学：人口经济学是研究社会发展过程中人口与经济相互关系及其运动规律的学科。在该领域，我国学术成果相当丰硕。例如，社会科学文献出版社出版了蔡昉教授主编的《中国人口与劳

---

① 参见田雪原：《后人口转变迎来新改革机遇》，北京：社会科学文献出版社，2014 年；顾宝昌编：《社会人口学的视野——西方社会人口学要论选译》，北京：商务印书馆，1992 年；李树茁、姜全保、费尔德曼：《性别歧视与人口发展》，北京：社会科学文献出版社，2006 年；刘渝琳：《养老质量测评：中国老年人口生活质量评价与保障制度》，北京：商务印书馆，2007 年；沈洁：《换花草：占里人口文化的环境人类学解读》，北京：社会科学文献出版社，2016 年；等等。

动问题报告绿皮书》。蔡昉引进并发展了"人口红利"理论,周天勇教授则提出"人口坑"理论等等,影响较大。蔡昉在《超越人口红利》一书中提出了"第二次人口红利潜力无限"的观点。20世纪90年代至21世纪初,我国学者一度对属于实用人口学范畴的市场人口学和工商人口学有过积极热情的探索,如曾毅曾经主编过《市场人口学》一书。

2013年,李仲生教授的著作概括了人口经济学的最新研究成果和发展趋势,深入浅出地阐述了人口经济学的主要问题,同时对诺贝尔经济学奖获得者的人口经济学理论成果进行了详细评述,利用人口经济学的有关理论对世界和中国的人口经济问题进行了案例分析。①

2014年,李通屏教授在其著作中阐述了人口变动对投资与消费的影响、人口自然结构的经济分析、人口压力转化为人力资源优势、经济条件对人口自然变动的影响、经济条件对人口机械变动的影响等观点。②

其他尚有关于人口变动与经济发展关系的研究、老龄化的经济学研究等主题,限于篇幅,不予赘述。

人口资源环境经济学或人口生态学:自从1997年国际上提出"可持续发展"的命题之后,有关人口、资源和环境的研究便成为国内学界的一大热点。人口问题和资源环境问题的联系主要是通过生产、消费和分配等诸多中间环节实现的。自古以来,资源环境系统就扮演着人类社会生存资源、生产资源的提供者和活动环境、排泄环境的提供者的角色,人口系统和资源环境系统彼此作用,共存于一个复合之生态循环中。人口资源环境经济学研究是新的学术生长点,但目前还处在成长阶段。

21世纪以来,自然科学和人文社会科学相互融合的趋势不断增强,

---

① 李仲生:《人口经济学》(第3版),北京:清华大学出版社,2013年。
② 李通屏编著:《人口经济学》(第2版),北京:清华大学出版社,2014年。

主要表现在研究对象相互统一、研究方法相互交融、研究成果相互吸收等方面。在方法论上,跨学科研究特别崇尚系统的思想。生态系统、生物圈、食物链、人口系统等的说法足以说明系统思维和系统方法在探究人口、资源和环境问题时的应用痕迹。人口资源环境经济学是一门新兴的交叉学科,是经济学、社会学、人口学、生态学、环境管理诸多学科的一个综合。

人口的发展实际上就是人口不断地消耗或者再生资源的过程,就是不断地建设或者破坏环境的过程。第一,资源环境的人口承载力问题,这涉及人口分布的合理性问题。第二,人口的活动方式、消费方式和生态意识问题。人类对于自然不同的行为取向和价值取向事实上决定着人类赖以生存的自然环境,也决定着人类自己的命运。第三,生态脆弱地区和生态敏感地带的人口、资源和环境问题的研究需要引起足够的关注。协调发展和可持续发展关系的揭示告诉我们,可持续发展必须建立在区域协调发展的基础之上,所谓协调发展是指一系列横向关系的平衡状态。正如《我们共同的未来》一书所指出的:"从宇宙中,我们可以将地球作为一个有机整体加以认识和研究,它的健康取决于它的各组成部分的健康。"整体的不可持续实际上正是区域的不协调逐步造成的。

健康人口学和医学人口学:健康人口学是一门正处于创立和发展中的人口科学和健康科学相结合的边缘交叉的学科。[1] 这方面国内研究成果很多,随着"健康中国"口号的提出,有关人口与健康的研究已然成为一门显学。

---

[1] 郑晓瑛:《再论人口健康》,《人口研究》2003年第4期;郑晓瑛、宋新明、陈功:《提高出生人口素质的战略转变:从产前-围产保健到孕前-围孕保健》,《中国计划生育学杂志》2005年第8期;郑晓瑛、宋新明、陈功:《论中国人口健康研究的优先领域》,《人口研究》2006年第6期。

医学人口学是医学和人口学的边缘科学,是从医学的角度研究人口的发展(即人口的数量、质量和结构的变动)规律,研究人口状况及发展对疾病发生发展、疾病防治以及人群健康状况的影响和作用的规律,与健康人口学相近。譬如吴群红主编的《医学人口学》一书在继承医学人口学原有的学科理论与方法的基础上,对本学科的内涵与研究内容进行了新的思索与探讨;对医学人口学中健康、人口健康、社会系统健康等重要概念进行了理论探讨,提出了医学人口学在新世纪面临的挑战与任务,确立了医学人口学应以保护和增进人口健康为目标;以人口健康相关理论和方法为指导,通过人口数量、质量、结构、分布、人口变动与发展等人口变量对人口健康状况及结果产生影响的途径和作用机制的深入研究,探讨人口与健康之间的相互关系及其作用规律;通过系统研究人口现象与卫生事业发展的关系,探讨改善人口健康的卫生政策、人口政策及社会综合健康政策。①

人口史学和历史人口学:人口史研究在人口学学科建设中具有重要地位和作用。历史、理论与方法构成了一门学科形成的必要条件。② 人口史学描述人口变化的历史过程,揭示人口发展的历史规律。

《繁衍:世界人口简史》一书是意大利学者马西姆·利维巴茨的代表作之一,着力阐释自然、文化和人口的关系,也寻求防止未来环境恶化和人类大灾难产生的途径,同时探讨人口增长方式的改变,移民、战争、疾病、技术和文化对人口发展的影响等问题。该书自1992年出版后,一直是世界人口史方面的权威著作。

在我国,有关人口史学和历史人口学的研究主要分为探讨我国人口

---

① 吴群红主编:《医学人口学》,北京:人民卫生出版社,2011年。
② 邬沧萍主编:《人口学学科体系研究》。

发展史和历史人口问题、探讨人口资源环境演变历史、探讨地方人口发展历史等方面。①

人口地理学：人口地理学着重研究人口空间分布和地域差异的变化规律，是人口学和地理学之间的交叉科学。19 世纪初，近代人文地理学创始人，德国的 K. 李斯特、O. 佩舍尔等开始把人或种族作为地理学的研究重点。后来，德国地理学家 F. 拉采尔所著《人类地理学》第一次提出"人类生存空间"的概念，该书被西方学者奉为人口地理学最早的经典。再后来，英国的 A. H. 肯尼、A. C. 哈登，法国的 J. 布吕纳等学者也写了一些有关人口与地理关系的著作。在中国古代，就有对人口与地理关系的文献记载，但直到 20 世纪 30 年代后才从西方引进人口地理学。

人是极端重要的地理要素，即地理就是人的地理，是以人为中心的。人是地球上最重要的居住者，人是万物的尺度。只有讨论自然环境与人的关系，自然环境的研究才有意义。美国著名地理学者詹姆斯（Preston E. James）就将他所撰写的一本书命名为《人的地理》（A Geography of Man）。1953 年，美国学者特里瓦撒（Glenn T. Trewartha）在美国地理学年会上演讲，呼吁大家重视人口地理学，主张应以人为中心开展人口地理学研究。他认为："人口的数量、密度和品质是所有地理学的基础，人口就是一个衡量的标准，要根据这个标准去观察所有的地理现象。"人

---

① 参见何清涟：《人口：中国的悬剑》，四川：四川人民出版社，1988 年；姜涛：《中国近代人口史》，杭州：浙江人民出版社，1993 年；路遇、滕泽之编著：《中国人口通史》，济南：山东人民出版社，2000 年；葛剑雄主编：《中国人口史》，上海：复旦大学出版社，2005 年；葛剑雄：《西汉人口地理》，北京：商务印书馆，2014 年；邬沧萍主编：《中国人口资源环境关系史》，中国人民大学出版社，2004 年；张研：《17—19 世纪中国的人口与生存环境》，合肥：黄山书社，2008 年；李德甫主编：《明代人口与经济发展》，北京：中国社会科学出版社，2008 年等。

口地理学主张研究并寻求解释人类活动、人类行为与自然环境的相互关系。过去,人口地理学不受地理学者的重视,有学者认为有两个原因:其一,将地理学分为自然地理学和人文地理学,导致人口地理学归属的问题;其二,地理学强调地理景观的研究,因而降低了人口的重要性。[①]

国内最早的人口地理学研究可追溯到地理学家胡焕庸于1935年在《地理学报》上发表《中国人口之分布》一文,该文精密到县级人口数据,利用传统的"点子法"(每个点代表2万人)手工绘制了2万多个点在地图上,产生了中国第一张等值线人口密度图,提出了著名的人口分布地理分界线"瑷珲(今黑河)—腾冲线",也被称为"胡焕庸线",影响至今。

人口地理学是属于地理学人文地理专业的一门分支学科。它探讨人口发展过程和人口现象在地理空间上的表现形式及其地域差异,以及人口与各种自然、人文环境因素之间的相互联系和制约关系。人口地理学是介于地理学和人口学之间的一个边缘性学科,其核心研究领域为人口的地域分布及其与主环境要素之间的关系。

空间人口学或区域人口学:空间人口学(spatial demography)和人口地理学(population geography)隶属于不同的学科。两者在研究对象和内容上存在差异,空间人口学重点从空间维度上考察人口发展,人口与社会、经济、生态环境之间相互关系的规律性和数量关系,是人口学研究的重要分支,应属于应用人口学范畴。人口地理学出发点在于人口空间分布及其与环境要素的关联,而空间人口学则以人口自然变量以及人口与社会环境变量之间的关系研究为主要内容。

研究方法上,空间人口学是利用空间分析方法,譬如空间计量方法、地理加权回归、多水平模型、空间模式分析等结合地理学理论、数

---

① 姜道章:《什么是人口地理学》,http://ribendili.baike.com/article-130206.html。

据统计分析方法等研究人口现象和过程的综合性交叉学科。近年来,地理信息系统(GIS)技术凭借其强大的空间分析处理能力在人文社会科学领域获得了广泛应用。有学者表示,GIS通过对人口数据的挖掘和深加工将进一步拓展人口学研究领域,有望成为人口学研究新的增长点。[1]

空间是人口学研究的重要维度,近年来地理数据的可及性,信息技术和空间数据分析方法的发展,人口学研究对空间维度的重视,促进了空间人口学的迅速发展。国际上,空间人口学经过十多年的实践与应用,业已成为人口学的明确分支,并开始系统化发展;而国内人口学研究在空间认知和空间分析实践应用方面尚处于探索和发展阶段。中国的空间人口学发展依然任重而道远。[2]

区域人口学就某一个特定区域的人口现象、人口过程和人口问题进行研究,旨在揭示特定时空条件下的人口发展规律。这方面著述也很多,限于篇幅,不再赘述。

老年人口学:老年人口学起源于二战后全球人口年龄结构迅速变化的时代,产生于人类认识个体和群体老龄化的需要。1956年,联合国发布了《人口老龄化及其社会经济影响》,发现世界各国人口老龄化程度存在巨大的差异,提出了三类人口类型:年轻型,65岁及以上人口比率<4%;成年型,65岁及以上人口比率在4%—7%之间;老年型,65岁及以上人口比率>7%。提出"顶部老龄化"和"底部老龄化"的概念,认为生育、死亡、迁移是直接影响人口老龄化的三个人口因素。人口老龄化进程存在性别、民族、城乡等多方面的差异。

---

[1] 张杰、张清俐:《拓展人口学研究的空间维度》,《中国社会科学报》2014年12月8日。
[2] 韦艳、武继磊:《空间人口学的沿革与发展:人口学研究空间视角分析》,《人口与发展》2016年第6期。

在中国,老年人口学是一门新兴的学科。中国的人口老龄化起步较晚,老年人口学的产生与发展也晚于发达国家。1984年,邬沧萍教授在《人民日报》率先发表《人口老龄问题与我们的对策》一文。1986年,中国老年学学会成立。1994年,美国人口理事会出版了《老年人口学》一书,从多角度分析了人口老龄化与老年人口问题。1982年以来,联合国先后举办了三次大型国际会议,包括1982年在维也纳召开的联合国老龄问题世界大会,1994年在开罗召开的联合国人口与发展问题国际会议,2002年在马德里召开的第二次联合国老龄问题世界大会,客观上对老年人口学的发展产生了推动作用。国际上形成的共识是:人口老龄化现象前所未有;人口老龄化是普遍规律;人口老龄化对人类社会的经济、政治、文化、制度等生活的所有方面都有重大影响;人口老龄化将长期存在;等等。

在过去几十年时间里,中国人口老龄化研究的重点已经从传统的人口学研究日益向交叉学科研究发展。[1]

女性人口学:女性研究可以从不同角度进行。从不同的角度研究女性,能揭示不同的矛盾,深化和解释不同的问题,对女性人口的研究都是有益的说明和补充。从人口学角度来研究女性,是将女性人口看作一个整体,以人口学特有的视角和研究方法去讨论女性人口的状况;以大量的统计数据反映女性总体的状况及其与女性人口所赖以生存的社会经济、文化背景之间的相互关系;通过分析研究,找出解释女

---

[1] 参见邬沧萍编著:《漫谈人口老化》,沈阳:辽宁人民出版社,1987年;田雪原主编:《中国老年人口社会》,北京:中国经济出版社,1991年;翟振武、李建新主编:《中国人口:太多还是太老——当代中国人口数量与人口结构问题》,北京:社会科学文献出版社,2005年;张恺悌:《中国女性老年人口状况研究》,北京:中国社会出版社,2009年;齐玲:《人口老龄化问题的动态研究》,北京:社会科学文献出版社,2017年;等等。

性人口问题存在的根源,并寻求解决这些问题的方法和途径。① 女性人口学是人口学的一个分支,它主要运用人口学的基本理论与方法去探讨女性问题、性别问题,它的最大特点就是用人口变量来解释女性问题。

民族人口学:民族人口学关心不同族群人口发展的差异性,试图揭示在不同的民族文化背景下民族人口的发展规律。代表作有张天路编著的《民族人口学》,该书是作者对民族人口学研究的总结,内容包括:民族人口学在中国的建立与发展;民族人口学的研究对象与任务、研究方法;民族演变与民族人口;民族因素与人口数量变动;民族因素与生育;民族因素与健康素质;民族因素与婚姻;民族因素与性别、年龄构成;民族因素与文化因素;民族因素与人口政策的转变;民族因素与民族繁荣;等等。②

国防人口学:国防人口学也称军事人口学。③ 简单说,国防人口学研究人口与国防的关系和规律,具有独特地位和重要意义。④ 不言而喻,人口状况关乎国家安全和国防事业,这门新兴交叉学科在人口学体系中拥有一席之地。国防人口学自创立以来,根据学科发展计划和当前我国国防人口形势需要,中国人口学会国防人口专业委员会与全军人口计生管理干部培训中心分别于 2010 年、2013 年和 2015 年成功举办了三届"国防人口学论坛"。

---

① 朱楚珠、梁巧转:《近五年来中国女性人口学研究综述》,《人口研究》1996 年第 6 期;谭琳、唐斌尧、宋月萍:《95 世妇会以来中国大陆女性人口学研究述评》,《云南民族大学学报》(哲学社会科学版)2006 年第 6 期。
② 张天路编著:《民族人口学》,北京:中国人口出版社,1989 年。
③ 张敏才:《关于军事人口学的初步构想》,《中国人口科学》1991 年第 4 期。
④ 丁学洲、赵志昌:《国防人口学构建的若干问题初探》,《人口研究》2007 年第 3 期。

## 四、结语：人口学研究要"见数"更要"见人"

人口学在狭义上可看作人口分析的同义词,在广义上则包括人口分析和人口研究两个方面。被人口学界普遍认可的人口学定义是1959年由美国学者豪瑟(P. M. Hauser)和邓肯(O. D. Duncan)提出的。他们认为,人口分析限于对人口变动及其构成因素的研究,人口研究则涉及人口变动与社会、经济、政治、生物、生态以及其他各种变量的相互关系。1986年,刘铮教授主编的《人口学辞典》对此下的定义是：人口学是研究人口发展,人口与社会、经济、生态环境等相互关系的规律性和数量关系及其应用的科学总称。① 2000年,乔晓春教授等编著的《人口学教程》下的定义则是：人口学是对人口因素和人口因素之间关系,以及人口因素与有关非人口因素之间关系的研究。这里的人口因素主要是指出生、死亡和迁移,以及人口总量、人口分布和人口性别年龄结构。② 2006年,邬沧萍教授主编的《人口学学科体系研究》对此下的定义如下：人口学是研究人口各种变量的现象和过程,研究人口诸变量之间的相互关系及其发展变化规律,研究人口变量与社会经济、生态环境等变量之间的相互关系的一门科学。③ 概言之,人口学大致可以理解为：以人口为中心、以人为本、以数为衡、以人口结构和社会互动为经纬的综合性、交叉性人文社会科学,既是人口统计学和数理人口学,也是人口社会学和人文人口学。

现代人口学不仅关注人口的数量和变化,而且关注人类的意愿和行为。人口,一"人"一"口","人"体现了人口的社会性和能动性,"口"体现

---

① 刘铮主编：《人口学辞典》,北京：人民出版社,1986年。
② 乔晓春等编著：《人口学教程》,北京：人民教育出版社,2000年。
③ 邬沧萍主编：《人口学学科体系研究》。

了人口的数量性和统计性。人决定口,口影响人。人的研究和数的分析应该结合在一起。联合国人口基金会在其 2001 年度工作报告中曾经说过:人口问题基本上就是人的问题,没有谁比联合国人口基金会对这一点认识得更加深刻。人口学视野中的"人",不是生物个体的"人",而是社会群体的"人",是为了发现个别背后的一般含义,个体背后的群体规律。人口发展为一定历史阶段的社会经济发展、结构、政策和制度的运行机制所制约和决定,因而人口学与其他人文社会科学密不可分。过去我们习惯于这样的思路,就是要为经济社会的可持续发展创造良好的"人口环境",一直在为代价巨大的"人口控制"作辩护。人口众多的数量优势被误解为巨大的人口劣势,是因为没有看到计划经济和市场经济体制下的人口社会承载力的巨大差异,而且人力资本积累和人力资源开发的社会机制也截然不同。人口规模表现出的利与弊背后有着深刻的社会环境因素。人口过多问题与其说是人口增长所致,不如说是体制僵化所致。

人口系统和非人口系统的作用和影响从来都是彼此互动、互为因果的,而归根结底,人口变动终究是经济社会发展和资源环境变迁的函数。中共在"十九大"提出"以人民为中心"的发展理念和价值追求,更加夯实了"以人为本"的思想。所以,探索为以人的全面发展为中心的人口发展模式提供良好的经济环境和社会条件才是正确的大方向。人是环境的产物,研究环境污染(如淡水污染、雾霾)对人口健康的影响机制就体现了对人的关怀。

综上,人口学需要人口问题是什么的"事实判断",也需要人口发展归何处的"价值判断";不能见数不见人,而要见数又见人;摒弃研究中的 GDP 主义,提倡研究者的人文关怀。人口科学既要看到"数"的变化,也要看到"人"的诉求,人口学的奥秘就藏在人与人的数量关系和社会关系变化之中。追寻人的全面发展、家庭的幸福发展、人口的优化发展、社会的和谐发展和国家的持续发展才是人口学研究生生不息的动力和终极指向。

# 第二章 人口学的理论与方法

郑晓瑛 郭 超

本章内容主要介绍从经典到新时期人口学的理论与方法的发展与概况。之所以将理论与方法合并到一起探讨,是从"广义人口学"的角度出发的。通常使用的人口学概念有狭义和广义之分。狭义的人口学仅以人口自身发展过程及其规律为研究对象,即以人口的生产和再生产过程为研究对象。从这个意义来说,人口学是对人口,主要是对其数量、构成和发展进行科学研究的一门学科,限于对人口变动及其构成因素的研究,不包含人口自身发展过程以外的人口研究。狭义的人口学对应的英文是 demography 或者 demographic analysis,因此在我国常把它译为"人口统计学"或者"人口分析"。[①] 而广义的人口学除研究人口自身发展过程和规律外,还对人口发展过程和经济、社会、生态环境等发展过程的相互关系及其规律性进行系统研究。从这个意义来说,人口学就是研究人口发展,人口与社会、经济、生态环境等相互关系的规律性和数量关系及其应用的学科总称,是一门综合性的社会科学,既包括人口理论,也

---

① 联合国国际人口学会编著:《人口学词典》,北京:商务印书馆,1992年。

包括人口统计学以及一系列分支学科。广义的人口学对应的英文是population study,我们将其翻译为"人口研究"。①

理论与方法尽管有很大的不同,却是有机联系、辩证统一的。与一般理论与方法形成的历史规律一致,人口学科的形成过程,也是最早从零星的一些代表性人物对当时的人口现象与人口问题提出的政策性的观点和主张开始,到在应用人口统计方法进行人口分析的过程中,在人口与其他过程的相互关系实践中,逐渐产生相应的理论观点,最终经过一定时期的积累而形成成熟的人口理论。可以说,人口方法研究为理论研究的核心部分提供了论证的事实依据,而人口理论研究为方法研究提供了思想指导原则和理论基础,二者的发展也往往是相伴相生的。② 因此,本章内容从人口研究的具体问题出发,从人口学科的发展视角展开,对经典和新兴的人口学理论与方法进行介绍。

## 一、经典人口学的理论与方法

### (一) 人口学理论与方法研究主体范畴的基本界定

#### 1. 研究主体:对象和事件

人口理论与方法都是广义人口学的研究内容,而两者的研究主体也应是在人口学研究的本质框架下,即人口是人口理论和方法研究的最基本的主体,由此派生出人口的本质关系,以及人口的发展过程及其规律与数量关系及其应用。具体来说,可以包括三大部分。③

(1) 人口的本质关系在一定条件下会外在地表现为一定的人口问

---

① 李竞能编著:《人口理论新编》,北京:中国人口出版社,2001年。
② 孙奎贞:《理论与方法的区别与联系》,《贵州社会科学》1988年第8期。
③ 李竞能编著:《人口理论新编》。

题。因此,人口理论与方法的研究主体包括作为社会生活主体的人口自身的发展过程及其规律,其主要内容是人口再生产、人口变动、人口转变等过程中体现的数量关系、内在规律及其问题。

(2) 人口的发展过程不是孤立的,人口理论与方法的研究主体也包括人口和经济、环境等其他社会发展过程的相互关系及其规律,即人口和社会、经济、环境诸现象间的本质联系,既有社会、经济、环境发展及其基本规律对人口发展的影响,又有人口发展对社会、经济、环境发展的影响。①

(3) 此外,人口因素也是社会经济发展的内生因素,在一个社会经济发展过程中,人口起到了至关重要的动力作用。因此,人口理论与方法还应包括人口在一定的社会经济发展过程中起作用的表现与规律性。

2. 研究范畴:内容和目标

从人口理论与方法的研究主体可知,其基本范畴的内容和目标包括摸清人口状态、人口属性、人口变动、人口发展、人口规律、人口问题等方面的基本事实和内在规律。②

(1) 人口状态和人口属性研究。人口是人口理论和方法研究的核心范畴。人口是生活在一定时间、一定地域、一定社会生产方式,具有一定数量和质量的人所组成的社会群体。人口的状态包含四个要素:第一,人口总是生活在特定的时间和特定的地域;第二,人口总是生活在特定的社会生产方式之中;第三,人口总是具有一定的数量和质量;第四,人口是由人所组成的社会群体。在认识和看待人口时,要结合一定的社会生产方式和社会制度。

---

① 刘铮、李竞能主编:《人口理论教程》。
② 田雪原主编:《人口学》。

人口属性就是人口固有的性质和特点，包括自然属性和社会属性两个方面。人口的自然属性，也就是人口的生物本性，如出生、成长、衰老、死亡的自然发展过程，自身的遗传、变异以及全部生理机能等。人口的自然属性影响着人口的数量和质量，影响着人口的生存和发展。此外，人总是生活在社会之中，人口是一个社会群体，这就决定了人口具有社会属性。人口的社会属性，也就是人口作为一切社会生活主体所具有的特性。人口属性是自然属性和社会属性的统一。

（2）人口变动和人口增长研究。人口是一个处于社会关系中的不断发展变化的个体生命的总和。它不是一个静止的总体，而是处在不断地运动变化的过程中。人口变动是人口学理论与方法的基本范畴之一，包括研究和说明人口的自然变动、迁移变动和社会变动，研究支配和制约这些变动的客观规律，探索导致这些变动的原因及其变动的过程和结果。

人口增长是指人口数量的变化，无论是正增长、零增长或负增长都是就人口数量的变化而言的，它与人口变动密切相关。在一个封闭的社会里，人口增长是由人口的自然变动引起的，如果人口出生数高于人口死亡数，就必然引起人口的正增长。如果人口出生数等于人口死亡数，则会出现人口零增长。如果人口出生数小于人口死亡数，就会出现人口负增长。在一个开放的社会里，人口增长是由人口的自然变动和迁移变动共同发生作用的结果，因为人口迁移也会引起人口数量的变化。

（3）人口发展和人口规律研究。人口在与资源、环境、经济、社会相互作用下的发展和自身可持续发展等人口发展规律的内容也是人口理论与方法研究的基本范畴。

人口发展是比人口增长的含义更深广的一个范畴。人口发展不仅包括人口数量的变化，而且包括人口素质和人口构成的变化。只要人口素质和构成有进步,即使人口数量没有实质性的变化,也可称为人口发展。人口发展受许多因素的影响和制约,包括人口自身的因素和经济、社会、文化、资源、环境等人口存在的外部因素的影响和制约。

人口规律是人口过程内在的、本质的、必然的联系及其发展、变化的必然趋势。人口现象是一种很广泛的社会现象,是人口及其变化、发展所呈现的各种外部表现,如出生、死亡、迁入、迁出等。人口规律首先是反映人口自身发展、变化的规律,同时,人口规律还有反映人口发展与社会、经济、文化发展之间内在联系和相互关系的内容,以及人口发展与自然界生态环境内在联系和相互关系的内容。人口理论与方法的任务就是要通过人口现象揭示人口发展、变化的客观规律。

3. 研究范式:定量研究和定性解释

人口理论与方法的特殊性还在于,人口学作为一门以实证范式为主的社会学科,注重摸清事实、揭示规律和探索机制,为实证研究和机制探索提供数量证据和定量解释。

对人口的定量分析,是人口学对人口规模、结构和分布变动的解释,以及对生育、死亡、迁移、结婚、离婚及其影响因素探索的基本方法。最初的狭义人口学也正是以此为主要内容,有的著作还将"对人群的定量研究"直接作为人口学的定义。[①]

这与人口学研究中以人口事件和问题为基础有关。诸如生育、结婚、离婚、死亡、居住地变动等人口事件是可观测、可度量的,这就为人口分析提供了很重要的数据来源。通过人口普查、人口变动统计和抽样调查等数据收集方法,人口学可以收集丰富的数据,这也是人口定量分析

---

[①] Charles B. Nam, "The Progress of Demography as A Scientific Discipline", *Demography*, Vol. 16(1979).

的前提和基础。同时,人类的生育与存活等现象都具有一定的自然规律,这也与价值、态度等其他社会学科度量指标有着本质的差异。

从这些意义来讲,狭义人口学的理论与方法更加侧重于对丰富的数据资源的收集、评估和应用,以及对人口事件的某些自然规律的探索,具有其他社会学科不具备的"准确性",并且更加注重实践和应用的重要意义,更接近于自然科学。[1]

4. 研究方法:队列分析和时期分析

队列分析与时期分析是人口分析的两个最基本概念。许多人口现象是有顺序地发生的,后一事件是以前一事件为前提,是在前一事件的基础上发生的,如生育行为必须循序渐进。为了考察这种循序渐进的过程,就必须从某一队列全部过程着眼来考察某一人口现象。在人口学里,队列(cohort)指在同一时期经历了同一起始事件的一群人,也有的学者将其译为"同批人"或"同期群"。队列是以我们感兴趣的特定起始事件(如生育、婚姻、入学等)为标准进行分类的。成为某一特定队列成员的基本条件是同一时期经历这一特定起始事件。对许多人口现象,特别是婚姻和生育现象都需要做队列观察、描述和分析,然而由于数据限制,经常遭遇困难。

任何人口现象总是出现在一定的时间(时点或时期)内。对人口现象本身以及人口现象与社会经济现象关系的观察描述、分析和研究,都必须明确规定所观察与研究的时间范围。对某一时期(如一月、一年或数月、数年)的人口变动进行分析研究的方法,就是时期分析法。时期现

---

[1] Xie Yu,"Demography: Past, Present, and Future", *Journal of the American Statistical Association*, Vol. 95 (2000); Samuel H. Preston, P. Heuveline, M. Guillot, "Demography: Measuring and Modeling Population Processes", *Population*, Vol. 57 (2001).

象实际上是队列行为在各个时期具体条件影响下的表现。时期分析研究的对象是许多分别处于生命历程不同阶段的不同队列在同一时期的人口现象。我们也常常把不同时点或时期的人口现象进行动态对比,把队列分析和时期分析并用以考察人口的发展变化。[①]

时期分析主要有三个方面的内容。第一,综合各队列在该时期的人口现象,并用若干综合指标来表述,如人口统计中常用的某一年的粗出生率、粗死亡率、总和生育率、平均期望寿命等,以反映所研究时期的人口特征。第二,研究人口规模与人口结构(如年龄、教育程度、职业、居住状态等)随时间的变化,从而找出人口变动的趋势,为人口与社会经济规划决策服务。第三,找出人口年龄结构与如生育、死亡、迁移、婚姻、就业等人口过程的实际水平对人口综合指标的影响。

(二) 人口动态研究的基本变量和解释

1. 出生和生育

出生(birth)是指生命现象(一般为有心跳和呼吸的新生儿)的出现,具体来说,就是指活体婴儿从母体中分离出来的过程。出生是人类生息繁衍、自我延续的基本前提,也是人口自然增殖的直接导因。与出生相近的词是"生育"(fertility),但更侧重于母体的行为。较为常用的衡量时期出生水平的指标包括粗出生率和一般生育率。粗出生率(crude birth rate)是指一定时期内出生人数与同期人口总数之比,以千分比统计,亦即某年度每千人中的出生人数。一般生育率(general fertility rate)是指一定时期内出生人数与同期育龄妇女总数之比,也以千分比统计。出生数量对人口增长有着最直接的影响,长期以来受到学界的关注。

---

[①] 查瑞传、刘金塘:《中国妇女结婚生育的时期分析和队列分析》,《中国人口科学》1991年第6期。

人口学者对于发达国家和发展中国家的人口生育行为及生育率变动问题，从多个角度进行了广泛而深入的考察与研究，发表了大量著述，形成多种理论、学说乃至学派，具有重大的理论和实践意义。由于流派众多，根据对影响生育率变动的决定因素的不同立论视角，有学者将其分为以下四种类型[①]：

(1) 生育的经济学理论。这类生育理论侧重于经济因素对生育抉择及生育率变动的影响，运用经济学理论观点对生育率问题进行分析。这类理论包括生育率变动的宏观经济分析，如研究经济增长、经济周期、经济发展、经济长波和生育率水平、生育变动之间的关系；也包括微观生育经济学理论，即生育率变动的微观经济分析，如家庭经济学、家庭人口经济学的生育率研究，孩子生产的成本-收益分析，边际孩子合理选择理论，孩子数量-质量替代理论等；此外，生育率变动的中观(区域)经济研究也是其中一种，主要对一定地区(社区)生育率水平及其变动进行分析。具体的理论有消费需求理论、时间配置理论以及由此派生的新家庭经济学理论、代际财富流理论、福利经济学理论、社会经济现代化理论等。

(2) 生育的社会学理论。这类生育理论侧重于非经济的社会因素对生育率变动的影响，从社会文化、社会心理、社会流动等视角，对生育率问题进行社会学及人口社会学的分析。其核心是从非经济的社会因素如文化传统、受教育水平、婚姻、家庭关系、妇女地位、生活质量等入手来分析生育决策和生育率变动。

(3) 生育中介因素(变量)理论。这类生育理论侧重于人口学因素本身对生育率变动的影响，围绕生育率决定因素展开研究，又被称为"最接近决定因素理论"。这种理论最早由美国著名人口学者 K. 戴维斯

---

① 李竞能编著：《现代西方人口理论》。

(K. Davis)和J. 布莱克(J. Blake)在氏著《社会结构和生育率：一种分析框架》(1956)里提出。他们指出，人们的生育过程可以划分为三个阶段，即交配、怀孕和分娩；社会经济因素对生育及生育率的影响不是直接的，而是通过"中介变量"间接地发生作用的。总结来说，这类理论认为最接近于决定生育行为以及生育率变动的因素是交配、婚姻、怀孕、分娩、避孕的成功率、流产以及绝育和不孕、生育间隔和生育次数等。根据这个理论，不论是经济因素还是非经济的社会因素，它们都要通过上述中介因素，才能影响生育行为和生育率变动。

(4) 生育的生物学理论。这类生育理论侧重于研究生物学因素或者"生物-社会因素"对生育行为和生育率变动的影响，来对生育率问题进行人口生物学的理论分析。这种研究在一定意义上把人口学看作"生物-社会科学"来对生育率问题进行理论研究，其核心是从"生物-社会因素"的角度，研究育龄人口的生育行为与性行为、性激素、性需要、生殖健康和性心理等人口生物学因素的关系。

2. 死亡和死亡率

死亡和出生一样，都是人类最重要的生命事件。死亡(death)是指生命现象的终结、生命活动的停止与消逝。死亡是人口自然减少的直接导因，也是人口减少的最终导因。出生与死亡本是人的社会生物学特性，它们直接反映着人口的自然变动情况，出生使人口增加，死亡使人口减少。衡量死亡的主要指标是死亡率(crude death rate, mortality)，指的是一定时期内死亡人数与同期人口总数之比，以千分比统计，即某年度每千人中的死亡人数。死亡率和出生率(生育率)同是对人口自然增长率变动起决定作用的变量。

死亡与出生两者可直接反映人口的自然变动情况。因此，出生与死亡又成为人口研究与人口统计中最基本、最常用的两个概念。出生与死亡之间存在对立统一的关系,其对立性就表现在两者是完全相反的两种社会生物学行为,出生意味着生命的诞生,而死亡则标志着生命的消亡。其统一性又表现在没有出生也就无所谓死亡,没有死亡只有出生也是不可想象的。出生与死亡两者的互动决定了人口的基本状态,形成了另一个人口动态研究的基本变量——自然增长率(natural increase rate):一定时期内的人口自然增长数(出生人数减死亡人数)与同期人口总数之比,以千分比统计,即某年度每千人中自然增长的人口数。

人口的自然变动实质上是出生和死亡的辩证统一。死亡率水平、死因结构以及它们的变化和差异,是人口自然变动最主要的决定因素。对死亡的研究,甚至比对出生和生育的研究更早。早在1662年,英国人约翰·格兰特在其发表的《关于死亡率表的自然和政治的观察》一书中,就以从16世纪末开始的每周登记一次的英国伦敦约50万人口的丧葬和教会洗礼的记录为基本资料,研究了人口现象并力图从中找出规律性。他从这些资料中得出关于死亡率的几个重要发现,如死亡率的城乡差别、死亡率的年龄分布规律、死亡人口的死因构成等。此外,他还编制了人类社会上的第一张死亡表,成为后来的生命表的基础,为以后的死亡率研究奠定了科学基础。他被认为是近代人口学的奠基人。此后,对死亡的研究主要集中在影响死亡率及其变动的决定因素研究、差别死亡率研究,以及死亡模式和死亡原因研究。[①]

(1) 死亡率及其变动的决定因素研究。其中,死亡水平及死亡率变动的决定因素是死亡理论研究的核心问题,也是人口转变的最先标志。对死亡率变动分析的主要理论包括"经济决定论""技术决定论""中介变量论""健康投入-产出模型"等。

---

① 李竞能编著:《现代西方人口理论》;《人口理论新编》。

所谓"经济决定论"是指那些认为死亡率水平取决于社会经济发展以及相应的教育、医疗卫生水平的理论。主要是基于对西方国家死亡率下降的观察,认为在诸多因素中,最突出的是农业和工业革命所带来的经济发展。但随着第二次世界大战后诸多新兴发展中国家的死亡率的迅速下降,这种不同的经验使得学者们在对"经济决定论"反思的同时,逐渐倾向于"技术决定论",即医疗卫生等技术的产生或引入对死亡率的下降起到决定作用。然而二者都是以局部经验为依据的,学者们又逐渐探索出新的理论和方法来认识死亡率的变动,使得死亡率的研究从宏观逐渐走向微观,如舒尔茨对死亡率进行的"健康投入-产出模型"分析,从微观角度对家庭经济和社区水平上的因素对死亡率的影响进行了研究。同时对死亡率变动因素的关注点也在社会经济变量之外,更加重视中介变量、生物学因素和社会政治因素。

(2) 差别死亡率研究。与总死亡率相对应的是特殊死亡率(specific death rate),可用于研究差别死亡率(differential mortality)。差别死亡率的研究进一步推动了死亡率研究的发展,包括分性别、年龄等生物-社会方面的死亡率差别研究,以及职业、行业、阶级、地域和城乡、民族等社会、经济、文化方面的死亡率差别研究。

其中,在分年龄死亡率的研究中最受重视的是婴儿死亡率。婴儿死亡率是指婴儿出生后周岁以内的死亡率,即未满周岁婴儿死亡数与活产婴儿数之比。它的高低不仅制约着人口再生产的规模与速度,而且反映了相关地区的社会经济水平、医疗卫生水平、受教育程度和生活质量的高低。1949年以前,中国社会的婴儿死亡率很高,据估计在20世纪三四十年代一般高于200‰[1],1949年以后,婴儿死亡率迅速下降,1957年

---

[1] 陈达:《人口问题》,北京:商务印书馆,1934年。

降到 70.39‰,改革开放后已降到 40‰ 以下①。根据国家统计局数据,2016 年我国的婴儿死亡率为 7.50‰。②

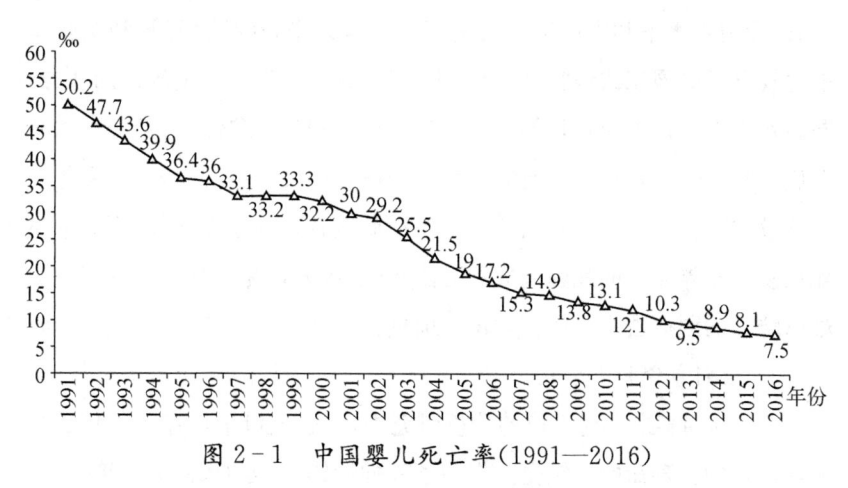

图 2-1 中国婴儿死亡率(1991—2016)

（3）死亡模式和死亡原因的研究。死亡模式是指在总死亡率变动趋势为已知的条件下分年龄死亡率水平分布的模式。分析死亡模式的变化和分析生育模式的变化有同等重要的意义。死亡模式研究需要以分年龄死亡率研究为基础。从宏观角度作长期观察,历史上死亡模式变化的总体趋势是由高死亡率模式向低死亡率模式转化。具体来说是从高总死亡率水平和高婴儿死亡率水平向低总死亡率水平和低婴儿死亡率水平转变;死亡人口年龄构成由年轻型向老年型转变;人口平均预期寿命从短向长转变;人口再生产速度从快向慢转变。

死因模式则是从宏观来看待死因结构,也是对死亡模式研究的一个有效补充。从动态来看,死因模式也是与社会经济发展和医疗卫生进步

---

① 袁永熙主编:《中国人口总论》,北京:中国财政经济出版社,1991 年。
② 国家统计局:《年度数据:婴儿死亡率》(2018), http://data.stats.gov.cn/easyquery.htm?cn=C01。

息息相关的。通过对死因构成和死因顺位进行分析，可以进一步揭示一个国家或地区人口的死亡态势和规律性，以及当地的文化和社会经济水平、医疗卫生水平和人口生活质量等。一般说来，在社会经济和文化水平比较落后的国家或地区，医疗卫生条件、营养和生活质量较差的地方，同高死亡率型死亡模式相伴而行的死因构成和死因顺位，通常表现为急性病、烈性病，特别是可防治的急性传染病。相反，在社会经济与文化水平比较先进、医疗卫生条件、营养和生活质量较好的地方，同低死亡率型死亡模式相伴而行的死因构成和死因顺位，则表现为以慢性病、老年病、难以防治的顽症占主要比重和位居前列。

3. 预期寿命和生命表

（1）预期寿命。对人口的分析研究中，了解人口平均存活的年数是非常重要的。寿命的长短受两方面条件的制约：一方面，社会经济条件、卫生医疗水平限制着人们的寿命，所以，在不同的社会和不同的时期，寿命的长短有着很大的差别；另一方面，体质、遗传因素、生活条件等个体差异，也使每个人的寿命长短相差悬殊。在预期寿命指标中，表明了新出生人口平均预期可存活年数的平均寿命是最常用的。它表明了新出生人口平均预期可存活的年数，是分析评价一个国家或者地区的人口健康状况的一个非常敏感而又具有重要意义的指标；同时，由于社会经济条件、卫生医疗水平限制着人们的寿命，该指标也可以反映出一个社会生命和生活质量的高低。

预期寿命（life expectancy），是指在一定年龄组的死亡率水平下，该年龄组的一批人从出生到死亡平均可能生存的年（岁）数；指在一定年龄组的死亡率水平下，该年龄组的一批人从出生到死亡平均可能生存的年（岁）数。通常所说的平均期望寿命是指刚出生的一批人平均一生可能存活的年数。假设有 10 万人同时出生，把这 10 万人从 1 岁开始，逐年存活

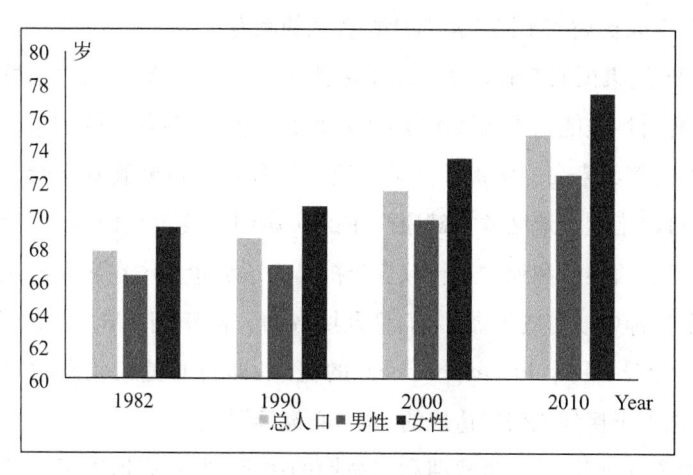

下来的人年数加起来,除以 10 万,得出这批人出生时的平均预期寿命。

图 2-2 中国人口平均预期寿命(岁)

数据来源:四次人口普查数据

在方法上,人口平均预期寿命是以当前分年龄死亡率为基础计算的,但实际上,死亡率是不断变化的,因此,平均预期寿命是一个假定的指标。该指标与性别、年龄、种族等有着非常紧密的联系,因此经常需要分别计算。因此,虽然难以预测具体某个人的寿命有多长,但可以通过科学的方法计算并告知在一定的死亡水平下,预期每个人出生时平均可存活的年数,这就是人口平均预期寿命。

除平均预期寿命以外,人口学界又开发或引入了其他更为精致的衡量寿命的指标,如潜在减寿年数(potential years of life lost,PYLL),指某年龄组人群因某病死亡者的期望寿命与实际死亡年龄之差的总和,即死亡所造成的寿命损失。潜在减寿年数是在考虑死亡数量的基础上,以期望寿命为基准,进一步衡量死亡造成的寿命损失,强调了早亡对健康的影响。同时,用潜在减寿年数来评价疾病对人群健康影响的程度,可消除死亡者年龄构成的不同对预期寿命损失的影响。此外该指标可用来计算不同疾病或不同年龄组死亡者总的减寿年数。

(2) 健康预期寿命。另一方面,疾病可给人类健康带来包括早死和残疾(暂时性失能与永久性失能)两方面的危害,这些危害的结果均会减少人类的健康寿命。定量计算某个地区每种疾病对健康寿命所造成的损失,可以指明该地区危害健康严重的疾病和主要卫生问题,这种方法可以对发病、残疾和死亡进行综合分析。为了测量人类在实现健康和长寿两个目标中取得的进展,人们将预期寿命和健康相结合,提出了健康预期寿命(healthy life expectancy)的概念,即身心健康状态的期望寿命,考虑由于疾病或伤残造成的"非身心健康"状态。

为了分析健康期、带病期和寿命期的关系,学者们提出了三种理论假说。第一种叫作"疾病压缩"(compress of morbidity)假说,认为人的寿命是存在极限的,因此由于慢性病的发病时间会推迟,甚至会由于生活方式的改变而避免慢性病的发生。因此,从发病开始到死亡这一段的带病时间会被压缩。这一假说是以患病率的下降快于死亡率的下降为前提。第二种叫作"疾病拓展"(expansion of morbidity)假说,这一假说是在否定了死亡率曲线的矩形化趋势前提下提出来的,即人们的寿命并没有一个明确的极限。因此寿命延长或死亡率下降会导致带病期和由此引起的残障期的延长。实际上这一假说是以死亡率的下降快于患病率的下降,或者说寿命的提高速度快于健康寿命的提高速度为前提的。第三种叫作"动态平衡"(dynamic equilibrium)假说。这一假说承认生存期的延长会导致带病期的延长,但却认为重度疾病或残障的年数与寿命的增长是同步的,原因是随着医疗条件的改善和人们生活方式的改变,慢性病由轻度向重度转变的递进速度会放慢。实际上这三种假说都是在实证的基础上提出来的。学者们已经列举了大量的数据来支持第一和第二种假说,也有非常多的数据支持第三种假说。由于对这些假说的检验通常都是基于两次或短时间的动态观察得到的结果,所以不同国家或地区在短时间出现假说中的任何一种情况都可能是正常的。如果能够基于对某一人口的长期观察,人们甚至可以发现不同的假说可能在这个人口变化的不同阶段相继发生,而不是仅仅符合一种假说。[1]

健康寿命实际上涉及两方面的内容,一是健康,二是寿命。寿命的操作性定义比较简单,即人死亡时的年龄。不同健康定义下的健康寿命是不同的,反映健康状况的程度是有差异的。测量健康寿命的常用指标有:未患病预期寿命(disease-free life expectancy),简称未患病寿命,这里通常是指未患慢性病寿命;有活力寿命(active life expectancy),即日常生活自理的寿命,包括依据 ADL 和 IADL 计算的健康寿命;未残疾寿命(handicap-free life expectancy),反映身体器官没有得到损害的时间;非残障寿命(disability-free life expectancy),反映由于残疾导致一定的社会功能丧失,也可以称为未失能寿命;此外还有从损失的寿命角度测量的伤残调整寿命年(disability adjusted life year, DALY),指从发病到死亡所损失的全部健康寿命年,包括因早死所致的寿命损失年(YLL)和疾病所致伤残引起的健康寿命损失年(YLD)两部分。

(3)生命表。在预期寿命具体测量和方法上,需要将从出生到陆续死亡的整个生命过程都表现出来,这就要用到生命表。

生命表是按照一批人(cohort)的年龄别死亡率编制的,研究同时出生的一批人的整个生命过程的统计表。生命表的基础是分年龄死亡率,生命表的重要结果是可以得到各年龄人口的平均预期寿命。从构成生命表函数的时间性质看,生命表所观察的是假定一批人的生命过程的统计表。由

---

[1] 乔晓春:《健康寿命研究的介绍与评述》,《人口与发展》2009 年第 2 期。

于生命表主要是根据年龄别死亡率编制的,因而它从另一方面反映了同时出生的一批人随年龄增长而陆续死亡的过程,因此又称死亡率表或死亡表。此外,生命表中也反映了人口的平均预期寿命,所以又可称为寿命表。[①]

编制生命表,可以按整个国家的数据编也可以按局部地区编;可以分性别编也可以按合计人口编;可以用一年的死亡数据编也可以按几年的数据编,也可以把相邻几年的数据平均后再编。但一个基本的前提是分年龄死亡数据要足够多,以保证年龄别死亡率变化相对平稳,不能出现较大波动以致失真。如果年龄分组按单岁组,所编制的生命表称为完全生命表,若按五岁一组,称为简略生命表。[②]

历史上第一张生命表是三百多年前英国学者约翰·格兰特在其《关于死亡率表的自然和政治的观察》一书中编制的死亡表。其形式为(表2-1):

表2-1 约翰·格兰特编制的死亡表

| 年龄(岁) | 死亡数(人) | 年龄(岁) | 生存数(人) |
| --- | --- | --- | --- |
| 0—6 | 36 | 6 | 64 |
| 6—16 | 24 | 16 | 40 |
| 16—26 | 15 | 26 | 25 |
| 26—36 | 9 | 36 | 16 |
| 36—46 | 6 | 46 | 10 |
| 46—56 | 4 | 56 | 6 |
| 56—66 | 3 | 66 | 3 |
| 66—76 | 2 | 76 | 1 |
| 76—86 | 1 | 86 | 0 |

---

① 陈友华:《生命表及其在人口性别构成分析中的应用》,《人口与经济》1995年第2期。
② 郑家亨主编:《统计大辞典》,北京:中国统计出版社,1995年。

随着人口统计的发展,生命表的编制也日趋完善。现在的生命表的基本内容为(表2-2):

表2-2 生命表基本形式

| 年龄组 x | 死亡概率 qx | 尚存人数 lx | 表上死亡人数 dx | 平均生存人年数 Lx | 平均生存人年数累计 Tx | 平均限期寿命 ex |
|---|---|---|---|---|---|---|
| 0 | | | | | | |
| 1 | | | | | | |
| 2 | | | | | | |
| …… | | | | | | |

其中,年龄组 x,表示某一确切年龄或某一年龄组的起点,可以是单数组亦可以是五岁一组。尚存人数 lx,指同时期出生的一批人活到确切年龄 x 岁的人数,一般假设人口基数 l0＝100 000。死亡概率 qx,是活到确切年龄 x 岁的人在未满 x＋n 周岁死亡的概率,是根据实际年龄别死亡率推算出来的。死亡人数 dx,是活到 x 岁的人中在未满 x＋n 周岁之前死亡的人数。平均生存人年数 Lx,是在确切年龄 x 岁与 x＋n 岁之间所存活的人年数。平均生存人年数累计 Tx,是已达到确切年龄 x 的人在以后可能存活的总人年数。平均预期寿命 ex,是活到 x 岁的人平均每人预期尚可存活的年数。

利用生命表可预测未来人口,也可进行人口回测,它是研究人口再生产过程的重要模型。生命表的直接成果之一就是提供了人口平均预期寿命。这一指标是反映一个国家人口社会经济综合情况的指标之一,是人口健康素质的定量描述,不同于自然条件基本相同的国家和地区间进行比较。①

生命表在健康预期寿命的计算上,也有很重要的应用。苏利文法是目前应用最广泛的健康寿命方法,它的核心优势是结合了生命技术和细分的残疾现患率(或其他健康变量)。它是在生命表计算技术的基础上,结合某一时期的分年龄患病人口的比例,最终将人口的平均预期寿命分解为健康预期寿命和不健康(或带病)预期寿命两部分。实际上这种方法属于生命表中多衰减生命表的一种,或者说是多衰减生命表在健康领域里的应用。另一种方法被称为多状态生命表法(multistate life table method)。这种方法也是人口学常用的一种方法,它比苏利文法更接近于实际。该方法假定健康状况的各种变化符合马尔可夫过程的假设,即以往状态的持续时间和发生频率不影响后一个状态的发生。它可以反映人口从不同健康状态的相互转移,从而可以按照不同健康状态计算出人口的预期寿命和健康寿命,以及不同健康状态转移所需要的时间。该方法对数据的要求比较苛刻,它需要用纵向数据,即同一个体至少有两个观察时点的健康状况,从而可以计算出两个时点不同健康状况的状态转移矩阵,最终得到按不同初始健康状态分的分年龄健康寿命和不健康寿命。②

### 4. 人口再生产与人口转变

人口再生产是指人口新一代出生、成长和老一代衰老、死亡不断重复的世代更替,人类自身得以延续和发展的过程。人口再生产实质上就是人类自身的再生产,也是社会再生产的一个方面。正如人口有生物和社会两重属性,人口再生产也表现为自然和社会双重关系的过程。就自

---

① 郑家亨主编:《统计大辞典》;马国泉等主编:《新时期新名词大辞典》,北京:中国广播电视出版社,1992年。

② 乔晓春:《健康寿命研究的介绍与评述》。

然关系方面来说,是它的自然过程,即世代更替和延续的人口不断出生、成长、衰老、死亡的生命过程。而社会关系方面,即它的社会过程,指人口再生产要通过一定的社会关系,特别是一定的婚姻关系和家庭关系来实现的过程。人口再生产的过程是自然过程和社会过程的辩证统一的表现。人口再生产的自然基础是人的生命过程,而人口再生产得以实现的运作形式则是社会过程。[1]

而人口再生产类型的转变则被称之为人口转变,亦称人口革命,是人类历史上由生产力革命引起的人口再生产类型由低级向高级的发展。

(1) 西方人口再生产理论。早在一个世纪前,西方学者就开始了对人口再生产与人口转变的理论探求,到二战结束后的一二十年间,随着世界经济的全面复苏和科学技术的突飞猛进,继死亡率骤降之后又出现生育率的剧增,由此引发了一场前所未有的"人口爆炸",从而更加极大地推进了这方面的理论研究。在考察人口再生产现象时,西方学者依据人口的出生与死亡及其互动结果所引起的人口自然变动状况总结了以下三种典型的人口再生产类型[2]:

① 原始(粗放)型人口再生产:这种人口再生产类型是以高出生率、高死亡率、极低的自然增长率为特征,主要存在于生产力低下、人口增长缓慢的早期社会,与原始人口再生产类型与采集、狩猎的占有经济时代相适应。

② 传统(过渡)型人口再生产:随着以手工劳动为基础的农业生产

---

[1] 吴忠观主编:《人口科学辞典》,成都:西南财经大学出版社,1997年。
[2] 向洪、张文贤、李开兴主编:《人口科学大辞典》,成都:成都科技大学出版社,1994年;罗淳、和勇:《试论云南各民族人口再生产与人口转变——基于民族人口普查数据的实证分析》,《民族研究》2004年第1期。

经济时代的到来,人口再生产类型表现为以高出生率、高死亡率、较低的人口自然增长率为特征的形式。而伴随生产力发展、健康状况改善和国际节育运动的兴起、出生率和死亡率相继下降。人口再生产类型逐渐以高出生率、低死亡率、高自然增长率为表征。

③ 现代(稳定)型人口再生产:这种人口再生产类型以低出生率、低死亡率、低人口自然增长率为特征,与现代科学技术为基础的社会化大生产经济相适应。指标的"三低"状态产生于城市化和现代化的进程之中,也是城市化和现代化实现的一个必备标志。它使出生率和死亡率两指标在低水平上重现人口均衡状态。

在这些基本的分类之外,不同的人口学家也对人口再生产类型进行了不同角度的多种分类。如有的西方人口学家根据西方工业化国家的经验,把经济发展过程中的人口转变划分为五个阶段,并且从定量的角度对这五个阶段进行论证,给出了具体的参量指标(表2-3)。① 又如罗淳等通过观测有关指标的变化情况,对人口再生产的不同类型及人口转变的阶段特征进行了定性确认(表2-4)。

表2-3 科尔等人对人口转变的阶段划分及其指标参量(‰)

| 指标 | 原始静止阶段 | 前现代阶段 | 过渡阶段 | 现代阶段 | 现代静止阶段 |
|---|---|---|---|---|---|
| 出生率 | 50.0 | 43.7 | 45.7 | 20.4 | 12.9 |
| 死亡率 | 50.0 | 33.7 | 15.7 | 10.4 | 12.9 |
| 自然增长率 | 0.0 | 10.0 | 30.0 | 10.0 | 0.0 |

数据来源:邬沧萍主编:《世界人口》。

---

① 邬沧萍主编:《世界人口》,北京:中国人民大学出版社,1983年。

表 2-4 罗淳等人对不同人口再生产类型与人口转变阶段的定性确认

| 人口再生产类型 | 指标特征描述 | 现代静止阶段 |
| --- | --- | --- |
| 原始(粗放)型 | 出生率与死亡率在高位趋近,自然增长率很低 | 高位静止 |
| 传统(过渡)型 | 初期出生率基本未变,死亡率开始下降,自然增长率升高 | 初期加速 |
| 传统(过渡)型 | 中期出生率开始下降,死亡率继续降低,自然增长率很高 | 中期扩张 |
| 传统(过渡)型 | 后期出生率继续下降,死亡率基本不变,自然增长率减缓 | 后期减速 |
| 现代(稳定)型 | 出生率与死亡率在低位趋近,自然增长率很低 | 低位静止 |

资料来源:罗淳、和勇:《试论云南各民族人口再生产与人口转变——基于民族人口普查数据的实证分析》,《民族研究》2004 年第 1 期。

(2)马克思主义的"两种生产理论"。如第一章所述,"两种生产理论",指关于物质资料生产和人类自身生产共同决定社会发展的理论。早在《德意志意识形态》中,马克思和恩格斯就指出,"生命的生产"分为"通过劳动而达到的自己生命的生产"和"通过生育而达到的他人生命的生产"。1884 年,恩格斯在《家庭、私有制和国家的起源》一书的序言中明确指出:"一定历史时代和一定地区内的人们生活于其下的社会制度,受着两种生产的制约:一方面受劳动的发展阶段的制约,另一方面受家庭的发展阶段的制约。"[①]

马克思主义的"两种生产理论"把人口转变和社会生产方式的历史更替结合起来加以研究,认为人类社会得以生生不息、代代相传,离不开

---

[①] 金炳华:《马克思主义哲学大辞典》,上海:上海辞书出版社,2003 年。

物质资料的再生产和人口自身的再生产。物质资料的再生产,即指衣食住行的生产与消费;人口自身的再生产,则专指由人口的出生与死亡现象所引起的人口新旧更替,从而实现人口自身的世代延续与更新的过程。

"两种生产理论"讨论了物质资料生产和人类自身生产的辩证统一关系。其主要内容包括:① 社会生产包括物质资料生产和人类自身生产两种。这两种生产在任何社会、任何历史阶段都不可缺少。人类自身的生产和物质资料生产必须要一起纳入社会生产范畴,才能构成完整意义上的社会生产,也才能组成社会生产的总运动。② 物质资料生产方式内部的矛盾运动,对人类历史的发展起着决定性的作用;而人类自身生产对社会的发展也有促进或延缓的作用。③ 两种生产存在着对立统一的辩证关系。④ 两种生产之间客观存在着一定的比例关系,必须相适应地发展。"两种生产理论"深刻地揭示了人口转变的动因和人口转变的规律[①],是马克思主义人口经济理论的基础,也具有指导计划生育、控制人口的实际意义。

(三)人口结构研究的基本变量和范畴

1. 人口结构和构成

人口结构,又称人口构成,是指将人口以不同的标准划分而得到的一种结果,可以反映一定地区、一定时点人口总体内部各种不同质的规定性的数量比例关系。人口结构是人口现象的一个重要特征,也是不同人口总体区别的主要标志。因此,调查分析研究人口各类结构,是研究一定社会发展阶段或特定社会形态下的人口现象、人口特征、人口规律以及人口发展与社会、经济、环境、资源之间的关系的基本依据,亦是人

---

① 吴忠观主编:《人口科学辞典》。

口预测、人口规划的主要依据。

（1）三类人口结构。之所以有人口结构或构成，是因为在组成人口总体的个人之间存在着许多既相同又相异的自然标识和社会标识，各种标识把个人归类成若干部分，具有不同标识的各个部分按照一定的比重组成总体人口。构成这些标识的因素主要包括年龄、性别、人种、民族、宗教、教育程度、职业、收入、家庭人数等。就标识的性质特征划分而言，人口结构可归纳为人口自然结构、人口社会结构、人口地域结构三大类。①

① 人口自然结构：亦称人口自然构成，是依据人口生物学标识将人口划分为各个组成部分而形成的人口结构，主要有性别结构、年龄结构、人种结构等。人口的自然结构是人口结构体系中最基本的结构，既是人口再生产的必然结果，又是人口再生产的基础和起点，对人口发展规模和速度有重要的制约作用，从而对社会经济的发展产生重要的影响。同时，社会经济的发展也通过一系列中间环节对人口自然结构起制约作用。

人口自然结构，是人口自然状态的静态反映。可以按某一时点人口数计算，如按年初、年末、年中和普查时点的人口数计算；也可按某一时期的人口数，计算一定时期内出生人数的性别结构。我国历次人口普查提供了丰富的人口自然结构资料，对于社会经济发展的规划和未来人口规模的预测均具有十分重要的意义。②

② 人口社会结构：亦称人口社会构成，是依据人口的社会特征标识而划分的人口结构，主要有民族结构、文化结构、宗教结构、婚姻结构、家

---

① 吴忠观主编：《人口科学辞典》。
② 吴忠观主编：《人口科学辞典》。

庭结构、职业结构、语言结构、阶级结构、部门结构等。人口社会结构随着生产力的发展而相继产生,并随着社会生产力的发展而不断变化。社会经济发展以及社会生产方式决定人口社会结构及其变动;人口社会结构反作用于社会经济发展。人口的社会结构对人口再生产有重大的影响,不同的阶级、民族、文化、宗教、婚姻、家庭、职业和部门,其出生率、死亡率和自然增长率不同,平均寿命也有相应的差异。

③ 人口地域结构:亦称人口地域构成,是依据人口的居住标识来划分的不同地域的人口在总人口中所占的比重,主要包括自然地理结构、行政区域结构、人口城乡结构等多种具体的地域结构表现形式。人口的地域结构状况与地理环境、自然资源、经济发展关系密切,相互制约,合理的人口地域结构有利于开发和利用自然资源,促进城乡经济的发展。人口地域结构也是形成人口出生率、死亡率、平均寿命地区差异的重要原因。

(2) 人口年龄和性别结构。在人口结构各因素中,年龄和性别是最基本最核心,也是最重要的因素,是在人口结构中影响最大的因素。

年龄是人口的基本自然属性。人口年龄结构,亦称人口年龄构成,是指各年龄人口或年龄组人口在总人口中所占的比重或百分比。无论什么国家和地区,也无论什么时点,人口都是从 0 岁组开始直到某个最高的年龄组为止。而年龄组的划分则一般是根据研究需要来进行,如分为 1 岁组、5 岁组以及某些特定的年龄组。其中 1 岁组是最基本的,其他年龄组大都可以通过它的合并组合而成,如 0—14 岁为少年人口,15—59 岁(或 64 岁)为劳动年龄人口,60 岁(或 65 岁)及以上为老年人口等。对于某一个确定的人口总体而言,年龄组的组距或相邻年龄组的间隔越短,人口年龄组越多,人口年龄结构越复杂,反之越简单。[1]

---

[1] 刘兴策、李旭初主编:《新编老年学词典》,武汉:武汉大学出版社,2009 年。

人口的年龄结构是长期以来人口的出生率、死亡率以及人口迁移的结果。假定其他条件不变,人口的出生率越高,其少年儿童组的人口数量就越多,其在总人口中所占的比重就越大,那么人口的年龄结构就越"年轻",反之则越"老"。而人口的死亡率越高,人口的平均寿命就越短,老年人口占总人口的比重则越低,人口的年龄结构就越"年轻",反之则越"老"。此外,不同年龄组死亡率水平高低不同也会影响人口年龄结构。而就人口迁移来说,只要迁移人口在各年龄组不是均匀分布的,某一特定人口群体的年龄结构也会随人口迁移而改变。[1]

男女性别之分是人类固有的生物学基础,性别结构是人口结构中最基本的结构之一。人口性别结构,亦称人口性别构成,是指某一人口群的男女人口在总人口中所占的比重,包括总人口的性别结构、出生婴儿性别结构和婚龄人口性别结构等。在分析人口性别结构时,性别比是一个应用最广泛的指标。男女两性人口之比,是指当以女性人口为100时,相对应的男性人口数之比例。例如,当性别比为105时,它说明平均每100名女性人口,相对应的男性人口数为105人。出生婴儿性别结构是各种人口性别结构的基础,其主要是由生物因素决定的,因此比较稳定。大量的统计数据表明,出生婴儿性别比一般都在105±2的范围,总人口性别比平衡区间为96—106。[2]

人口性别结构主要受到生物学因素、人口学因素和社会学因素三类因素的影响。其中,生物学因素主要体现在对新生婴儿的两性差异和人口死亡率的两性差异的影响上。男性胚胎一般多于女性胚胎,而男性的死亡率高于女性,使得在达到婚龄期间,同年出生的人口性别比会趋向

---

[1] 吴忠观主编:《人口科学辞典》。
[2] 吴忠观主编:《人口科学辞典》。

平衡。随着年龄的增长,则会出现女性老年人口多于男性老年人口的情况。人口学因素一方面表现为人口自然增长率变动对总人口性别比的影响,人口自然增长率高,未成年组人口在总人口中所占比重就大,整个人口的性别比则会较高;另一方面体现在育龄妇女的年龄和产次变化对出生婴儿性别比的影响,一般来说,妇女生育年龄越大,产次越多,出生婴儿性别比会越低。最后,社会因素如战争、移民、社会和经济制度、人口生育政策,以及医疗体系发展等也会导致人口性别比的变化。

在实际研究中,人口学者常常将年龄结构与人口的性别结构结合起来使用,借以探讨人口内部更深层次的运动规律和与之有关的人口事件。其中,人口金字塔图一目了然,能明显地说明问题,是人口学研究的得力工具。

人口金字塔,又称"年龄性别金字塔",是人口学中常用的用来展示某一人口年龄和性别分布的情况的线条图表型统计学模型。这种图形,可以形象地表示和说明人口的现状、类型及其未来发展趋势。人口金字塔的画法通常是将人口的性别、年龄分组数据,以年龄为纵轴,以人数或百分数为横轴,左侧为男,右侧为女而绘制成并列的横的矩形。矩形的宽表示年龄组距,可为1岁、5岁或10岁,从低到高依次排列;矩形的长度表示该年龄组的人数或比例。各国家或地区不同时期的人口金字塔主要有以下三种不同的类型[1]:

① 扩张型或增长型:金字塔表现为塔底宽、塔顶尖,表明出生率很高,儿童和青少年人口的比例基数大,预示着会有快速的人口增长率,总人口有不断增长的趋势。

② 收缩型或缩减型:金字塔表现为塔底较中部窄,表明出生率迅速

---

[1] 彭克宏主编:《社会科学大词典》,北京:中国国际广播出版社,1989年。

下降,儿童和青少年人口的比例逐渐缩小,而成年人以至老年人的比例不断扩大,总人口有减少的趋势。

③ 静止型:金字塔表现为塔底和塔顶基本相近,其他部分大致相等,表明出生率、死亡率都很低,显示儿童占有的比例适度,各年龄组的人数大致相等,人均寿命长,会出现较低甚至零增长率,人口增长速度缓慢。

2. 人口分布和迁移

人口分布是指特定期间人口在空间的集聚状况及所占位置,包括静态人口分布、动态人口分布、垂直人口分布、水平人口分布等。人口分布受自然、经济、社会和历史等因素的制约,如居住在地球表面的人类空间分布很不平衡,其集聚程度有明显差异。此外,人类社会制度的更替也改变着人口分布的格局,如封建社会与分散的个体农业经济相适应,形成分散的乡村人口分布,至资本主义社会工业生产兴起,人口畸形地集中于大城市。随着社会的进步和发展,人口分布将主要取决于人类利用和控制自然能力的强弱,即科学技术水平和生产力水平的高低,自然环境的影响将逐渐减弱。[1]

从广义理解,人口分布包括人口再生产、人口结构、人口密度、人口城乡分布、人口迁移、城镇化以及人种和民族分布等内容。而就狭义理解,则仅限于人口数量的地域差异状况及其发展变化的一般规律。而人口在地理上的位置变更就是人口迁移,一般而言,人口迁移既包括长距离的人口迁移,也包括短距离的人口移动。

人口分布与迁移是一种十分复杂的社会人文现象,受到自然、历史、技术等因素的影响,也与区域经济社会的发展息息相关,互为因果。学

---

[1] 陈国强主编:《简明文化人类学词典》,浙江:浙江人民出版社,1990年。

术界从人口学、地理学、经济学和社会学等不同角度围绕人口迁移的影响、机制及运动规律进行了较为深入的研究,并提出了一系列理论与方法模式,包括较为经典的拉文斯坦迁移法则、引力模型、推拉理论等。

英国地理学家拉文斯坦是最早对人口迁移进行细致研究的学者,他在1885年提出了人口迁移的七条定律。20世纪60年代推拉理论开始流行,该理论认为人口迁移是由于迁出地的推力或排斥力和迁入地的拉力或吸引力共同作用的结果,包括与迁入地有关的因素、与迁出地有关的因素、各种中间障碍和个人因素。推拉理论还有很多量化模型,比如美国社会学家吉佛总结出了人口迁移的引力模型,认为两地的人口迁移数与两地人口数的乘积成正比,与迁移两地间的距离成反比。此后,经济学家又将经济学的供需关系、成本效益等引入人口迁移研究,丰富了人口迁移的理论与实证。[1]

3. 人口数量和人口结构的关系

人口数量考察的是一定时间和地域内的人口总数。一定时间点上的人口总数,就形成一定的人口规模。人口规模是指人口数量所涵盖的范围和所体现的数量与格局。一个国家的人口规模是由该国人口总数所涵盖的范围与数量决定的。在理论上,人口规模存在由资源、科技、生产力发展水平决定的上限(最高人口)、下限(最低人口)和适度人口(最优人口);不过在实际判断和实际计算上,无论哪种人口都很难进行精确计算。

同时,人口数量与人口结构密切相关。如上所述,所谓人口结构,是指依据人口所具有的各种不同的自然的、社会的、经济的和生理的特征,

---

[1] 朱杰:《人口迁移理论综述及研究进展》,《江苏城市规划》2008年第7期;蔡霞:《国内外人口迁移研究现状综述》,《知识经济》2014年第8期。

把人口划分成的各组成部分的数量所占人口总量的比重及其相互关系。人口结构是从一定规定性来看的人口内部关系。具体来说,是按照人口的不同标志研究一定地区、一定时点的人口的内部结构及其比例关系。

作为世界上人口数量最多的国家,我国的人口数量问题是长期制约我国经济社会发展的关键性问题之一。降低人口增长率,减缓人口规模的扩大速度,控制人口数量,一度成为我国的人口政策。然而,作为生育率下降的后果之一,少年儿童组的人口数量减少,老年人口在总人口中所占的比重增多,中国人口年龄结构出现了老龄化的趋势。因此,人口的内部结构问题也不容忽视,一度引起学术界的激烈讨论。有的学者认为中国人口年龄结构问题已经重于或即将重于数量问题;有的学者认为,在人口规模问题与年龄结构问题的比较中,规模问题在目前和今后十几年里仍然是第一位的问题,结构是第二位的问题,提出"总量第一、结构第二"[①]的观点;有的学者则认为"应该是数量与结构并举、数量与结构统一"[②]。统筹兼顾、协调推进人口的可持续发展,也成为目前人口数量与结构关系的主要观点。

可见,人口自身是一个人口数量、素质、结构、分布各要素互相联系、互相制约、互相促进的有机整体。从更长的时期看,人口素质、结构和分布问题将逐渐成为影响经济社会协调和可持续发展的主要因素,统筹人口与经济、社会、资源、环境协调发展的任务十分艰巨。

(四)人口质量的研究

1. 人口质量与促进

(1)人口质量的定义和内涵。人口质量也称人口素质,是指在一定

---

[①] 翟振武:《中国人口规模与年龄结构矛盾分析》,《人口研究》2001年第3期。
[②] 李建新:《也论中国人口数量与结构问题——兼与翟振武教授等商榷》,《人口研究》2001年第5期。

时间、一定地域和一定社会制度下，人口群体所具有的认识世界、改造世界的条件和能力。人们通常谈论的人口质量高低，实际上就是人口本身认识、改造世界的条件的好坏和能力的大小。所谓提高人口质量，就是要提高人口本身认识和改造世界的条件和能力。人口质量总是受一定的社会制度和历史条件的制约。因此，人口质量是历史的产物，不能离开一定的社会制度和历史关系来考察人口质量。人口质量是人口总体上的质的规定性，实际考察的是一定时间和地域的总体人口的素质。

人口质量的内涵是极其丰富的，但就其本质的规定性而言，主要包括人口的身体素质、科学文化素质和思想道德素质三个方面。人口的身体素质主要指人口体格和智力的健康状况，通常是指人的发育是否健全，智力是否完好，体质的强弱以及耐久力、动作敏捷程度等。人口的身体素质，是人口具有的自然属性。人口的科学文化素质是指人口的科学文化水平和劳动技能。这是人类在认识自然、改造自然和社会实践中长期积累的知识结晶，是人本身逐步形成的认识和改造世界的能力，具有历史的继承性。人口的思想道德素质是指人们的思想意识形态及其实践，包括世界观、人生观、价值观、道德观、思想品质、法制观念、工作态度等。这些内容虽然在不同的历史时期有不同的含义，不同的阶级具有不同的标准，但它们始终都是特定的人口思想道德素质的主要方面，是人口质量的重要特征。

人口质量是人口身体素质、科学文化素质和思想道德素质三者的统一。身体素质是人口质量的自然属性，科学文化素质和思想道德素质则是人口质量的社会属性。身体素质是人口质量的自然条件，是科学文化素质和思想道德素质的载体。人口身体素质和文化素质是人口素质的基础，思想道德素质是在此基础之上的人口构建层次素质。人口学在考察人口的素质时，着重分析的是人口的基础素质，也只有人口的基础素质才能够进行实证分析。然而科学文化素质也是人口质量的核心内容，是人口质量高低的主要标志，是认识世界、改造世界的主要手段，是提高身体素质、加强思想道德修养的重要条件。思想道德素质是人口质量的灵魂，是身体素质和科学文化素质的重要精神支柱，对于人们认识、改造自然和社会具有重要的指导作用。人口的科学文化素质和思想道德素质的提高，有利于身体素质的提高；而身体素质的提高，又为增强科学文化素质和思想道德素质提供了更为优越的条件和坚实的基础。

(2) 人口质量的衡量指标。人口质量从根本上说，是指人口作为群体的平均素质发展水平。人口群体质量的分项衡量指标应包括两个方面：一方面，素质本身的指标；另一方面，为了保证素质提高的社会条件的指标。

① 身体素质的衡量指标：一是素质本身的指标，包括人口的平均身高、体重、胸围、体重增长速度，各种患病率，平均预期寿命，各种智商人口占总人口的比重等。目前，世界各国普遍认为，婴儿死亡率和平均预期寿命是集中反映人口身体素质的指标。婴儿死亡率高，说明人口的营养差、体质弱、抗病力差、存活率低，从而说明人口身体素质差。平均预期寿命指标与人口身体素质成正比，寿命长，说明人口存活率高，身体素质好。二是保证人口身体素质提高的社会条件的指标，包括人口的食物构成与营养指标(人体需要与实际摄入)、每万人占有病床数、每一医生平均负担的人口数等。

② 文化素质的衡量指标：一是群体本身的指标，包括文盲半文盲率，15岁及以上人口识字率，小学生、中学生、大学生的入学率，每万人中具有大专以上受教育程度人口的数量，工人中的技术人员比重，农民中的技术人员比重，各种劳动生产率指标等。其中最重要的是文盲率和每万人中具有大专以上受教育程度人口的数量。二是保证文化素质提

高的社会条件指标,包括专业科学研究机构的门类、数量和水平,专业科学研究人员的数量和水平,每年图书、报纸发行的绝对量,教育经费占国家预算的比重等。

③ 思想道德素质的衡量指标:群体的思想道德素质,在阶级社会中受阶级地位的制约,呈现出鲜明的阶级性,不同的阶级存在着不同的甚至截然相反的标准。思想道德素质的这一特点使它在某些方面无法比较或可比性差,因此,迄今为止,尚无统一的衡量指标。但有些共识的因素应成为衡量思想道德水平的重要条件。如忠诚的爱国者人数,对社会公德遵守的程度,传统习惯和价值观反映出来的社会经济效益、刑事犯罪率、青少年人口犯罪率等,这些指标可以从一定的侧面反映人口思想道德素质状况及其差异。

④ 人口质量的综合衡量指标:要全面衡量人口质量,还需要有综合的衡量指标。世界常用的衡量人口质量的指标主要是由美国学者大卫·莫里斯(David Morris)于 1975 年提出的人口生命质量指数(physical quality of life index,PQLI)。PQLI 与联合国开发计划署(UNDP)的人类发展指数(human development index,HDI)类似,都弥补了仅用国民生产总值(GNP)和国内生产总值(GDP)来衡量社会发展的不足。即便如此,该指标也只能反映一个国家或地区人口的身体素质和文化科学素质的基本情况。

PQLI 这一指标由 1 岁时平均预期寿命、婴儿死亡率和 15 岁及以上成人识字率三个指标的平均值构成。由于这三项指标均与人口素质密切相关,因此,常被用作衡量和评价人口素质的综合性指标,故又译为"人口质量指数"。[①] 其计算方法如下:

---

[①] 王俊改、王仁安:《我国人口生命素质指数(PQLI)分析》,《中国公共卫生》1997 年第 5 期。

1岁预期寿命指数的计算以世界各国中最低的1岁平均预期寿命为指数的起点(0),最高的1岁平均预期寿命为最高值(100),介于最低与最高值之间的指数通过换算系数求出。

1岁平均预期寿命换算系数＝(最高的1岁平均预期寿命
　　　　　　　　　　　一最低的1岁平均预期寿命)/100

1岁平均预期寿命指数＝(某地1岁平均预期寿命
　　　　　　　　　　一最低的1岁平均预期寿命)/换算系数

婴儿死亡率换算为生命素质指数的方法与预期寿命类似,不过是以世界最高婴儿死亡率为指数起点(0),世界最低婴儿死亡率为最高值(100),介于最低与最高值之间的指数通过换算系数求出:

婴儿死亡率换算系数＝(最高的婴儿死亡率
　　　　　　　　　　一最低的婴儿死亡率)/100

婴儿死亡率指数＝(最高的婴儿死亡率
　　　　　　　　一某地区婴儿死亡率)/换算系数

成人识字率指15岁及以上人口中识字人口占全部15岁及以上人口总数的比例。这一指标不必换算,直接作为该指标的指数值(范围为0至100)。

上述各项指标的指数相加除以3,即为人口生命质量指数。根据人口生命质量指数PQLI计算结果,世界人口素质可分为三种类型:低于世界平均值65的属于低素质人口类型,65至80属于中等水平,80以上属于上等水平。人口生命质量指数最低的是非洲,平均值为32;亚洲为58;拉丁美洲平均值为71。瑞典、挪威、丹麦、荷兰、日本的指数都在95

以上。中国 2000 年 PQLI 值为 88.4,已属上等水平。[①]

另一个较为常用的综合指标是美国社会健康协会(ASHA)指标。美国社会健康协会指标由就业率、识字率、平均预期寿命、人均国民总产值增长率、出生率和婴儿死亡率 6 项指标运算而成,计算方式为:

$$\text{ASHA 指标} = (\text{就业率} \times \text{识字率} \times \text{平均预期寿命} \times \text{人均国民总产值增长率}) / (\text{出生率} \times \text{婴儿死亡率})$$

该指标较 PQLI 全面些,但对教育水平的表达仍然不是十分合理,在卫生保健方面的表达也有较大的局限性。因此,无论是 PQLI 指标还是 ASHA 指标,都是对第三世界国家间的比较较为适宜。[②]

(3) 出生人口质量。出生人口质量,是决定人口素质的自然属性的基础或称物质基础。出生人口质量是指胎婴儿的质量。胎婴儿的质量通过人群中缺陷基因与表型的频率及其变化规律来表达。尽管还没有出生质量的评价标准和指标,但出生质量较高的标志应该是健康,即生理、心理和社会完好性的整体健康。出生人口质量的负面结局包括两方面,一是出生缺陷,二是亚健康出生。

出生缺陷是指胎婴儿出生前,在母亲的子宫内已发生了的发育异常,出生后表现为肉眼可见或辅助技术诊断的结构异常、功能异常和代谢异常等。按医学分类标准可将出生缺陷分为变形缺陷、裂解缺陷、发育不良、畸形缺陷四种类型。其中畸形缺陷是最常见、最严重的出生缺陷。出生缺陷包括了先天畸形在内的所有出生异常病种。根据国际权

---

[①] 孟宪臣主编:《统筹解决人口问题战略研究》,郑州:河南人民出版社,2007年。
[②] 高尔生、吴擢春主编:《医学人口学》(第 2 版),上海:复旦大学出版社,2004 年;吴群红主编:《医学人口学》,北京:人民卫生出版社,2011年。

威研究机构对世界各地区出生缺陷发生水平的估计,我国出生缺陷总发生率在 50‰—60‰,每年约有 80 万—120 万出生缺陷患儿出生,占出生人口的 4%—6%。[1]

另一方面,正常出生的新生儿应该有约 40 周(280 天)的孕期,身长、体重、体围、骨骼、神经、精神、运动等都应该符合新生儿生长发育的标准范围。同时,新生儿不应该有任何并发症。否则,出生的新生儿就不能处在健康状态。如早产、窒息、过期产、低体重(小于 2500 克)、新生儿疾病、性传播性感染(STD)、免疫缺陷(HIV/AIDS)等。这种状态的新生儿出生后,受到多方面因素的影响,可能是健康的,也可能是不健康的,可定义为亚健康出生。

提高出生人口质量是提高人口素质的关键。在目前出生人口质量仍有较多问题的情况下,如何进行有效的干预,是许多领域和部门都在探讨的热点问题。从影响出生人口质量的已知因素和可能条件来看,引起出生人口质量问题的因素是多元的,而且是错综复杂的。所以,探讨出生人口质量的有效干预途径必须要符合出生缺陷和亚健康出生的病因特殊性,建立多学科协作的出生人口质量干预框架,使出生缺陷和亚健康出生的发生率得到有效的控制甚至降低,使人口质量的改善真正落到实处。在低生育水平的人口形势下,成功地干预出生缺陷和亚健康出生,并将病因较为清楚的非健康人口比例缩小到最低水平,是优化人口结构、提高人口健康储量、改善人口生命质量的重要途径。[2]

---

[1] 裴丽君:《重大出生缺陷多学科交叉研究进展》,《第七次全国流行病学学术会议暨中华预防医学会流行病学分会、中华医学会〈中华流行病学杂志〉编辑委员会第七届换届会议论文集》,2014 年。

[2] 郑晓瑛:《中国出生人口质量的现状与干预途径》,《中国人口科学》2000 年第 6 期。

2. 人口数量与人口质量的关系

人口数量和人口质量是统一的。人口群体作为一个客观事物,是量的规定性与质的规定性的结合。人口量的规定性,说明人口存在和发展的规模;人口质的规定性,说明人口素质高低。在人口再生产的历史过程中,人类为了生存、延续、发展,既要求实现人口数量的再生产,保证具有一定数量的人口,也要求实现人口质量的再生产,保证人口群体质量的继承和提高。人口数量在增减的同时,其质量也在不断提高。可见,无论在何种社会生产方式下,人口数量和质量都是人口发展的不可分割的两个方面,世界上不存在没有质量的人口数量,也不存在没有数量的人口质量。人口数量和人口质量互为条件,相互依存。

(1) 人口数量和人口质量相互促进。一定的人口数量是人口质量提高的前提。虽然人口质量的高低并不取决于人口数量的多少,但在相当长的历史时期内,人口数量的增长促进了人口质量的提高。这一过程是通过人口数量的增长对生产力的作用而实现的。在人类以手工工具、人力畜力为主要获取生活资料的手段时,人口数量的增长就意味着劳动力数量的增长与社会财富的增加;一定的人口数量和人口密度又是社会分工的前提条件,从而促进商品交换和商品生产的发展,为人口质量的提高奠定了基础。同时,人口数量和人口密度的增加,使体力劳动和脑力劳动的分离成为可能,而这一分离正是人类历史上科学文化发展和人口质量提高的必要前提。在一定的历史条件下,人口质量也促进了人口数量的增长。人口质量的提高推动了生产力的发展,人们的物质文化生活水平不断提高,医疗卫生事业得到发展,导致死亡率下降,平均预期寿命延长,从而促进了人口数量的增长。

(2) 人口数量和人口质量相互制约。人口数量过多或过少,都会给人口质量带来不利影响,阻碍人口质量的提高。人口数量过少,劳动力不能满足经济及社会各部门发展的需要,不利于社会经济发展,也就影响人口质量的提高。人口数量增长过快也会制约人口质量的提高。一方面,人口数量过多,增长过快,将迟滞社会生产力的发展,使人口质量的提高得不到充足的物质保证;另一方面,人口数量过大,会使人均教育投资下降,影响教育事业的发展,从而影响人口质量特别是科学文化素质的提高。

在一定的历史条件下,人口质量的提高会制约人口数量的增长,这种历史条件就是近现代生产力的革命。人口质量的提高,特别是科学文化素质的提高,促进了社会经济的发展,从根本上克服了小农经济对劳动力数量的需求。伴随着人们科学文化素质的提高,其思想道德素质也随之提高,使人们能正确认识人口与经济、人口与社会、人口数量和人口质量等各种关系,从而树立新的生育观,自觉使人口数量与人口质量相协调。随着妇女科学文化素质的提高与受教育年限的增加,其生育观念越来越符合社会发展对人口再生产的要求。

(3)人口数量和人口质量的替代转换关系。人口数量和人口质量是辩证统一的,它们之间可以相互转化,这种转化表现为人口数量和人口质量的替代转换关系。

人口数量和人口质量的替代转换是一个长期的渐进过程。这种替代转换的物质基础是社会生产力的发展,近现代的生产力革命是其显著标志。

人口数量与人口质量的替代转换关系表现在宏观和微观两个方面。从宏观范围分析,在社会生产力发展的低级阶段,物质资料生产主要通过手工劳动,生产规模的扩大、物质财富的增加主要是通过增加劳动者的数量来实现,因此,人口数量的增加是促进生产力发展的必要前提;在生产力发展的高级阶段,随着劳动生产率的提高,社会财富的增加主要不是通过劳动者的数量而是通过提高劳动者质量来实现的,人口数量的作用便逐渐地、部分地为人口质量所代替,人口的多数量开始向人口的高质量转换,人口数量增加的可能性为人口质量提高的可能性所替代。由此可见,生产力的发展促进了人口的转变,控制人口数量,提高人口素质,成为历史发展的必然。

在微观的家庭方面,人口数量与人口质量的这种替代转换表现得也很明显。孩子数量-质量替代理论,是由美国芝加哥大学教授贝克尔(G. S. Becker)所建立的现代西方微观生育理论的重要学说之一。他是西方新家庭经济学的首创者,其家庭人口经济学理论模型至今在西方生育理论研究中仍然具有重大的影响。孩子数量-质量替代关系理论的基本观点是育龄夫妇以提高孩子质量来替代增加孩子数量。家庭做出这样的替代选择是基于以下几点准则:① 家庭效用最大化是家庭行为(包括生育行为)的基本准则;② 孩子数量质量替代的相互关系的存在,使家庭对其生育行为可以做出有利的选择;③ 时间价值的上升,是导致家庭选择以孩子质量替代孩子数量的主要因素。这样的理论注重的是孩子质量对数量的替代关系,注重的是对机会成本和时间配置的分析。① 进一步来讲,结合不同的生产力和社会经济发展水平,在生产力低下的阶段,儿童抚养、教育费用低、周期短,多子女往往可以为家庭带来较高的经济效益。因此,家庭的选择是早生多生。在生产力高速发展、生产的社会化程度日益提高的现代社会,对劳动力的需求已由数量多而转向质量高。要培养子女成为能够就业的劳动力,家庭投资增加,培养周期延长,这样,家庭就倾向于少生优生。家庭人口再生产的决策者,开始从过去将有限的资源用于培养较多数量、较低质量的子女,转向用于培养较少数量、较高质量的子女。

---

① 李竞能编著:《现代西方人口理论》。

无论从宏观还是微观来看,人口数量与人口质量的替代转换,都是不以人的意志为转移的客观规律。

人口数量问题仍然是长期制约我国经济社会发展的关键性问题之一。从更长的时期看,人口素质、结构和分布问题将逐渐成为影响经济、社会协调和可持续发展的主要因素,统筹人口与经济、社会、资源、环境协调发展的任务十分艰巨。同时,人口自身是一个人口数量、素质、结构、分布各要素互相联系、互相制约、互相促进的有机整体,人口发展必须统筹兼顾、协调推进。

(五)人口相关领域研究

1. 人口、资源与环境的研究

人口寓于资源与环境之中,人口、资源、环境三者共同组成了一个相互矛盾、相互联系、相互制约的人类生存和发展的巨大系统。在人口自身和人口内部问题之外,人口过程与环境和资源之间的相互关系,也是人口学研究的基本内容之一。

人口、资源与环境既相互影响又相互制约。人口与资源的关系主要体现在人口与自然资源的最优结合,人口与土地、淡水资源、动植物资源、矿产资源、能源等方面的关系上。人口与自然资源的最优结合,是取得最优人口经济效益的重要条件。一般来说,这一最优结合应该是:满足人口生存和发展的需要;满足经济发展的需要,有利于劳动生产率的提高和各种资源的综合利用;有利于建立适宜人类生存的生态系统和维护生态平衡。土地和淡水是人类生存和发展不可缺少的重要资源,使土地、淡水资源与人口发展相平衡,是人口与自然资源平衡的主要内容之一。在地球上淡水资源不十分充足,世界上水源污染、水质恶化的情况下,必须重视淡水资源的开发和利用,加强水质的保护和净化,同时也要控制人口增长,使人口发展与淡水资源相平衡。动植物资源是人类生活资料的主要来源。如何保持动植物发展与人口发展的平衡,是关系到人类生存和发展的大问题。在人口与粮食的平衡关系依然脆弱的情况下,要进一步发展粮食生产、控制人口增长。森林资源在动植物资源中占有重要地位,它对实现生态平衡、保护环境有很大作用,因此,保护森林资源具有十分重要的意义。矿产资源和能源是现代化建设的重要物质资源,对人类物质资料生产和生活有重大影响。要实现人口与矿产资源、能源的平衡,除积极开辟新能源、提高能源利用率、合理充分利用矿产资源外,还必须控制人口的增长。

此外,一定的生态系统是人类存在和发展的自然物质基础,人口是地球和自然界进化到一定阶段的产物。自然环境为人口的活动提供场所,不同环境不仅对人的劳动、生活、心理产生影响,而且对人口地理分布、社会生产力的配置也有重要影响,从而成为制约人口经济过程的因素之一。生态系统的变动,也对人类的生存和发展产生重要影响,人口的发展有赖于一定的生态平衡。因此,人类在适应自然环境的同时也给予大自然生态系统以巨大影响。

中国人口规模巨大,必须妥善处理好人口和资源、环境的相互关系,在它们的动态平衡中为实现可持续发展提供必要前提。研究中国的可持续发展问题,必须系统和深入地分析人口同经济、社会、资源、环境的相互关系,方可为实现可持续发展做出切实可行的贡献。

2. 人口与可持续发展的研究

可持续发展理论,是一种关于自然、科学、技术、经济、社会协调发展的理论和战略,在国际文献中最早出现于 1980 年国际自然保护同盟的《世界自然资源保护大纲》:"必须研究自然的、社会的、生态的、经济的以及利用自然资源过程中的基本关系,以确保全球的可持续发展。"1981年,美国学者布朗(Lester R. Brown)出版《建设一个可持续发展的社会》,阐述可持续发展的观点,提出以控制人口增长、保护资源基础和开发再生能源来实现可持续发展。1987年,世界环境与发展委员会出版《我们共同的未来》报告,将可持续发展定义为:"既能满足当代人的需要,又不对后代人满足其需要的能力构成危害的发展。"它以丰富的资料论述当代世界环境与发展方面存在的问题,提出处理这些问题的比较全面而具体的建议,系统阐述了可持续发展的思想。1992年6月,联合国在里约热内卢召开的"环境与发展大会"通过了以可持续发展为核心的《里约环境与发展宣言》《21世纪议程》等文件,标志着各国政府和人民对可持续发展理论的确认和对全球可持续发展的参与。随后,中国政府编制了《中国21世纪人口、资源、环境与发展白皮书》,首次把可持续发展战略纳入我国经济和社会发展的长远规划。可持续发展是以保护自然资源环境为基础,以激励经济发展为条件,以改善和提高人类生活质量为目标的发展理论和战略。它不仅是一种新的发展观,而且也是一种新的道德观和文明观。[①]

人口是可持续发展的主体和中心,也是可持续发展的动力。人口数量、人口质量、人口结构与经济、资源、环境等因素的相互关系,就构成了人口可持续发展的主要内容,是可持续发展问题的核心。人口数量和规模在生产与消费两个方面都影响着经济的可持续发展。从消费的角度来看,是总人口规模和生活资料生产规模的相互关系的协调发展与可持续发展问题;从生产的角度来看,则是劳动力人口规模和生产资料生产规模的相互关系的协调发展与可持续发展问题。同时,人口质量、人力资源的优化供给与配置,也是社会可持续发展的关键。此外,人口性别、年龄结构等人口结构,人口地域构成、城乡分布等,也是人口自身的可持

---

① 金炳华:《马克思主义哲学大辞典》。

续发展与社会可持续发展的重要保障。

3. 人口与社会发展研究

二战之后,随着经济、技术得到迅速的重建和现代化发展,人们的经济生活和社会生活都受到很大影响,人口社会问题表现得越来越突出,人口社会问题受到越来越多的关注和研究。这些研究可以大致分为宏观和微观两个层面。宏观层面,侧重现代化社会的发展过程中所产生的大的社会结构与人口结构适应中产生的问题和矛盾。微观方面,则注重个人生活史以及在家庭当中所产生的人口社会问题。例如美国社会学家赫茨勒重视现代化对人口的影响,他认为由于科技进步、社会生活变迁,包括物质要素和精神要素在内的现代生活方式都对人口具有强大的冲击力,必须因势利导地保持现代化模式和现代人口的平衡,才能推进现代化社会的发展,并调整社会生活关系。人口社会学家弗里德曼认为"社会生活改变必然决定个人生活方式改变",他由此提出用社会学的方法对家庭和个人生活史作微观研究,发现和解决其中的人口社会问题,从而改造和充实"人口过渡"理论。维斯托夫则根据实际调查资料得出:在工业发达的国家,人口出生率的降低既是婚姻家庭变化的结果也是它的原因,这在人口过程和婚姻家庭制度的关系的研究上向前迈出了一步。可见,当代的适度人口论的提倡者们已经将其理论从经济领域向社会领域扩展了。[①]

## 二、交叉学科促进人口学理论与方法的发展

(一)国内外科学转型背景

1. 全球化的国际背景

20世纪90年代后,全球联系不断增强,人类生活在全球规模基础

---

① 边燕杰:《试论社会学研究人口问题的内容和方法》,《人口研究》1983年第5期。

上的发展及全球意识的崛起,也导致社会、文化和学术的不断发展。其中不同学科之间的交叉和融合,为科学的发展做出了巨大的贡献。

现代科学已经发展成为一个包含数千门学科的庞大知识体系。学科是科学知识体系的基元结构层次,是具有特定研究对象的科学知识分支体系。交叉学科也称交错学科、综合学科、边缘学科等,是科学知识体系中具有特殊地位、特殊作用的一类学科,受到学术界的格外关注。

学术界对交叉学科概念的理解和解释很多,主要分歧点在于对交叉学科生成范围的确定。广义交叉学科概念的倡导者,认为交叉学科既生成于自然科学、工程技术与社会科学、思维科学之间的边缘区,又生成于自然科学内部的各学科之间和社会科学内部的各学科之间。[①] 有的则不赞成采用广义交叉学科概念,主张将交叉学科的生成区域限定在数学科学、自然科学与哲学科学、社会科学之间的边缘区域。[②]

然而,交叉学科产生于一种共同的信念背景,即传统的学科不能或不愿解决一个重要的问题。例如,人类学和社会学等社会科学学科在20世纪的大部分时间里都很少关注技术的社会分析。因此,许多对科技方面有兴趣的社会科学家加入了通常由许多学科的学者组成的科学、技术和社会的综合项目。另一方面,由于新的科学技术、全球问题的发展,很多科技如纳米技术、全球治理,不能在不结合两个或更多学科的方法的情况下解决,如量子信息处理、量子物理与计算机科学的融合、生物信息学、分子生物学与计算机科学的结合,又如可持续发展涉及经济、社会和环境等领域的综合分析,以及跨学科研究也是研究健康科学的关键,例如研究疾病的最佳解决方案。

---

[①] 炎冰、宋子良:《"交叉学科"概念新解》,《科学技术与辩证法》1996年第4期。
[②] 王续琨:《交叉学科、交叉科学及其在科学体系中的地位》,《自然辩证法研究》2000年第1期。

虽然"交叉学科"经常被视为21世纪的术语,但其概念却有着一定的历史渊源。有学者指出,交叉学科的概念最早源于希腊哲学中学科统一、知识整合的思想。如希腊历史学家和剧作家强调应该从其他领域(如医学或哲学)的知识中汲取元素来进一步了解自己的题材。又如在罗马道路的建设中需要懂得测量、材料科学、后勤和其他学科的人才。可以说任何一个宽泛的项目都涉及交叉学科。[①]

在现代科学中,1926年,美国哥伦比亚大学心理学家伍德沃斯(R. S. Woodworth)首次使用了"交叉学科"(interdisciplinary)这一专门术语,用于指称超过一个学科范围的研究活动。1937年,《新韦氏大词典》与《牛津英语辞典》(增补本)首次收入"交叉学科"一词。到了20世纪50年代,这一术语已在社会科学界被普遍使用,并在60年代得以流行,此后陆续出现了交叉学科研究(interdisciplinary researcher)、交叉学科理论(interdisciplinary theory)等术语。此后,国际上交叉科学研究日趋繁荣,各种交叉科学研究机构、研究中心和学术团体纷纷成立。1970年9月在法国召开了"大学的交叉学科问题"国际学术讨论会,会后出版了文集《交叉学科——大学中的教学和研究问题》。1980年,国际跨学科学协会正式成立,以交叉学科科研和交叉学科管理的研究为中心,迄今为止已经成功地组织了多次跨学科国际学术研讨会。[②]

21世纪,科学的发展更加快速和迅猛,学科之间的交叉、融合和渗透将进一步加强。国际上,在许多科技大国的学术发展中,更是高度重视交叉学科研究,纷纷进行学科结构调整,交叉学科发展如火如荼。如1998年,东京大学的新领域创成学科宣告成立,标志着老牌东京大学完

---

① 边燕杰:《试论社会学研究人口问题的内容和方法》。
② 郑晓瑛:《交叉学科的重要性及其发展》,《北京大学学报》(哲学社会科学版)2007年第3期。

成了由强调传统科学的20世纪向强调交叉的21世纪的转变。① 为了促进交叉学科发展,美国科研领导机构开展了广泛调研,在国家层面积极运用宏观政策导向,并在经费资助方面也向交叉学科倾斜,不但有明确的战略布局、政策导向,而且提出了针对性很强的具体举措。2004年,美国国家科学院协会经过全面系统调研,发表了《促进交叉学科研究》的报告;美国国家科学基金委员会(NSF)也明确指出优先资助的多学科领域,重视学科间的交叉或横向,并设立多个研究基地支持计划。②

侧重学科交叉也是人口学的一大特点。人口学虽然以人口为主轴,但是其研究内容经常涉及社会学、经济学、健康学、老年学、地理学、生物学、市场营销和政府管理等多门学科。这在国际上更是早有共识,很多较大的人口中心和研究所都是多学科交叉的,拥有各个领域的专家和研究者。荷兰国立人口研究所甚至直接取名为"荷兰跨学科人口研究所"。很多人口学著作也将人口学与其他学科的交叉纳入其中。③

2. 中国改革开放以来的社会变迁

1978年,党的十一届三中全会确立了把工作重点转移到经济建设方面的基本路线,并在此基础上制定了一系列新的方针政策,主要是对内进行改革和对外实行开放,简称"改革开放"。

改革开放以来,随着我国经济的迅猛发展,社会结构也发生了巨大变迁,许多社会问题发生转变,一些新的社会人口现象随之凸显。在改革开放进程中,我国的城市化进程发展迅速,随之而来的人口迁移、城乡差异化、留守儿童、流动人口健康等问题日益凸显;我国的人口模式也出现了老龄化的转变。在快速工业化、城镇化和人口老龄化过程中,人们

---

① 柴立和、彭晓峰:《东京大学的交叉学科及其启示》,《国际学术动态》2003年第6期。
② 赵文华等:《美国促进交叉学科研究与人才培养的借鉴》,《中国高等教育》2007年第1期。
③ 曾毅:《人口分析方法与应用》(第2版),北京:北京大学出版社,2011年。

的生活环境、生活方式和行为随之发生变化,疾病模式出现了明显转变,但也带动了科技文化的进步和发展。

20世纪80年代以来,交叉学科在国内经济体制转变的背景下起步和发展起来,在科学技术现代化进程中逐渐兴旺发达。1984年,在国务院通过的《关于科学工作的六条方针》中特别提到"自然科学中有与社会科学交叉的学科,不要搞批判",这是我国政府文件中第一次涉及交叉学科问题。1984年12月16—20日,"现代自然科学和社会科学"的联席学术讨论会在北京召开,自然科学和社会科学的结合与渗透问题成为探讨的主题之一。1985年4月,在钱学森、钱三强、钱伟长等学者的倡导下,"全国首届交叉科学学术讨论会"在北京召开,会上提出了"迎接交叉科学的新时代"的口号,标志着我国交叉学科时代的到来。[1]

许多重大社会问题和科学技术问题的解决需要依靠多学科之间的综合交叉,而新创立的学科也大多为交叉学科,交叉学科成了新学科的生长点。发展交叉学科既符合学科发展的规律,又符合社会发展的需要。多学科越来越有深度和广度的交叉,大大提高了知识创新的速度和密度,也成了当代科学发展的主导潮流。[2]

各类交叉学科的兴起和应用为科学发展带来了全新的动力,许多科学前沿问题和多年悬而未决的问题在交叉学科的联合攻关中都取得了可喜的进展。随着越来越多交叉学科的出现,及其在认识世界和改造世界中发挥的巨大作用,交叉学科在科学领域中的生命力都得到了充分的证明。

3. 中国人口政策和健康转型

改革开放四十年来,中国的人口政策与人口健康也在同步发生转

---

[1] 郑晓瑛:《交叉学科的重要性及其发展》。
[2] 胡卫锋:《一流大学交叉学科建设研究》,中南大学硕士学位论文,2004年。

型。随着人口形势的转变以及社会对人口问题的认识、政府执政理念的变化,中国人口政策发生了诸多变化。

在人口数量控制方面,1973年,我国正式提出"晚、稀、少""一个不少,两个正好,三个多了,一个家庭有两个孩子最理想"的口号。1980年,中共中央发表了《关于控制我国人口增长问题致全体共产党员、共青团员的公开信》,提倡一对夫妇只生育一个孩子。20世纪80年代以后,由于严格实施的计划生育政策和不断提高的社会经济水平,中国人口的快速增长势头得到了根本性遏制。1982年出台农村夫妇第一个是女孩的还可以生第二个孩子的"一胎半"政策,随后,6个省相继出台农村普遍二孩政策;1984年4月,中共中央批转国家计划生育委员会党组《关于计划生育工作情况的汇报》即"7号文件",重新调整了生育政策的某些规定,在农村仍要继续提倡一对夫妇只生一个孩子,但适当放宽生育二胎的条件。2001年12月29日颁发了《中华人民共和国计划生育法》,并于2002年9月1日正式实施。2000年出台夫妻双方均为独生子女的可以生育第二个孩子的政策,放开"双独";2011年11月,中国各地全面实施双独二孩政策。2013年12月,中国实施单独二孩政策。2015年10月,中国共产党第十八届中央委员会第五次全体会议公报指出:坚持计划生育基本国策,积极开展应对人口老龄化行动,实施全面二孩政策。[①]

在人口结构、分布和质量提高方面,我国的人口政策也向着重视提高出生质量、重视老龄化问题、促进流动人口的社会融合的方向转变。

自从改革开放以来,中国人口的健康水平发生了举世瞩目的变化,人们的寿命更长,身体更加健康,生产效率迅速提高,人民的生活质量也

---

[①] 苏杨、尹德挺、黄匡时:《改革开放三十年中国人口政策回顾与展望》,《当代中国人口》(英文版)2008年第5期;易富贤:《中国人口政策需"改正朔、易肤色"——全面二孩政策效果评估》,《中国经济报告》2018年第2期。

显著提高。与此同时,人口健康问题的性质也发生了显著的变化,带来了前所未有的新挑战。由于人口结构、健康行为、工作和生活方式的改变,疾病模式也随之发生显著的变化。慢性疾病已成为影响中国人口健康的主要疾病,且慢性病的主要危险因素处于失控状况,潜在的危险日益严重。同时,遗传性疾病和出生缺陷所导致的疾病负担正日益突出,东西部地区之间、富裕地区和贫困地区之间的差异正趋于扩大。此外,中国正面临着新兴传染病和老传染病、传染病和慢性病、营养缺乏和营养过剩、传统生活方式和现代生活方式之间多方面的、同时的"双重挑战"。加之人口、社会经济、环境等多种因素迅速变化的共同作用,使我们面对的人口健康问题更为复杂。如何处理日益复杂的现代健康问题及如何促进人口健康,需要拥有更为广阔的视野和交叉学科理论与方法的指导。①

(二)人文社会科学的繁荣推动人口学研究进一步深化

1. 社会转型研究中新的理论与方法的借鉴

如上所述,随着改革开放的进展,社会结构也发生了巨大变迁。在社会转型的过程中,许多社会问题发生转变,一些新的社会人口现象随之凸显。由于人口问题的复杂性,许多其他学科中发展成熟的理论逐步被借鉴到解决新兴的、复杂的人口问题中来,形成了不同的交叉学科。其中,与人口学具有深厚渊源的社会学理论和方法,在人口学交叉学科发展的道路上有着举足轻重的地位。由于社会学与人口研究之间的紧密联系,在此基础上产生的人口社会学的理论特点,使得人口研究在很大程度上必须借重于社会学的理论与方法,如社会分层理论、社会调查方法等,并产生了人口社会学这一交叉学科分支。人口社会学是以作为

---

① 郑晓瑛、宋新明:《人口健康与健康生态学模式》,《世界环境》2010年第4期;饶克勤:《中国人口健康转型与医学整合》,《医学与哲学》(人文社会医学版)2010年第1期。

一般社会学理论(包括人口一般理论)和社会认识方法论的历史唯物主义为基础,在社会学各有关学科和人口学的交接处,研究人口再生产和人口发展过程中的社会问题的一门学科。① 人口社会学的研究已随着我国人口科学的发展而逐步深化。②

以随着社会和人口转型出现的"人口老龄化"问题为例,在对老龄化问题的研究中,社会学理论与方法就为这个人口问题的研究带来了很多思路。如西方早期的活动理论、脱离理论、现代化理论和亚文化理论,后来的连续理论、社会分解理论、生命进程理论、交换理论、年龄分层理论等,都为我国的老龄化问题研究提供了理论思路,使得我国学者在老龄化研究中,产生并发展了"孝文化"理论、责任内化论、"血亲价值论"和非正式支持等理论研究。③

2. 人口社会资源和经济发展的理论与方法的融合

第二次世界大战结束后,伴随着世界人口特别是发展中国家人口的增长及其对经济发展的强烈追求,人口与经济发展的关系成为20世纪后半叶最引人关注的全球性议题,人口经济学也成为一个具有挑战性和富有魅力的研究领域。一方面,随着我国计划生育的开展和改革开放的进行,经济高速增长,人口经济问题也呈现更突出、更复杂的态势。人口增长、人口红利、劳动力流动、人口迁移、城镇化、少子化、老龄化等问题强烈影响着中国社会经济的发展,也提供了更多影响政府决策的选题。另一方面,经济学正处于知识爆炸和研究范式转变的时期,我国经济学科的热潮和民众经济概念的普及,资源、价值、成本等术语也逐渐流行化、口语化,对人口经济理论的发展产生了深刻影响。在人口问题研究

---

① 顾鉴塘:《人口社会学的理论特点及其实践功用》,《人口研究》1989年第2期。
② 边燕杰:《试论社会学研究人口问题的内容和方法》。
③ 李兵、杜鹏:《老龄社会学理论:研究现状和政策意义》,《人口研究》2005年第5期。

中,经济学理论与方法跟人口学问题研究的结合也再自然不过了。①

经济学研究的是稀缺资源的配置问题,即一个社会如何利用稀缺的资源生产有价值的商品,并将它在不同的个体之间进行分配。人口本身既是一种生产力和资源,同时也会消耗物质材料和资料。20世纪后半叶以来,新制度经济学、博弈论、信息经济学、实验经济学等逐步进入主流经济学的视野,主流经济学发生了迅速的范式革命。在我国,随着改革开放的深入发展,经济学研究的国际化趋势与日俱增。经济研究正由以政治经济学为主导向政治经济学与现代西方经济学并重的范式转变。中国进入了经济学知识更新最快的时期,成了人口经济学发展的良机。② 20世纪80年代初,在改革开放的大好形势背景下,我国对于人口经济的研究迅速开展,陆续有一些人口经济学专著问世,既有对人口经济的基本理论,人口与生产、分配和消费的相互关系及其规律性,人口和经济增长的比例关系,人口、经济环境和可持续发展,以及人口转变和经济发展等宏观问题进行的探讨,也有从微观人口经济学视野出发,运用成本-收益分析理论模型等对生育转变、人口数量和质量等问题进行的研究。随着学科的不断发展,人口经济学的研究领域正在不断扩大,其发展前景可观。③

3. 人文研究丰富人口学的追溯研究

人文研究中丰富的资料,也可为人口学的追溯研究提供很好的素材。比如历史学中有对过去时期的人口特征进行研究,并将之作为理解早期社会和文化属性的基础,成为早期的历史人口学。历史人口学需要借助某些不太确切的数据,如生命登记资料、居民登记表及早期的人口

---

① 李建民:《人口经济学的与时俱进——〈人口经济学〉评价》,《人口学刊》2010年第4期。
② 彭希哲:《可持续发展的人口经济学思考》,《复旦学报》(社会科学版)1998年第3期。
③ 李仲生:《人口经济学的形成与发展》,《首都经济贸易大学学报》2002年第6期。

普查等，推算家庭结构、估算年龄构成及预期寿命，并用来估计历史上人口的大致规模和增长率。这些资料又可以作为基础数据，描述婴儿死亡率和死因的历时变化。这些信息有利于研究者对人口转变时期的人口特征等进行分析，为人口学研究提供了宝贵的资料。

历史人口学已经作为一门交叉科学，强调人口本身应包括社会关系，而不仅仅是人的总和。其主要内容是研究各历史时期决定和影响人口存在发展的各种条件；研究历史上各种人口构成的内部联系和它们的发展变化，揭示人口质量和人口数量内部及其相互关系；研究各历史时期人口过程对社会和自然条件的反作用及其规律性。此外，人口政策史和人口思想史等也属于历史人口学的研究内容。①

（三）自然科学理论与方法的引入为人口学研究注入新的活力

1. 医学和生命科学

人口健康是人口素质的重要组成部分，人口学与医学的联系是比较密切的，而且这种跨学科的研究也是十分有意义的。比如流行病学理论和方法为人口健康的研究提供了很多新的思路。流行病学是预防医学的一门分支学科，是研究人群中健康状态和疾病的分布、成因、防治及保健对策的科学。可见，流行病学是指对人群中疾病的产生及发展过程进行研究的一门科学，研究范围已经逐步从主要关注急性病的病因学扩大到对病因、病程及健康状况相关因素的研究。最开始，许多流行病学家是医生，然而其他学术背景的流行病学家的增加则代表了流行病学研究领域的拓宽。因此，人口学与流行病学的交叉已经被广泛接受，并逐步强调人群疾病和健康状况的分布以及各类社会群体的健康行为。

此外，流行病学本身保留了对医疗卫生的探索性研究的特点，强调人

---

① 彭克宏主编：《社会科学大词典》。

口总体而非个体的学科色彩与人口学的特点相一致。流行病学调查已经逐渐从环境致病因素与人口健康状况之间的关系转移到人口学特征与各种健康危险因素的流行和分布之间的联系上来。事实上,20世纪八九十年代,流行病学关注的焦点问题与不断变化的人口学特征有直接的联系,人口学调查中也经常运用病例对照等流行病学方法丰富研究设计。[1]

进入20世纪,生命科学的发展取得了里程碑式的突破,生物技术的发展不仅推动了科学技术的迅猛发展,更成为人类追求健康生活的强大技术保障。如分子医学(Molecular Medicine)的崛起和蓬勃发展以及系统生物学(Systematic Biology)的发展使得分子水平上的学科整合得以实现,生命科学真正走向阐明生命活动的本质与机制,向宏观综合方向发展;交叉学科的兴起与发展使自然科学的各个学科之间、自然科学与人文社科之间乃至科学与技术之间实现重组融合、交叉发展,生命科学因为自身的特殊性而成为相关学科交叉发展和融会贯通的重要节点;随着科学技术日新月异的发展进步,科研成果产生经济效益与社会效益的转化时间大大缩短,健康预测、疾病预防、治疗康复、保养保健的相应技术也在飞速地发展与完善。21世纪的生命科学,将更加强调人口健康的全方位发展,让不断发展的技术为促进人口健康、追求健康生活提供更加强大的支持与保障,为人口健康的发展带来更多的便利。

2. 地理与环境科学

地理学主要研究各种现象的空间分布及空间内不同现象间的联系。人口学与地理学的交叉研究的主要内容是人口及其相关的人口特征的空间分布,即把人口现象和行为与地理背景联系起来。人口现象一旦位于三维空间之中,就会与用于解释人口状况和过程中的人口学变量联系

---

[1] 郑晓瑛、宋新明:《健康人口学的定义界定和内涵研究》,《人口研究》2000年第4期。

起来。而环境因素的加入，使得研究范围更加宽泛。最近开展的空间分析，以及越来越显出优势的地理信息系统(GIS)，都被应用到人口迁移以及人口健康研究领域。对人口相关现象进行地理编码，即把它们与具体的经度和纬度或地理区域联系在一起的能力，将会大大提高人口学学者把人口现象与人口学变量联系起来的能力。界面友好的 GIS 软件的开发使得我们可以从空间角度分析人口现象，并促进人口学与地理学的交叉发展。

3. 数据科学和信息科学技术

人口学本身和数学尤其是统计学密不可分，最初的人口学也叫作人口统计学。随着信息科学技术的突破和发展，在人口学中，数学、统计学等数据科学和信息科学技术的应用更为广泛。统计方法、统计模型通过计算机手段在人口相关的定量研究中多有应用。例如在面向全体人群的人口健康研究领域，收集的信息和数据无疑非常巨量、复杂。目前，人口健康的数据处理，不仅要将扩展后的生命科学和医学中各类组学的海量数据进行整合和分析，还要将其与社会发展的系统信息结合在一起，这对传统的数据收集、储存、处理、分析和研究都提出了巨大的挑战。

统计方法、软件、计算机和编程方法的提升和升级，也为很多人口健康研究内容和目标的实现带来了新的突破。如将数学建模与疾病风险相结合，建立多种疾病风险预警和监控大型平台；应用大数据概念和方法，整合医疗信息数据，为建立健全医疗信息标准体系提供思路等。

## 三、新时代人口科学理论与方法创新发展的方向和挑战

### (一) 新时代中国特色社会主义人口学科理论发展

1. 以新时代社会发展的高要求为人口科学理论发展的方向

十九大报告指出"经过长期努力，中国特色社会主义进入了新时代，

这是我国发展新的历史方位","中国特色社会主义进入新时代,我国社会主要矛盾已经转化为人民日益增长的美好生活需要和不平衡不充分的发展之间的矛盾"。在社会生产力水平总体上显著提高的同时,发展不平衡不充分的问题更加突出。

新时代也对社会人口问题提出了更高的要求。十九大报告要求:"促进生育政策和相关经济社会政策配套衔接,加强人口发展战略研究。积极应对人口老龄化,构建养老、孝老、敬老政策体系和社会环境,推进医养结合,加快老龄事业和产业发展。"这些为未来人口学理论发展指明了方向。人口学的发展必须在基本理论的指导下,以人口与社会发展实践经验反哺理论创新与完善,在理论与实践的结合中不断前进。

2. 以满足国家和人民的大需求为人口学方法创新的目标

人口学是一门服务性很强的学科,长期以来,我国的人口学发展一直致力于解决国家和人民的重大需求,如生殖健康、人口健康等。随着时代的变迁,人民的需求也在不断变化。

在新时代,中国即将全面建成小康社会,人民对美好生活的需要日益广泛,要求更加丰富,不仅对物质文化生活提出了更高要求,而且在民主、法治、公平、正义、安全、环境等方面的要求日益增长。这也为人口学方法创新提出了新的目标。区域不平衡问题、心理健康问题、人的全面发展问题等新兴的人口问题,提示人口学的发展需要引入更多的交叉学科方法,以需求为导向不断探索与创新,为新时代人口高质量发展提供科学助力。

3. 以生命周期健康研究为新时期人口学研究实践的重点

如上所述,新时期,微观个体的人将更加注重生活的质量;而宏观上,在人口数量与结构协调发展的同时,人口质量的进一步提高也显得更为重要。作为人口质量的重要组成部分,人口健康是社会发展的核心,也是全人类的基本需求之一。党的十八大以来,习近平同志把"推进健康中国建设"摆到至关重要的地位,提出"没有全民健康,就没有全面小康"的重要论断,强调必须把人民健康放在优先发展的战略地位,以人民健康为中心,将健康融入所有政策,努力全方位、全周期保障人民健康。

2016年8月19—20日,在第一次全国卫生与健康大会上,习近平总书记提出"加快推进健康中国建设,努力全方位、全周期保障人民健康",这是我国第一次把全生命周期健康提升到国家战略高度上来。根据党的十八届五中全会战略部署,中共中央、国务院于2016年10月25日印发并实施了《"健康中国2030"规划纲要》,提出了"共建共享、全民健康"的战略主题,指出建设健康中国"要覆盖全生命周期,针对生命不同阶段的主要健康问题及主要影响因素,确定若干优先领域,强化干预,实现从胎儿到生命终点的全程健康服务和健康保障,全面维护人民健康"。在党的十九大上,习近平总书记作了《决胜全面建成小康社会,夺取新时代中国特色社会主义伟大胜利》的报告,提出实施健康中国战略,并要求"完善国民健康政策,为人民群众提供全方位全周期健康服务"。国务院办公厅近年来印发的《国民营养计划(2017—2030年)》《中国防治慢性病中长期规划(2017—2025年)》《国家残疾预防行动计划(2016—2020)》及颁发的《残疾预防和残疾人康复条例》,均将全生命周期健康纳入指导思想或基本工作理念中,以全面贯彻健康中国战略。[①]

全生命周期健康的理念为既往的人口健康研究提供了全新的整合思路,也为新时期人口科学研究实践的重点指明了方向。这既是新时代社会发展的高要求,也是国家和人民的大需求,应当成为人口学新时期

---

① 宋新明:《全生命周期健康:健康中国建设的战略思想》,《人口与发展》2018年第1期。

理论和方法研究的重中之重。

(二)人口学理论与方法创新发展的机遇和挑战

1. 全球化与人类命运共同体

2011年,国务院新闻办公室发布的《中国的和平发展》白皮书提出,要以"命运共同体"的新视角,寻求各国合作应对多样化挑战和实现包容性发展的新道路。十八大报告指出,要倡导人类命运共同体意识,增进人类共同利益。2013年后,"人类命运共同体"(A Community of Shared Future)成为中国政府反复强调的关于人类社会的新理念。2017年10月,在党的十九大报告中,习近平总书记提出了"坚持和平发展道路,推动构建人类命运共同体"的要求。从促进全球治理体系变革到推动构建新型国际关系,报告全文六次强调"构建人类命运共同体"的重要意义。"人类命运共同体"理念的提出,是中国对人类前途命运的智慧思考,充分显示了中国的大国担当和世界意识,也广受国际社会的认可和赞誉。当前,"构建人类命运共同体"理念已先后写入联合国关于社会发展和安全相关的多份决议,体现了国际社会对这一理念的广泛支持。

在全球化的大背景下,"人类命运共同体"理念的提出,将不仅惠及政治、经济、文化的互联互通与融合发展,也给世界人口学理论和方法的发展注入了新的活力。虽然当前学术研究的国际合作已经相对成熟,但全球性研究的范围还相对较窄。相比其他地域特异性较强的学科,作为最基本组成部分的人口和人口相关的问题,应该被纳入全球治理的范畴,以命运共同体的视角,从更高更广的视角来审视人口学理论与方法的发展和未来。

2. 新兴科技与概念的引入

随着社会进步和科技发展,如"人工智能""大数据"等新兴科技和概念将会为人口学理论与方法的进一步创新带来新的机遇,如进一步促进了人口健康研究。根据世界卫生组织的研究,人的行为方式和环境因素对健康的影响越来越突出,"以疾病治疗为中心"难以解决人的健康问题,也不可持续。① 因此,我们需要构建新的认知框架来解释健康现象,"大健康"观念应运而生。所谓"大健康",即基于健康概念,着重于强化全社会树立全面健康的理念,实现共建共享、全人群、全生命周期健康而提出的全局性战略理念。我国在2016年全国卫生与健康大会以及随后颁布的《"健康中国2030"规划纲要》中,确立了"以人民健康为中心"的"大健康观",并将这一理念融入政策制定实施和公共卫生服务中去。"大健康"概念的出现进一步强调了人口健康的重要性,"大数据"的发展则为人口健康研究提供了革命性的工具。随着数字网络技术的不断发展,个人的日常生活、行为信息与健康记录、人口统计数据和遗传信息相结合形成了健康的"大数据"。这一工具,将为我们揭示人口健康模式、预测健康长期状况以及寻找医疗新干预点带来新的机遇。目前,"大数据"在健康方面的重要应用包括慢性病和传染病、精神健康、环境健康、营养、医疗成本和质量、事故和伤害以及社会健康等领域。② 在人口健康的研究中,我们可以更为全面地了解人口健康的实时信息,进而改进疾病诊断、风险检测和健康调查的方法。

3. 交叉学科发展人口学的新契机

新时期,社会发展和科技进步日新月异,新兴科学甚至学科正以前所未有的速度增长,给学科间交叉与合作提供了基础。同时,国家也正

---

① Schmets, Gerard, "Strategizing national health in the 21st century: a handbook", *World Health Organization* (2017);张立平:《大健康概念的内涵与特征探讨》,《人民军医》2017年第1期。

② Andreu Perez, Javier, et al., "Big Data for Health", *IEEE Journal of Biomedical & Health Informatics*. Vol. 19(2015).

在大力倡导交叉学科发展，促进多学科多领域的合作。2018年5月，习近平总书记在北京大学师生座谈会上的讲话中强调"要下大气力组建交叉学科群和强有力的科技攻关团队，加强学科之间协同创新，加强对原创性、系统性、引领性研究的支持"。强调学科之间的协同创新，强调对交叉学科群和科技攻关团队的支持、培养更多具有国际水平的科技人才和创新团队的重要性。

虽然人口学以人口为研究基本目标和范畴，但其注重学科交叉的特性表明，人口学与其他学科的交叉研究是有着无限可能的。在新时期，良好的交叉学科政策环境和科学土壤为人口学发展提供了新的契机，人口学应该以最开放的态度不断汲取这些全新的理论与方法的养分，以突破传统人口学理论和方法创新的瓶颈。

# 第三章 人口研究的基础数据收集与应用

## 乔晓春 吴振东

人口研究离不开人口基础数据的收集与应用,改革开放前后,我国政府、社会各界乃至个人都先后开展了诸多人口基础数据的收集与分析。各类人口基础数据的特点均不相同,但是如果以数据具有可研究性、数据规模大小、数据可否公开、数据社会认可度高低、数据准确与否的标准来看,符合人口研究要求的基础数据应主要包含以下几大类数据:人口普查数据、人口经常登记数据、人口抽样调查数据、学术界组织的人口和社会调查数据。这些数据的收集与应用对于中国人口研究具有重大意义,本章将重点分析这些数据的特点、存在的问题以及应用。

## 一、人口普查数据

人口普查是指搜集、整理、评价、分析和发表一个国家或一定地区在某一时点上的人口,以及人口的社会、经济特征等方面资料的全过程。它是在一国政府的主持下,在国家规定的统一时间内,用统一的方法、统

一的项目,对标准时点上的全体人口状况进行的全面调查。根据定义,人口普查具有以下特征[1]:

普遍性特征,即人口普查的范围是地域上的全部人口,不分性别与年龄。

点查性特征,即人口普查的对象是个人。

时点性特征,即人口普查的登记是某个时间点上的人口状态。

集中性特征,即人口普查是在中央的集中领导下,按照中央一级普查机构的部署去进行人口普查。

统一性特征,即人口普查的统一性是以集中性为基础的,人口普查客观上要求全国要有统一的标准时间、统一的调查方案、统一的普查项目、统一的工作时间安排。

定期性特征,即人口普查定期举行,如每5年、10年等。

以上的特征是理想中人口普查的特点要求,但是不同国家在具体实行中具有不同的地区特征,同一国家在不同历史阶段实行的人口普查也具有不同的时代特征。

(一) 中国人口普查的回顾

我国历史上曾经开展过多次人口普查,西晋皇甫谧《帝王世纪》一书记载了我国现存的最早的人口统计数字,数字引自《尚书·禹贡》所记载的公元前21世纪左右的夏禹时代,"禹平水土,还为九州",九州之地的人口为13 553 923人。[2] 由于历史久远,大禹时代不可能有统一的、全国性的人口普查,统计的数据也不可能是全面调查的数据,所以上述统计也只能属于对部分人口的调查。

---

[1] 乔晓春:《中国人口普查研究:有关问题的理论探讨》,北京:中国人口出版社,1995年。
[2] 行龙:《人口问题与近代社会》,北京:人民出版社,1992年。

我国统一、集中性的首次人口普查始于公元前789年（周宣王三十九年），是在当时的太原（今甘肃镇原、固原和环县一带）进行的规模较大的人口调查。《周礼》一书记载了周代的人口调查制度和体制，整个制度极为缜密。① 据有关记载，秦代的户口已开始按户主、妻、子、奴婢的顺序登记，子则分男女并按年龄大小顺序排列，同时规定若上报不实要受罚。汉代曾规定每年八月举行人口调查（称为"案比"或"算人"），从有关的记载也可看出西汉人口统计具有很强的连续性。② 我国现存的最早全国性的人口数字出现在公元2年（元始二年），这也是世界上最早最精确的全国范围内的人口统计数字。③ 唐代人口调查与现代人口调查方式有很多相似之处，并有比较具体的规定，大体为每三年调查一次，调查时间为农历一月上旬，由县对原始表进行汇总，州按同样表式汇总，以乡为单位装订成册，并一式三份，表上要注明某州、某县（某乡）某年登记，三月三十日结束，装订完毕后一并送尚书台，州县各保留一份。具体调查则由每户自己申报（手实），并由官方进行逐人核定（貌定），由地方官造册，并层层上报中央政府。④

我国首次正规的全国性人口调查开始于明朝1381年（洪武十四年）和1391年（洪武二十四年）。当时规定除云南、贵州以及两广境内的少数民族以外，是以调查全体人口为目的的，并被称为"黄册制度"。它的主要特点有：1. 有比较明确的法律依据和规定，明太祖亲自发布圣旨，宣布举行人口调查。2. 进行过比较长期的试点，1370年（洪武三年）颁布并在部分地区开始试行户贴制度。3. 规定了调查的时间间隔，洪武

---

① 梁方仲编著：《中国历代户口、田地、田赋统计》，上海：上海人民出版社，1980年。
② 刘翠溶、刘克智：《中国人口问题研究》，北京：中央文物供应社，1983年。
③ 葛剑雄：《西汉人口地理》，北京：人民出版社，1986年。
④ 行龙：《人口问题与近代社会》。

年间曾规定每十年要编制一次黄册,编黄册之年被称为"大造之年",大造之前两三年,主管造册工作的户部就要着手做准备工作。4. 全国统一的调查表式,户部制定并下发统一的榜文和册籍样本,各州县接到样本后,把各户应登记的统一项目刻板制成表格,称为"清册供单"。5. 以户为单位进行直接点查。制成表格后由"里长"和"甲首"发给各户,各户根据表格上的要求逐一填写。6. 复查、装订、报送和汇总。各户把填好的"供单"交给奉甲的甲首,甲首审核后把本甲的"供单"一起交到里长,里长再将本里十甲的"供单"装订成册,检查无误后再送本管州县衙门,各州县编造黄册,并经由府、司逐级汇总上报到户部。7. 有统一的组织形式,全国一级由户部负责,各级行政部门分别组织本地的调查。8. 调查项目比较完善,主要有户类型(民户、匠户等)、户主原籍贯和现居住地、居住地(乡、都、保、圩)、姓名、性别、年龄、人数、与户主的关系和家庭财产等。调查对象不仅包括成年人,也包括了未成年人。黄册制度一直持续到明末,但效果不断下降。1908年(光绪三十四年),清政府在民政部成立了统计司,同年制定了全国人口普查的六年计划,民政部起草并于1909年颁布了《清查户口条例》,同时向各省发布了普查标准表格和详细指示,要求各省统计出所有男女老幼(性别、年龄)的数目,并分别统计出男性和学龄儿童的数目。但鉴于政治形势紧迫,只用了四年就结束了调查工作。[1]

进入民国后,1912年内务部主持了民国后的第一次人口普查,并规定由警察负责进行调查,在无警察的地方由保卫团负责,如果两者都没有则由地方组织并由当地绅士协助。由于广东、广西和安徽等省数据未能报上来,所以资料的可靠性很差。1927年国民政府内政部通知各省

---

[1] 乔晓春:《中国人口普查研究:有关问题的理论探讨》。

民政部门调查全国人口,1928年5月27日通令江苏、浙江和安徽三省使用以往颁布的规则进行人口调查并限在三个月内完成。同年7月19日又发布了户口调查统计报告规则,并要求各省主管机构开始进行人口调查,1928年颁发了普查表格,但未规定普查的标准时间。1928年以来,国民政府虽想要举行一次全国性的人口普查,从而取得准确的人口数据,但由于准备上的不充分、组织上的不完善和经验的不足,导致了调查的失败。1937年国民政府主计处曾着手筹办全国人口普查,但由于全面抗日战争爆发,政府西迁,未能持续。1941年2月在重庆召开了第一次全国主计会议,会议决定于1941年开始在县级单位进行人口普查;从1943年开始在省级单位举行普查;并计划于1947年举行全国人口普查。1941年秋,内政部组织了由16省、1县、2市有关人员参加的户口统计人员培训班。1942年10月17日公布了对普查办法的修订,重新规定全国人口普查由行政院长任普查长,主计部长和内政部长担任副普查长,从而明确了普查应由两个机构共同承担。1943年2月25日,内政部公布了《各省市人口普查与户籍登记实施细则》,对其普查的一些具体方法做了更为详细的规定。1946年以后又有一些变动,明确规定了人口普查由内政部主办,主计处协办,废止《户口普查条例》,修改统计法,公布了户籍法施行细则,成立人口局,公布了《户口普查法》,并计划于1950年举办全国人口普查。[①] 国民政府在人口普查工作上做出了大量尝试与努力,但受到历史、战争、环境因素的影响,加之中华人民共和国的成立,其符合标准的人口普查一直未实现。

回顾历史,我们发现,从人口调查到人口普查,这一人口数据的科学采集工作是十分繁重与复杂的,受限于各种条件,历史上我国很多时期

---

① 乔晓春:《中国人口普查研究:有关问题的理论探讨》。

都未能实现。然而中华人民共和国成立以来，在中国共产党的领导下，人民生活物资条件和精神面貌都发生了极大改变，在中央政府的领导与科学决策、筹备下，我国于1953年举行了第一次真正意义上的全国人口普查，充分调查了我国人口数量、人口分布、人口结构等问题，实现了近百年无法实现的愿望。之后又于1964年、1982年、1990年、2000年、2010年分别开展了第二到六次人口普查。这些人口普查工作的开展已成为我国政府一项重要的工作，国家给予充分的人力、物力、财力保障，实现了人口普查工作的常态化、机制化，人口数据的收集与应用的科学化、现代化。中华人民共和国成立以后，特别是改革开放四十年来的几次人口普查涉及的人口数据更丰富，包含了生育、死亡、迁移等一系列重要人口研究基础数据，为人口科学的发展奠定了基础。

（二）人口普查的组织

1. 第一次人口普查

1953年，由国家统计局协同有关部门，根据中央人民政府政务院的指示，结合全国普选，举行了第一次全国人口普查。第一次人口普查的标准时间定为1953年6月30日24时，共计有250万人参加了这次普查登记工作。此外，为了保证全国人口普查登记工作的顺利进行，在全国组成了各级人口普查登记办公室，并制定了统一的、简易可行的《全国人口普查登记办法》。全国绝大部分地区都严格按照这个办法进行直接普查，但有少数地区不能进行直接普查，而用其他办法进行了普查。[①]

2. 第二次人口普查

1964年2月11日，中共中央和国务院颁布了《关于进行第二次全国

---

① 国家统计局:《第一次全国人口普查公报》,http://www.stats.gov.cn/tjsj/tjgb/rkpcgb/qgrkpcgb/200204/t20020404_30316.html,2001年11月2日。

人口普查工作的指示》和《第二次全国人口普查登记办法》，中央成立了领导小组，下设办公室，统一指导全国普查工作。各省、直辖市、自治区也成立了相应的机构，县和公社成立了人口普查办公室。第二次人口普查标准时间定为 1964 年 6 月 30 日 24 时，登记方式以调查对象到站登记为主，普查员入户为辅。全国共计 530 万工作人员参加第二次人口普查。[①]

3. 第三次全国人口普查

第三次全国人口普查是在各级党委和人民政府的统一领导下进行的，全国自上而下逐级建立了人口普查机构。国务院和省、自治区、直辖市人民政府、自治州人民政府和地区（盟）行政公署、县（旗）、市和市辖区人民政府设置人口普查领导小组及其工作机构人口普查办公室，人民公社、镇、城市街道办事处设置人口普查办公室，生产大队和居民委员会设置人口普查小组，具体负责人口普查的组织实施。国务院、各省、自治区、直辖市人民政府负责人担任人口普查领导小组的组长。人口普查办公室以统计部门、户籍管理部门为主，吸收有关部门人员参加。第三次全国人口普查标准时间定于 1982 年 6 月 30 日 24 时。全国公社以上普查办公室共有工作人员 70 多万人，选调人口普查员 518 万人，普查指导员 109 万人，编码员 13 万人，电子计算机录入员四千多人，电子计算站工作人员一千多人，各级机构的普查工作人员共达七百多万人。在人口普查办公室内，根据现代化人口普查的特点，分别设立宣传、普查登记、质量控制、编码、资料保管、运输、数据处理等专职机构，具体负责各项工作的实施。在正式普查期间，还动员了一千多万基层干部和群众积极分子参加配合普查登记工作。这是我国有史以来规模最大，普查项目最

---

① 梁普明：《第二次全国人口普查　人口普查情况介绍》，《浙江统计》2000 年第 4 期。

多,第一次用电子计算机进行数据处理的现代化人口普查,不仅在我国人口普查史上具有重要的位置,而且也为世界所瞩目,成为当代国际人口普查史上一个重大事件。①

4. 第四次全国人口普查

根据《第四次全国人口普查办法》规定,本次人口普查在国务院和地方各级人民政府的领导下进行。国务院和省、自治区、直辖市人民政府,设区的市、自治州人民政府和地区行政公署,县、自治县、不设区的市和市辖区人民政府设置人口普查领导小组及其办公室;乡、镇和街道办事处设置人口普查办公室;村民委员会和居民委员会设置人口普查小组,分别负责人口普查的领导、组织和具体实施。广泛动员社会力量参与。普查标准时间定为1990年6月30日24时,人口普查登记的方法,主要采用普查员入户查点询问、当场填报的方式进行,必要时也可采用在普查区内设立登记站的方式进行。② 近七百万工作人员参与该工作。③ 第四次人口普查进一步利用了计算机对全部普查资料进行汇总。

5. 第五次全国人口普查

根据《第五次全国人口普查办法》规定,人口普查工作在国务院和地方各级人民政府的领导下进行。国务院和省、自治区、直辖市人民政府,设区的市、自治州人民政府和地区行政公署,县、自治县、不设区的市和市辖区人民政府,设置人口普查领导小组及其办公室;乡、镇和街道办事处,设置人口普查办公室;村民委员会和居民委员会设置人口普查小

---

① 国家统计局:《第三次全国人口普查》,http://www.stats.gov.cn/ztjc/zthd/50znjn/tjdjs/200207/t20020716_35709.html,2002年7月16日。
② 《第四次全国人口普查办法》,《中国统计》1990年第1期。
③ 国家统计局:《第四次全国人口普查公报》,http://www.stats.gov.cn/tjsj/tjgb/rkpcgb/qgrkpcgb/200204/t20020404_30320.html,2001年11月2日。

组,分别负责人口普查的领导、组织和具体实施。规定2000年1月1日0时,为第五次全国人口普查登记的标准时间。人口普查的登记工作,采用普查员入户查点询问、当场填报的方式进行。国家按照规定统一组织人口普查员的选调和培训,普查员和普查指导员由县、市人民政府负责选调配备,普查员和普查指导员的培训工作由县、市人民政府人口普查机构统一组织进行。① 全国近千万工作人员参与本次普查。②

6. 第六次全国人口普查

第六次全国人口普查工作,按照"全国统一领导、部门分工协作、地方分级负责、各方共同参与"的原则组织实施。国务院和地方各级人民政府设立第六次全国人口普查领导小组及其办公室,领导和组织实施全国和本区域内的人口普查工作。村民委员会和居民委员会设立人口普查小组,做好区域内的人口普查工作。

领导小组各成员单位按照"各自职能、各负其责、通力协作、密切配合"的原则进行普查工作。规定2010年11月1日0时,为第六次全国人口普查登记的标准时间。第六次全国人口普查采用普查员入户查点询问、当场填报的方式进行。③

改革开放后我国一共开展了第三到第六次共计四次人口普查,从第三次人口普查开始,我国人口普查工作更加规范,组织更加科学,从纸质化调查发展到信息科学化普查,从仅两百万人参与普查工作发展到包含广大人民群众在内的上千万人员积极参与事业的良好组织局面,这些成

---

① 《第五次全国人口普查办法》,《上海统计》2000年第4期。
② 国家统计局:《第五次全国人口普查公报》(第1号),http://www.stats.gov.cn/tjsj/tjgb/rkpcgb/qgrkpcgb/200203/t20020331_30314.html,2001年5月15日。
③ 国家统计局:《第六次全国人口普查方案》,http://www.stats.gov.cn/tjsj/pcsj/rkpc/6rp/html/fu07.htm。

果的取得,离不开党和各级政府以及广大人民群众的广泛参与,也离不开改革开放四十年来物质基础的极大发展。

(三)人口普查项目

1. 改革开放前的两次普查

1953年,由于中华人民共和国刚成立,百废俱兴,社会经济发展水平低,我国第一次人口普查的目的主要是为普选打基础,所以它对人口普查数据的需要十分简单,主要是年龄和人数,由于普选还要考虑到各少数民族的代表性,因此也要了解少数民族人口状况。第一次全国人口普查仅仅普查了与户主关系、姓名、性别、年龄、民族五项。对于集体户口的调查则没有"与户主关系"这一项。第二次人口普查不仅需要了解人口数量和性别年龄结构,同时要了解有关人口的社会、经济特征状况,因此第二次全国人口普查在第一次的基础上又增加了本人成分、文化程度和职业三个项目。[1]

2. 改革开放四十年中的四次普查

随着改革开放的进展,国民经济、文化、社会发展水平大幅提升,为人口普查工作的开展提供了有力保障,改革开放后进行的第三次人口普查从第二次全国人口普查的8项提高到了19项,分别增加了常住人口的户口登记状况、行业、不在业人口状况、婚姻状况、妇女生育子女数和现在存活的子女数、1981年育龄妇女生育状况、户的类别、本户住址、本户人数、本户1981年出生人数、本户1981年死亡人数、在本地登记了户口已外出一年以上的人数。第三次全国人口普查极大地丰富了普查内容,扩充了婚姻、生育、户口、死亡等重要人口内容,使得普查的数据更加系统化,更具有统计与研究价值。

---

[1] 乔晓春:《中国人口普查研究:有关问题的理论探讨》。

第四次全国人口普查在第三次的基础上增加、调整为21项：(1)增加了"1985年7月1日常住地状况"和"迁来本地的原因"两个项目,这有利于了解随着改革开放的深入,我国自1981年以来五年来人口迁移流动的状况。(2)在户口状况和性质中增加了"农业户口""非农业户口"两项,这对于反映我国城乡人口,特别是反映由国家按照市镇粮食定量供应办法供应口粮的人口的变化和农村剩余劳动力的转移有着重要的意义。(3)在文化程度方面增加了学业完成情况(如在校、毕业、肄业等)问题,其目的是为了准确反映我国人口的实际文化水平,了解我国人口和劳动力素质。(4)对出生人口和死亡人口的时间和范围,由原来的普查前一年,改为普查标准时间前一年半。这便于更准确地计算我国人口的出生率、死亡率和自然增长率,也便于更准确地估算人口的平均预期寿命。(5)对死亡人口的登记增加了文化程度、婚姻状况、生前的职业等项目。这对于分析研究文化、婚姻、职业对健康的影响,改善医疗卫生条件具有重要意义。[①] 第四次人口普查还增加了"死亡人口登记表",登记的项目为本户编号、姓名、性别、民族、出生时间、死亡时间、文化程度、死亡时的婚姻状况、死者生前从事的主要职业等9项。

第五次全国人口普查分为按户填报的项目和按人填报的项目,其中按人填报的有26项,按户填报的有23项,共计49项,比上一次人口普查增加了28项。按人填报的项目,增加了人口迁移的内容,比如出生地、何时从何地来本乡镇街道等,这里"何时从何地来本乡镇街道"不是指户口的迁移,而是人们实际居住地的变化,主要反映我国改革开放以来人口流动量增大的实际情况；增加了人口的经济活动的内容,比如上周是否有工作、未工作者的生活来源等,主要反映人们的就业和社会抚

---

[①] 孙兢新:《关于〈第四次全国人口普查办法〉的说明和工作安排》,《人口研究》1990年第2期。

养状况。按户填报的项目,主要增加了住房的内容,主要包括间数、面积、墙体材料、房屋来源、购建费用、月房租以及住房内厨房、厕所、炊事燃料、饮用水、洗浴设施等情况。① 第五次人口普查除设有普查表短表、长表(普查项目较少,由所有的人填报的表为短表,也叫作"普查";普查项目较多,由一部分人填报的表为长表,也可以称为"抽样调查"。)和"死亡人口调查表"外,还增加了"暂住人口调查表"。第五次全国人口普查在第四次的基础上调查内容更加系统,形式更加丰富,技术更加先进,设计更加科学。

第六次全国人口普查与第五次全国人口普查相比,仍然采用长短表结合的方式,90%的人填写的短表项目数基本不变,按户填写6项,按人填写12项。在10%的人填写的长表中,共填写45项,其中按户填写17项,增加了反映住户状况和质量的信息;按人填写28项,增加了反映老年人健康的项目。第六次人口普查增加了"境外人员普查表"登记,同时减少了"暂住人口登记表"登记。第六次全国人口普查首次将居住在中国内地(大陆)的外籍人员和港澳台人员作为普查对象,从而充分了解国际人口迁移状况。② 第六次全国人口普查内容从反映人口的自然属性和地区分布,发展到涵盖了国内外人口迁移流动、住户和家庭、生育和死亡、教育、经济活动、健康状况、住房状况等多方面的人口状况,这些调查内容的变化可以使政府更加全面地掌握人口数量、人口结构、人口素质、人口迁移、人口分布等人口问题的最新情况,为改革开放后国家的科学决策提供有力的人口数据支持。③

纵观改革开放四十年来的几次人口普查,相比第一、二次人口普查,

---

① 《第五次全国人口普查的特点》,《统计与咨询》2000年第5期。
② 冯乃林:《第六次全国人口普查的新特点》,《紫光阁》2010年第10期。
③ 王谦、崔红艳等:《中国第六次人口普查:经验与启示》,《人口研究》2010年第6期。

在项目数量上和参与人员数量上不断增加,普查内容不断丰富,普查组织工作更加科学,立法更加清晰,普查保障基础更加牢固。从单一的普查表发展成包含长表、短表、死亡表、暂住人口登记表、境外人员普查表等诸多形式的表格体系。此外,普查手段更加信息化、现代化,普查得到的人口基础数据也更加充分。我国人口普查取得的数据以及成绩也成为中国改革开放四十年伟大成就的重要组成部分。

(四) 1%人口抽样调查

为了充分了解2010年以来我国人口在数量、素质、结构、分布以及居住等方面的变化情况,为制定国民经济和社会发展规划提供科学准确的统计信息支持,根据《全国人口普查条例》和《国务院办公厅关于开展2015年全国1%人口抽样调查的通知》,按照"统一领导、分工协作、分级负责、共同参与"的原则,由统计局会同有关部门成立2015年全国1%人口抽样调查工作协调小组(以下简称"协调小组")。协调小组办公室设在统计局,负责调查的组织实施和日常工作,督促落实协调小组议定事项。其他部门密切配合,县级以上地方各级人民政府加强组织领导并建立相应机构。确定以2015年11月1日0时为标准时点进行全国1%人口抽样调查。调查内容为人口和住户的基本情况,主要包括姓名、性别、年龄、民族、受教育程度、行业、职业、迁移流动、社会保障、婚姻、生育、死亡、住房情况等。① 这次调查以全国为总体,以各地级市(地区、盟、州)为子总体,采取分层、二阶段、概率比例、整群抽样方法,最终样本量为2131万人,占全国总人口的1.55%。②

---

① 国家统计局:《国务院办公厅关于开展2015年全国1%人口抽样调查的通知》,http://www.stats.gov.cn/ztjc/zdtjgz/cydc/xw/201510/t20151028_1263099.htm。
② 国家统计局:《2015年全国1%人口抽样调查主要数据公报》,《中国信息报》2016年4月21日第1版。

本次人口抽样调查，在数据采集手段方面进行了改革和创新。在数据采集环节，采取调查员利用手持终端设备（PDA）入户登记与住户通过互联网自主填报相结合的形式，是人口调查中的一种全新尝试。由于在 PDA 和互联网自主填报程序中内嵌了数据逻辑审核关系，可以在调查现场及时发现并立即纠正错误填报，提高了调查数据质量和调查效率。此外，互联网自主填报能更好地保护个人隐私，减少对住户的打扰，降低调查成本。在数据传输环节，调查员将 PDA 中的原始数据通过无线上网方式直接发送到国家统计局数据服务器，极大提高数据报送的及时性和准确性。第六次人口抽样调查所采取的创新尝试，将为今后我国利用现代信息技术采集基础数据做好准备、积累经验，是改革开放四十年来科技发展、社会经济水平提高的有力体现。①

（五）人口普查数据状况

人口调查一般存在着两类误差，一类是调查误差，一类是抽样误差。由于人口普查属于全面调查，自然就不存在抽样误差，而只存在调查误差。事实上在调查的每一个环节都可能存在误差，比如由设计所带来的误差为设计误差，由登记过程产生的误差为登记误差，在编码和录入过程中产生的误差为编码和录入误差等。②

1. 改革开放前的两次人口普查

第一次全国人口普查在调查工作结束后，又抽取了全国直接调查人口的 9.2%（即 5295 万人）进行了复查。复查的结果是：重报人口占 0.139%，漏报人口占 0.255%，两者之差即净误报率为漏报 0.116%，而毛误差率为 0.394%。在社会经济发展水平低、没有经验的基础上，第

---

① 冯乃林：《全面建成小康社会进程中的人口抽样调查》，《中国统计》2015 年第 11 期。
② 乔晓春：《中国人口普查研究：有关问题的理论探讨》。

一次人口普查的数据质量是值得肯定的。第二次人口普查调查结束后，组织了大量的工作人员对 3688.5 万人进行质量抽查，抽查的人口占普查调查人口的 5.3%。抽查的结果是：重报人口占 0.038%，漏报人口占 0.039%，漏报率大于重报率，调查的净误差率为 0.001%，而毛误差率也只有 0.077%。由于第二次全国人口普查所具备的社会经济条件要好于第一次人口普查时期，且已具有第一次人口普查的经验，因此这次普查的误差远远小于第一次全国人口普查，数据质量更好。①

2. 改革开放后的四次人口普查

第三次人口普查与第二次人口普查相隔近 20 年，但是政府高度重视，国家规定了最高误差标准为人口净误差率小于 1%，毛误差率小于 2%。因此，各级政府和普查机构都更加注重普查质量。此外，还采取了一系列控制质量的办法，如采取自查、互查、议查和人工逻辑检查等办法控制数据质量，各级普查机构还专门设立了质量控制组，对登记质量进行专门的检查。最后由国务院人口普查办公室统一组织，采取分层、随机、等距、整群抽样的办法，共抽出 972 个生产队和居民组，作为样本进行重新调查。将新的调查结果与普查数据对比发现：人口重报率为 0.071%，漏报率为 0.056%，重报大于漏报，净误差率为 0.015%，毛误差率为 0.127%，远低于国家规定的质量验收标准。因此可以说第三次人口普查的数据质量很高。②

在第三次人口普查的基础上，在政府的有力保障和广大人民群众的积极配合下，第四次人口普查的质量也非常高。在人口普查登记和复查工作完成后，根据《人口普查登记质量抽样检查细则》的规定，在全国范

---

① 乔晓春:《中国人口普查研究:有关问题的理论探讨》。
② 乔晓春:《中国人口普查研究:有关问题的理论探讨》。

围内抽取了十七万多人作为样本进行了重新调查。结果显示：人口总数的重报率为 0.01%，漏报率为 0.07%，净误差率为 0.06%，毛误差率为 0.08%。与第三次人口普查相比重登率大大降低，受到计划生育出生漏报和人口迁移等因素的影响，漏登率有所提高，净误差率提高了，而毛误差率则下降了。因此，从质量抽查的结果看，第四次人口普查的数据质量与第三次人口普查的数据质量相比仍然很高。

第五次人口普查的人口漏登率为 1.81%。第三次人口普查和第四次人口普查都曾公布过的几个重要数据，在"五普"公报中并没有出现，比如：按户口登记状况分的人口数和各部分所占的比例；普查前一年的出生人口和死亡人口，以及相应的出生率和死亡率；各类普查登记质量的抽样检验结果，其中包括人口数的重登率、漏登率、净差率、性别误差率、年龄误差率、出生人口漏报率和死亡人口漏报率。此外，相比较而言，第五次人口普查人口的净漏登率是第四次人口普查净漏报率 0.060% 的 30 倍。正是由于"五普"将暂住人口作为调查对象并引入检验对象，才使漏报率得以大幅度上升。当然，客观原因带来的登记困难，也是造成人口漏登率提高的重要原因之一。尽管"五普"出现过这样或那样的问题，但其成功之处远远大于它所存在的问题。①

第六次人口普查登记结束后，全国统一随机抽取 402 个普查小区进行了事后质量抽样调查，结果显示人口漏登率为 0.12%。② 有研究表明第六次人口普查 0 岁人口漏报依然存在明显的性别差异，男孩漏报更为严重。除低龄组数据依然存在漏报之外，第六次人口普查数据还呈现出青年组部分年龄段人口重报的新特点。"六普"数据中 16—21 岁人口相

---

① 乔晓春：《中国人口普查研究：有关问题的理论探讨》。
② 国家统计局：《2010 年第六次全国人口普查主要数据公报》（第 1 号），http://www.stats.gov.cn/tjsj/tjgb/rkpcgb/qgrkpcgb/201104/t20110428_30327.html。

对于2000年全国第五次人口普查以及户籍统计数据的同批人出现异常增多。从两次普查数据的回推结果比较、与户籍统计数据的对比以及对流动人口的分析可知,"六普"数据中16—21岁青年组人口的异常增多很可能是由于流动人口重报造成的,且主要集中于流动人口女性重报。而在其余年龄段,尤其是中老年年龄段,"六普"数据与"五普"数据十分吻合。[①] 相比第五次人口普查而言,第六次人口普查的漏报率已大幅改善,但比第三、四次人口普查数据质量仍具有差距。

改革开放四十年来的数次人口普查,特别是第四次人口普查之后,受到计划生育政策和人口迁移的影响,第五、六次人口普查数据质量受到影响。但整体而言,由于人口普查内容更丰富、方法更科学,我国人口普查得到的人口数据仍然具有重要的研究价值与意义。

(六)人口普查数据的应用

我国已开展了六次全国人口普查工作,一次人口抽样调查工作,获得了大量的人口基础数据。这些数据主要用于以下几方面:

第一,充分了解国情,科学决策。六次全国人口普查数据直接反映了我国的人口情况,如我国总人口规模、子人口规模、人口生育、男女性别比、老少比、抚养比、人口城乡分布、人口区域分布、人口空间分布、人口迁移、人力资本、家庭结构、家庭住房、人口职业发展、就业率、失业率、人口死亡等一系列的重要人口数据。通过几次普查数据的对比,可以反映出阶段性人口变动信息,更便于政府了解民情、国情以及各种政策的落实情况。各级政府在充分把握人口基础数据的基础上,根据国家社会、文化、经济发展水平,动态制定新的发展政策,如2015年出台的全面二孩生育政策,正是在充分了解新生儿出生数、抚养比等一系列人口基

---

[①] 陶涛、张现苓:《六普人口数据的漏报与重报》,《人口研究》2013年第1期。

础数据的基础上进行的宏观政策调整。

第二，大力开发数据、理论研究。学术界主要是人口学领域大量使用人口普查数据，截至笔者写作之日，以"人口普查数据"为主题词在知网搜索学术成果发现共计1 626篇文章，其中人口学与计划生育1 233篇位列第一，宏观经济管理与可持续发展113篇位列第二，社会学及统计学95篇位列第三，此外，还包含教育、投资、数学、民族学等不同学科领域。人口基础数据中的生命表、死亡表不断地被用于其他学科的理论研究。人口普查的基础数据成为人口学理论研究的基础，也为其他学科理论研究提供了重要保障并不断地促进学科之间的交叉与融合。

## 二、人口经常登记数据

### （一）人口经常登记制度

我国的人口统计调查，是通过三种方法来进行的，一是十年一次的人口普查，二是定期的或一次性的抽样调查，三是以户口登记为基础的全国人口定期报表。

人口经常登记制度，是世界各国最根本的社会管理制度之一。欧洲国家大多称为"民事登记""生命登记""人事登记"，虽然叫法不一，但基本上与我国的"户籍"登记大同小异，都是单纯地对人口出生、婚姻、迁移、死亡等重要生命事件依法进行登记。① 纵观1949年以来的户口登记发展简况，大体经历了五个阶段。②

1949—1952年为第一阶段，初步建立了城市户口登记制度。1950

---

① 陶涛、张现苓：《六普人口数据的漏报与重报》。
② 蔡辉：《人口管理制度的法治思维与法治方式的创新》，《广州大学学报》（社会科学版）2016年第1期。

年,在全国治安行政工作会议上,讨论修改了《城市户口管理暂行条例》,并于1951年7月16日由公安部公布实施,使全国城市户口登记制度基本上进入了统一轨道。这是中华人民共和国成立后,第一次提出的人口经常登记制度。当时主要为适应国家行政管理的需要。1952年,中央卫生部在全国32个市、县,750万人口的地区内进行了生命统计,这是我国人口经常登记制度的开始。

1953—1955年为第二阶段,建立了全国城乡的户口登记制度。1953年,我国进行了第一次全国人口普查。1954年,当时的中央内务部在这次人口普查的基础上制定了《户口登记暂行办法草案》,各级民政部门根据这一草案建立了户口登记制度,使户口登记制度由城市到乡村普遍得以推行。国家统计局也根据这一草案附表所列项目,制定了"户口变动统计表",主要项目有户数、人口数、出生、死亡、迁入、迁出等。从1955年起,我国即建立了统一的人口变动经常登记及统计制度,开始执行定期的报表制度,并在城市建立了人口卡片制度。1955年6月9日,国务院全体会议第十一次会议通过了《国务院关于建立经常户口登记制度的指示》。自此,户口登记制度作为一项国家行政管理制度固定了下来,全国户口登记制度纳入了统一轨道。根据指示要求,乡、镇建立了户口簿和出生、死亡、迁出、迁入四种登记册,随时登记变动人口,以掌握人口变动情况;户口登记统计时间为每年一次,乡、镇汇总报省,省汇总报内务部;县内由派出所汇总呈报民政科,市内由公安局报省民政厅。这一阶段的户口登记及统计工作,对及时掌握各地的人口数和人口变动情况,对我国实行粮食、食油、棉布的计划供应工作都提供了详细的资料和可靠的数据。

1956—1965年为第三阶段,我国的户口登记制度进一步健全,纳入了国家法制建设轨道。

1956年3月，公安部召开了全国第一次户口工作会议，总结了共和国成立初期的户口管理经验，进一步明确了我国户口工作的性质和任务，制定了新的户口登记管理办法。1958年1月9日通过了我国第一个户口登记法规《中华人民共和国户口登记条例》。从此，我国户口登记制度纳入了国家法制建设的轨道。按照该条例，户口登记工作从此由各级公安机关主管。户口登记制度，城镇实行常住、暂住、出生、死亡、迁出、迁入、变更更正七项登记；农村实行常住、出生、死亡、迁出、迁入五项登记。在管理方法上，采用户口簿册和迁移证件的办法，对人口实行登记和管理。1964年，我国进行第二次全国人口普查，在普查后期，健全了公社、大队两级户口登记管理制度，使我国的户口登记工作又迈进了一步。

1966—1976年为第四阶段，由于"文化大革命"，户口登记制度也遭到了严重破坏，这一阶段的户口登记工作基本上处于瘫痪状态。这不仅给我国户口登记、人口统计工作留下了严重的历史创伤，而且给国家的行政管理、经济建设造成了很大影响。1982年，第三次全国人口普查前，不得不进行了为期一年的户口整顿。

1977年至今为第五阶段，户口登记制度恢复加强，在改革中逐步健全发展。1977年，国务院批转了《公安部关于处理户口迁移的规定》，首先对户口迁移方面的混乱思想进行了整顿。1979年6月，国务院批转了《关于严格控制农业人口转为非农业人口的意见的报告》。1980年2月，公安部要求从7月1日起，在全国范围内实行统一的户口准迁证。1985年9月6日，第六届全国人民代表大会常务委员会第二次会议通过了《中华人民共和国居民身份证条例》，开创了中华人民共和国的居民身份证制度。

在1982年以前，中国人口统计数据主要来自公安部门的户籍登记数据。可见,户口登记制度对我国的经济建设、行政管理发挥了重要作用,在维护社会秩序、证明公民身份、保障公民权益等方面也发挥了巨大的作用。①

(二)人口经常登记数据

我国的户口登记项目,大概有 7 大类 30 个以上项目。第一是有关人口、家庭和社会特征方面,有与户主的关系、姓名、性别、籍贯、出生地、年龄、民族、户的类别、本户住址和人数共 10 个项目。第二是有关教育特征方面,有文化程度 1 项。第三是有关经济特征方面,从户口登记的"职业及服务处所"和本人的年龄中可以看出人口的在业和不在业情况,可以看出在业人口的行业、职业状况,不在业人口的状况。第四是有关婚姻方面,有婚姻状况 1 项。第五是有关居住和迁移变动特征方面,有常住人口登记、暂住人口登记、"何时由何地迁来本地""何时迁往何处或何因注销户口""本地其他地址""何时由本地何处迁来"共计 6 个项目。第六是有关宗教方面,有"宗教信仰"1 项。第七是有关户口登记事项变动方面,有"户口登记事项变更更正记载"1 项。②

我国的人口经常登记以年报为主,现行的人口统计报表最主要的是"人口及其变动情况统计表",该表是一张综合性的报表,是我国经常人口统计的主要报表,共有 10 个主要项目,即户数、总人口、男、女、非农业人口、未落常住户口的人口、出生、死亡、迁入、迁出。这张表的统计上报,使我们可以了解一个地区或全国年度人口的基本状况和人口自然、机械变动的情况;还可以了解一个地区或全国人口的性别构成、农业人口与非农业人口的比例情况,以及公民的户口登记情况等。这张报表还

---

① 陈郁、王建民、支书方编著:《户口登记与人口普查》,银川:宁夏人民出版社,1990 年。
② 陈郁、王建民、支书方编著:《户口登记与人口普查》。

有"市人口及其变动情况统计表"和"县辖镇人口及其变动情况统计表"两张附表。此外,在"四普"之前,还有"非农业人口增减情况统计表""城镇自理口粮常住人口统计表""未落常住户口人员统计表""人口年龄统计表""死亡人口年龄统计表"和"城市人口迁移状况统计表"。

我国户口统计的主要方法,就是以这些固定的报表,按年度和季度,以基层户口管辖区为范围,以户口登记为基础进行核对、填报,以县、市一级进行汇总上报的。国家以这些简明的表式、精确的数字,掌握全国人口的分布、构成状况和自然增长的变化,掌握人口发展变化的规律和特点。

常见的户口统计指标包括户数、总人口数、性别统计、非农业人口统计、出生人数统计、死亡人数统计、迁入迁出人数统计、市镇人口统计、年龄统计等。可以采用综合分析法、分组分析法、对比分析法、平衡分析法、平均数法、相关分析法等进行分析评估。除汇总指标外,还可计算平均每户人数、人口密度、年平均人口数、人口发展速度、平均人口发展速度、年人口增长率、人口性别构成和性别比例、平均年龄、年龄中位数、老年人口系数、少年儿童系数、老年与儿童比例、抚养比、城乡人口比例、农业与非农业人口比例、各民族人口比例、出生率、死亡率、婴儿死亡率、自然增长率、迁入迁出率、净迁移率等指标。上述指标,对了解各地区人口状况,制定人口计划和人口预测提供了良好的数据基础。但过去在手工计算的条件下,虽然户口管理部门在每次年报、月报时投入大批人力,却一般只能汇总人口总数(分性别)、出生、死亡和省际迁移人数等少数项目,而且各个项目不能交叉分组,限制了这些资料的分析运用。大量资料,包括各级领导和社会各界最关心的人口年龄、职业、文化程度以及民族等资料都损失掉了。

(三)经常登记数据的问题

随着改革开放的不断深入和经济社会的不断发展,人口经常登记制度已取得很大的成效,但在人口管理的规范化、长效化和更有效地服务社会主义市场经济的发展等方面,还存在着有待改进的地方。[①]

1. 部门分割导致人口信息碎片化

按照政府社会管理的工作要求,我国人口信息根据其信息内容的不同,掌握在不同部门中。如人的出生、死亡,城乡人口流动统计由公安部门负责,人的死亡原因和婴儿死亡统计由卫生部门负责,老年人口、残疾人口等情况由民政机关负责,人口普查由统计局负责。人口信息在各部门间呈自上而下的条线分布,部门间彼此隔离,信息交叉重叠,人口信息系统缺乏整合功能。由于部门割裂,不利于各部门根据需要开展人口相关信息的采集、登录、存储、运用及管理,导致人口信息的孤岛化。在教育、司法、劳动就业、婚姻管理等领域,由于人口信息的标准不同,导致人口数据可比性差,影响了人口信息对社会管理决策作用的发挥。

2. 流动人员主动登记的意识不强

流动人员的管理,目前国内一般以居住地管理、就业管理和信息申报登记管理为主要手段。虽然相关部门可以大量投入人力、物力、财力,来摸清某一时点辖区内的实有人口信息,但此后,信息的准确性和实效性就会大幅降低。从客观原因角度看,当前省市间和城市区域间的人口流动成了常态,人们无论是工作还是住所都不稳定、不固定,相当部分的流动人口集中于非正规就业状态,而租房登记也有很大漏洞,导致这部分人群的相关信息难以有效掌握,数据的动态监测和维护更是难以实现。从主观原因角度看,由于城市社会资源的有限,面对大量的流入人口,城市政府难以对流入人口给予市民标准的服务与权益保障,长期以

---

[①] 胡琪、高苑敏:《完善我国人口信息管理的思考》,《科学发展》2014 年第 8 期。

来政府对流动人口的管理主要还是以管控为主,这无疑导致了流动人口对政府部门的不信任,流入人口来到大城市后往往不希望让政府掌握其相关信息。

3. 人口信息共享机制不顺

由于我国人口信息采集与管理部门间的分割,直接导致了各部门人口信息的不完整、不一致、不共享。我国现阶段的户籍登记主要由公安机关的户政部门完成,虽有一部分人口的基本信息已实现了全国联网,但还不具备像美国、日本等那样的人口信息网络系统,更详细的个人信息未能实现全国联网,这给查询人口信息带来了不便,管理的效率也大打折扣。

4. 人口信息与市场经济发展的要求不适应

我国迄今为止没有建立全面的身份登记制度,相关身份登记主要集中于户籍登记、婚姻登记和身份证制度中,登记的内容主要局限在对"生命事件"相关内容的注册记录,即人的出生日期、姓名、性别、家庭情况、住所住址、文化程度等内容。随着市场经济的发展,个人信息系统内容单一的问题显露了诸多弊端,譬如录入事项不完整,仅有管理人口之公法功能,而无证明主体身份、维护交易安全之私法功能。

5. 公民信息安全的法制建设滞后

目前,我国人口信息管理的法律法规不健全,对人口信息管理主体、信息系统开发、信息数据共享、信息安全等缺乏统一、明确的法律规定和约束。使信息采集工作难度增大,且采集的信息准确性、有效性难以保障。

(四) 经常登记与人口普查的关系

经常登记与人口普查是两种不同的事物,但又有着密切的联系。两者存在互相影响、互相作用的关系,在共同发展的前提下,互相促进,互为补充。①

1. 相互作用,共同发展

其一,户口登记是在人口普查基础上全面建立的。第一次全国性人口普查为在全国城乡普遍建立户口登记制度奠定了思想基础、群众基础、业务基础、组织基础。正是由于第一次全国人口普查奠定的基础,才有1954年的《户口登记办法草案》和1955年的《关于建立经常户口登记制度的指示》。自此,户口登记制度作为一项国家行政制度被固定下来。

其二,户口登记为人口普查的顺利开展提供了有利条件。户口登记为人口普查的地址编码工作提供了蓝本,为普查区的划分提供了依据;户口登记资料为人口普查的《户主姓名底册》的编制提供了蓝本,为普查登记表的印制、分发提供了依据;户口登记资料为人口普查选调普查员数量、确定普查员的工作量提供了依据;户口登记为人口普查的登记工作和验证人口普查结果提供了有利条件。

其三,人口普查促进了户口登记的发展。户口登记帮助了人口普查,人口普查对户口登记也起着检验和推动的作用,使户口登记有了更进一步的发展。户口登记犹如工商业仓库的记录一样,能随时掌握每天进出仓库的数字和每天的结存数字。但随着时间的延长,在种种原因的影响下,这种登记也会产生差错,簿册上的记录将会与实际情况出现不符现象。而人口普查犹如仓库盘点一样,在一定时期进行这种盘点,就可以发现仓库记录的差错,看到这种登记的方法、制度在实际应用中的优缺点,为进一步完善、健全这种方法、制度,从根本上纠正差错、堵塞漏洞,提出预防和改进的措施,促进户口登记的方法和制度逐步科学化、现代化。此外,人口普查还对户口登记的业务建设和队伍建设起到了促进

---

① 胡琪、高苑敏:《完善我国人口信息管理的思考》。

作用。

2. 同异相间,相得益彰

经常登记与人口普查有着极为相似的共同点,特别是在搜集、获取人口资料方面。但二者在性质上又截然不同,各有所长,各有特点,在完成共同任务中,以各自不同的方式和方法贡献力量。

户口登记与人口普查的相同点在于:两者都属于人口统计学这一学科范畴;两者的登记对象都是中华人民共和国公民,都是以户为单位进行,各自分别以家庭户和集体户的形式进行登记;两者都采用常住人口登记的原则;在人口范畴的确定上,都是以县、市作为空间范围;在登记的基本项目和对登记人员的要求上基本相同。

户口登记与人口普查也存在诸多不同点。在目的上,人口经常登记不仅仅是为了取得人口资料,更重要的是作为一项国家行政管理制度,是人民政府用来管理国家的重要工具之一,发挥着维护社会秩序的职能,起着行政管理的作用。作为一项国家法律制度,用来保护公民的权利和利益,发挥着证明公民身份的作用。而人口普查的目的则主要是取得一国或一地区的全部人口的社会、经济、自然特征的全部资料,简言之,就是普遍查清人口数字及分布构成的情况,所起的只是参谋作用。在组织方式上,户口登记有固定的常设组织与专业队伍,是一项经常性的人口登记工作。人口普查则既无常设机构,也无业务固定的组织和管理人员,临时机构、临时队伍、临时工作是我国人口普查不同于户口登记的一显著特点。在具体工作方法上,人口普查需要运用系统工程的方法进行协调和组织实施,而经常性的户口登记则不一定需要采取这种方法。在登记方法上,人口普查是采取派员直接询问登记的方法进行,而户口登记则是采取坐班受理的方法实施的。从工作内容来看,人口普查是一个千百万工作人员参加的巨大的系统工程,工作量很大,而户口登记工作程序比较简单,工作内容比较少。从登记内容来看,人口普查的登记内容可以随着社会变化而更换,随着形势需要和特殊需要而增加,其结果更适合于国家建设、科学研究等需要,户口登记一般是比较稳定的,因为需要保持登记资料的延续性和可比性。

3. 各有千秋,相辅相成

户口登记的长处在于:首先,具有权威性,它是以法律作保障的一种法律记载,具有证明公民身份的作用;其次,具有及时性,人口事件一发生,就进行登记;再次,具有连续性,长年累月坚持不断等等。这些不仅能随时证明公民的身份,保障公民的合法权益,而且便于国家及时掌握人口变动情况,起到为社会主义建设服务的作用。但是户口登记也有其本身的局限性,比如对农业户口和非农业户口的划分,长期以来都不利于缩小城乡差距;不适用于商品经济下人口流动的要求;人口信息不适应形势需要等等。人口普查的长处已经有所提及,短处主要是花费的人力多、花费的时间长、花费的财力多。总之两者各有利弊,可以互相补充,互相促进,一起向有利于国家建设、有利于省时省力的现代化方向发展。

(五)人口经常登记数据的应用

人口经常登记数据主要应用于评估、修正普查数据和实际判断中国人口形势与发展态势,典型的比如在人口学与计划生育领域,利用人口经常登记数据评估历次人口普查的登记误差、漏报和重报问题,并相应地进行调整;或者利用人口普查、经常登记数据与其他数据相结合,共同对出生性别比水平等变量进行估计;或者仅利用经常登记数据对某一社会现象进行描述分析。在中国知网上检索使用人口经常登记数据的论文,发现仅人口学与计划生育学科下即有七百多篇文章,而社会学与统计学领域也有五百多篇文章。

## （六）身份证在人口经常登记中的应用

过去的粮票、布票制度，对于健全户口登记制度、提高人口统计的真实性起到了重要作用。在旧的经济体制下，人口流动比较少，现在随着商品经济的发展，人口流动显著增加，户口管理的难度也随之加大。此外，有些地方隐瞒出生人口的现象也增加了。这些都是需要从多方面设法解决的问题。

1984年4月，国务院公布了《中华人民共和国居民身份证试行条例》，开始颁发第一代居民身份证，揭开了居民户口证件化管理的序幕。居民身份证登记项目包括姓名、性别、民族、出生日期、住址和有效期。1985年9月，全国人大常委会第12次会议批准发布《中华人民共和国居民身份证条例》，标志着我国居民身份证制度的正式确定。1986年11月，国务院批准《中华人民共和国居民身份证条例实施细则》。此后，从城市到农村，居民身份证颁发工作全面展开。经国务院批准，从1999年10月1日起，在全国范围内建立和实行公民身份号码制度——国家为每个公民从出生之日起就编定唯一的、终身不变的身份代码。2004年3月，中国大陆正式开始试点为居民换发内藏非接触式IC卡智能芯片的第二代居民身份证。而较大规模的换发则开始于2005年。2011年，《中华人民共和国居民身份证法》修正，居民身份证登记项目包括姓名、性别、民族、出生日期、常住户口所在地住址、公民身份号码、本人相片、指纹信息、证件的有效期和签发机关。2013年1月1日起，第一代身份证停止使用。2017年12月，广州南沙区签发全国第一张微信身份证，办理成功后，用户可用它办理各类线上线下业务。2018年1月17日，公安部"居民身份证网上功能凭证"首次亮相支付宝，并且在衢州、杭州、福州三城试点，使用时只要打开网证二维码，通过扫一扫即可证明自己的身份。此外，还有其他一些网络身份服务正在进行，如身份证与手机卡的结合等。

正是身份证的存在,让大家告别了依靠单位介绍信、工作证走南闯北的时代。在改革开放的大潮中,人员流动日趋频繁,使用居民身份证的频次也越来越高。当初只有证明身份功能的它,如今已与出行、教育、就医、社保等紧密相连,从移动电话开户到飞机票、火车票的购买,使用身份证的场合越来越多。

身份证是一个人政治身份的标志,居民要保障自己的政治权利、财产权利和其他权利,都不能没有它。所以身份证可能对人口登记和统计的真实性起到更为有利的作用。目前,身份证的普遍应用,有两个方面的优势。其一是居民身份证的全国统一编号问题,要使用唯一性的号码,一人一号,全国没有重号,也是使用计算机进行计算、分类、储存、检索的一个关键性问题,为人口统计、户口管理、计划生育、民政、劳动、银行、保险和计划部门服务。其二是身份证从只对 16 岁以上人口颁发到从出生就可以拥有身份证。[1] 目前有越来越多的人意识到身份证信息在人口普查、流动人口动态监测、数据整合和信息库建设中的作用。

## 三、人口抽样调查数据

从获取数据的方式上,包括普查数据和抽样调查数据。

普查,获取数据全面,但历时较长,需要较高的人、财、物力成本,一般需要国家政府部门组织开展,比如国家统计局开展的人口普查、农业普查和经济普查等。这些数据是国家进行管理、制定政策的重要依据。

人口抽样调查,是为了某一特定的研究目的或工作需要,从全部人

---

[1] 翟振武、张浣珺:《普查数据质量与调查方法——关于将身份证号码纳入普查问卷的探讨》,《人口研究》2013 年第 1 期。

口中，按照随机原则，科学地抽选一部分人口作为样本，对他们进行调查，然后根据这部分人口的基本状况和变动情况，观察或推断全国或某一地区人口总体的有关数据。抽样调查，按照抽样方法分为随机抽样、典型抽样、整群抽样、分层抽样等。抽样调查的特点是规模小、时间短、组织灵活、成本更低，能得到普查和经常性人口登记难以得到、甚至不可能获得的资料。抽样调查的组织者包括政府机构、科研机构、高等院校和个人。我国许多科研机构和学者通过开展大型的抽样调查，获得大量一手数据，而且许多数据免费向公众提供，具有非常高的学术价值。①

（一）全国人口变动抽样调查

在很长时间里，经常性人口统计（户口登记）、人口普查和人口抽样调查都是我国取得人口统计资料的三种主要调查方法。随着统计调查方法改革的开展，抽样调查作为统计调查方法体系的主体，越来越为人们所重视。近年来在研究人口问题时，除人口普查外，基本上都采用了抽样调查方法。此外，在20世纪80年代后，随着户籍管理作用的削弱，人户分离和无户口现象增多，全国户籍登记人口数与实际总人口数的差距增大。在这种情况下，国家统计局在1982年首次进行了人口变动情况抽样调查，在全国抽取50万人的样本，统计其出生、死亡情况，以此推算全国总人口数。统计结果显示，人口变动调查数据的误差明显小于户籍登记的误差。为此，国务院办公厅于1983年8月转发了国家统计局、国家计划生育委员会、国务院第三次人口普查领导小组《关于认真做好一九八三年人口变动情况抽样调查工作的意见》，要求各省、直辖市、自治区政府做好人口变动情况抽样调查工作，并决定每年进行一次，形成

---

① 杨丽梅：《人口变动抽样调查方法》，《统计与咨询》1994年第5期。

一项调查制度。①

1983—1988年,中国人口变动调查制度的建立尚处在起步阶段,全国调查的样本量为50万人,在各省按人口比例分配。样本设计只考虑对全国有代表性,不考虑省、自治区、直辖市的代表性。人口变动调查数据仅推算全国人口数据,各省人口仍采用公安部门的户籍登记数。这一时期的人口变动调查原则是按常住户口划分。调查项目中,人记录有15项,有姓名、与户主关系、户口登记状况、性别、出生年月、民族、婚姻状况、出生、死亡、省内省外的户口迁移状况、生育子女总数等;户记录有8项,包括户别即家庭户和集体户、本户年初、年末人口等。②

20世纪八九十年代,生育旺盛期妇女人数不断增多,中国处于人口出生的高峰期,人口过快增长的形势严峻。由于中国各地区人口增长情况不同,仅有全国数据不能满足省级地方政府掌握本地区人口发展和制定人口规划的需要,人口变动调查数据迫切需要了解各省人口变动的情况。1989—1992年,人口变动调查扩大样本量至180万人,以解决调查数据对各省的代表性问题。平均每个省样本量在6万人。1994年开始将样本量减少到120万,抽样比约为1‰,各省样本量3万—4万人。适当减少样本量有利于集中人力、物力,提高数据质量,同时提高人均调查费用标准,弥补调查经费的不足。这一阶段人口变动调查在方法制度的建立和完善方面取得了重大的进展,如建立省级抽样调查方法制度,建立事后质量抽查制度,增加劳动力调查的重要内容,作为其他人口调查的样本载体等。③

在21世纪初,中国已进入全面建设小康社会,加快推进社会主义现

---

① 胡英:《人口变动情况抽样调查的回顾》,《人口研究》2005年第1期。
② 胡英:《人口变动情况抽样调查的回顾》。
③ 胡英:《人口变动情况抽样调查的回顾》。

代化建设新的发展阶段,人口变动调查在其发展过程中,如何适应形势的需要和调查环境的变化,也面临着重大挑战。自 2000 年第五次人口普查后,人口变动调查在抽样调查制度方法上进行了积极的探索和改进。比如,为了将人口变动调查和劳动力调查相结合,2002 年在上海和湖北进行抽样方法试点,从四级整群抽样改为二级抽样。同时,为了提高被调查对象的配合程度,2003 年在四川成都市进行了调查方法试点,采用调查户自填与调查员入户访问相结合的方法。再如,鉴于 2000 年人口普查流动人口漏报问题突出,从 2001 年开始,在人口变动调查的户记录中加入了户籍在本户外出半年以上,以及外出离开本省的人口登记项目,在人口记录中加入了一年以前的常住地人口的登记项目,就如何在人口变动调查中反映迁移流动情况进行了探索,对把握各省净迁移人口的趋势具有较好的参考价值。①

在改革进程中,还需要解决一些问题。首先是准确估计常住人口和城镇人口问题。近几年人口变动调查在突破出生人口瞒报、漏报的难点问题上进展不大,如何提高出生、死亡人口的数据质量仍是调查难点。受人口流动的影响,对于常住人口和城镇人口估计的难度也越来越大。其次是抽样框不稳定的问题长期存在。由于中国正处于经济快速发展的阶段,城镇基础建设发展快,房屋拆迁、街道合并、社区组建等事项使人口普查的抽样框不能很好地满足当前调查的需要。另外,在抽中的城镇区域,人户分离现象突出,变动频繁,建立住户名单抽样框的工作难度也很大。再次,人口调查信息不能满足各级政府的需求。以省级单位为总体进行样本设计时,样本数据只能满足省级单位的需求,而无法满足地方各级政府的需求。最后就是由于统计和行政的紧密关系导致的调

---

① 杨丽梅:《人口变动抽样调查方法》,《统计与咨询》1994 年第 5 期。

查实施与现行统计管理方式的不适应和对数据的攀比以及行政干预等问题。

根据国家统计局2017年1月发布的《全国人口变动情况抽样调查制度》,调查对象为抽中小区内具有中华人民共和国国籍的人;调查内容分为按户填报的项目、按人填报的项目和死亡人口填报的项目,其中按人填报的项目包括人口基本信息、反映人口迁移流动的指标、受教育程度、参加社会保险情况、婚姻状况和当年生育情况等指标。人口变动调查以全国为总体,以各省(直辖市、自治区)为子总体。抽样采取分层、二阶段、概率比例、整群抽样方法,最终样本单位为调查小区。设计样本量约为120万人。按平均每个调查小区人口常住人口为250人左右计算,调查小区样本量全国约5000个。

(二) 全国生育和生殖健康调查

在1982年第三次全国人口普查完成之后,国家计划生育委员会紧接着组织了1‰生育率抽样调查,对大约100万人口中的30万名15—67岁的妇女进行了详细调查,包括1940年以来41年的婚姻和生育史的回顾性调查。该调查的目的是分析中国妇女婚姻、生育的历史和现状,考察计划生育工作的成果,为搞好人口预测、制定人口规划、加强计划生育管理提供可靠依据。这次调查,借助全国第三次人口普查的地址编码,按照分层、系统、整群的抽样方法,等概率随机抽取了815个生产大队或居委会为样本单位。调查样本总人口为1 017 574人,约占全国人口的1‰。调查对象为抽中单位的全部人口,重点调查对象为15—67岁的妇女。这一调查结果于1983年公布。[①]

1988年前后,我国正处于1949年以来第三次人口出生高峰期,人

---

① 李成瑞:《"大跃进"引起的人口变动》,《人口研究》1998年第1期。

口增长形势严峻。随着改革开放的深入和社会经济事业的发展,我国计划生育工作面临着一系列新情况、新问题。但是用以指导工作的科学数据相当缺乏,远远不能满足要求。主要是计划生育统计报表中的"水分"较大,统计数据不实,1982年进行的人口普查和全国1‰人口生育率抽样调查也无法反映近几年的人口生育情况。

1988年7月1日,经国务院批准,以国家计划生育委员会为主,在国家统计局、国家计划委员会、财政部和公安部的协助下,我国进行了一次以生育节育为主要内容的抽样调查。目的是为了掌握在改革开放形势下,全国和各省妇女的生育节育模式、水平及其发展变化趋势,为计划生育的科学管理和决策提供依据。调查采取分层、系统、整群、随机抽样方法,抽取的样本单位占全国县级行政区划单位的95%,全国的样本规模为216万人,省级样本规模控制在4万—10万人之间。调查的样本单位是居民小组、村民小组和同级集体户。调查工作以户(家庭户和集体户)为单位进行。调查对象为抽中样本单位的现有人口,重点调查对象为15—57周岁的已婚妇女。调查在全国除台湾省外的30个省、自治区、直辖市进行。本次调查设住户调查表、已婚妇女调查表和样本点调查表三种主要表式,共67个调查项目。调查内容涉及人口基本情况、自然变动、人口迁移、婚姻、计划生育工作、样本点社区情况,对已婚妇女重点调查怀孕史、生育史、避孕史及月经、哺乳等情况。有些调查内容在国内尚属首次。本次调查实际调查485 235户共2 151 212人,全国平均抽样比为1.98‰,各省之间采取不等比例抽样,调查回答率为99.95%。调查结果不仅对全国有很好的代表性,对各省也有较好的代表性。[1]

本次抽样调查使国家对我国人口增长的形势有了一个比较正确的

---

[1] 李宏规、赵旋、王谦:《全国生育节育抽样调查》,《人口研究》1990年第4期。

认识，为党和政府进行决策提供了重要依据；促进了各地的计划生育工作；调查获得了丰富的资料，深入开发这些调查资料将极大地促进中国的人口研究工作。

1992年，经国家统计局批准，国家计生委决定，从1992年起在计划生育系统内建立国家计划生育管理信息系统。为此，由国家计生委组织进行了国家计划生育管理信息系统的首次调查，目的是收集人口与计划生育信息，分析全国人口发展态势，分析计划生育工作形势，进一步抓紧抓好计划生育工作，促进人口与社会经济的协调发展。本次调查的样本单位为村民小组、居民小组或同级集体户。被抽中的样本单位即样本点。抽样采用两阶段系统整群的随机抽样方法。第一阶段以县为单位进行无偏抽样，抽样比为四分之一；第二阶段在抽中的县中，以村（居）民小组为单位进行抽样，抽样比为千分之一。样本点由国家计生委随机抽取，样本规模约为30万人，设计出生率允许误差为0.7‰，可对全国有较好的代表性。调查对象为调查前一天晚上在样本点家庭户和集体户中住宿的全部人口和户口在本地而人在外地的人口。设置首次调查样本点调查表和住户调查表两种表式，分别有16和17个项目。除人口的基本情况外，主要调查已婚育龄妇女的生育、节育情况，以及样本点所在地的地理、交通、经济、教育、卫生、计划生育等方面的情况。

1997年国家计生委组织进行了全国人口与生殖健康抽样调查，本次调查的目的是回顾"八五"以来全国人口的变动趋势，掌握当前我国育龄人群的避孕情况、生殖健康现状，以及育龄群众对计划生育服务的需求，为进一步提高计划生育工作的管理水平和服务质量提供科学依据。该调查分两期进行，第一期调查的内容为人口的基本情况和样本点的社区情况，第二期调查的内容涉及育龄妇女的生育、避孕、生殖保健方面的知识、态度和行为，以及计划生育需求和相关的生活、生产服务需求。全部调查项目约 100 个。第一期调查采用概率比例抽样法(PPS),共抽取了分布在全国各省(自治区、直辖市)337 个县(市、区)的 1041 个样本点,共调查登记了 186 089 人,其中常住人口 169 687 人。第二期调查的对象为第一期调查人口中的部分育龄妇女,共抽取了 16 090 人,调查登记了 15 213 人。第二期抽样的样本为自加权样本。相关成果集中见《1997 年全国人口与生殖健康调查论文集》,其中共收集了 48 篇研究论文,内容涉及人口迁移、生育率、出生性别比、人口发展前景展望、生殖健康影响因素、妇科检查、婚前保健、产前检查、人工流产、避孕、不孕、性生活、性病及艾滋病、计划生育服务评估等诸多方面。该期数据基本达到了预期目标,反映了我国妇女的生殖健康状况,对指导计划生育工作和开展相关领域的科学研究具有重要价值。①

在 1994 年国际人口与发展大会和 1995 年世界妇女大会召开前后,中国逐步确立了计划生育工作要实现工作思路和工作方法"两个转变"的工作方针,其基本目的就是要实现由过去强调人口指标为主向以服务对象为中心的方向转变,从提供单一的避孕节育服务向与生殖健康和妇女权益目标相结合的方向转变。根据国家计生委的部署,首先在部分工作基础好的地区开展了"计划生育优质服务"的试点工作,以提高妇女的生殖健康水平。② 在这一背景下,1998 年 7 月,国家计生委在全国 32 个项目县进行了生殖健康/计划生育项目的基线调查。在 32 个项目县中,社会经济发展水平存在明显差别,生殖健康/计划生育工作的开展极不平衡,有些县的妇幼保健意识显得比较薄弱。到 1998 年底,"计划生育

---

① 《国家计划生育委员会关于 1997 年全国人口与生殖健康抽样调查结果的公报》,《人口与计划生育》1998 年第 5 期。
② 王凤兰:《21 世纪中国妇女生殖健康发展趋势》,"新世纪 新机遇 新挑战——知识创新和高新技术产业发展"会议论文,2001 年,第 616—617 页。

优质服务"试点工作已经在全国大约 300 个县先后开展,取得了显著的成效。

2001 年 6 月,全国计划生育/生殖健康调查[①]采用分层、三阶段、整群、概率比例抽样方法在全国 31 个省(直辖市、自治区)抽取 337 个县(市、区),在每个县分别抽取 3—4 个乡(镇、街道),每个乡抽取 1 个村(居)民小组,共抽取 1 041 个村(居)民小组样本点。对样本点所有符合调查对象标准的 15—49 岁育龄妇女进行调查,规模达 39 586 人,应答率为 98.27%。调查内容包括育龄妇女的一般人口学特征、生育、节育状况、人工流产状况以及相关的生殖健康服务等部分。该调查成果主要汇集在《2001 年全国计划生育/生殖健康调查分析报告集》中。[②]

2006 年 8 月,国家人口和计划生育委员会组织实施了第六次全国(不含港澳台)人口和计划生育抽样调查。调查目的是回顾近年来全国妇女的生育水平,掌握当前我国育龄人群的生育意愿、避孕节育和生殖健康状况,了解计划生育家庭的结构、生活现状及所面临的问题,为政府制定有利于稳定低生育水平、统筹解决人口问题、促进人的全面发展的政策提供科学依据。本次调查采取三阶段与规模成正比的概率抽样方法,在"中国人口信息监测系统"所属的 120 个县(市、区)进行,对全国有较好的代表性。调查内容为住户信息(经济状况、家庭结构等),生育水平,育龄妇女及家庭的生育意愿,育龄妇女避孕节育与生殖健康状况,计划生育家庭的社会保障情况,劳动力转移和人口流动情况,社区经济、社会、环境等情况。共调查 1 200 个村(居)委会,登记 44 572 个家庭户,涉

---

[①] 方利文:《中国育龄妇女生殖健康及服务状况与变化的研究》,复旦大学博士学位论文,2003 年。
[②] 潘贵玉主编:《2001 年全国计划生育/生殖健康调查分析报告集》,北京:中国人口出版社,2002 年。

及 163 626 人,调查登记育龄妇女 33 257 人,个人调查的应答率为 94%。相关数据见《2006 年全国人口和计划生育抽样调查主要数据公报》。

2017 年 7 月,国家卫生计生委决定开展全国生育状况抽样调查,旨在在全面两孩政策背景下,了解群众生育意愿,把握近年来的生育水平变动趋势,调查生育养育相关公共服务落实情况,为分析判断人口形势、完善全面两孩政策配套措施、深化计划生育服务管理改革提供依据和支撑。调查的目标总体为调查时点时居住在中国大陆 31 个省(自治区、直辖市)和新疆生产建设兵团 15—60 岁的中国籍女性。问卷包括个人问卷和村/居问卷,个人问卷主要内容为个人信息、生育行为、生育养育服务、生育意愿、家庭信息,村/居问卷主要内容是基本情况、相关服务管理情况,全国样本规模为 25 万左右。本次调查在生育行为方面对全国和大部分省份有较好的代表性,在生育意愿方面对全国和各省份均具有代表性。具体细节见《国家卫生计生委关于开展 2017 年全国生育状况抽样调查的通知》。

(三)中国城乡老年人状况抽样调查

1999 年,中国迈入老龄社会。同年,党中央决定成立高规格的全国老龄工作委员会主管全国老龄工作。从 2000 年开始,为了调查了解中国城乡老年人的生活状况,为党中央、国务院应对人口老龄化挑战提供科学依据,全国老龄工作委员会决定开展中国城乡老年人生活状况调查工作。迄今为止,这项调查已经成功开展四次。经过连续 15 年的努力,这项调查目前已经上升为一项重大国情调查,每五年开展一次,并成为党中央应对人口老龄化顶层设计的一项基础性工作,也成为国家老龄统计调查制度的核心内容之一。[①] 其中前三次调查的数据,目前已以期刊

---

① 翟德华:《我国老龄统计研究概述》,《中国统计》2012 年第 5 期。

的形式发布,学术界普遍应用的是最近一次即2015年的调查数据。

以2015年调查为例,调查对象为居住在中华人民共和国境内(港澳台地区除外)的60周岁及以上的中国公民,调查范围为全国31个省、自治区、直辖市和新疆生产建设兵团,样本涉及466个县(市、区)的1 864个乡镇(街道)7 456个村(居)委会,调查样本规模为22 368万,抽样比约为1.0‰,参与调查的工作人员将近4万人,调查实际回收样本22 270万份,有效样本为22 017万份,样本有效率达到98.8%。

以2015年第四次调查为例,调查内容包括:老年人一般的社会人口学特征、老年人经济状况(收入、消费)、老年人医疗卫生工作情况(预防保健服务、医疗保障制度、健康状况)、老龄产业市场情况(照护服务需求、居家养老服务需求、老龄用品)、老年人社会参与和权益保障(参与公益活动、社区公共事务、基层老年协会活动、老年优待工作)、精神文化生活(闲暇生活、幸福感)。

目前,出版物方面除部分基于此调查数据的期刊论文外,也有官方公布部分数据以及第四次调查的官方网站。2003年、2009年和2018年,中国老龄科学研究中心分别出版了《中国城乡老年人口状况一次性抽样调查数据集》《中国城乡老年人口状况追踪调查数据集》和《老龄蓝皮书:中国城乡老年人生活状况调查报告(2018)》,全面展示了我国城乡老年人口基本生活状况方面。这四次全国性的抽样调查对全面了解我国城乡老年人的生活状况,对监测和评估我国老龄工作进展起到了重要的参考作用。

根据2018年由中国老龄科学研究中心与社会科学文献出版社共同发布的《老龄蓝皮书:中国城乡老年人生活状况调查报告(2018)》显示,第四次调查与前三次调查相比,具有的主要特点为:一是在调查定位上从了解城乡老年人生活状况的研究型调查转变为应对人口老龄化的国情调查;二是在调查范围上从20个省(自治区、直辖市)扩展到全国31个省(自治区、直辖市),是首次开展的覆盖全国范围的调查研究;三是在调查内容上增加了许多新的调查项目。

同时,报告也反思了前三次调查的具体问题:一是调查范围局限于20个省(自治区、直辖市),没有覆盖全国,欠缺代表性;二是该老年人口状况调查为追踪调查,难以在科学研究与国家要求之间找到平衡;三是人口学单学科影响较深。

(四) 全国残疾人抽样调查

经国务院批准,由民政部、国家统计局、国家计委、卫生部、国家教委、公安部、财政部和中国残疾人福利基金会、中国盲人聋哑人协会等部门联合组成全国残疾人抽样调查领导小组及其办公室,负责统一部署和具体落实。经过两年多时间的充分准备,中国内地(大陆)29个省、自治区、直辖市于1987年4月1日开始进行全面抽样调查。这次调查采取概率比例抽样方法,抽取424个县(市、市辖区),再逐级抽取乡(镇、街道)和村(居)民委员会,共3169个调查单位,平均每个调查单位500人左右。全国共调查了369 816户共1 579 314人,调查总人数占全国当年总人口数的1.50‰。

2006年4月1日,我国进行了第二次全国残疾人抽样调查。调查采取分层、多阶段、整群概率比例抽样方法,在中国内地(大陆)31个省、自治区、直辖市抽取734个县(市、区)2 980个乡(镇、街道)共5 964个调查单位,平均每个调查单位420人左右。全国共调查了771 797户共2 526 145人,占全国总人口数的1.93‰。与1987年第一次调查比较,我国残疾人口总量增加,残疾人比例上升,残疾类别结构变动。

(五) 全国流动人口动态监测

国家卫生计生委自2009年开始,每年在全国范围内组织流动人口动态监测调查。该数据包括全国年度数据、分省年度数据、分地区年度数据和专题数据。主要涉及流动人口生存发展状况、迁移特征、就业收入、居住情况、社会融合、心理健康、基本公共服务、基本医疗服务、基本社会保险、健康状况等内容。

2011年的动态监测采取抽样调查和专题调查相结合的方式开展。一是在全国范围内开展一次抽样调查，以流入地为主在31个省（自治区、直辖市）的城市地区随机抽取若干街道和社区，通过问卷调查方式进行；二是根据专题研究的需要，选择部分地区进行问卷调查和专家访谈。主要监测内容为流动人口人口学基本信息、就业、居住、计划生育/生殖健康服务等公共服务情况，以及社会参与、社会融合状况等。抽样调查的全国总样本量为12.8万人，各省样本量的设计可以对流动人口的主要指标有较好的代表性。

2012年的动态监测采取抽样调查和典型调查相结合的方式。抽样调查在全国范围内进行，2012年全国总样本量约15万人。初级（乡镇/街道）抽样框来源于国家人口计生委2012年度全员流动人口基本情况统计数据，二级（村/居委会）抽样框的编制由各省人口计生部门根据最新统计数据编制。为使调查结果对全国和各省有代表性，按照分层、多阶段、与规模成比例的PPS抽样方法，除北京、上海、江苏、浙江、广东等流入人口大省先进行省内分层（各子层内为自动加权样本）外，其他26个省（自治区、直辖市）和新疆生产建设兵团随机抽取样本点。各省（自治区、直辖市）和新疆生产建设兵团的样本量分五个等级，分别为12000人（广东）、10000人（浙江）、8000人（江苏）、6000人（北京、上海）、4000人（其他省、自治区、直辖市和新疆生产建设兵团）。全国样本点覆盖3750个乡镇街道，7500个村/居委会。典型调查在抽样调查的监测点中选部分地区开展。调查对象为在调查前一个月前来本地居住、非本区

（县、市）户口的15—59岁的流动人口。调查样本点的每个村/居委会区调查20名流动人口，在村/居委会内，以个人作为抽样单位。在任何情况下，一个家庭内调查1名15—59岁的流动人口。监测内容为：流动人口人口学基本信息、就业、居住、医疗保障、婚育情况与计划生育服务等公共服务情况，以及社会生活与心理感受状况等。

2013年的流动人口动态监测，仍然是抽样调查与专题调查相结合的形式。"一大"调查样本点将在全国31个省（自治区、直辖市）和新疆生产建设兵团的城市地区随机抽取若干街道和社区，适当增加主要城市群和经济带的样本量，全国总样本量为19.6万人。按照2013年方案设计，全年将开展3—5次专题调查，主要是：

1. 流出地监测调查。作为"几专"的固定项目，每年开展一次。2013年在安徽、四川、河南、湖南、江西、贵州六省开展调查，三类地区监测调查暂停一年。

2. 流动人口社会融合调查。与"一大"调查同步进行。上海市松江区、苏州市、无锡市、武汉市、长沙市、西安市、泉州市、咸阳市"一大"样本点参加此类调查。在调查流动人口的同时，抽取部分户籍人口进行调查。

3. 流动人口计划生育基本公共服务均等化调查。调查以流动人口已婚育龄妇女、就业劳动年龄人口两类人群为重点，调查了解他们接受妇幼保健、健康教育状况及职业卫生、传染病防治等知识、态度、行为及相关服务需求。

该数据样本量较大，具有很强的代表性。如2016年流动人口问卷中，调查地区为我国31个省（直辖市、自治区）和新疆生产建设兵团，包括342个变量，16.9万个样本。目前，该数据免费提供给政府部门、科研机构、高校等机构进行学术研究、决策参考等，暂不提供给个人。

## 四、学术界组织的人口和社会调查数据

### (一) 中国健康与营养跟踪调查

由美国北卡罗来纳大学人口研究中心、中国疾病预防与控制中心及中国营养与食品安全研究所联合组织的中国健康与营养跟踪调查(China Health and Nutrition Survey, CHNS),旨在研究国家和地方政府实施的健康、营养项目和计划生育政策的效果,并了解中国的社会和经济转型如何影响其人口的健康和营养状态。中国健康与营养跟踪调查调查了辽宁(1997年没有调查)、黑龙江(1997年进入调查)、江苏、山东、河南、湖北、湖南、广西、贵州 9 个省的城镇和乡村超过 4000 个家庭约 14 000 人口;2011年追加调查了三个直辖市北京、上海和重庆,进一步扩大了样本容量。目前已公布数据的调查年份分别为 1989 年、1991 年、1993 年、1997 年、2000 年、2004 年、2006 年、2009 年和 2011 年。范围包括社区调查、家庭户调查、个人调查、健康调查、营养和体质测验、食品市场调查及健康和计划生育调查,数据的时间跨度超过 20 年,具有样本量大、时间连续性好的优势。而且该调查地域范围广,被抽样身份分别来自经济社会发展及劳动力市场化程度差异较大的东、中、西部地区,数据有较强的全国代表性。

### (二) 中国综合社会调查(CGSS)

中国综合社会调查(Chinese General Social Survey, CGSS),是由中国人民大学和中国调查与数据中心负责,自 2003 年起,每年开展一次,对 31 个省(直辖市、自治区)的一万多户家庭进行的连续性横截面调查,是我国最早的全国性、综合性、连续性学术调查项目。它的目的是系统全面地收集社会、社区、家庭、个人多个层次的数据,包括行为、态度以及生活、工作的基本信息。CGSS 的调查问卷由三部分构成:一是核心

模块,调查全部样本,年度调查,固定不变;二是主题模块,调查全部样本,五年重复一次,两次调查内容重合率大于80%;三是附加模块,调查三分之一或四分之一的随机样本,不确保重复周期和内容。CGSS的数据在每次年度调查结束两年后,向全社会公布原始数据和所有资料。

2003—2008年是CGSS项目的第一期,每年进行一次调查,共完成五次年度调查(2007年没有进行),产出五套高质量的年度数据。除2004年的调查数据外,剩下的年度数据都已在中国国家调查数据库(China National Survey Data Archive,CNSDA)官网发布,到目前为止,用户可免费申请使用。2010—2019年是CGSS项目的第二期,每两年调查一次。目前最新的公开数据为2015年度的数据。该调查的核心主题是中国社会变迁(文化、健康、家庭、劳动力、就业、消费、教育、心理、个性等),适用于人口健康分析、劳动就业分析、消费储蓄分析、空间规划分析、社会流动、幸福感、社会信任、教育回报、宗教信仰、政治参与等主题。

(三) 中国老人健康长寿影响因素调查

中国老人健康长寿影响因素调查(Chinese Longitudinal Healthy Longevity Survey,CLHLS),是北京大学中国经济研究中心教授与杜克大学教授及北大老龄健康与家庭研究中心主任曾毅主持的项目。该调查主要研究老年人问题,如老年健康的社会、行为、环境与生物学因素,减少老年带病生存期比例,增加老年健康生存期比例,提高老中青生活质量等等,为科学研究、老龄工作与卫生健康政策信息提供依据。

CLHLS于1998年进行基线调查,随后在2000年、2002年、2005年、2008年以及2011年分别进行了五次跟踪调查。CLHLS基线调查和跟踪调查涵盖我国23个省(直辖市、自治区),涵盖省份的总人口在1998年是9.85亿人,在2010年是11.56亿人,大约占全国总人口的85%,调查中(不包括海南省)随机选择大约一半的市/县作为调研点进行调查。目前,该数据也可以免费获取。

中国老人健康长寿影响因素调查的核心问题是我国人口老龄化问题,主要调查项目包括个人基本信息、家庭结构和经济支持、健康状况、体格测量、医疗服务利用和医疗保险、工作、退休和养老金、收入、消费、资产,以及社区基本情况等。适用于研究人口老龄化问题、劳动经济学(婚姻、彩礼等)、社会保障、人口经济学、卫生经济学等主题。

(四)中国健康与养老追踪调查

中国健康与养老追踪调查(China Health and Retirement Longitudinal Study,CHARLS),由北京大学国家发展研究院赵耀辉教授组织,旨在收集一套代表中国45岁及以上中老年人家庭和个人的高质量微观数据,以研究我国的人口老龄化、社会保障等问题。CHARLS全国基线调查于2011年开展,覆盖150个县级单位,450个村级单位,约1万户家庭中的1.7万人。这些样本每两年追踪一次,调查结束一年后,数据将对学术界免费公开。目前,数据已经更新到2015年。

CHARLS采用多阶段抽样方法,在县/区和村/居委会抽样阶段均采用PPS抽样方法。CHARLS首创了电子绘图软件(CHARLS-GIS)技术,用地图法制作村级抽样框。CHARLS包括个人基本信息、家庭结构和经济支持、健康状况、体格测量、医疗服务利用和医疗保险、工作、退休和养老金、收入、消费、资产,以及社区基本情况等数据。

(五)中国家庭追踪调查

中国家庭追踪调查(China Family Panel Studies,CFPS),由北京大学中国社会科学调查中心组织实施,每两年进行一次,旨在通过跟踪收集个体、家庭、社区三个层次的数据,反映中国社会、经济、人口、教育和健康的变迁,为学术研究和公共政策分析提供数据基础。CFPS重点关注中国居民的经济与非经济福利,以及包括经济活动、教育成果、家庭关系与家庭动态、人口迁移、健康等在内的诸多研究主题,是一项全国性、大规模、多学科的社会跟踪调查项目。

CFPS 在 2008 年、2009 年在北京、上海、广东分别进行了初访与追访的测试调查后,2010 年进行正式调查。经 2010 年基线调查界定出来的所有基线家庭成员及其今后的血缘、领养子女将作为 CFPS 的基因成员,成为永久追踪对象。CFPS 的样本覆盖全国(除港澳台、新疆、西藏、青海、内蒙古、宁夏和海南之外的)25 个省(直辖市、自治区),样本规模为 1.6 万户,调查对象包含样本家户中的所有家庭成员。目前,2012 年、2014 年、2016 年已经进行了三轮追踪调查。通过与调查中心签订协议,可以获取调查数据。CFPS 调查问卷共有社区问卷、家庭问卷、成人问卷和少儿问卷四种主体问卷类型,并在此基础上不断发展出针对不同性质家庭成员的长问卷、短问卷、代答问卷、电访问卷等多种问卷类型。项目采用计算机辅助调查技术开展访问,以满足多样化的设计需求,提高访问效率,保证数据质量。

其中,村/居问卷的调查内容包括村/居基础设施概况、人口和劳动力资源概况、自身及周边环境、基层选举、财政收入与支出,以及日常消费品价格等内容。家庭问卷的调查内容包括家庭成员结构、日常生活基本设施、社会交往、住房、家庭经济、农业生产与销售等。成人问卷的调查内容包括教育、婚姻、职业、日常生活、健康、养老、社会保障、社会交往、价值观以及基准测试等。少儿问卷的调查内容包括学业情况、日常生活、健康、职业期望、与父母关系、成长环境、社会交往、价值观,以及基准测试等。可用于人口健康分析、劳动就业分析、消费储蓄分析、空间规划分析、质量管理等。

# 第四章 人口学的研究领域与分支学科

陈 功 武继磊

一、人口学研究领域变动趋势:从人口学、人口研究到人口科学

(一)传统人口学研究主要内容

1. 生育研究概况

(1)风雨中的人口学探索与早期生育政策

1662年"人口学之父"格兰特基于伦敦出生数和死亡数的数据绘制了世界上第一张生命表,由此开启了近代人口学研究的大门,生育和死亡也成为传统人口学研究的重要议题。此后,西方人口学不断发展,涌现了大量的人口学研究及人口思想,其中对中国人口学影响最为深远的是马尔萨斯的人口理论及马克思主义的人口观点。18世纪末19世纪初,马尔萨斯写作《人口论》,探讨人口增长与生产资料增长两者之间的关系[①],认为人口以几何级数增长,而生活资料只以算术级数增加,放任状态下的人口增长可能带来可怕的后果。马克思主义则认为物质资料

---

① 马尔萨斯:《人口论》,郭大力译,北京:北京大学出版社,2008年。

生产与人类自身之间存在着对立统一的辩证关系,物质资料生产作用于人类自身生产的发展,而人类自身生产也会反作用于物质资料的生产,可能起到促进或者阻碍的作用。①

中华人民共和国成立以后,我国在政治和经济上向苏联学习,奉行"一边倒"的外交方针,同时也继承了苏联的人口思想,认为马尔萨斯的人口思想反动透顶,促进人口增长才是符合社会主义人口规律的方针,但共和国成立初期出现的人口问题也引起了领导人与学界的广泛关注与讨论。从20世纪50年代初至1957年,我国人口学界就"多生"还是"少生"这个问题进行了许多讨论。1957年是人口理论探索发展至高潮的一年,也是其风雨飘摇的前奏,下半年开始对以吴景超、马寅初为首的一大批提倡控制人口的学者展开政治批判,形势愈演愈烈,人口理论探索渐成禁区,1962—1970年间我国人口学发展处于停滞阶段。

尽管当时人口学发展处于停滞阶段,但严峻的人口问题却已引起政府的注意,1962年开始,我国的基本国策计划生育政策已初现端倪,《关于认真提倡计划生育的指示》文件发布后,计划生育政策在全国范围内推广。这一时期的计划生育政策虽然印证了人口控制的观点的正确性,但是人口理论界始终如一潭死水,并未承认马寅初等人的人口理论。1966年"文化大革命"开始,计划生育政策被搁置,至20世纪70年代初才被重新提上议程,并逐步推向高潮。同时,这一时期轰轰烈烈的政策实践也让人口理论的讨论重新焕发了光彩,1978年11月在北京召开的第一届全国人口理论讨论会标志着我国人口学进入了一个新阶段,会议主要讨论了社会主义人口规律问题,对以后人口理论的发展起了极大的

---

① 查瑞传主编:《人口学百年》。

推动作用。①

(2) 生育政策的发展与改革开放以来的生育研究

1980年9月25日,中共中央发表《关于控制我国人口增长问题致全体共产党员、共青团员的公开信》,号召一对夫妇只生育一个孩子,在强有力的政策导向下,独生子女政策逐渐成形。1984年4月,中共中央批转国家计生委党组《关于计划生育工作情况的报告》,调整了生育政策方面的冒进做法,逐步形成了城市"一孩"、农村"一孩半"、少数民族和个别人群有照顾的城乡间、区域间、民族间存在差异的生育政策体系,这一计划生育政策体系基本延续到了2013年。②

由于改革开放前乃至改革开放初期,是否控制人口以及如何计划生育都是人口政策的主旋律,这一阶段人口学研究也以生育研究为主,主要探讨人口理论、人口政策以及人口控制等问题。郝虹生、陈功对《人口研究》杂志1977—1997年间的论文进行梳理后,发现人口理论和人口统计这两类研究到20世纪80年代前期都是国内人口研究的主要方向,同时计划生育类的研究也占据了重要地位。改革开放后,我国人口学学科的主要任务是为计划生育政策的实行提供理论依据,这可以说是人口学学科建立初期的一种鲜明的时代特征。③ 这一时期,人口学家在人口理论及生育政策的实践探索等方面进行了大量的研究,同时生育率情况作为计划生育的重要反馈指标也是这一时期的研究重点。

在20世纪70年代初,中国妇女的总和生育率还高达近六个孩子④,

---

① 查瑞传主编:《人口学百年》。
② 周长洪:《新中国人口政策史话(三)计划生育成为基本国策与严格生育政策的形成(1979—1990年)》,《人口与社会》2018年第3期。
③ 郝虹生、陈功:《中国的人口研究与〈人口研究〉二十年》,《人口研究》1998年第5期。
④ 陈卫:《改革开放30年与中国的人口转变》,《人口研究》2008年第6期。

但1982年人口普查和全国1‰生育率抽样调查的结果显示当时我国总和生育率已降至2.6,此外,国家统计局的统计数字显示我国1984年的出生率为17‰,总和生育率为1.94,已降至更替水平[1],至此,我国计划生育政策取得了巨大的成果。这一阶段虽然大部分人口学研究还是在探讨计划生育相关的理论及实施,但邬沧萍等人口学家已开始探讨我国生育率下降的原因及人口转变的特征,尤其在1986年涌现了大量生育率转变的相关研究。此后,学者们开始回顾人口生育率以及生育行为的转变,探讨生育转变发生的影响因素,并开始对人口生育与社会经济发展之间的关系做更多探索。

1997年《人口研究》人口与发展论坛专栏刊出了"中国生育率:低到什么程度最好?"专题[2],其中揭示了根据1995年中国1%人口抽样调查的总和生育率数据进行修正后计算出的1995年总和生育率为1.85,也就意味着其时中国人口生育率已有十多年都维持在较低的水平上。针对这一现象,在该专栏中人口学家林富德对现行生育政策是否该"放"的问题进行分析,并提出在当时社会经济发展的条件下,"人口过多"仍是人口领域的主要矛盾,在可以预见的时间内,仍应稳定政策,可以局部完善,无须全面调整。由于趋于稳定的低生育水平以及初步显现的老龄化趋势,人口学家逐渐开始反思现行生育政策的可持续问题,对生育政策的走向以及中国的人口发展战略展开思考和讨论。

应对学界长期以来的探讨,以及我国人口状况的实际,2013年11月15日,党的十八届三中全会发布《中共中央关于全面深化改革若干重大问题的决定》,启动实施一方是独生子女的夫妇可生育两个孩子的政

---

[1] 邬沧萍:《中国生育率迅速下降的理论解释》,《人口研究》1986年第1期。
[2] 《中国生育率水平:低到什么程度最好?》,《人口研究》1997年第2期。

策,简称"单独二孩"政策。2015年10月29日,党的十八届五中全会明确提出"坚持计划生育的基本国策,完善人口发展战略,全面实施一对夫妇可生育两个孩子"的政策①,维持了30余年的生育政策发生巨大转变。2014年以来,学者对"单独二孩"乃至"全面二孩"的政策落地及政策效果给予了较多关注。同时,由于改革开放四十年来我国的经济发展也取得了巨大的进步,学者们观察发达国家人口增长的历史趋势,担忧在目前的社会经济背景下,我国社会经济发展水平越高,人们的生育意愿越低。② 基于此类观点,伴随着二孩政策逐渐放开的生育意愿研究也成为人口学家重点关注的课题,从1982年至今的研究趋势可以看出,2014年以后生育意愿及生育行为的研究数量急速上涨,该领域的研究迎来了热潮。

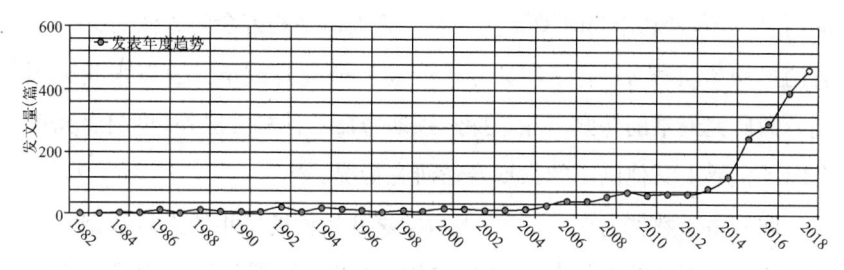

图4-1 1982—2018年中国知网收录以"生育意愿"为主题的论文数目趋势图

2. 死亡研究概况

死亡与生育共同构成了传统人口学研究的两大支柱,但在西方历史上早期人口学更关注生育率的研究,死亡率研究一度成为冷门,直到第二次世界大战后人口学发展迎来了全盛期才使得死亡研究重新受到重

---

① 薛君:《适度生育水平与生育政策调整》,《人口与社会》2018年第3期。
② 穆光宗:《发展水平越高生育意愿越低吗》,《党政视野》2016年第1期。

视。① 观察我国人口学研究的特征也可以发现共通之处,生育研究远比死亡研究更为丰富。造成这种"研究偏好"的原因可能是多样的,此处仅做两点猜测:第一,我国人口学建立之初的讨论就是围绕计划生育政策展开的,人口学家会更多关注生育问题;第二,宏观的死亡率研究依赖于大规模的死亡登记或调查数据,这样的数据比较难得,为死亡研究设置了障碍。尽管学界对于死亡研究的关注度不及生育研究,但随着社会经济的转变,我国的死亡研究领域也在不断发展与进步。

(1) 预期寿命研究的发展趋势

预期寿命的研究在人口学死亡研究中具有极为重要的地位。改革开放后,我国就陆续有先驱学者在杂志、报纸上探讨平均寿命的计算问题②,并对已有计算方法中存在的问题进行补充和修正③。在理论探索的同时,有学者利用当时国际上一般推算人口平均寿命的方法对某一地区的平均预期寿命进行了实证分析④,这些研究是改革开放以来我国预期寿命研究最早的探索。除了探索预期寿命的计算方法外,早期研究还介绍了世界上其他国家的预期寿命研究情况。⑤

此后由于数据的逐步健全,人口学家开始借助多年的人口数据对我国平均预期寿命的发展趋势进行探讨。1989年,翟振武利用第三次全国人口普查和1987年全国1%人口抽样调查的数据揭示了中国1981—1987年间人口死亡水平、死亡模式以及平均预期寿命的变化趋势。⑥ 此

---

① 邬沧萍主编:《人口学学科体系研究》。
② 查瑞传:《关于平均寿命的计算》,《人口研究》1978年第2期;王浣尘:《关于人口统计中死亡率与平均寿命等的探讨》,《人口研究》1980年第2期。
③ 李若建:《对平均预期寿命指标的一个补充》,《人口研究》1983年第4期。
④ 吴研仁:《兰州市人口的平均预期寿命分析》,《西北人口》1980年第1期。
⑤ 《死亡率和预期寿命的趋势》,《中国卫生统计》1984年第1期。
⑥ 翟振武:《中国1981—1987年人口死亡水平及模式的变化趋势》,《人口学刊》1989年第2期。

后，对预期寿命的变化分析逐渐成为主要研究方向。同时，由于预期寿命是反映社会经济水平和发展状况的重要指标，学者们开始对影响预期寿命的社会因素进行讨论，预期寿命的影响因素研究也开始在学界出现。

进入 21 世纪以后，我国的老龄化问题逐步凸显，这一时期的预期寿命研究与老年研究密不可分，学者的研究视野从"活得长"转向"活得健康"，健康预期寿命的概念开始出现。2001 年，顾大男、曾毅等人对当时国际上的主流健康预期寿命的计算方法进行了介绍，包括沙利文方法、双递减法、多增减状态生命表方法、微观仿真法及隶属等级模型法五种方法，并对各方法的优缺点进行了评述。[①] 次年，他们利用 1998 年高龄老人的数据，采用隶属等级模型的方法对高龄老人的健康预期寿命进行了分析，从基于模型计算的健康预期寿命、完全自理预期寿命、无慢性病预期寿命及认知健全预期寿命四个方面对城镇和农村的高龄老人（80 岁及以上）的健康预期寿命分别进行了测算，发现女性高龄老人的预期寿命比男性高龄老人长，但她们的健康预期寿命比男性高龄老人短的逆反现象。[②] 自此，健康预期寿命的研究逐渐成为一个重要的研究方向，同时出现了自理预期寿命、失能调整预期寿命等相关研究。与预期寿命延长的人口现实相对应，学界还衍生出对退休年龄及退休政策的探索研究。

（2）婴幼儿死亡研究

与预期寿命类似，婴儿死亡率也是人口学死亡研究的重要方面，同时也是衡量和评价一个国家或地区社会经济、文化教育、卫生保健事业和居民健康状况的重要指标。改革开放初期，我国经济发展比较落后，

---

[①] 顾大男、曾毅、柳玉芝：《健康预期寿命计算方法述评》，《市场与人口分析》2001 年第 4 期。
[②] 顾大男、曾毅：《中国高龄老人健康预期寿命研究》，《人口与经济》2002 年第 2 期。

卫生条件也不尽如人意,对于婴幼儿死亡的研究还未引起足够的重视。尽管如此,仍有一些学者在数据收集条件比较困难的情况下,利用区域数据进行了婴幼儿的死亡研究,尤其是死因分析。[1]

到1985年,婴儿死亡研究刊文数有了较大幅度的增长,从零星的一两篇增加到十多篇,但研究内容变化不大,学者们仍然在进行地区性的婴儿死亡率分析及死因分析,这两类研究在此后很长的一段时间内都是婴幼儿死亡研究的主流。但是这一年有学者开始将婴儿死亡率与平均预期寿命联系起来[2],还有学者探究婴儿死亡率计算中可能存在的问题[3],在人口统计学的层面上对婴儿死亡的问题进行探索。

有赖于1988年原国家计划生育委员会组织的全国生育节育抽样调查提供宝贵的大样本数据,1990年左右学者们的研究视野开始从单纯的婴儿死亡率研究及生理或医学层面的死因分析向影响婴儿死亡的社会经济层面因素的方向转变,在这一阶段学者们考虑得比较多的社会经济因素是城乡差异以及父母尤其是母亲的文化程度、职业等。[4] 与婴儿死亡影响因素研究向着更广层面发展的同时,由于数据资料的不断丰富,越来越多的学者开始从事婴儿死亡率变化趋势方面的研究。[5]

1991年,原卫生部根据妇幼卫生管理和决策的需要,在全国范围内建立了可持续发展的5岁以下儿童死亡监测网,不仅为国家制定卫生政策,尤其是妇幼保健政策提供了重要的依据,也成为婴幼儿死亡研究的

---

[1] 哈尔滨市儿童死亡调查协作组:《哈尔滨市1974—1976年儿童死亡回顾调查分析》,《黑龙江医药》1979第2期。
[2] 费世宏:《婴儿死亡率与平均预期寿命》,《人口研究》1985年第1期。
[3] 周希璋:《婴儿死亡率计算中的一个问题》,《人口研究》1985年第6期。
[4] 顾江、施元莉、高尔生、顾杏元:《中国婴儿死亡率及其影响因素分析》,《人口与经济》1991年第4期。
[5] 翁士贵、王绍贤:《中国婴儿死亡率变化分析》,《中国人口科学》1992年第3期。

重要数据来源。1994年开始,陆续有学者开始利用监测数据进行我国婴幼儿的死亡分析。进入21世纪后至今,学者们充分利用各地的儿童死亡监测数据进行了大量研究,研究内容主要还是围绕死亡率概况、死亡率转变趋势及死因分析这三个方向展开。

(二)人口研究拓展的主要内容

1. 人口研究与传统人口学的区别

格兰特、马尔萨斯等早期人口学家的研究和理论都是以封闭人口为前提条件,因而也具有共同的局限性,即没有考虑人口的迁移流动。与传统人口学相比,现代人口研究最重要的新增领域就是人口迁移。作为除了出生和死亡之外最基本的人口变动,人口迁移决定着一个地区的人口规模和人口增长速度,并决定着地区的人口结构特征。此外,人口迁移还对国家或地区的人口分布和劳动力供给有重要的影响,是实现工业化、城镇化和现代化的必经之路[1],因此对人口迁移的研究逐渐成为人口研究的主要内容之一。

尽管我国人口迁移的研究与人口学的复兴不无关联,但人口迁移研究的大量出现是发生在改革开放后。从中华人民共和国成立到改革开放前,我国的人口流动受到国家计划体制的严格控制,在很长时间内,国家通过政治、行政等手段对流动人口的数量、性质、流向进行干预,几乎不存在自由的大规模人口流动。[2] 在这样的社会背景下,人口迁移研究并没有培育其生长的土壤,相关研究文献也是寥寥无几,主要集中在对世界上其他国家人口迁移变动的分析和探索。[3] 随着改革开放政策的推行,人口流动量大大增加,尤其是农村富余劳动力涌入城市、内地青壮

---

[1] 邬沧萍主编:《人口学学科体系研究》。
[2] 段成荣、杨舸、马学阳:《中国流动人口研究》,北京:中国人口出版社,2012年。
[3] 《关于苏联人口出生、离婚和迁移的一些情况》,《人口研究》1977年第2期。

年流向沿海的趋势极为明显。① 随着人口的迁移活动逐步活跃,人口迁移才逐渐成为研究热点。

2. 迁移研究概况

(1) 概念界定:从迁移到流动

人口迁移的概念界定在很长一段时间内是困扰国内外学界的一个难题。Pieter Kok 在探讨"迁移"(migration)的定义时认为"定义迁移是一项非常能够引起争议的活动"②,表明了定义迁移的复杂性。在国外的传统定义中,迁移被认为是人(群)相对永久的大距离移动③,但此定义对于迁移的距离和时间的描述都比较模糊。因此,Pieter 在回顾文献后将迁移定义为人(群)的跨空间边界的移动,且此过程伴随着居住地的变化,并基于此定义指出每个具体的迁移研究都应根据研究实际情况对迁移给出自己的定义。

由于我国户籍管理制度的存在,对迁移进行定义更为复杂。魏津生在其《国内人口迁移和流动研究的几个基本问题》一文中明确了国内人口迁移和人口流动的定义,将"国内人口迁移"定义为改变户口登记常住地的人口移动,将未改变户口登记地而在一定期间改变现住地,或两者都未发生改变的在住所和学习工作岗位间的钟摆移动称为人口流动。④ 此后国内学者的研究一般都沿用此定义,也即人口迁移伴随着户口的相应变动,而人口流动则不发生户口的转移。由于经济社会的发展,我国

---

① 查瑞传主编:《人口学百年》。
② Pieter Kok, "The Definition of Migration and Its Application: Making Sense of Recent South African Census and Survey Data", *Southern African Journal of Demography*, Vol. 7(1997).
③ R. P. Shaw, "Migration Theory and Fact: A Review and Bibliography of Current Literature", *International Migration Review* (1975).
④ 魏津生:《国内人口迁移和流动研究的几个基本问题》,《人口与经济》1984 年第 4 期。

的人户分离现象愈加明显,流动人口规模不断增大,目前国内学界对迁移的研究主要集中在流动人口方面。2015年全国1‰人口抽样调查数据公报将流动人口定义为"居住地与户口登记地所在的乡镇街道不一致且离开户口登记地半年以上的人口"[1],该定义在国内有较强的权威性,是目前关于流动人口的主流定义。

(2) 人口迁移和流动研究的发展趋势

查瑞传[2]和邬沧萍[3]分别在其书中对改革开放20年左右时间中我国人口迁移和流动研究的发展历程进行了概括,二者的划分虽然在时间节点上有差别,但是基本一致,认为改革开放后至20世纪末21世纪初中国的人口迁移流动研究发展主要经过了三个阶段:第一阶段是起步阶段,时间从20世纪70年代末到1986年,当时的研究资料、方法和理论都极其缺乏,论文主要是一般性分析或小规模调查,但这一阶段为后期的大发展奠定了基础。第二阶段是发展阶段,时间从1987年到20世纪90年代初中期,学者们对人口迁移理论和研究方法进行了大量探索,研究成果迅速涌现,初步确定人口迁移和流动研究的框架。这种发展一方面是由于20世纪80年代中期之后我国人口的流动性大大加强,特别是对农村剩余劳动力转移问题的讨论趋向热烈的社会现实,另一方面则是由于若干特大城市"流动人口调查"、1987年中国社科院人口所主持的74城镇迁移人口抽样调查和1987年全国1‰人口抽样调查在全国范围内对迁移和流动的调查提供了宝贵的研究资料,我国的人口迁移流动研

---

[1] 中华人民共和国国家统计局:《2015年全国1‰人口抽样调查主要数据公报》,2016年4月20日,http://www.stats.gov.cn/tjsj/zxfb/201604/t20160420_1346151.html,2018年7月14日。
[2] 查瑞传主编:《人口学百年》。
[3] 邬沧萍主编:《人口学学科体系研究》。

究由此进入了一个崭新的阶段。第三阶段是稳定深入阶段,时间从20世纪90年代中后期开始,相关文献数量趋于稳定,研究资料不断得到补充,研究理论和方法不断走向多元化,跨学科的研究也取得了较大进展。农村劳动力转移、流动人口及其政策问题、各地区间人口迁移状况分析、人口迁移与区域社会经济发展的关系研究等是这20多年迁移研究的主要方向,近四分之三的相关研究都以这些方向为主题。

与计划生育政策是我国生育研究的主旋律相类似,城镇化及农民工相关问题也是我国迁移流动研究的主要内容。进入21世纪后,除了对人口迁移流动的宏观、微观特征分析及其与社会经济发展的关系以及相应政策研究等过去主流的研究方向外,对留守儿童、流动儿童、留守老人以及新生代农民工的相关人群的研究逐渐增加。

其一是留守儿童,对这一群体进行研究的文献数量最多,中国知网检索数据显示,以"留守儿童"为主题的文献高达15 156篇,且几乎都是2000年以后的研究成果。早期关于留守儿童的研究集中于留守儿童概念的探讨、留守儿童的规模、留守儿童的地区分布、留守儿童的家庭结构、留守儿童产生的原因及留守现象带来的影响等方面[1],此后研究开始着重于留守儿童的教育现状和相应对策研究以及留守儿童的心理健康等方面。

其二是流动儿童,相关文献数量约为7 361篇。对于流动儿童的研究其实早在20世纪90年代就已经出现,这一阶段学者主要关注流动儿童的免疫工作状况和健康管理,进入21世纪后,这一医学领域的研究也仍然是流动儿童研究的主流之一。关于流动儿童的人口学研究在早期主要集中在四个方面,即流动儿童的规模、流动儿童的空间迁移、流动儿

---

[1] 周福林、段成荣:《留守儿童研究综述》,《人口学刊》2006年第3期。

童的居留时间和流动儿童产生的原因。① 与留守儿童类似,目前学界对流动儿童这一对象的关注重点也是他们的教育及心理健康问题,此外研究还关注他们的社会融入问题。

其三是留守老人,学界对这一群体的关注与 21 世纪后凸显的老龄化趋势密不可分。2004 年,杜鹏等人较早开始研究留守老人这一群体,利用 2004 年的专题调查数据对农村子女外出务工对农村老年人养老的影响进行了综合分析,最终得出的结论显示,农村子女外出务工对留守老人在劳动负担和孤独感等方面有着负面影响,但是可以改善留守老人的经济条件。② 此后,学者越发关注留守老人的养老问题,对于留守老人的研究经历了从生活状况分析及家庭照料到社会支持的转变,目前来看对留守老人的研究主要集中在心理健康方面。

新生代农民工问题是近十年来人口迁移流动研究的最新进展和研究热点。2009—2010 年,以"新生代农民工"为主题的研究经历了一个井喷式的增长,从 2009 年的 119 篇增长到 2010 年的 731 篇,涨幅超过五倍。2009 年以前的相关研究主要集中在新生代农民工的身份认同、社会融入和心理适应等方面,2010 年以后研究范围有了极大的扩展,除了社会融合问题外,新生代农民工的政治参与、权益保障、人力资本(包括继续教育和职业能力等)等方面的研究数量大大增加。在这个领域中,新生代农民工的市民化是比较突出的综合性的研究主题。除了新生代农民工以外,流动儿童、老年流动人口、留守人口、城城流动人口、少数民族流动人口、国际移民、返迁人口都是新时代人口迁移流动相关研究

---

① 白文飞:《关于我国流动儿童问题的研究综述》,《阴山学刊》(社会科学版)2007 年第 6 期。
② 杜鹏、丁志宏、李全棉、桂江丰:《农村子女外出务工对留守老人的影响》,《人口研究》2004 年第 6 期。

的重点人群。①

（三）人口科学研究主要内容

1. 人口科学研究与人口研究的区别

随着社会的不断进步以及学科发展的需要，人口学研究逐渐从研究人口本身变动的人口研究转向多学科交叉的人口科学研究。王岩等人②通过文献计量法和可视化分析法对中国知网和科学网（Web of Science）上的人口学文献进行分析，发现对于国际人口学而言，2000年是一个重要的分水岭，2000年以前的国际人口学主要是从传统的人口理论去研究，但在1998年以后传统的人口学研究遇到瓶颈，人口学研究开始转变方向，尝试与其他学科相结合。21世纪以来人口学开始转向种群、生态等方向，2005年以后生物学视角成为人口科学研究的重要分支，2007年以后人口科学进入了以两年为周期的发展时期，领域日益增多，广度不断发展。而国内2006—2016年的人口研究仍然多从人口的结构、分布和数量出发，离国际人口科学前沿仍有一定距离。该文虽然指出了国内人口科学研究仍需在学科交叉方面进一步发展的问题，但由于作者在对国内文献分析时仅对关键词进行了分析，国内研究多是传统的人口理论研究这一结论仍有偏颇之处。

2006年12月，中共中央、国务院发布《关于全面加强人口和计划生育工作统筹解决人口问题的决定》，十七大精神和该决定为推动我国人口与经济、社会、资源、环境的协调和可持续发展提供了强有力的思想武器，为人口科学发展创造了史无前例的机遇。③ 以此为契机，我国的人

---

① 段成荣、程梦瑶：《深化新时代人口迁移流动研究》，《人口研究》2018年第1期。
② 王岩、蔡中祥、公茂玉、刘宏建、张琳翔：《国内外人口科学发展可视化分析》，《西北人口》2018年第1期。
③ 张维庆：《贯彻落实十七大精神促进人口科学繁荣发展》，《人口研究》2008年第1期。

口科学研究呼唤跨学科、跨领域的交叉研究,并在人口与经济、人口与健康、人口与环境等领域取得了一些研究进展。

表4-1中列举了2014—2017年中国人口学会年会的主要议题。中国人口学会年会是我国人口学界颇具规模和权威性的人口学盛会,会议议题基本能够覆盖或指明目前学界的主要研究方向。2014年年会议题还主要集中在生育及生育政策、人口老龄化和人口迁移等相对传统的人口研究方面,而到2015年,跨学科跨领域的研究就成为会议的重要专题,并且此类议题的比重呈现逐年增加的趋势。人口学从统计学、医学、社会学、管理学、政治学、地理学、经济学等学科中汲取养分,人口科学研究的学科体系逐渐成形。

表4-1 2014—2017年中国人口学会年会主要议题

| 年份 | 主要议题 |
| --- | --- |
| 2014 | 人口生育政策及计划生育专题、人口长期均衡发展专题、中国人口老龄化专题、城镇化与流动人口专题 |
| 2015 | 人口迁移与城镇化、人口信息与统计应用、人口健康、人口老龄化、人口与社会性别、民族人口与国防人口、人口政策、人口与家庭 |
| 2016 | 人口与经济、人口与社会、人口与健康、两孩生育政策与社会支持、人口老龄化、人口迁移流动与城镇化、家庭发展及公共政策、社会性别平等与出生性别比、民族人口与国防人口、计划生育服务管理改革、人口分析方法 |
| 2017 | 全面两孩生育政策、人口与经济、人口与健康、人口老龄化、人口迁移流动与城镇化、人口与家庭、人口与社会性别、民族人口与国防人口、人口信息与统计方法、计划生育服务管理改革和未来发展、人口学术期刊繁荣与发展 |

2. 应用研究概况

20世纪90年代,我国人口学家就曾经对跨学科的人口学科体系进行过探索,将研究人口与其他现象之间相互关系的分支学科称为应用人口学。第一部分包括人口经济学、人口社会学、人口地理学等分支学科,第二部分是当时仍属于新兴领域的实用人口学。实用人口学由第一部分的应用人口分支学科派生出来,主要用于实用与可操作性研究,其研究成果可直接为工商企业与政府管理部门所采用,而实用人口学又包括工商市场人口学与区域管理人口学两个部分。[1]

实用人口学的两个经典应用是:第一,进行人口变动与市场预测研究;第二,充分利用已有的人口普查、人口调查及人口经常登记数据,对这些经过专业部门精心设计与收集的人口数据进行再开发。[2] 尽管由于我国人口普查及许多社会调查数据的非公开性,实用人口学未能顺利推广,仅仅成为20世纪90年代昙花一现的人口学分支学科,但是该学科传达的理念与现在热门的大数据市场分析研究不谋而合,可认为是非常具有前瞻性和创新性的学科建设理论探索。

在实用人口学领域,国内最重要的两本著作是1996年张纯元和曾毅主编的《市场人口学》及1997年郝虹生等人编著的《人口分析与市场研究》。《市场人口学》[3]一书系统阐述了市场人口学的研究对象、理论体系、数据来源、收集方法和分析方法,主要内容包括人口作为市场主体地位的阐释、人口消费与市场、需求规律与商品市场寿命周期、人口变动与市场细分、人口特征与市场营销战术、人口数量与市场规模等,分析了人口素质、人口自然结构、人口职业和行业结构、人口社会结构、人口分布、婚姻家庭、家庭生命历程和人口收入等变量及其变动对市场需求的

---

[1] 曾毅:《引言:应用人口学的分支领域——实用人口学》,《市场与人口分析》1995年第1期。
[2] 曾毅:《实用人口学与市场经济》,《人口与经济》1994年第2期。
[3] 张纯元、曾毅主编:《市场人口学》,北京:北京大学出版社,1996年。

影响。《人口分析与市场研究》[1]主要从人口与市场结合的角度讨论了人口学资料与人口学分析方法在市场领域的应用,内容包括实用人口学与工商人口学的概念、学科产生的背景与应用前景、人口变量与市场的关系、人口宏观环境变化对市场的影响、人口数据的来源、市场调研方法、消费者行为研究、人口与市场预测方法、人口与市场细分及目标市场营销、人口与选址分析。该书既有理论分析也有实证分析,具有较强的实用性,可以作为人口学专业和市场营销专业的教学参考书,也可以供工商企业及从事市场研究的人士参考。[2]

尽管在20世纪90年代实用人口学的理论探索盛极一时,但终究没能持续发展下去,除了上文提到的人口数据不易得这个主要原因外,另一个可能原因是该领域的研究太过偏向操作层面,这一理念虽然已经在企业中逐渐推广,但是在学术研究方面的进展有限。从近年来的研究发展来看,市场人口学研究又有复苏的倾向,近期研究主要集中于旅游业,学者分析旅游市场中游客的人口学特征,对当地的旅游市场和本区资源的情况进行分析。[3] 此外,也有学者从市场人口学的视角分析养老市场和养老模式[4],在快速老龄化的背景下此类探索显得十分重要,养老模式的创新需要也给了市场人口学重新焕发光彩的机会。身处一个高速发展的时代,我们也应以发展的眼光看待学科发展,不断扩展和深化人口科学研究体系。

---

[1] 郝虹生、刘金塘、高凌编著:《人口分析与市场研究》,北京:中国人民大学出版社,1997年。
[2] 邬沧萍主编:《人口学学科体系研究》。
[3] 文连阳:《长沙市岳麓山旅游区旅游市场特征研究》,《中国市场》2013年第36期。
[4] 张俊良、曾祥旭:《市场化与协同化目标约束下的养老模式创新——以市场人口学为分析视角》,《人口学刊》2010年第3期。

## 二、人口科学的分支科学研究与发展

### (一)人口科学的分支科学研究与发展主要特点

#### 1. 分支科学自身的拓展

改革开放以来,人口问题的多样性、复杂性和人口资料的大量涌现导致参与人口研究的队伍迅速扩展,一些人口问题必须深入研究,因此形成了许多人口学分支学科,如生育率研究、人口普查研究、人口老龄化的研究等。而人口变量与社会、经济、生态环境等非人口因素间复杂的相互作用关系使得许多跨学科研究也逐渐深入,如人口经济学、人口社会学等,但其并非人口学分支学科。

(1)人口分支学科整体情况描述

目前,国内外学界并没有达成人口学学科体系的共识,不同的国家根据其经济、社会、文化等方面的不同国情,人口学学科体系都有着各自的不同,对分支学科的定义也有所不同。

中国人口学起步较晚,在改革开放前后,中国人口学及其分支学科迅速发展。人口学分支学科和专门研究都成为人口学的学术增长点。20世纪80年代中期,中国学者通过集体研究讨论将人口学体系归结为了人口理论学科、人口统计学学科、人口应用学科,也就是人口学分支学科三部分。人口应用学科包括人口经济学、人口社会学、家庭人口学、人口地理学、人口生态学、健康人口学、人口管理学、计划生育学、民族人口学等,统称为应用人口学,各应用人口学科派生出来的从事实用与可操作性研究的交叉分支学科是实用人口学。[1] 1986年出版的《人口学辞

---

[1] 楚军红:《我国人口学的发展和人口科学体系的建立》,《北京大学学报》(哲学社会科学版)1995年第5期。

典》中列举的人口学分支学科有人口思想史、人口史、人口统计学、人口社会学、人口地理学等。①

到了1997年,在吴忠观教授主编的《人口科学辞典》中,列举了人口思想史、人口史、人口统计学、人口社会学、人口地理学等分支学科,和人口与经济、人口与社会、人口与地理、人口与生物等交叉学科。②

邬沧萍按照人口研究理论基础、人口研究量化方法、人口变量研究、亚人口研究、人口变量与非人口变量相互关系研究将人口学分支学科研究分为了五类。③

表4-2 国内人口学分支学科内容对比

| 时间 | 出处 | 人口学分支学科内容 |
| --- | --- | --- |
| 改革开放前后 | 中国学者集体研究 | 人口应用学科,包括人口经济学、人口社会学、家庭人口学、人口地理学、人口生态学、健康人口学、人口管理学、计划生育学、民族人口学等 |
| 1986年 | 刘铮主编:《人口学辞典》 | 人口思想史、人口史、人口统计学、人口社会学、人口地理学、人口与经济、人口与社会、人口与地理、人口与生物 |
| 1997年 | 吴忠观主编:《人口科学辞典》 | 应用知识,分支学科包括人口经济学、人口社会学、人口生物学、人口结构学、质量人口学、老年人口学、人口政策学、人口地理学 |
| 2006年 | 邬沧萍主编:《人口学学科体系研究》 | 人口研究理论基础分支学科、人口研究量化方法分支学科、人口变量研究分支学科、亚人口研究分支学科、人口变量与非人口变量相互关系研究分支学科 |

资料来源:邬沧萍主编:《人口学学科体系研究》。

---

① 刘铮主编:《人口学辞典》。
② 吴忠观主编:《人口科学辞典》。
③ 邬沧萍主编:《人口学学科体系研究》。

20世纪80年代,伴随着我国人口学的快速发展,各分支人口学的教科书也如雨后春笋般先后出版。中共十四大决定从计划经济体制转变为市场经济体制,给中国社会的方方面面都带来了巨大的变化。市场经济对人口变化有着巨大影响,人口变化对市场经济也有重大的反作用。实用人口学(工商人口学和市场人口学)应运而生,当时该学科刚刚起步,但在中国发展很快。①

(2)分支学科的拓展:以老年人口学研究为例

20世纪80年代国家计划生育政策大力推行,人口的年龄结构发生了很大的改变,少年儿童人口比例迅速降低,老年人口比例快速提升。由此带来的老龄问题也逐渐成为学界的研究热点。

1986年中国老年学会的成立标志着我国老龄问题研究的开端。②之后十年,我国老龄问题的研究主要分为两个方面:1)人口学领域的老龄化问题;2)社会老年学和老年医学领域的老年人问题研究。

中国老龄化问题研究从20世纪80年代起步。从西方人口学引进基本概念和方法后,结合我国的人口发展特点,发现并提出我国老龄化的规律、特点。1978年十一届三中全会确定的思想路线和政治路线,创造了有利于老年人口学发展的社会环境。1982年发生了两件对我国老年人口学起到了推动作用的事情:1)第三次全国人口普查为中国人口老龄化研究提供了丰富的数据基础,促进了人口学领域对人口老龄化趋势和老年人口状况的深入分析;2)我国派代表团参加"维也纳老龄问题世界大会",对中国政府和学术界重视研究人口老龄化及其相关问题产生了深远影响,随后成立"中国老龄问题全国委员会"。③

---

① 楚军红:《我国人口学的发展和人口科学体系的建立》。
② 查瑞传主编:《人口学百年》。
③ 邬沧萍主编:《人口学学科体系研究》。

对中国老龄化的研究始于第三次人口普查资料开发性研究工作（1982年）。在对比第二次与第三次人口普查资料时，我国学者得出中国人口年龄结构的老龄化初见端倪的结论。但在20世纪80年代，我国老龄化趋势尚不明显，因此只有少数学者对此问题开始了较为系统的研究，但人口老龄化问题此时还没有成为关注重点。这一时期的研究主要探讨了衡量人口老龄化的指标，比较有代表性的研究有邬沧萍教授进行的开拓性研究和曲海波博士较为系统的研究——《中国人口老龄化问题研究》。同时，我国地域性老龄问题研究也已起步。20世纪80年代中后期对于人口老龄化的社会经济影响问题开始有了关注。查瑞传先生认为老年人口学的产生应该可以定位1986年[①]，之后，1987年首次组织了我国专门的老年人调查。

20世纪90年代初期第四次人口普查资料公布后，学界对中国的人口老龄化研究更加深入、丰富。关于老年人经济问题，陈卫博士利用"四普"资料从中国人口转变的角度探讨了中国人口老龄化的特点和趋势；杜鹏博士发表了《中国人口老龄化过程研究》，较为系统地梳理了中国人口老龄化的研究脉络。这一阶段，学界对于人口老龄化的社会经济影响问题研究也进一步深入，邬沧萍教授主编的《社会老年学》对此问题进行了较为全面的分析。1990年世界卫生组织提出了"健康老龄化"的概念，同年我国也开始开展了关于健康老龄化的研究。1990年首都医学院附属宣武医院老年医学研究中心参考1957年世界卫生大会关于健康老龄化决定性因素的研究方案设计出北京老龄化多维纵向研究中的健康部分。此后邬沧萍教授最早提出了关于健康老龄化的研究。这一时期"健康老龄化"概念引起了学界和政府的关注。同时期人口老年学研

---

① 查瑞传主编:《人口学百年》。

究资料也日益丰富,关于老年人口的研究也逐渐增多:1992年中国老年科学研究中心进行"中国老年人供养体系调查",1998年中国老年人健康长寿影响因素项目也开始开展。

2002年,第二届世界老龄大会在西班牙马德里召开,提出了积极老龄化的概念。同时期,也有大量的学者展开了关于积极老龄化的研究。此后,中国关于老年人口的研究逐渐深入、丰富。2011—2015年间,人口老龄化仍旧是老年人口学的主题,但研究的关注点更加细化,集中在老龄群体本身及其日常生活状况,包括健康状况(主观自评健康、ADL、心理健康等)、照料状况和居住状况(独生子女家庭、"失独"家庭等)、老年人社会参与等方面。

中国老年人口学的研究重点从传统的人口学研究日益向交叉学科发展,从最初的关注人口老龄化发展趋势和老年人口状况、中国人口政策对于人口老龄化的影响、人口老龄化对抚养比的影响等比较传统的人口研究内容,发展成对老年代际经济关系、健康希望寿命、退休与再就业、迁移与流动等多方面的交叉学科研究。

2. 新兴学科和交叉学科的发展

(1) 交叉学科的发展:人口与经济

在改革开放之前,由于政治、制度和认识等各种原因,国内外对于中国人口增长与经济增长和发展关系的研究甚少。改革开放后,由于人们对中国人口与经济关系认识的改变,这方面的研究才开始进入较为全面和深入的阶段。

20世纪70年代末80年代初,中国学者和国家领导人对人口与经济的关系进行了较为全面的阐述,主要内容为庞大的中国人口及其高速度的增长阻碍了我国"四个现代化"的建设。这一阶段中国人口与经济关系研究的主要关注的内容可以大致归纳为两种生产理论、中国人口增长与经济发展研究、社会主义人口规律与其他经济规律关系研究三个方面。关于人口增长与经济发展的论述大多集中在对于人口投资、就业等问题的关注上[1]，从中国国情出发，为之后的研究打下了良好的基础。

20世纪80年代后期主要是对人口增长和经济发展之间相互关系的理论进行了深入研究，出现了不少结合当时中国国情的人口与经济发展研究。如《区域人口与经济协调发展规划研究》《人口与发展：中国人口经济问题的系统研究》。[2] 也出版了一些人口经济学的专著，比较有影响力的是张纯元等主编的《人口经济学》，系统地阐述了人口经济的基本理论。学者陆杰华将这一阶段的研究结果总结为中国人口增长与经济运行规律、人力资源数量与经济发展、人力资源质量与经济增长方式研究、人口与经济-资源承载力研究四类。[3]

20世纪90年代，人口对经济发展的压力以及各种矛盾并没有彻底解决，同时90年代开始经济体制向市场经济转型，因此这一阶段人口学研究的主要任务仍然是稳定低生育水平以及经济体制转型背景下的人口经济研究，即人口规模与经济发展的相互作用，如张志刚强调人口增长是持续存在的客观经济环境和社会经济系统的内生变量[4]，翟振武对中国农村人口增长的经济机制研究[5]。此外，90年代初期，学界以市场人口学和工商人口学为代表的人口经济研究大热，1994年《市场与人口分析》杂志创刊（后改名为《人口与发展》），同时一系列相关专著也发表

---

[1] 陆杰华：《改革开放以来中国人口与经济关系问题研究的回顾与展望》，《人口与经济》1999年第6期。
[2] 路遇、翟振武主编：《新中国人口六十年》，北京：中国人口出版社，2009年。
[3] 路遇、翟振武主编：《新中国人口六十年》。
[4] 陆杰华、肖周燕：《改革开放以来的中国人口学发展：回顾、评述与展望》，《人口学刊》2010年第1期。
[5] 翟振武：《中国农村人口增长的经济机制(1949—1979)》，《人口研究》1991年第4期。

了,如《市场经济与人口分析》《市场人口学》《人口分析与市场研究》等。也有一些从微观角度出发的人口与经济研究,如蒋正华、李丽君在1992年发表的《中国家庭生育行为转变的经济学解释理论模型》一文,运用孩子生产的供求以及成本-收益分析理论模型,对生育转变进行实证研究。

2000年后关于人口与经济关系的研究更加丰富。主要分为以下几个主题:劳动供给与就业、人口红利理论、城镇化与特大城市人口疏解。张车伟等人分析了中国劳动供求态势的变化,探讨了当前劳动力市场的形势和问题,并提出了相应对策。[①] 根据CNKI指数,从2003年开始围绕人口红利的研究与讨论开始逐渐增多,2010年至今,每年都至少有200篇关于人口红利的研究。有学者基于中国社会调查(CSS2011)和相关城市统计资料,分析了城镇化的"不平等"效应以及城镇化中农业户籍流动人口与城镇户籍人口的社会融合问题,为"新型城镇化"提供可能的理论和实证参考。[②]

自改革开放以来,在人口与经济交叉学科的相关研究中,人口变化与经济发展一直是研究重点。但随着政策的变化和社会的发展,我国的人口与经济发展问题也在不断变化,交叉学科的研究主题也日益细化丰富、纵向深入。

(2) 新兴学科

改革开放以来,我国人口学的新兴学科主要有健康人口学和空间人口学。

伴随着我国人口再生产模式与健康模式的转变以及中国人口健康

---

① 张车伟、蔡翼飞:《中国劳动供求态势变化、问题与对策》,《人口与经济》2012年第4期。
② 陈云松、张翼:《城镇化的不平等效应与社会融合》,《党政视野》2016第1期。

研究不断走向成熟,中国人口健康领域研究也发生了很大变化。中国人口健康研究的内容由单纯的生物医学问题,转向了全方位的人口与社会、经济、生态、文化共同健康、可持续发展的问题。人口健康的理论从社会资本理论、生态系统理论,到可持续发展理论、人力资本理论逐渐丰富,体现出了多学科交叉的特点。人口健康研究的方法从单一的医学生物学方法和相交叉学科综合方法发展而来,在借鉴了社会学、心理学、经济学、地理学等学科的研究方法之后,健康人口学研究方法也逐渐丰富,体现出由单一学科向交叉学科发展的特点。

空间人口学可以以1990年为界大致分为两个阶段。1990年之前,是以关注空间认知和空间视角的人口学研究为代表的传统空间人口学,即有空间视角的人口分析。传统空间人口学在空间数据和分析方法应用上相对较弱。而现代空间人口学则是在21世纪之后,利用空间分析技术和方法,对人口学领域进行的系统研究。

我国的空间人口学研究最早可以追溯到人口地理学的研究。[1] 20世纪90年代我国传统人口空间分析大多是对人口分布、人口迁移等内容的分析。但改革开放以来,我国的空间人口学研究较为匮乏,1990—2014年,我国人口学领域主要期刊中利用空间分析方法或研究视角的人口研究主题论文共计307篇,但相关研究有日益增加的趋势。[2]

关于新兴学科的研究发展过程详见下文。

(二)主要新兴学科和交叉学科研究进展

1. 健康人口学和人口健康研究的发展

我国的人口研究自20世纪70年代以来快速发展,90年代之前,我

---

[1] 胡焕庸:《中国人口之分布——附统计表与密度图》,《地理学报》1935年第2期。
[2] 韦艳、武继磊:《空间人口学的沿革与发展:人口学研究空间视角分析》,《人口与发展》2016年第6期。

国的人口研究主要是围绕为生育率转变和控制人口增长提供理论指导与政策需要开展的,90年代之后,我国新的人口现状和人口问题不断出现,同时为了响应国家计划生育委员会"两个转变"的要求,人口学研究拓宽了应用领域,健康人口学也随着这股潮流逐步形成。

人口健康研究的方法首先是从单一的医学生物学方法和相交叉学科综合方法发展而来。通过分析人口特征及其变动后的健康转变,发现生物医学方法已很难解决这些问题。

近些年来,国内外学者致力于建立健康人口学,将健康作为研究内容,并用人口学的理论方法,剖析与人口过程相关的健康深层问题。主要包括:第一,人口分层的疾病发生强度估计。疾病的严重性是一个比较难以衡量的指标,错综复杂的变数使健康结局转归成多元状态。疾病潜力研究能进一步了解疾病对健康、社会、文化、经济和发展的影响,疾病发生强度和疾病社会危险潜力是人口健康研究中的核心问题。第二,小概率疾病的扩增研究。在疾病防治中,最难把握的是小概率发生的疾病。我们首要的任务是在认识疾病的方法学上有所突破。以健康为主题的研究中也借鉴了社会学、心理学、经济学、地理学等学科的研究方法。

(1) 健康人口学的定义

健康人口学是一门正处于创立和发展之中的人口科学和健康科学相结合的边缘交叉学科,是一门研究人口特征变化和健康转变之间相互作用和相互制约规律的科学。健康人口学是一门主要从人口学的角度,利用多个相关学科的理论和方法综合研究健康、健康相关行为和卫生保健服务,利用在不同人口特征人群中的分布和动态变化过程,从而找出人口特征变化与健康转变间相互作用和相互制约规律的学科[1],它关注

---

[1] 郑晓瑛、宋新明:《健康人口学的定义界定和内涵研究》,《人口研究》2000年第4期。

人口学特征和影响人群的健康状态、健康相关行为及卫生服务利用情况,以及它们如何反过来影响人口的某些特征。健康人口学就是将人口学的观点和方法应用于卫生保健领域。

有学者曾经提出了人口健康研究八个优先领域:1.生命早期的健康问题研究;2.低龄和劳动人口的意外损伤和伤害研究;3.传播性疾病的研究;4.生殖健康问题研究;5.环境和职业健康问题研究;6.精神健康问题研究;7.老年健康和慢性非传播性疾病研究;8.人口健康测量和研究方法的合理拓展。[1]

(2) 健康人口学的产生及发展

健康人口学是20世纪80年代作为人口学的一个分支发展起来的,在健康人口学开始的若干年中,大多数涉及健康人口学的学者并非人口学家而是社会学家、经济学家以及其他应用人口学概念和技术去探讨卫生保健服务中一些具体问题的研究者。在80年代,健康人口学这一名词开始出现在国外人口学文献中。1994年在美国召开的第五届实用人口学会议将健康人口学作为主要议题之一,这标志着健康人口学开始形成。

20世纪,发达国家和发展中国家都经历了一个复杂的人口和健康转变过程,中国也不例外。这一变化主要包括以下四个方面:第一,人口及其构成的同质性降低,异质性增强,这对人口健康状况、生活方式等健康行为以及卫生服务的需求、提供和利用造成了重要的影响,从而导致了人口健康问题的复杂化。第二,人口问题重点从单纯的人口控制转变成与提高人口素质相结合,健康作为人口素质的重要组成内容逐渐得到了更多关注。在1974年世界人口大会通过的世界人口行动计划中更特

---

[1] 郑晓瑛、宋新明、陈功:《论中国人口健康研究的优先领域》,《人口研究》2006年第6期。

别强调,应当格外努力使健康和营养差的情况得到改善,否则会削弱为发展而做出的努力。同时人口健康水平的提高使人们关注慢性病超过急性病、关注患病和残疾超过死亡、关注生命的质量超过生命的长度。第三,人口结构的变化引起了人口疾病构成的变化。反过来,人口健康问题的变化也对人口的变化产生巨大的影响。第四,医学模式的转变。20 世纪,医学模式从生物医学模式逐步转变为生物心理社会医学模式,强调生物、心理和社会因素对人类健康的综合作用,突出了社会因素的决定性作用。在这一人口和健康转变的背景之下,健康人口学也逐步发展。

改革开放以来,中国人均 GDP 不断提高,到 2030 年,人均 GDP 有望超过 12 000 美元。经济的发展将带动全民健康需求的增长,而健康投入占 GDP 的比重是衡量一个国家全民健康需求的重要指标。开展健康人口学,其研究性、重要性和必要性也不言而喻。

伴随着我国人口再生产模式与健康模式的转变,以及中国人口健康研究不断走向成熟,中国人口健康研究领域的内涵与外延也已发生了很大变化。中国人口健康研究的内容由单纯的生物医学问题,转向了全方位的人口与社会、经济、生态、文化共同健康、可持续发展的问题。十八大以来,以习近平同志为核心的党中央始终把人民健康放在第一位,开启了医疗卫生体制改革的新篇章。随着人们对健康意识的增强和社会对人口健康问题的重视,健康事业已然成为一个发展潜力和市场空间巨大的领域,更是我国可持续发展战略的重要组成部分。"以人为本"的发展思想,坚持为人民健康服务,是我国卫生与健康事业必须一以贯之的基本要求。2016 年 8 月中央政治局召开会议,习近平主持并审议了《"健康中国 2030"规划纲要》,提出"将健康融入所有政策,人民共建共享",正式将"健康中国"上升为国家战略。党的十九大报告再次明确提出"实施健康中国战略",以及"大健康观,勾勒中国健康蓝图"的理念。十九大报告还进一步提出"人民健康是民族昌盛和国家富强的重要标志",确定了大健康观的战略地位和社会意义。

北京大学人口研究所专家团队在国内率先建立起健康人口学科体系,构建了"人口健康储量""人口健康风险比""健康储量代际交流""群体健康小概率事件增扩"等新概念[1],为人口健康与卫生服务工作奠定了多学科交叉研究基础和指导性框架。所组建的"中国人口和健康发展研究中心",以"全人群、全过程、全方位"的多学科视角推动了人口健康研究与应用,将人口学、地理学、信息科学、生命科学和环境科学等交叉学科方法运用到人口健康实践上。近20年来,团队研究覆盖了全生命周期的人口健康范畴,包括从出生前期、婴幼儿期、学龄期、工作年龄到退休年龄,开创并建立了适用于我国的健康人口学和残疾人口学理论方法体系;同时开展关于出生、死亡、人力资本、人口健康风险的趋势水平及原因关联分析[2],开发人口健康医疗"大数据",为挖掘疾病的干预潜力和优化卫生资源配置提供重要的理论和实践依据。

2. 人口空间科学研究的发展

(1) 基于空间的传统人口研究

人口学是研究既定区域内的人类生命过程的各种状态、运动过程及规律的科学,由此,空间是人口学研究的重要维度。20世纪下半叶,西方社会科学领域的学者开始呼吁重视社会科学中的空间问题,著名社会学家吉登斯(Anthony Giddens)认为传统西方社会理论忽视了空间问

---

[1] 郑晓瑛、宋新明、陈功:《论中国人口健康研究的优先领域》;郑晓瑛:《再论人口健康》。
[2] Lutz W., Scherbov S., Gui Y. C., et al., "China's Uncertain Demographic Present and Future", *Vienna Yearbook of Population Research*, Vol. 3(2005).

题,而只有围绕空间才能构建合理的社会理论。[1] 另一方面,空间分析技术、模型与理论伴随地理信息系统技术的日渐成熟而发展迅速,推动了社会科学"空间转向"的进程。在这一背景下,空间人口学(Spatial Demography)在西方学界出现并迅速发展,受到一批人口学、地理学、区域科学学者的关注,相关研究日益增多。事实上,空间是人口学研究的固有维度和应用分析的核心概念之一,人口学中的"人口"总是指代某一地理区域和特定时点上具有某些特性的群体[2],具有空间数据的特点。

空间人口学的概念最早伴随着西方学界对人口迁移问题的研究而出现。[3] 日本人口学家铃木启佑著有《空间人口学》一书,认为人口问题要从人口规模和人口分布两个方面考察,人口分布不仅取决于出生率和死亡率,更取决于区域间的人口迁移。[4] 美国人口学家 Voss 是空间人口学的重要奠基人,2007 年其发表的《作为空间社会科学的人口学》(*Demography as A Spatial Social Science*)引起了很大反响,认为空间人口学是将传统人口研究置于区域视角下产生的新学科。[5] Matthews 等将空间人口学定义为"对人口问题及过程的空间分析",强调了 GIS 空间分析技术对空间人口学发展的意义。[6] 综上,西方学者对空间人口学的定义可归纳为以下方面:从尺度上看,空间人口学关注人口现象在区域视角下的整体呈现,而非个体视角下的行为研究;从方法上看,空间人

---

[1] Anthony Giddens, *The Constitution of Society*, Cambridge: Polity Press, 1984.
[2] 韦艳、武继磊:《空间人口学的沿革与发展:人口学研究空间视角分析》。
[3] J. I. Clarke, *Geography and Population: Approaches and Applications*, Oxford: Pergamon Press, 1984.
[4] 邓志强、王颖:《网络场域:人口学研究的空间转向》,《西北人口》2013 年第 6 期。
[5] P. R. Voss, "Demography as a Spatial Social Science", *Population Research and Policy Review*, Vol. 5(2007).
[6] S. A. Matthews, D. M. Parker, "Progress in Spatial Demography", *Demographic Research*, Vol. 10(2013).

口学与空间分析技术的发展密不可分,甚至有学者认为空间人口学就是使用空间分析技术解决传统人口学中的问题。

西方人口学的早期研究偏向空间人口学,最早可以追溯到1855年Snow运用绘图法分析英国伦敦霍乱死亡的成因。[1] 空间人口学最明显的特征是人口数据的空间性和研究视角的区域性,根据这一理解,20世纪50年代以前多数西方人口学研究都属于空间人口学的范畴,这些研究在关注人口趋势或人口变化分析时,都将普查或调查数据加总在一定地理层级水平之上。尽管Voss也承认这种分类方法不完全恰当[2],但这反映出早期西方学界对空间人口学的认识,即在传统的人口学研究内容中,只要具有空间特征的人口分析都属于空间人口学。事实上,在20世纪中叶以前,西方人口学研究多数运用了这种基于空间的分析模式,而在人口学相关的社会科学中,基于地理空间整合的数据也被广泛使用。[3]

20世纪中叶开始,随着社会学界"生态谬误"(ecological fallacy)困境的出现以及大规模微观人口学统计调查方式的普及,西方人口研究逐渐转向微观层面的人口研究,即关注家庭、个体的社会人口学。与此同时,仍有一批人口学者对空间人口学问题持续关注,研究主题主要包括城市人口学、人口迁移、人口预测。在城市人口学领域,相关学者关注城市职能、城市等级、城市结构、城市内部各种族分布的空间形态,并拓展了早期对于居住分异研究的测度;在人口迁移领域,主要关注点为区域间人口迁移的测度及其影响机制[4];在人口预测领域,特定区域人口的

---

[1] J. Snow, *On the Mode of Communication of Cholera*, London: John Churchill, 1855.

[2] P. R. Voss, "Demography as a Spatial Social Science".

[3] G. A. Theodorson, *Studies in Human Ecology*, Evanston, IL.: Row, Peterson and Company, 1961.

[4] H. S. Shryock, H. T. Eldridge, "Internal Migration in Peace and War", *American Sociological Review*, Vol. 1(1947).

估计和预测是主要的研究方向,且是应用人口学(Applied Demography)的重要组成部分。

为了区分空间人口学(Spatial Demography)和人口地理学(Population Geography),Trewartha 于 1953 年首次提出了空间人口学的概念。英国地理学家 Robert Woods 也较早地使用了空间人口学(Spatial Demography)这一提法。他认为对于迁移的研究也应该像生育、死亡研究一样受到重视。Woods 等人认为空间人口学的研究应包含三种研究:同时考察人口数据的时间和空间模式研究;利用多区域方法的模型和人口估计;利用不完整信息进行的区域人口分析。[1]

空间人口学与人口地理学隶属不同的学科,两者在研究对象和关注内容上存在差异,但研究方法及人口的空间分布特征解释上可以相互借鉴。具体来说,人口地理学应属于地理学人文地理专业的一门分支学科,隶属地理学范畴,它探讨人口发展过程和人口现象在地理空间上的表现形式及其地域差异,以及人口与各种自然、人文环境因素之间的相互联系和制约关系。即人口地理学是介于地理学和人口学之间的一个边缘性学科,其核心研究领域为人口的地域分布及其与主环境要素之间的关系。[2] 而空间人口学重点从空间维度上考察人口发展,人口与社会、经济、生态环境之间相互关系的规律性和数量关系,它是结合地理学理论、空间数据统计分析理论和方法等新兴技术研究人口自身发展规律的综合性交叉学科,是人口学研究的重要分支,应属于人口学应用研究范畴。人口地理学出发点在于地学规律的探知,人口空间分布及其与环境要素的关联是其研究目标;而空间人口学则借助地理学空间规律,以人

---

[1] R. Woods, P. H. Rees, *Population Structure and Models: Developments in Spatial Demography*, Boston: G. Allen and Unwin, 1986.
[2] 张善余:《人口地理学概论》,上海:华东师范大学出版社,1999 年。

口自然变量以及人口与社会环境变量之间的关系研究为主要内容,分析人口发展的规律以及人口和社会、经济、生态环境等相互之间的本质联系。

基于已有相关研究文献的梳理,本文认为空间人口学是利用空间分析方法(或基于空间认知)对一定区域内的规范人口学(生育、死亡、迁移)进行研究的学科;根据空间数据获取和空间分析发展的不同阶段,我们认为空间人口学应该分为两个阶段:传统空间人口学和现代空间人口学。传统空间人口学是指20世纪90年代及以前,尽管在空间数据及其分析方法应用较弱,但研究已经关注于空间认知和空间视角的人口学研究;而现代空间人口学则是指进入21世纪,伴随着地理定位数据的丰富,重点利用空间分析技术和方法,对人口学领域进行的系统研究。即在传统的人口学研究内容中,只要是具有空间视角的人口分析(无论简单或是复杂)都应该归属于空间人口学的范围之内。例如 Voss 认为空间人口学是关注某个区域内的规范人口学研究并整合到一定地理层级水平的人口特征的科学,并按照这个定义,Voss 将20世纪中叶之前(在普查微观调查数据引入之前)美国的所有人口研究都属于空间人口学范畴。[1] 现代的空间人口学则在规范人口学研究自身的同时,强调地理定位数据和空间分析方法的使用。例如 Castro 提出空间人口学首先要关注规范人口学的核心构成要素的生育、死亡和迁移,以及人口规模、变迁和构成的模型,其次要充分利用一些统计方法,如空间统计、地理统计、贝叶斯模型以及包含年龄、时间和空间三个维度的人口模型。[2] 但总体上,Weeks 认为大多数人口学研究只是有空间认知和空间视角,在研究

---

[1] P. R. Voss, "Demography as A Spatial Social Science".
[2] M. C. Castro, "Spatial Demography: An Opportunity to Improve Policy Making at Diverse Decision Levels", *Population Research and Policy Review*, Vol. 5-6(2007).

实践中应用空间分析技术者较少。①

(2) 宏观人口研究向微观人口研究转变下的人口空间研究

空间人口学的发展是伴随着主流人口学研究内容变更而呈现的不同阶段,但与其他应用社会科学相比,仍发展相对缓慢,这与人口学自身学科的发展相关。如在 20 世纪 90 年代之前,空间数据和空间分析技术匮乏,当时的人口学研究主要都是利用宏观层面的数据或是大规模的调查,进行区域内和区域间的宏观人口现象、态势的分析和比较。这期间的研究考虑空间层次也多是具有空间意识而缺少空间分析的人口学研究。而自 20 世纪 90 年代中期开始,由于受到"生态谬误"的困扰,加之这一时期各种大规模的涵盖详细个人和家庭信息的微观调查兴起,大部分的人口学研究重点转向了微观层面的研究,如家庭人口学研究。仅有少数学者依然坚持利用总体区域作为分析单位关注着城市人口、农村人口和应用人口学的研究。② 如 Fearon 利用文献计量学分析方法,对 1990—2001 年期间空间分析在各个学科的数量、学科分布间进行了量化分析,结果显示空间分析技术应用发展最为迅速的六个学科分别是:城市研究和规划、地理学、统计学和运筹学、区域科学、经济学和社会学,有少数学者已经利用空间分析方法对人口领域进行研究,但总体上空间人口学在人口学领域的发展较为迟缓。③

进入 21 世纪以来,一些人口学家关注空间人口学并发起研究和讨论,促进了空间人口学的复兴。其中由 Wachter 在《美国科学院院刊》和

---

① J. R. Weeks, "The Role of Spatial Analysis in Demographic Research", in M. F. Goodchild, D. G. Jannelle (ed.), *Spatially Integrated Social Science*, New York: Oxford University Press, 2004.

② P. R. Voss, "Demography as a Spatial Social Science".

③ D. S. Fearon, The Scope and growth of spatial analysis in the social sciences, 2003, http://escholarship.org/uc/item/4sm7928m.

Voss 在《人口研究和政策回顾》这两份具有重要影响力的学术期刊上组织空间人口学专题讨论,拉开了空间人口学复兴的序幕。[①] Voss 的《作为空间社会科学的人口学》一文被认为是具有里程碑意义的研究,该文强调了人口学研究的空间本质,并通过回顾基于空间思维和视角的人口学研究,认为空间分析可以发展和验证人口理论,提出了空间分析方法在人口学中应用的基本框架。Castro 则通过总结空间视角下的规范人口学核心领域如生育、死亡、迁移的研究进展,强调了空间人口学的分析结果将对公共政策监测和调整予以新的启示。[②] 此外,2000 年以来,美国人口学会(Population Association of America)的年会也不定期地设立一两个空间人口分析的专题分会进行研讨。美国国家儿童健康与人类发展研究所(National Institute of Child Health and Human Development,NICHD)人口与行为科学分支也在其 2002 年制定的未来长远发展规划中,将空间人口学正式确定为学科分支之一。甚至,2013 年新期刊《空间人口学》(*Spatial Demography*)发刊,重点刊发空间人口学的研究成果,这些人口研究大多采用先进的分析方法如空间计量方法、地理加权回归、多水平模型、空间模式分析等,研究领域也非常多元化,覆盖种族隔离、社会分层和公平、健康结局与行为风险、患病率和死亡率估计、生育模式、家庭转变、老龄化、人口与资源环境互动等领域。

(3) 空间人口学研究的复苏

20 世纪 80 年代开始,GIS 的空间分析技术迅猛发展,空间人口学研

---

[①] K. W. Wachter, "Spatial Demography", *Proceedings of the National Academy of Sciences*, Vol. 43(2005); P. R. Voss, "Demography as a Spatial Social Science".

[②] M. C. Castro, "Spatial Demography: An Ppportunity to Improve Policy Making at Diverse Decision Levels".

究也再次受到西方学界的重视。首先关注将空间分析技术运用在人口学研究中的是一批人口地理学家,Rees 等强调了人口地理学的重要方向就是运用空间分析和人口统计学方法分析人口问题。[①] Woods 建议将生育、死亡和迁移等人口学传统命题纳入空间化的人口地理学研究中,明确了"空间人口学"的研究方向。[②] 在此推动下,西方有关空间人口学的文献数量开始增加,Congdon 和 Batey 出版了关于空间人口学的论文集,并从空间规划和人口信息、居住与再分布、人口迁移与人口预测共四个层面概括了该领域的文献。[③] 以人口学为代表的社会科学领域在该时期开始重视并吸纳地理学、区域科学、空间计量经济学等相关学科的研究成果。相对于传统的空间人口学研究而言,该时期的空间人口学呈现出模型、数据、分析视角的空间化特征,研究主题逐渐多样化,跨学科的人口学综合研究开始出现,这种发展趋势一直持续至今。

表4-3 空间人口学的发展阶段、特点及原因

| 发展阶段 | 时段 | 研究特点 |
| --- | --- | --- |
| 传统宏观人口学 | 20世纪50年代以前 | 基于一定的地理区域内人口数据进行宏观、总体的人口学解释,如出生、死亡和迁移等 |
| 人口学微观转向 | 20世纪50—90年代 | 基于家庭、个体视角对人口现象进行研究,强调社会学的解释,包括居住安排、家庭结构与婚姻等 |
| 空间人口学复苏 | 20世纪90年代至今 | 将空间分析技术运用在人口学研究中,侧重对人口学议题的空间解释 |

---

[①] P. H. Rees, A. G. Wilson, *Spatial Population Analysis*, London: E. Arnold, 1977.
[②] P. R. Voss, "Demography as A Spatial Social Science".
[③] 封志明、李鹏:《20世纪人口地理学研究进展》,《地理科学进展》2011年第2期。

### (4) 空间人口学研究内容

当下空间人口学的复苏与发展是与地理信息数据以及研究方法技术的完善关联在一起的。空间维度数据往往作为人口学研究主题的背景，从分层视角，将人口学研究对象镶嵌在不同水平层面，尤其是地理空间和区域维度进行分析。

人口学研究领域空间数据分析的应用，首先需要人口学研究的空间思维角度，Star 和 Estes 认为空间分析的应用有两个角度：1) 分析研究对象的局域或者邻近特征；2) 分析涉研究对象的地理位置相关因素。[①] 由此，John R. Weeks 从这两个角度出发，提出了环境影响和分散传播两个方向上的人口空间分析的基本框架（图 4-2）。

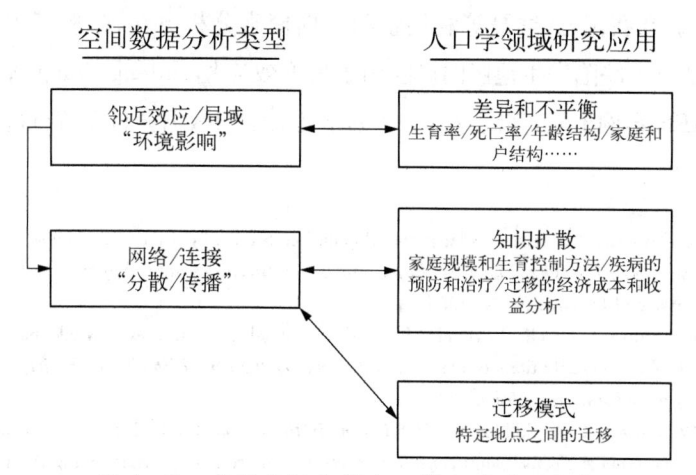

```
空间数据分析类型              人口学领域研究应用

┌─────────────────┐       ┌──────────────────────┐
│ 邻近效应/局域    │ ←───→ │ 差异和不平衡         │
│ "环境影响"       │       │ 生育率/死亡率/年龄结构│
│                  │       │ /家庭和户结构……      │
└─────────────────┘       └──────────────────────┘

┌─────────────────┐       ┌──────────────────────┐
│ 网络/连接        │ ←───→ │ 知识扩散             │
│ "分散/传播"      │       │ 家庭规模和生育控制方法│
│                  │       │ /疾病的预防和治疗/迁移│
│                  │       │ 的经济成本和收益分析 │
└─────────────────┘       └──────────────────────┘
          │                ┌──────────────────────┐
          └──────────────→ │ 迁移模式             │
                           │ 特定地点之间的迁移    │
                           └──────────────────────┘
```

图 4-2 空间数据分析人口学领域应用框架

尽管 John R. Weeks 列出了这一框架，但他也指出目前人口空间分析研究在很多方面的进展都不足，在环境影响这一类型上，最初的人口

---

① J. Star, J. Estes, *Geographic Information Systems: An Introduction*, Englewood Cliffs, N. J.: Prentice Hall, 1990.

研究往往通过描述人口居住地这一自然环境对空间概念进行阐述,典型的研究是1959年Duncan的人口与环境相互作用的论断。[1] 当然,这里的环境主要是指自然环境。随后的环境角度的人口研究分析逐渐将环境因素拓展到社会环境因素,如邻近关系、居住地特征等等,其人口空间分析主要集中在人口健康领域,利用疾病发生的不同空间差异进行描述的,如Langford等分析了苏格兰地区死亡率的空间模式[2],Wallace和Fullilove也分析了Bronx地区艾滋病人死亡的局域空间特征[3]。Reid通过分析1911年英格兰和威尔士地区儿童死亡的原因发现,父亲的职业和婴儿的居住地位置是死亡率差异的主要原因[4],John R. Weeks本人也研究了埃及地区1976—1986年期间妇女生育率的空间维度的变化特征[5]。在我国,武继磊等利用空间数据探索分析方法,分析了山西地区典型出生缺陷发生地区的风险因子尺度效应[6],Jinfeng Wang等从北京SARS案例出发,系统分析了数据驱动的空间数据分析在流行病研究

---

[1] O. D. Duncan, "Human Ecology and Population Studies", In P. M. Hauser, O. D. Duncan (eds.): *The Study of Population: An Inventory and Appraisal*, Chicago: University of Chicago Press, 1959.

[2] I. H. Lanford, A. H. Leyland, J. Rasbash et al., "Multilevel Modeling of the Geographical Distributions of Diseases", *Journal of the Royal Statistical Society*, Series C: Applied statistics Vol. 48(1999).

[3] R. Wallance, M. T. Fullilove, *AIDS Deaths in the Bronx 1983—1988: Spatiotemporal Analysis from A Sociodemographic Perspective*, Environment and Planning A, 1991.

[4] A. Reid, "Locality or class? Spatial and Social Differences in Infant and Child Mortality in England and Wales, 1895—1911." In C. A. Corisini, P. P. Viazzo (eds.), *The Decline of Infant and Child Mortality, The European Experience: 1750—1990*, Dordrecht, Netherlands: Martinus Nijhoff, 1997.

[5] I. H. Lanford, A. H. Leyland, J. Rasbash et al., "Multilevel Modeling of the Geographical Distributions of Diseases".

[6] Jilei Wu, Jinfeng Wang, Bin Meng et al., "Exploratory Spatial Data Analysis for the Identification of Risk Factors to Birth Defects", *BMC Public Health*, Vol. 4(2004).

中的应用,其中人口的数量、密度和城乡被纳入空间数据分析当中[1]。

在基于网络进行人口空间分析的研究方面,人口学领域的空间数据分析尚很薄弱,基本处于"空间思维意识萌芽"阶段,这些研究关注了区域差异这个因素,不是严格意义上讲的人口空间分析的研究。如Casterline 等人研究了台湾地区的生育率变化的时空特征[2],Entwisle 等利用空间网络进行泰国农村地区计划生育服务的可及性研究,属于此类研究中较为深入的案例[3]。

概括地说,由于空间数据分析仍处于发展之中,因此典型的人口空间分析研究也是从问题出发,尚未有系统成型的理论体系,其原因与缺乏足够的理论支持地理模式下人口现象的解释有关。在此,本文认为,从人口研究的实际问题出发,空间数据分析在人口学领域的应用可以包括两个方面,即描述性分析和因果推断分析。

第一,描述性分析,包括:

区域差异/种族隔离:人口的区域差异或者种族隔离是人口研究中的要素之一,然而过去的研究往往缺乏足够的空间分析手段和数据操作能力,人口的区域差异和种族隔离程度衡量一直缺乏直观可信的方法进行描述。利用人口空间分析,区域差异模式分析可以通过选择空间权重矩阵,分析不同时期的区域差异和空间模式。

---

[1] JinFeng Wang, George Christakos, Wei-guo Han et al., "Data-driven Exploration of 'Spatial Pattern-time Process-driving Forces' Associations of SARS Epidemic in Beijing, China", *Journal of Public Health* (2008).
[2] M. R. Montgomery, J. B. Casterline, "The Diffusion of Fertility Control in Taiwan: Evidence from Pooled Cross-section Time-series Models", *population studies*, Vol. 47 (1993).
[3] B. Entwisle, R. R. Rindfuss, S. J. Walsh et al., "Geographic Information Systems, Spatial Network Analysis, and Contraceptive Choice", *Demography*, Vol. 34(1997).

空间公平性：通过人口空间分析可以描述不同人群的资源可及性，如医疗资源的公平性分析，而传统的人口分析在空间尺度上具有先天的不足。

邻近效应：人口空间分析不只是单纯的实际尺度上的空间距离，如果把这一空间转化为独立的社会经济属性的个人居住在各个地点之间的关系，则很多人口学研究内容可以采用人口空间分析技术。当然，这一方面存在一些争议，即可能混淆了未观测到的研究对象的人口学特征和邻近效应。然而，如果选择的数据是通过人口普查等方式获得，不存在选择偏差，则这种分析是可行的，而且也可以通过试验数据进行邻近效应的检验。

人口与环境：人口空间分析获取了具有空间属性的数据，尤其遥感技术的发展带来的大量环境数据，可以作为直接研究人口密度与环境质量之间关系的重要工具，如 LUCC 研究，即土地利用与人口增长之间的关系，城市扩张与人口规模研究。当然，当人口的环境效应较低时，如稀疏的人口分布与环境问题（酸雨），人口空间分析的作用可能不显著。

第二，因果推断分析，包括：

人口迁移：空间距离是人口迁移理论的一个重要因素，如利用重力模型，可以很好地分析距离这一因素对人口迁移的影响。当然，如果存在个体数据，则人口空间分析可以进一步深入分析人口迁移影响。

失业与劳动力市场：如果从空间思维角度认为失业只是人群与工作之间存在一个距离，则人口空间分析能够解释失业的原因。当然，此方面的进展也需要发展相应的理论和模型辅助支持。

下表列举了经典人口学研究过程中，从空间角度进行人口学分析的思路对比，可以看出，加入空间维度和区域视角后，人口学研究的范围及分析变量增加更多，对现实的实践的作用更大。

表4-4 若干人口学议题空间分析应用与传统人口研究方法对比[①]

| 研究议题 | 经典人口学理论方法 | 空间人口学分析思路 |
| --- | --- | --- |
| 人口、资源与环境协调发展分析 | 指标体系与短板理论:采用Delphi方法、因子分析以及单因素承载力分析(推算、评判、多目标分析与系统动力学等)以及可能-满意度分析等 | 时空运筹与多目标耦合理论:选择时空加权回归模型衡量区域差异;多目标约束优化模型进行区域优化;采用CGE模型辅助决策等 |
| 人口健康资源利用/老龄化社会养老和资源优化配置 | 人口规模预测与资源配置:采用人口规模与卫生资源配比,分析人口病因与资源利用等,集中人均资源但缺乏区域的统筹 | 时空调控与运筹理论:考虑空间变异的泛函分析模型,经典资源配置理论与区域相关性相结合,采取多目标约束模型优化等 |
| 城镇化与产业布局 | 注重探索产业升级、城市布局分析人口结构特征,但缺乏人口在空间迁移与分布对产业和城市空间的影响 | 空间分布的地理分析与模式识别:采用地理图谱分析与地理探测器模型;空间格局距离椭圆模型等进行区域综合决策 |
| 人口/劳动力市场迁移与流向分析 | 推拉理论、经济学理论、双重劳动力市场、年龄迁移率模型等:从个体上进行分析流动意愿与人口特征 | 采用空间交互与网络流分析理论:网络路径分析、资源分配与连通分析、流分析等,进行人口空间流动驱动力分析 |
| 区域人口学指标稳健性估计(如生育率、死亡率、出生性别比等) | 流行病学模型:大样本抽样调查分析,易发生生态谬误 | 考虑空间关联性与权重矩阵模型:采用Bayesian估计与Gibbs采样模型等进行小样本扩增估计 |
| 人口生育模式、健康储量区域比较 | 传统多元统计分析:将人口视为独立样本进行统计分析 | 采用空间多元数据分析方法,如空间回归模型、空间分层模型等进行个体与区域样本分析 |

---

[①] 韦艳、武继磊:《空间人口学的沿革与发展:人口学研究空间视角分析》。

### (5) 我国空间人口学研究发展现状与面临的挑战

空间分析或者空间视角研究人口学问题是人口学领域内在的方法和研究范式,然而空间数据的可及性以及测量或计算方法的进展限制了空间分析在人口学领域的深入,人口空间分析更多地浮于对区域人口或者亚人群的描述性分布陈述,而缺乏理论方法和模型支撑下的量化、实证研究。伴随着信息技术的发展以及海量空间数据的日益丰富,人口空间分析或者说空间人口学面临着新的契机。[1] 然而空间人口学未来将面临很多机遇挑战,比如:

第一,要拓展人口研究自身领域与空间人口学研究的范畴。在空间数据获取方式和空间分析方法不断进步的今天,应该唤起更多的人口学研究纳入空间视角和分析,深入解释基于空间的人口现象、规律和机制。科学借鉴西方理论成果。近期西方空间人口学发展迅速,已逐步形成一定的理论体系,积累了大量研究成果。我国空间人口学研究正处于探索阶段,需要科学借鉴和吸纳西方已有的理论成果。一方面,要培养分析和提出理论问题的能力,找准研究切入点;另一方面,在解决问题的过程中要建立多学科的综合视角,从人口学、地理学、区域科学等多专业角度思考问题。空间人口学是交叉学科,具有很强的应用属性,已经逐渐有其他学科的空间分析向人口学应用拓展,极大地丰富了空间人口学的研究。[2] 事实上,空间人口学的研究需要从典型领域寻找突破口以引领整个学科的发展,目前人口健康研究涉及人口学特征以及人类行为模式和健康效应,而这些自然联系到空间维度的自然和社会环境变量。目前已

---

[1] 封志明、李鹏:《20世纪人口地理学研究进展》。
[2] B. Entwisle, R. R. Rindfuss, S. J. Walsh, T. P. Evans, S. R. Curran, "Geographic Information Systems, Spatial Network Analysis, and Contraceptive Choice", *Demography*, Vol. 2(1997).

经有较为清晰的方法和模型应用框架并做出了较好的实证分析。因此，可以从典型人口健康研究中寻找突破口，结合经典人口学理论方法中的生命历程，进行人口空间分析的方法和应用整理。

第二，人口数据采集要与地理空间等多源多维数据相结合。人口空间分析的应用首先需要大量具有空间属性的人口学数据及相关资料。传统人口学研究数据来源主要基于国家人口普查、专题抽样调查以及小范围的社会调查等数据资料，但这些数据在早期搜集过程中，由于空间维度资料搜集难度较大，而往往造成空间数据缺失的情况。但若在人口数据实地调查数据搜集之时，事前和实时的数据采集设计中即采用空间思维，利用快速发展的空间数据搜集方法，即新型的个体和区域基础的地理空间数据引入，将促进理论、数据和方法的结合。[①] 此外，这些新方法、新数据也可相互影响，促进概念模型生成，从而促进空间数据和信息方面的人口研究。如 Kumar 利用空间抽样的方法于 2004 年 1—4 月在印度德里进行关于呼吸疾病和人口的调查，提出方法包括建立居住区域的抽样框、在居住点模拟随机点权重、模拟区域在 GPS 导航帮助下来识别该位置区域的家庭。[②] 在我国，目前人口调查数据中，也有不少调查开始涉及地理编码等问题，这为人口空间分析提供了数据资源。

第三，要加快专业人才培养，促进学科发展。引导和培训更多的研究者加入也是空间人口学发展的关键之一。如 2002 年对人口学研究人员的一项调查显示，人口学领域的不断扩展需要人口学家获取额外的知识和技能以及熟悉相应领域的概念和工具，迫切需要调整传统人口学模

---

[①] B. Entwisle, R. R. Rindfuss, S. J. Walsh, T. P. Evans, S. R. Curran, "Geographic Information Systems, Spatial Network Analysis, and Contraceptive Choice".

[②] N. Kumar, "Spatial Sampling Design for A Demographic and Health Survey", *Population Research and Policy Review*, Vol. 5-6(2007).

型分析方法来培训未来的人口学家应对快速持续变化的环境。[1] 西方空间人口学的发展离不开对人才的培养,Goodchild等学者带头成立的空间综合社会科学中心(CSISS)通过培训课程等方式培养具有空间分析视角和技术的社会科学研究人员。在教材方面,西方人口学界目前还没有为空间人口学编著专业化教材,但部分有关高级空间分析技术的教材中会涉及对人口研究的专题讨论,而在人口学专业的教材中则鲜有涉及空间分析的内容。[2] 对于我国,需建立空间人口学专业人才的培养机制,组织专业学术委员会,编著相关教材,开设相关的课程,通过这些举措,培养一批具有人口学理论知识并掌握GIS等空间分析技术的空间人口学专业人才。我国人口学人才的培训始于20世纪70年代中期,然而,在新人口形势和信息技术快速发展下,空间人口学发展严重滞后,华东师范大学人口地理研究室(1983年扩建为人口研究所)是全国第一所也是目前为数不多的兼顾人口与地理的研究机构,其人口地理研究处于全国领先地位。现有人口研究机构对空间人口学的重视尚有不足。人口学研究领域在不断扩展,与之相应的是要求人口学专业人才培养机构及时调整培训方式和内容,如何将空间思维和空间分析应用于一些新的领域也应该纳入培训的内容,如生命历程变迁、社会和空间流动、临近社区和迁移、社会网络与迁移、旅游生态影响、人口分布与迁移对气候变化影响等。

第四,研究要突出我国的国情特点,包括人口调控与新型城镇化建设等。中国是占世界人口总数近五分之一的人口大国,在经济迅速崛起的过程中,人口发展与社会经济、资源环境之间的联系更加紧密,同时许

---

[1] J. Menken, A. K. Blanc, C. B. Lloyd, *Training and Support of Developing-country Population Scientists: A Aanel Report*, New York: Population Council, 2002.

[2] S. A. Matthews, D. M. Parker, "Progress in Spatial Demography".

多矛盾和问题也在凸显。① 相对于西方空间人口学，我国的空间人口学研究要突出国情特点，应更注重实践，将学科的发展与国家和社会的需求相结合，如未来对人口迁移及区域人口预测的研究需考虑人口调控政策因素，如计划生育等因素，在我国特有的户籍制度的情境下进行人口模拟和问题讨论等。我国的空间人口学应以解决现实问题为根本，在此基础上加强理论探讨和哲学思辨，建立适合我国国情的空间人口学研究体系。此外，西方空间人口学在发展过程中形成了较多前沿的空间分析技术，可为我国的人口城镇化研究提供强有力的支持。如可采用空间人口学分析视角和方法，在拓展的多区域人口预测模型基础上，根据国情设计多种城镇化发展情景，将整个城市体系看作一个空间网络，考虑各个城市出生率、死亡率及城市间人口迁移、人口与环境的相互关系等，科学地预测各个城市人口变化，从而为未来城市规划及人口管理提供科学依据。②

综上，随着空间分析技术的发展，大数据时代的来临，更多的空间地理数据库将被开发和共享，空间人口学也将迎来崭新的未来。采用先进的分析方法以及时间和空间数据链接，将有助于我们对人口过程的空间解读。同时，空间人口学的研究也将对公共政策如公共卫生和健康、区域公共资源配置等政策的监测、评估和修正提供更为有力的理论支撑。进入 21 世纪以来，国外空间人口学快速发展和复兴激励着我国空间人口学的研究发展，以空间的视角引领人口学研究，我国的空间人口学发展依然任重而道远。

---

① 王广州:《大数据时代中国人口科学研究与创新》,《人口研究》2015 年第 5 期。
② 劳昕、沈体雁:《基于人口迁移的中国城市体系演化预测研究》,《人口与经济》2016 年第 6 期。

# 第五章 人口学在人口政策领域的应用

庞丽华 郭 超

人口政策是一个国家社会经济政策体系中的重要组成部分[1],学者们对于人口政策的内涵和外延存在争论。

田雪原把调节人口自身变动与发展的政策称为狭义人口政策,包括人口数量变动政策(包括生育政策、死亡政策、人口迁移和流动政策)、人口质量提高政策和人口结构调整政策等。把调节人口与发展的政策称为广义人口政策,包括人口与经济发展、人口与社会发展、人口与资源、人口与环境等相关人口政策。[2]

张纯元认为狭义人口政策是影响和干预人口自身生产和再生产过程(人口自然变动过程的数量和质量)的人口政策,包括生育政策、死亡政策、优生政策和婚姻家庭政策。生育政策是狭义人口政策的主导和核心政策。广义人口政策是影响和干预人口运动全过程的政策,既影响和干预人口自然变动过程,也影响和干预人口迁移(含流动)变动过程和人

---

[1] 张纯元:《中国人口政策演变历程》,北京:人民出版社,2000年。
[2] 田雪原:《中国人口政策60年》,北京:社会科学文献出版社,2009年。

口社会变动过程,除包括狭义人口政策外,还包括国内人口迁移(流动)政策、国际人口迁移政策、国家地域人口分布政策、人口部门结构政策、人口职业结构政策、人口劳动就业政策、人口教育结构政策和民族人口政策等。[1]

很多学者对中国人口政策的研究是按照狭义的定义进行的。有学者直接将狭义的人口政策定义为生育政策,认为人口政策"指一个国家或地区从社会的、经济的、政治的、资源的、生态环境的综合战略利益出发,同时考虑到大多数群众的接受程度,对其人口的生育行为所采取的政府态度"[2]。

限于篇幅,本章对人口科学在人口政策领域应用的梳理侧重于狭义的人口政策中的生育政策、与生育政策相关的人口性别结构调整政策,和提高出生人口素质政策。

## 一、我国限制生育政策

改革开放后,我国人口生育政策经历了从"晚、稀、少"向"一对夫妇只能生育一个孩子"(后文简称"一孩政策")的转变,1984年经过调整后多数农村地区不再执行"一孩政策"。1991年随着各地计划生育条例的出台,人口政策基本明确和稳定。2001年颁布的《人口与计划生育法》表明我国人口政策进入法制化时代。为应对低生育水平挑战,中国自2013年开始执行"夫妻双方中任何一方为独生子女可生育两个孩子"(后文简称"单独二孩")政策,2015年执行"育龄妇女普遍生育两个孩子"(后文简称"全面二孩")政策。本节对四十年人口政策变化过程中,

---

[1] 张纯元:《中国人口政策演变历程》。
[2] 冯立天:《中国人口政策的过去、现在与未来》,《人口研究》2000年第4期。

人口学对人口政策的影响和在人口政策领域的应用进行梳理。

（一）改革开放初期人口学发展和"一孩政策"

20世纪70年代,中国人口生育水平出现了明显下降,但巨大的人口基数和人口惯性影响下的快速人口增长引起学界和政府的高度重视。1978年11月第一届全国人口理论科学讨论会召开,学者们讨论了社会主义社会的人口规律和有计划发展人口同发展经济、加速实现四个现代化的关系。[1] 1979年12月第二次全国人口理论科学讨论会召开,学者们讨论了我国"四化"所面临的人口问题及其解决途径。[2] 控制人口被作为实现"四化"必须要解决的问题。[3]

1978年以后,宋健等工程数学家根据国家对人口控制的需要,开展人口定量研究和预测,希望能够对人口发展进行精准控制。预测研究分别以1975年和1978年中国人口年龄分布密度和分年龄死亡率为起始值,利用解连续模型的差分方程,在给定的中国育龄妇女不同生育水平的基础上,对未来百年(到2080年)中国人口进行预测。研究按照1978年后育龄妇女平均生育胎数($\beta$)取值为1、1.5、2、2.3(保持1978年生育水平)、2.5和3(保持1975年生育水平)给出了六个预测方案,分别计算了不同方案中未来中国人口增长达到峰值的年份、峰值人口和百年后的人口总数。虽然研究构造了阶梯生育密度函数模拟未来生育水平的下降,但在对预测结果的解读中,强化了两个方案,如果一直保持1975年的妇女平均生育数(3胎),100年后我国人口将达到约42.64亿,如果保

---

[1] 《全国人口理论科学讨论会在北京召开：陈慕华副总理在会上做了重要讲话》,《人口研究》1978年第2期;许涤新:《有关人口理论的几个问题》,《人口研究》1979年第1期。

[2] 查瑞传:《人口理论研究进一步开展——第二次全国人口理论科学讨论会纪实》,《人口研究》1980年第1期。

[3] 刘铮、邬沧萍:《控制人口增长是我国社会发展的客观要求》,《人口研究》1979年第2期;刘铮、邬沧萍、林富德:《对控制我国人口增长的五点建议》,《人口研究》1980年第3期。

持1978年的生育水平(2.3胎),100年后人口将约为21.19亿。① 并基于预测结果提出"欲使今后我国人口总数不超过11亿,必须实行一胎化方案,即育龄妇女平均生育胎数($\beta$)取值为1",并提出未来"至少30年内不会引起社会负担过重和人口老龄化问题,这是目前最适宜的控制方案"。这一预测结果为执行比较严格的人口控制政策提供了支持。

刘铮等学者也对中国人口发展前景提出几种估计②,提出比较可行的做法是:杜绝一对夫妇生育三个或三个以上孩子,大力提倡一对夫妇生一个孩子,如果生育率逐年均匀降低到20世纪末城市有一半家庭只要一个孩子,农村有四分之一家庭只要一个孩子,20世纪末人口总数是11.8亿左右,人口增长率可以降低到0.47%。刘铮等学者已经关注到人口控制会影响未来人口年龄结构,但强调按照这样的方案,中国在今后二三十年内不会出现劳动力不足和兵源缺乏问题。宋健等在研究中也关注到低生育率的人口控制目标会带来人口老龄化的问题。③ 为了有效抑制人口快速增长,中国这一时期的人口政策突出了人口控制,没有顾及对人口结构的影响。

1978年10月,中央批转《关于国务院计划生育领导小组第一次会议的报告》的通知,强调"计划生育工作搞得好不好,直接关系到发展国民经济十年规划纲要和四个现代化的实现,关系到中华民族的健康、科学文化水平的提高和国家的繁荣富强"。

《关于国务院计划生育领导小组第一次会议的报告》指出:"我国国民经济的有计划按比例发展,决定了我国人口增长一定要做到有计划,像调节物质生产一样调节人类自身的生产。"为了实现《发展国民经济十

---

① 宋健、李广元:《人口发展问题的定量研究》,《经济研究》1980年2期。
② 刘铮、邬沧萍、林富德:《对控制我国人口增长的五点建议》。
③ 宋健、田雪原、于景元、李广元:《人口预测和人口控制》,北京:人民出版社,1982年。

年规划纲要》中规定的 1981—1985 年把全国人口自然增长率降到 9‰左右,"提倡一对夫妇生育子女数最好一个最多两个,生育间隔三年以上"。虽然对育龄妇女的生育数量提出要求,但对"提倡"没有做硬性规定。报告还界定了晚婚年龄,"农村提倡女 23 周岁,男 25 周岁结婚,城市略高于农村"①。

1979 年 6 月,第五届全国人民代表大会第二次会议政府工作报告指出:"要制定切实可行的办法,奖励只生一个孩子的夫妇,对无子女的老人逐步实行社会保险。"在 1980 年 9 月召开的第五届全国人民代表大会第三次会议上宣布:"国务院经过认真研究,认为在今后二三十年内,必须在人口问题上采取一个坚决的措施,就是除了在人口稀少的少数民族地区以外,要普遍提倡一对夫妇只生育一个孩子,以便把人口增长率尽快控制住,争取全国总人口在本世纪末不超过 12 亿……党团员和干部要坚决带头。执行这一任务的政策措施一定要适当,一定要进行充分的说服教育,并且要保证节育技术的安全。"

1980 年 9 月,中共中央发布了《关于控制我国人口增长问题致全体共产党员、共青团员的公开信》(后文简称《公开信》),提出"为了争取在本世纪末把我国人口总数控制在 12 亿之内,……提倡一对夫妇只生育一个孩子……如果有符合政策规定的实际困难,可以生育 2 个孩子但不能生 3 个孩子",并强调了晚婚晚育和开展生殖生理、优生和节育技术的科学研究。虽然《公开信》中还是用"提倡"生一个,但在当时人口控制目标下,很多地方都紧缩为"只能生一个"。② 也有学者提出,在《公开信》发表之前,很多地方就已经在"生一个最好"的口号下,执行"一对夫妇只

---

① 《中央批转〈关于国务院计划生育领导小组第一次会议的报告〉的通知(中发〔1978〕69号)》;彭珮云主编:《中国计划生育全书》,北京:中国人口出版社,1997 年。
② 穆光宗:《"一胎化政策"的反思》,《人口研究》2000 年第 4 期。

生一个孩子"政策。① 中国生育政策和人口政策的研究,一般都把《公开信》的发表作为我国"一对夫妇只生一个孩子"政策的起点。②

直到1982年2月,中共中央、国务院发布了《关于进一步做好计划生育工作的指示》,才第一次在文件中明确提出"一孩政策",要求"国家干部和职工、城镇居民,除特殊情况经过批准外,一对夫妇只生育一个孩子。农村普遍提倡一对夫妇只生育一个孩子,某些群众确有实际困难要求生二胎的,经过审批可以有计划地安排。不论哪种情况都不能生三胎。对于少数民族,也要提倡计划生育,在要求上可适当放宽一些"。1982年8月,全国计划生育工作会议在北京召开,会议提出"实行计划生育是我们国家的一项基本国策",并具体规定了城市和农村可以生育二胎的几种情况。根据规定,可以生育二胎的几种情况只占一孩夫妇数的5%以下。

(二)学者对严格控制人口政策的反思和"一孩政策"的调整

受中国传统生育文化和当时社会经济发展水平的制约,育龄夫妇特别是农村育龄夫妇执行"一孩政策"面临很多实际困难。③ 学者们在出台"一孩政策"前后都发表了不同意见。

唐元针对《公开信》提出应该考虑到我国城乡在经济发展和生活水平上的差异,建议在农村和没有年老退休制度的地区允许独女户生二胎。④ 梁中堂强调把计划生育工作建立在人口发展规律的基础上,执行"一孩政策"尽管少生了一些人,但很失民心,为此付出的代价太大了。

---

① 梁中堂:《艰难的历程:从"一胎化"到"女儿户"》,《开放时代》2014年第3期。
② 朱秋莲:《新中国人口生育政策变迁研究》,长沙:湖南师范大学出版社,2015年;陈江生、李良艳、胡健闽:《中国道路:中国人口发展的政策与实施》(社会建设卷),北京:经济科学出版社,2017年。
③ 田雪原:《中国人口政策60年》。
④ 唐元:《关于贯彻中共中央公开信的一点建议》,《人口研究》1981年第2期。

针对中国人口变化展望,他提出了"两胎加间隔"方案,允许一对夫妇生两个孩子,但间隔必须延长到 8—10 年。梁中堂还提出另外一个方案,继续鼓励(但不强制)一对夫妇只生一个孩子,争取独生子女率达到 30%,2000 年总人口也可以控制在 12 亿之内。① 马瀛通、张晓彤则对 12 亿控制目标提出质疑,并从人口政策制定所依据的未来人口预测结果、实际人口变化、基层计划生育执行中出现的问题等几个方面建议改变"一孩政策",通过晚育加间隔的方法控制人口。② 黎宗献则分析了随着生育水平下降,未来人口老龄化的问题。③

针对执行"一孩政策"产生的问题和学者们提出的建议,1984 年国家计生委党组向中央提交《关于计划生育工作情况的汇报》,赞成"开小口子,堵大口子(指计划外二胎或多胎生育)"。并考虑将可以生育二胎的几种情况从只占一孩夫妇数的 5%以下提高到 10%,以后随着多胎减少,照顾生二胎的口子开大一些。如夫妇双方都是独生子女的,可以允许生两个孩子,这样 20 多年后将逐步改变现行的生育政策,因为到那时独生子女将占多数。④ 政策调整中最引起关注的是对农村"女儿户"生育二胎的考虑。虽然中央和国家主要领导人多次提到可以在大部分农村地区,逐步做到允许第一胎生女孩的再生第二胎,但并没有得到普遍执行。⑤

随着各省(直辖市、自治区)陆续出台地方计划生育法规,将生育调节政策作为计划生育条例和执行细则的重要和核心内容,各地生育调节政策基本稳定。根据冯国平和郝林娜在 1992 年对全国 28 个地方计划

---

① 梁中堂:《中国计划生育政策研究》,太原:山西人民出版社,2014 年。
② 马瀛通、张晓彤:《人口控制与人口政策中的若干问题》,北京:中国人口出版社,1997 年。
③ 黎宗献:《天津市人口的老龄问题》,《人口研究》1984 年第 6 期。
④ 《中共中央批转国家计划生育委员会党组〈关于计划生育工作情况的汇报〉》,《中国计划生育全书》。
⑤ 梁中堂:《艰难的历程:从"一胎化"到"女儿户"》。

生育条例进行的综述①,全国各省(直辖市、自治区)自1980年开始陆续制定计划生育条例,到1991年全国除新疆、西藏是由政府颁布计划生育规定外,其余28个省(直辖市、自治区,不包括港澳台在内)都颁布了由地方人大通过的计划生育条例。全国各地对城市人口的生育政策基本相同,各地生育政策的差异性,主要体现在对农业人口的生育政策、少数民族的生育政策和再婚夫妇生育政策的规定上。从农业人口的生育政策看,大致有三类情况:1)北京、天津、上海、江苏、四川五个省市实行一对夫妇只生一个孩子政策,同时严格按照规定条件照顾生两个孩子,照顾生二孩的比例不超过10%。2)河北、内蒙古、山西、辽宁、吉林、黑龙江、浙江、安徽、福建、江西、山东、河南、湖北、湖南、广西、贵州、陕西、甘肃等18个省、自治区实行照顾独女户生两个孩子的政策。在规定允许独女户生育两个孩子的同时,相应地还对生育间隔作了规定(一般为4—5年),或是要求女方须达到28周岁方可生育二胎,还有的省、自治区增加看该地计划生育工作须得到有效控制,上年度无超计划生育等辅助性规定。3)宁夏、云南、青海、广东和海南等省、自治区基本允许生两个孩子。这些省、自治区计划生育条例提倡农业人口每对夫妇只生育一个孩子,确有实际困难要求生育第二个孩子的,可以有计划地安排。

从各地计划生育条例看,1991年开始,除了京、津、沪三个直辖市和江苏、四川两省,其他省区在农村地区都不再执行一对夫妇只生一个孩子的"一孩政策"。

到2000年,根据各省(直辖市、自治区)的计划生育条例,生育政策可以分为四种情况:1)城镇地区和北京、天津、上海、重庆、江苏、四川六省市的农村基本实行汉族居民一对夫妇生育一个孩子;2)除上述六省市外,

---

① 冯国平、郝林娜:《全国28个地方计划生育条例综述》,《人口研究》1992年第4期。

五个省、自治区规定农村居民可以生育两个孩子,19个省、自治区规定第一个孩子是女孩时,间隔几年可以再生育一个孩子;3) 有 26 个省、直辖市、自治区规定夫妇同为独生子女的,可以生育两个孩子,其中有五个省(不含上述农民普遍生二孩的六个省)还规定农村夫妇一方为独生子女的,间隔几年可以生育两个孩子;4)各地条例还对少数民族、残疾、再婚、归侨、特殊职业等各种情况作出具体规定,可以生育两个或更多的孩子。①

(三) 关于生育水平的争论和"稳定低生育水平"政策

自 1991 年以来,各地根据所面临的问题和实际情况对生育政策进行调整,但调整幅度不大,生育政策基本稳定。值得注意的是,不管是作为政策执行的结果还是作为政策调整依据的生育率水平,在 1990 年以来都成为人口学界最大的"谜"。② 1990 年第四次人口普查调查前一年育龄妇女的总和生育率为 2.31,1992 年国家计划生育委员组织的计划生育管理信息系统首次调查(通常被简称为"38 万人调查")公布的 1992 年总和生育率经调整结果为 1.71。后来一直使用总和生育率 1.8,或用达到更替水平或低于更替水平的模糊说法。③

虽然在缺乏可信数据的情况下,学术界无法对中国生育数据漏报和真实生育率水平达成共识,但都承认中国进入了低生育率时代。在联合国人口基金和国家计划生育委员会的支持下,1994 年和 1995 年以"中国生育率下降过程中的新人口问题及其对策"为主题召开了两次全国性的学术研讨会和一次座谈会。④ 穆光宗等一些学者从低生育水平的人

---

① 冯国平、郝林娜:《全国 28 个地方计划生育条例综述》。
② 郭志刚:《对中国 1990 年代生育水平的研究与讨论》,《人口研究》2004 年第 2 期。
③ 翟振武、陈卫:《1990 年代中国生育水平研究》,《人口研究》2007 年第 1 期。
④ 穆光宗、陈卫、乔晓春:《"中国生育率下降过程中的新人口问题及其对策学术讨论会"综述》,《人口研究》1994 年第 5 期。

口和社会经济后果与风险家庭等角度考虑,开始呼吁"生育率不是越低越好"。①

在部分学者呼吁放宽生育政策的同时,也有学者从适度人口的视角提出中国应该继续控制人口,并从资源(淡水、土地等)、综合国力、生活水平、经济增长、环境保护等方面计算人口容量和适度人口。②

面对学术界关于生育率下降和适度人口的讨论,1998 年 2 月,中央在计划生育座谈会上明确提出了我国人口与计划生育工作"四步走"的战略部署,2000 年中国人口应控制在 13 亿以内,2010 年控制在 14 亿以内,2021 年人口数量进一步得到控制,到 21 世纪中叶总人口实现零增长后平稳下降。

2000 年中共中央、国务院发布《关于加强人口与计划生育工作稳定低生育水平的决定》,决定在"我国生育水平下降到更替水平以下,实现了人口再生产类型从高出生、低死亡、高增长到低出生、低死亡、低增长的历史性转变"基础上,指出"未来十年是稳定低生育水平的关键时期……要稳定现行的生育政策。国家鼓励晚婚晚育,提倡一对夫妻生育一个子女,依照法律法规合理安排生育第二个子女"。

2001 年 12 月,第九届全国人民代表大会常务委员会第二十五次会议通过《人口与计划生育法》,自 2002 年 9 月 1 日起施行,规定:"国家鼓励公民晚婚晚育;提倡一对夫妻生育一个子女;符合法律法规规定条件的可以要求安排生育第二个子女。具体办法由省、自治区、直辖市人民代表大会或者其常务委员会规定。少数民族也要实行计划生育,具体办法由省、自治区、直辖市人民代表大会或者其常务委员会规定。"自此,我

---

① 顾宝昌、穆光宗:《重新认识中国人口问题》,《人口研究》1994 年第 5 期。
② 蒋正华、张羚广:《中国人口报告》,沈阳:辽宁人民出版社,1997 年。

国人口调控政策进入法制化时代。

(四)"单独二孩"和"全面二孩"政策与未来政策调整

对于"稳定低生育水平"政策,学术界提出了不同的意见,有学者指出在不知道1990年以后中国妇女的生育率是上升还是下降或者出现了波动的情况下,人口政策是在"不知道人口是否应该继续严格控制的情况下在控制人口"①。人口学界并继续就中国真实生育水平和生育政策调整展开讨论。

2000年第五次人口普查未经调整的数据显示总和生育率只有1.22,张为民认为考虑出生漏报等因素,总和生育率至少低估了34%,实际总和生育率最低也不会低于1.63,应在1.8左右。② 根据任强对中国生育水平的综述研究,学者对2000年总和生育率的判断介于1.2—2.3之间。③

2004年国家专门就人口发展战略成立研究课题组,针对科学发展观、人口发展态势、人口与经济社会资源环境重大关系等问题成立三个分课题及42个子课题开展研究。在历时两年的研究基础上,研究总报告提出四个基本判断:1)如果人口总量(不含香港、澳门特别行政区和台湾省,下同)峰值控制在15亿人左右,全国总和生育率在未来30年应保持在1.8左右,过高或过低都不利于人口与经济社会的协调发展。2)人口和计划生育工作成就巨大,来之不易。目前的低生育水平反弹势能大,维持低生育水平的代价高,必须创新工作思路、机制和方法。3)确定人口发展战略,必须既着眼于人口本身的问题,又处理好人口与经济社会资源环境之间的相互关系。4)构建社会主义和谐社会,统筹

---

① 乔晓春、任强:《中国未来生育政策的选择》,《市场与人口分析》2006年第3期。
② 张为民、崔红艳:《对中国2000年人口普查准确性的估计》,《人口研究》2003年第6期。
③ 任强:《当前我国的生育水平问题》,《市场与人口分析》2005年第6期。

解决人口数量、素质、结构、分布问题,必须调整发展思路,优先投资于人的全面发展。虽然课题研究承认生育水平过高或过低都存在问题,并提出要"优先投资人的全面发展",但对生育水平的判断认为总和生育率在1.8左右,对于未来人口发展仍旧是"控制"的思路。[①]

2010年第六次人口普查(简称"六普")结果公布后,学者们认为中国的总和生育率1.8的生育水平被严重高估,之前担心的生育率反弹并不存在。[②]学者们也针对生育政策调整对生育率和未来人口增长的影响进行了预测。针对"夫妻一方是独生子女可以生育两个孩子"(后文简称"单独二孩")政策和"全面二孩"的预测研究,学者们争论的核心问题是:1)有多少育龄夫妇会受到政策影响;2)受到影响的育龄夫妇的生育意愿和生育行为。有学者们对单独二孩生育政策目标人群判断从1500万以下、1500万、2000万到2600万以上不等,对于"单独二孩"政策导致的新增出生人口的判断从100万左右到300万以上相差数倍。加上学者们对于政策目标人群所释放的生育堆积完成时间判断的差异,学者们对于"单独二孩"和"全面二孩"政策下总和生育率估计也存在较大差别,但多数研究都认为政策放开会带来出生人口的明显增长。部分学者虽然认同"全面放开二孩"可以改变未来人口负增长的趋势,但认为妇女生育二孩的意愿仍处于较高水平,全面放开二孩生育将使全国的年度出生人口规模急剧增加,提出"单独二孩"是契合当今现实条件的政策选择。[③]也有学者建议提出先施行"单独二孩"政策,到2020年左右再实施

---

[①] 国家人口发展战略研究课题组:《国家人口发展战略研究报告》(上、中、下),北京:中国人口出版社,2007年。
[②] 郭志刚:《六普结果表明以往人口估计和预测严重失误》,《中国人口科学》2011年第6期。
[③] 翟振武、张现苓、靳永爱:《立即全面放开二胎政策的人口学后果分析》,《人口研究》2014年第2期;翟振武、李龙:《"单独二孩"与生育政策的继续调整完善》,《国家行政学院学报》2014年第5期。

"普遍二孩"政策[1],还有学者基于中国过去生育率被高估的判断主张迅速放开二孩政策[2]。

2011年辽宁省在《人口与计划生育条例》中规定"夫妇同为独生子女的,可以生育两个孩子",至此我国所有省区都已经执行了"双独二孩"政策。2013年11月,十八届三中全会审议通过《中共中央关于全面深化改革若干重大问题的决定》。决定提出,坚持计划生育的基本国策,启动实施一方是独生子女的夫妇可生育两个孩子的政策,逐步调整完善生育政策,促进人口长期均衡发展。同年12月,第十二届全国人大常委会第六次会议表决通过了《关于调整完善生育政策的意见》,明确了生育政策调整的重要意义和总体思路。

"单独二孩"执行一年以后,国家卫生和计划生育委员会公布,到2014年底全国有106.9万对单独夫妇申请再生育,根据国家统计局发布的数据2014年我国出生人口1687万,比2013年多出生47万,"单独二孩"政策执行并没有带来出生人口的明显增长。对于这个结果,有学者认为"单独二孩"政策基本符合预期,多数研究认为"单独二孩"政策遇冷[3],也有学者提出需要谨慎判断[4]。有学者指出所谓"单独二孩"政策遇冷实质上是因为基数不准、人口统计与生育政策所依据的统计口径不一、预测方法失当等原因造成的对政策执行效果的预判失误。[5]

---

[1] 汤兆云:《"单独夫妇"二孩生育意愿及未来生育政策的调整——基于福建省泉州市的调查数据》,《中共福建省委党校学报》2014年第12期。
[2] 陈剑:《应迅速放开二胎》,《中国经济报告》2014年第11期。
[3] 乔晓春:《从"单独二孩"政策执行效果看未来生育政策的选择》,《中国人口科学》2015年第2期。
[4] 刘爽、王平:《对"单独二孩"政策新的认识与思考》,《人口研究》2015年第2期。
[5] 陈友华、苗国:《意料之外与情理之中:单独二孩政策为何遇冷》,《探索与争鸣》2015年第2期。

"单独二孩"政策下生育水平的变化和新增出生人口的变化,消除了人们对政策调整后可能出现的严重出生堆积的种种担心,为"普遍二孩"政策实施提供了足够的证据。

2015年10月,十八届五中全会决定,坚持计划生育的基本国策,完善人口发展战略,全面实施一对夫妇可生育两个孩子政策,积极开展应对人口老龄化行动。

改革开放四十年来,中国生育调节政策经历了从"晚、稀、少"政策,到提倡"一对夫妇只生育一个孩子",又到"单独两孩"政策顺利落地,再到全面实施一对夫妇可生育两个孩子政策,我国人口政策的演变反映了我国人口科学发展,对人口规律的认识能力提高,也是针对我国人口变动特别是生育水平变动的反映。

## 二、我国遏制出生性别比偏高政策

在我国生育水平的下降的同时,出生性别比大幅上升。1949年以后几十年的出生性别比基本正常[1],但从1982年以来的历次人口普查数据看,出生性别比从第三次人口普查时的108.47,上升到第四次人口普查的110.3,第五次人口普查达到118.59,之后有所回落,但第六次人口普查数据显示出生性别比仍旧高达118.06[2],显著偏离公认的正常值105或106[3]。

---

[1] 曾毅、顾宝昌、涂平、徐毅、李伯华、李涌平:《我国近年来出生性别比升高原因及其后果分析》,《人口与经济》1993年第1期。
[2] 石人炳:《我国出生性别比变化新特点——基于"五普"和"六普"数据的比较》,《人口研究》2013年第2期。
[3] 李涌平:《婴儿性别比及其和社会经济变量的关系:普查的结果和所反映的现实》,《人口与经济》1993年第4期。

## （一）出生性别比偏高的原因

虽然从20世纪80年代开始,有学者就开始测算和研究中国出生性别比[1],但进入90年代后,学者们才开始关注出生性别比偏高问题[2]。学者们分析了出生性别比在不同孩次、曾生子女性别、城乡和社会经济条件方面的差异。针对性别比偏高的原因,国外学者认为存在溺杀女婴的情况,国内学者专门分析了婴儿死亡率的性别差异,认为没有足够的证据可以说明中国存在普遍溺婴的现象,婴儿死亡率的差异对高性别比的影响无论从重要性还是从显著性看,都是微不足道的。[3]

学术界对于我国出生性别比偏高的原因存在争议,特别是对生育政策对出生人口性别比异常偏高的影响,存在着不同观点:有学者认为中国生育政策与出生性别比偏高无直接的因果关系;也有研究根据出生性别比随孩次的升高而升高的现象,认为在严格控制生育数量的政策条件下,由于性别歧视因素的作用,使得人们在减少拥有孩子数的同时,仍希望保持至少一个男孩。[4]

20世纪80年代以来性别比升高的深层次原因是中国历史上长期存在的性别歧视和男孩偏好[5],是限制生育政策带来的"生育选择空

---

[1] 谷祖善:《出生性别比的地理分布》,《人口研究》1984年第6期;李伯华、段纪宪:《对中国出生婴儿性别比的估计》,《人口与经济》1986年第4期。

[2] 徐毅、郭维明:《中国出生性别比的现状及有关问题的探讨》,《人口与经济》1991年第5期;曾毅等:《我国近年来出生性别比升高原因及其后果分析》;高凌:《中国人口出生性别比的分析》,《人口研究》1993年第1期。

[3] 李涌平:《婴儿性别比及其和社会经济变量的关系:普查的结果和所反映的现实》。

[4] 穆光宗、李树茁、陈友华、原新:《出生人口性别比异常偏高与生育政策有关吗?》,《人口与发展》2008年第2期。

[5] 顾宝昌、罗伊:《中国大陆、中国台湾省和韩国出生婴儿性别比失调的比较分析》,《人口研究》1996年第5期;杨菊华:《男孩偏好与性别失衡:一个基于需求视角的理论分析框架》,《妇女研究论丛》2012年第2期。

间"过于狭小和"歧视性性别偏好"过于强烈相互冲突和挤压的结果[1]。在控制生育的政策背景下,有学者指出出生漏报瞒报是性别比偏高的直接原因之一[2],但也有研究发现,在一孩是女孩可以生育二孩的"一孩半"政策地区,男孩漏报比女孩漏报更为普遍,低年龄组数据质量存在的问题可能说明我国实际出生性别比可能会高于普查数据反映的水平,2010年"六普"短表数据得出的 118.06 的出生性别比水平可能低估了我国出生性别比的严重程度[3]。学者们对于随着 B 超技术普及所带来的性别鉴定的可得性和便利性对出生性别比偏高的影响存在共识[4],并借助流产前曾生子女性别等指标寻找性别选择人工流产的证据[5],分析性别选择人工流产对出生性别比的影响[6]。有学者通过描述分性别和孩次的递进生育过程,讨论生育控制下的生育数量和生育性别之间的关系,进而分析中国出生性别比偏高的原因。[7]

第四次人口普查数据揭示的出生性别比偏高问题引起相关部门的注意。1993年3月中央召开的计划生育工作座谈会上,时任国家计生委主任彭佩云在发言中认为"出生婴儿性别比呈现升高趋势"是一个重要问题。[8]

---

[1] 穆光宗:《近年来中国出生性别比升高偏高现象的理论解释》,《人口与经济》1995年第1期。
[2] 李伯华、段纪宪:《对中国出生婴儿性别比的估计》;曾毅等:《我国近年来出生性别比升高原因及其后果分析》。
[3] 石人炳:《我国出生性别比变化新特点——基于"五普"和"六普"数据的比较》。
[4] 顾宝昌、罗伊:《中国大陆、中国台湾省和韩国出生婴儿性别比失调的比较分析》;顾宝昌、徐毅:《中国婴儿出生性别比综论》,《中国人口科学》1994年第3期;乔晓春:《性别偏好、性别选择与出生性别比》,《中国人口科学》2004年第1期。
[5] 屈坚定、杜亚平:《性别选择性人工流产对出生性别比影响强度的定量研究》,《中国人口科学》2007年第2期。
[6] 庞丽华、陈功、宋新明、郑晓瑛:《中国已婚妇女人工流产中的性别选择》,《人口与发展》2008年第3期。
[7] 杨书章、王广州:《生育控制下的生育率下降与性别失衡》,《市场与人口分析》2006年第4期。
[8] 石人炳:《我国出生性别比变化新特点——基于"五普"和"六普"数据的比较》。

(二) 禁止性别选择人工流产和"关爱女孩行动"等相关政策

针对性别选择人工流产所带来的出生性别比失衡,国家有针对性地禁止非医学需要的针对胎儿的性别鉴定。1994年10月经第八届全国人民代表大会常务委员会第十次会议通过,《中华人民共和国母婴保健法》中专门规定了"严禁采用技术手段对胎儿进行性别鉴定,但医学上确有需要的除外"。

1998年国家计生委、卫生部、民政部、公安部、全国妇联联合发布《关于综合治理出生人口性别比升高问题的通知》。强调保持正常的出生性别比是关系到计划生育事业健康发展、维护社会和家庭稳定,以及保护妇女、儿童合法权益的大问题。要求加强宣传教育,树立尊重妇女、男女平等等健康文明的社会风尚;加强《母婴保健法》执法力度,依法加强对B超等现代医疗设备及相关技术使用的管理,严禁非医学需要的胎儿性别鉴定和选择性人工流产和引产;要加强和改进基层的管理与服务工作,防止以性别选择为目的的人工流产和引产。通知提出要通过努力创造良好的社会经济环境,提高妇女的经济地位和社会地位,从根本上解决出生性别比偏高的问题。

2000年中共中央、国务院在《关于加强人口与计划生育工作稳定低生育水平的决定》中,将出生婴儿性别比趋向正常作为今后10年人口与计划生育工作的目标。为此,国家计生委于2000年3—6月组织开展了中国出生人口性别比偏高问题与对策课题研究,探讨了出生性别比升高的性质、程度、深层次原因,并分析了出生性别比升高的人口学后果和社会经济后果,提出了治理出生人口性别比偏高问题的对策和建议,并评估了当时政策的利弊得失。

2001年《人口与计划生育法》实施后,由中共中央宣传部、国家计生委、教育部、公安部、民政部、劳动和社会保障部、农业部、卫生部、国家统计局、国家药监局、全国妇联联合发布《关于综合治理出生性别比升高问题的意见》，要求相关部委进一步明确职责，加强协调配合，对出生性别比升高问题实施综合治理，并在通知附件中规定了有关部门的职责。通知还指出应该加强宣传教育，倡导科学、文明、进步的婚育观；加强基层计划生育工作、妇幼保健工作管理，积极开展避孕节育优生优育服务；努力提高妇女地位，逐步建立农村社会保障制度，完善计划生育利益导向机制；制定和完善法规规章，严厉打击非法鉴定胎儿性别和选择性别终止妊娠行为。并要求制定规划，认真组织实施出生人口性别比升高问题的重点治理。接着，国家计生委、卫生部和国家药监局联合下发《关于禁止非医学需要的胎儿性别鉴定和选择性别人工终止妊娠的规定》。

2003年3月在中央人口资源环境工作座谈会上，中共中央总书记胡锦涛提出要把努力遏制出生人口性别比升高的势头作为人口和计划生育工作的一项重要任务。

为了消除性别歧视和男孩偏好，从根源上解决出生性别比偏高问题，国家计生委在1999年广泛开展"婚育新风进万家"活动后，在2003年启动"关爱女孩行动"，分两批在全国一共挑选了24个县区作为试点县。2003年国家人口计生委首先在第五次人口普查数据显示出生人口性别比高于120的11个省中各选一个试点县（县级市、区）启动了"关爱女孩行动"试点，2004年将试点工作扩大到另外13个省（自治区、直辖市），基本上覆盖了我国人口性别比失衡较为严重的省份。[①] 除了国家"关爱女孩行动"试点县区外，部分省（自治区、直辖市）结合自身实际情

---

① 范子英、顾晓敏：《性别比失衡的再平衡：来自"关爱女孩行动"的证据》，《经济学动态》2017年第4期。

况,也先后确定了一批省级和市级试点单位。

"关爱女孩行动"工作任务包括:坚持宣传先行,深入开展宣传教育;加快建立和健全利益导向机制;加强计划生育技术服务,禁止28周以上引产和28周以下选择性别引产,防止女婴非正常死亡;禁止非医学需要的B超和染色体胎儿性别鉴定和性别选择引产;做好出生婴儿性别检测工作等。

针对农村中的独女户和纯女户(两个女孩),"关爱女孩行动"提供了一系列的奖励和扶持政策。具体包括针对女孩的教育支持:包括中考加分提高女孩升入高中的可能性,减免义务教育费用和高中阶段的部分学杂费和寄宿费,考入大学的奖学金等;针对家庭的社会保障支持:包括免除家庭需要缴纳的新农合费用和新农保费用,并提高新农合的报销比例和养老金待遇;经济支持和政策扶持:包括为家庭提供经济奖励,低息或无息贷款,减免农业税等。

该阶段的"关爱女孩行动"试点工作有效降低了偏高的出生人口性别比,使24个县的出生人口性别比均值从2000年的133.8降低到了2005年的119.6。[1] 一项基于倍差法的评估研究发现,与非试点地区相比,"关爱女孩行动"这一项目的实施可以使0—4岁的出生人口性别比下降12个百分点,主要是通过经济激励发挥作用。[2]

通过"关爱女孩行动"试点县的案例研究,发现"关爱女孩行动"对出生人口性别比问题的治理主要是通过标本兼治,"标"是指行为约束,所谓"本"是指观念引导。[3]

2006年7月,国家"关爱女孩行动"实施纲要颁布并全国性推广,到

---

[1] 李树茁、尚子娟、杨博、费尔德曼:《中国性别失衡问题的社会管理:整体性治理框架》,《公共管理学报》2012年第4期。
[2] 范子英、顾晓敏:《性别比失衡的再平衡:来自"关爱女孩行动"的证据》。
[3] 穆光宗、余利明、杨越忠:《出生人口性别比问题治理研究》,《中国人口科学》2007年第3期。

2007 年基本覆盖到了中国 31 个省（直辖市、自治区，不包括港澳台地区）。至此，"关爱女孩行动"成了国家一项专项治理高出生人口比的公共政策行动。"关爱女孩行动"最终发展成为国家级治理性别失衡问题的公共政策和战略平台。①

从公开数据看，我国出生人口性别比近年来有明显下降，从 2000 年第五次人口普查的 118.59，下降到 2010 年第六次人口普查 118.06，2015 年 1‰人口抽样调查下降到 113.51②，但仍旧偏离正常水平，处于性别失衡状态。随着全面二孩政策的执行，有更多家庭可以通过增加生育数量满足性别偏好，但中国出生人口性别比正常化的还是需要治本，需要加强社会性别平等的政策。

## 三、提高出生人口素质政策

中国人口在向低出生率、低死亡率和低自然增长率的低生育水平时代转变的同时，学术界和政府都更加关注人口质量。特别是在 1994 年国际人口发展大会以后中国引入生殖健康方案，出生缺陷预防成为人口学与相关学科交叉的重要研究领域。③ 本书第八章系统介绍了出生缺陷研究的进展，本节主要介绍出生缺陷预防的实践和研究在人口政策领域的应用。根据出生缺陷研究的科研成果，学术界和政府共同开展了出生缺陷预防干预的实践，结合我国社会经济发展水平和我国出生缺陷的发生和预防现状及面对的挑战，我国学术界发展出适用于我国出生缺陷预防和提高出生人口素质的一整套理论、技术、方法和实施原则，为我国

---

① 范子英、顾晓敏：《性别比失衡的再平衡：来自"关爱女孩行动"的证据》。
② 宋健：《宽松生育政策环境下的出生人口性别比失衡》，《人口与计划生育》2018 年第 5 期。
③ 宋新明、陈功、郑晓瑛等：《提高中国出生人口素质的理论和实践：复合孕妇营养素引入的战略评估》，北京：北京大学出版社，2006 年。

出生缺陷预防和干预的计划、实施、评估和发展提供一个基本框架,为国家制定提高出生人口素质的相关政策提供了依据。

1999年国务院办公厅专门转发卫生部《关于做好提高出生人口素质工作意见》,强调:"提高人口素质,是与控制人口数量同样重要的一项工作,是实行计划生育基本国策所要达到的重要目标,也是实现我国跨世纪宏伟蓝图的基本保障。提高人口素质,要从提高出生人口素质做起。"2000年我国政府提出提高出生人口素质是我国今后人口和计划生育工作的重点任务之一,并将减少出生缺陷的发生列为儿童健康发展的优先领域。

出生缺陷干预工程是国家计划生育委员会启动的三个生殖保健工程中的第一个。1999年8月,国家计划生育委员会在人民大会堂召开了出生缺陷干预工程启动新闻发布会,标志着出生缺陷干预工程正式启动。[1] 2000年6月,国家计生委在全国开展以避孕节育知情选择、出生缺陷干预和生殖道感染干预为重点的计划生育/生殖健康优质服务"三大工程",发布了《中国出生缺陷干预工程的总体计划》。出生缺陷干预工程重点是全面实施出生缺陷三级预防策略,并以预防出生缺陷为切入点,全面提高出生人口素质和生命早期的健康潜能。2002年,卫生部与中国残疾人联合会又颁布了《中国提高出生人口素质、减少出生缺陷和残疾行动计划(2002—2010年)》。

2006年,《中共中央国务院关于全面加强人口和计划生育工作统筹解决人口问题的决定》强调大力提高出生人口素质,指出"提高出生人口素质,事关千家万户的幸福,事关国家和民族的未来。要科学制定提高

---

[1] 宋新明、陈功、郑晓瑛等:《提高中国出生人口素质的理论和实践:复合孕妇营养素引入的战略评估》。

出生人口素质的规划及行动计划,加强出生缺陷干预能力建设,全面实施出生缺陷干预工程,实行定期评估、通报制度"。

基于胚胎发育学和畸形学证据,我国产前检查和围产期保健的时间安排与胚胎对致畸因子的敏感期之间存在着时间差,无法发挥降低出生缺陷发生风险的作用。胚胎发育的第 3—8 周是细胞强度分化期,对大部分致畸因子高度敏感,而通常孕妇发觉怀孕到医院进行首次产前检查时已经过了这一时期,失去了出生缺陷一级预防的机会。北京大学人口研究所的研究团队于 2005 年在中国率先提出了"孕前-围孕保健"概念和以"风险评估—孕前咨询—干预行动"为要素的出生缺陷一级预防模式,提出要经济有效地降低出生缺陷发生风险,出生缺陷预防的重心需要前移,实现出生缺陷预防模式从"产前-围产保健"模式向"孕前-围孕保健"模式转变,加强出生缺陷一级预防工作。① 2007 年,国家计生委制定颁发了《出生缺陷一级预防工作指导意见》,全面启动了出生缺陷一级预防工作,标志着我国出生缺陷预防进入了一个新的阶段。

为进一步加强出生缺陷一级预防工作,经国务院批准,国家人口计生委、财政部联合启动了国家免费孕前优生健康检查项目,2010 年在 100 个县(市、区)进行试点,2011 年又补充了 120 个县(市、区),2012 年大幅增加了 1494 个县(市、区),项目实施区域已覆盖全国 60% 的县(市、区)。自 2013 年起,在全国全面实施国家免费孕前优生项目。

出生缺陷传统预防模式侧重于遗传因素而忽视了社会、环境和行为因素。北京大学人口所承担的国家重点基础研究发展规划项目探索了"生物-心理-社会-环境"对出生缺陷发生的作用,提出了出生缺陷发生

---

① 郑晓瑛、宋新明、陈功:《提高出生人口素质的战略转变:从产前-围产保健到孕前-围孕保健》。

原因的三层次模式。该模式将出生缺陷发生的遗传和环境直接原因的单层次模式拓展为直接原因、家庭和社区层次的间接原因和社会层次的基本原因，完善了出生缺陷预防规划决策分析的途径。在我国，通过出生缺陷预防和干预提高出生人口素质，是一项关系到国家发展的重要工作。《国家人口发展规划（2016—2030年）》将"出生缺陷得到有效防控"作为主要目标，强调要"加强出生缺陷综合防治，开展出生缺陷发生机理和防治技术研究"。

人口政策从广义上涵盖人口变动与相关经济、社会、环境政策，仅针对人口变动的狭义人口政策也包括人口生育、死亡和迁移政策。限于篇幅，本章只讨论了人口生育政策，总结了人口研究在我国限制生育政策、遏制出生性别比偏高的政策和预防出生缺陷政策方面的应用。作为一个有13亿多人口的大国，人口政策的制定和实施需要学术界和政府的密切合作，需要学者和政策制定者反复思考、论证和磋商，这个过程不仅是科学决策的保障，也促进了人口研究的发展。

# 第六章 以问题为导向

宋新明 郑晓瑛

## 一、以问题为导向的人口研究

(一)实践需要:人口学发展和人口研究的原动力

科学产生于实践的需要,实践的需要是推动人口学发展和人口研究的原动力。人们关注人口及其相关问题由来已久。从1662年格兰特出版《关于死亡率表的自然和政治的观察》一书算起,至今已有350多年,即使从1882年日内瓦国际卫生学和人口学大会正式确认人口学作为一门学科至今也有130多年历史。但人口学在第二次世界大战之前一直不是很发达。正如法国人口学家阿尔弗雷德·索维(Alfred Sauvy)所描述的那样:"人口学长期以来始终是一门有气无力的科学,不是没有教师就是没有学生,而目前正慢慢得到重视。"[1]

人口学在第二次世界大战之后,出现了一个空前繁荣时期。[2] 其推

---

[1] 索维:《人口通论》,查瑞传等译,北京:商务印书馆,1982年。
[2] 邬沧萍:《对人口学学科体系的重新认识》,《人口学刊》2002年第5期。

动力是战后全球人口空前激增,在联合国推动下许多国家需要制定人口政策。这一时期,人口学研究的广度和深度空前拓展,大大超过人口学原来狭义的视野。中国人口学的发展同样来自现实的需要,是伴随着1978年改革开放以及控制人口增长的迫切需要逐步发展起来的,并始终以解决发展过程中的突出矛盾为学术发展的根本动力。

西方多数学者认为人口学包括两大分支:规范人口学(Formal Demography)和人口研究(Population Studies)。[①] 规范人口学,或狭义人口学,主要研究传统的人口变量,诸如人口规模、结构、分布、出生、死亡、迁移等及各变量间的相互关系,而人口研究则更多关注人口变量与非人口变量的关系,研究各种人口变化的影响因素,以及人口变化对社会、经济、资源、环境和健康等的影响。从传统的规范人口学扩展到人口研究是人口学的一大突破,不仅促进了人口学的发展,还大大提升了人口学在社会科学中的地位。

(二)人口研究:以问题为导向

人口学的发展,一方面取决于实践对认识各种人口变量的需要程度,另一方面取决于这门科学能为实践需要提供智力支持的程度。[②] 这就要求人口研究应以实践需要或人口问题为导向,人类面临的许多实际问题都需要加强人口研究。

我国经典的人口理论教材一般将人口学定义为一门综合性、应用性的社会科学。人口学所研究的问题与民生和社会经济发展密切相关,因而具有很强的应用性。人口学及其众多分支学科的研究成果具有重要的理论与应用价值,而应用人口学(Applied Demography)更是被称之为

---

[①] C. B. Nam, "The Progress of Demography as A Scientific Discipline", *Demography* (1979).

[②] 邬沧萍:《人口学在21世纪是一门方兴未艾的朝阳科学》,《人口研究》2002年第1期。

决策的科学[1],以现实人口和社会经济问题为研究对象并寻求解决问题的途径和对策,其研究成果可直接为工商企业和政府管理部门所采用。

中国的人口学从一开始就是以应用研究为主。这一特定历史背景,决定了中国人口学研究的主流是人口研究,而非规范人口学。[2] 20世纪七八十年代,曾一度中断的中国人口学得到恢复与发展,其背景是既往过快的人口增长给国家社会经济发展形成了巨大压力,政府有着控制人口增长的迫切需求,计划生育被确定为基本国策。在这一时期,几乎没有一个学科像人口学那样,对国家政策和人口格局产生如此直接的影响。一项对1977—1997年《人口研究》杂志发表的文章进行的内容分析结果表明,我国人口学发展的一个重要特点就是研究的内容密切联系现实环境和现实问题,体现了科研联系实际、指导实践、为现实服务的特征。[3]

人口学强调应用性和坚持"应用人口科学"的定位,是指人口学需要在回答国家和社会发展的重大问题中寻找发展空间。[4] 人口研究只有坚持问题导向,通过学术创新服务国家和社会发展的重大需求,才能在国家发展中有所作为,并在发展过程中实现学科发展和学术繁荣。

## 二、中国的人口转变和人口问题转型

### (一)人口转变历程

人口转变(demographic transition)是指死亡率和生育率从高水平向低水平的转变过程,或人口再生产类型从"高出生率、高死亡率、低自

---

[1] D. A. Swanson, T. K. Burch, Tedrow, "What is Applied Demography?" *Population Research and Policy Review* (1996).
[2] 于学军:《从人口学的定义看中国的人口学研究》,《市场与人口分析》2001年第6期。
[3] 郝红生、陈功:《中国的人口研究与〈人口研究〉二十年》。
[4] 任远:《对中国人口学未来发展的思考》,《复旦学报》(社会科学版)2011年第6期。

然增长率"向"低出生率、低死亡率、低自然增长率"的转变过程。自从第二次世界大战以后,世界人口发生了前所未有的转变,在发展中国家尤为显著。与其他发展中国家同步,中国人口转变始于20世纪中期。半个世纪之后,中国人口转变已进入"低出生率、低死亡率、低自然增长率"的三低阶段。谢宇认为,中国正在经历一场巨大的社会变革,其范围之广、速度之快、影响之大史无前例,并将人口转变列为在这场社会变革中最为重要的三个方面之一,另外两个方面是经济增长和教育进步。① 刘爽认为,中国的人口转变不仅表现在人口再生产类型的转变上,而且还体现在与经济、社会、文化因素的互动关系上,是一场独具中国特色、涉及社会生活各个领域的深刻社会变革。② 1949年之后,中国的人口转变可大概分为三个阶段③:

第一阶段:1949—1970年,是死亡率下降主导的人口转变阶段。这一阶段的显著特点是人口死亡率显著下降而生育率维持在一个较高的水平上。由于大力开展儿童计划免疫、传染病控制、初级卫生保健(尤其是妇幼卫生)等活动,以及营养、安全饮用水和环境卫生等方面的改善,我国人口死亡率呈现大幅度下降,从1949年的20‰下降到1970年的8‰以下,而出生率则居高不下,1949—1970年多在30‰以上。这一阶段又可称之为扩口阶段,人口自然增长率快速提高,带来人口总量快速膨胀,同时由于少年儿童比重的增加,人口对国民经济和社会发展形成了总量和结构的双重压力。

第二阶段:1971—2000年,是生育率下降主导的人口转变阶段。这

---

① 谢宇:《为什么中国需要实证研究》,《实证社会科学》(第一卷)。
② 刘爽:《对中国人口转变的再思考》,《人口研究》2010年第1期。
③ 任远:《中国后人口转变时期的人口战略转型》,《南京社会科学》2017年第1期;穆光宗、陈卫:《中国的人口转变:历程、特点和成因》,《开放时代》2001年第1期。

一阶段的显著特点是人口出生率呈现大幅度下降,而死亡率稳定在一个较低水平上。1970年之后,我国人口出生率开始快速下降,从34‰下降到2000年的14‰左右,总和生育率从5.8下降到1.5左右。由于出生率大幅度下降,而死亡率相对稳定,导致人口自然增长率显著下降,人口转变从"扩口"转向"收口"。

第三阶段:2001年至今,我国的人口变化开始进入新阶段,多数学者称之为"后人口转变"时期。关于中国的人口转变是否完成并进入"后人口转变"时期,世纪之交人口学界经历了一场集中且热烈的讨论。多数学者认为我国已经完成了传统意义的人口转变。例如,于学军在题为《中国进入"后人口转变"时期》一文中指出:"90年代中国人口发展完成了传统意义上的人口转变历程,从而进入了'后人口转变'时期。"[1]李建民在题为《中国的人口转变完成了吗?》一文中同样认为,"20世纪末我国人口转变过程已经结束,在步入21世纪的同时,我国也将进入后人口转变时期"[2]。尽管学者们对中国是否已进入"后人口转变"时期还有争议[3],但有一点是人们的共识:在经历了死亡率和出生率先后持续迅速的下降后,中国人口已发展到一个全新的阶段,人口变动正在发生重大转折。

(二) 生育率下降过程中的两次转变

生育率转变是当代中国社会最深刻的革命性变化之一,在人口转变中起着根本性的作用。中国生育率下降到低水平是早已确立的事实,其过程可以描述为两次生育率转变。改革开放之前,中国生育率在20世

---

[1] 于学军:《中国进入"后人口转变"时期》,《中国人口科学》2000年第2期。
[2] 李建民:《中国的人口转变完成了吗?》,《南方人口》2000年第2期。
[3] 李建新:《"后人口转变论"质疑——兼与于学军、李建民博士商榷》,《人口研究》2000年第6期;叶明德:《对"中国进入后人口转变时期"的质疑》,《中国人口科学》2001年第1期。

纪70年代发生了第一次生育率转变,改革开放尤其是90年代以来,生育率又发生了第二次转变。第一次转变使得生育率急剧下降,总和生育率从1970年的5.8下降到1979年的2.8,短短10年不到,总和生育率就下降了一半。对于第一次转变,Freedman曾这样描述:除了饥荒、瘟疫和战争期间外,在人类历史上还没有出现过像中国如此迅速的生育率下降。[1] 中国生育率转变的本质性跨越发生在20世纪90年代,生育率由80年代在更替水平以上波动下降到更替水平以下。早在90年代早期,穆光宗等学者就认为第一次生育率的转变只是量变,而第二次生育率的转变则是质变。[2]

20世纪90年代以来,中国人口总和生育率不仅已降到更替水平以下,而且呈越来越低的态势,近年来更是引发了关于"中国离极低生育率还有多远""是否已陷入生育危机""是否已陷入低生育率陷阱"的广泛讨论。[3] 1990年、2000年和2010年人口普查得到的全国总和生育率分别为2.31、1.22和1.18,2015年全国1%人口抽样调查显示总和生育率进一步下降到1.05,又一次刷新全国总和生育率的最低记录。[4] 郭志刚的研究发现,2015年1%人口抽样调查再创总和生育率新低的主要原因是一孩生育率的下降,这也是20多年来中国低生育水平发展的主要特点。尤其在过去十年中,一孩总和生育率发生了极为明显的下降,到2015年已低于0.6。关于"实际生育水平到底是多高"已持续争论了20多年,认为"实际生育水平远没有调查结果那么低"的惯性思维长期占据主导地

---

[1] R. Freedman, "Asia's Recent Fertility Decline and Prospects for Future Demographic Change", *Asia-Pacific Population Research Reports*, No.1 (January 1995).
[2] 穆光宗、陈卫、乔晓春:《"中国生育率下降过程中的新人口问题及其对策学术讨论会"综述》。
[3] 杨菊华、陈卫、彭希哲:《中国离极低生育率还有多远?》,《人口研究》2008年第3期。
[4] 陈卫:《改革开放30年与中国的人口转变》;郭志刚:《中国低生育进程的主要特征——2015年1%人口抽样调查结果的启示》,《中国人口科学》2017年第4期。

位,并认为低生育水平仅仅是由于出生瞒报漏报。但郭志刚认为出生漏报并不是唯一的原因,还存在其他因素导致我国生育率很低,并早在2004年就指出总和生育率低于1.5的可能性很大。① 事实上,很低和极低生育率(总和生育率分别低于1.5和1.3)在中国城市地区尤其是大城市已有30多年了,可以说世界上的极低生育率最早就发生在中国的城市地区,上海在1974年、北京在1990年达到极低生育率,2000年以来总和生育率都降到了1以下。② 综合已有的研究,一个基本的判断是:中国的生育率已降至很低的水平,且远低于更替水平,并由于长期持续很低的生育率积累了很大的人口负增长惯性,回升很难或至少具有很大的不确定性。

中国快速的生育率转变显然在很大程度上与计划生育政策有关,但20世纪90年代以来生育政策的影响正在逐步下降,社会经济因素已成为影响生育率下降的最主要因素。陈卫利用各省社会经济发展和计划生育数据,考察了1980年、1990年和2000年三个年份省际生育率差异中社会经济发展和计划生育所起作用的相对大小。结果表明,在1980年,计划生育的作用明显超过了社会经济发展的作用;在1990年,社会经济发展和计划生育的作用基本相同;而在2000年,社会经济发展的作用明显超过了计划生育的作用。③ 已有研究发现,当前的社会经济因素已构成了维持人口低生育率的基本社会环境,女性教育程度的提高和劳动参与率的提高、婚姻生育模式的变化、人口流动性的提高等等已成为

---

① 郭志刚:《中国的低生育水平及相关人口研究问题》,《学海》2010年第1期。
② 陈卫:《中国的极低生育率》,《人口研究》2008年第3期。
③ 陈卫:《"发展—计划生育—生育率"的动态关系:中国省级数据再考察》,《人口研究》2005年第1期。

当代中国社会中抑制生育的重要因素。①

（三）低生育进程与人口问题转型

传统人口转变理论包含一种潜在假定，认为生育率下降到更替水平就会自动停止，似乎人口转变的完成就意味着人口问题将逐步得到解决，未能进一步深入认识低生育率下人类可能面临的新问题。② 由于历史的局限性，当今社会许多人口问题并没有在人口转变理论中得到阐述。所谓人口转变实质是人口生命统计指标的转变，描述的是人口再生产类型从传统模式向现代模式转变的过程，而人口性别、年龄的结构问题并没有包括在人口转变的理论框架中。在生育率下降过程中，人口性别结构问题表现在出生性别比的升高和偏高上，而人口年龄结构问题则突出表现在人口老龄化以及老年人口高龄化上。因此，邬沧萍、穆光宗等学者认为，从某种意义上讲，人口转变的实现与其说标志着人口问题的解决，倒不如说是伴随着人口问题的转型。③

所谓人口问题是指人口过程内部以及人口过程与其他社会经济或自然过程之间出现的矛盾或者失衡，并导致了负面影响或不利后果。④ 邬沧萍和穆光宗将"人口问题"大致界定为"主要由于人口变量的变化而引致的人口系统运行的失衡以及人口系统和非人口系统（社会、经济、环境大系统）在互动中的矛盾冲突"⑤。换句话说，所谓人口问题可划分为

---

① 任远：《后人口转变》，上海：复旦大学出版社，2016年；郭志刚：《中国的低生育水平及其影响因素》，《人口研究》2008年第4期；《流动人口对当前生育水平的影响》，《人口研究》2010年第1期。
② 邬沧萍、穆光宗：《低生育研究——人口转变论的补充和发展》，《中国社会科学》1995年第1期。
③ 邬沧萍、穆光宗：《低生育研究——人口转变论的补充和发展》。
④ 王莉莉、谭柯、王志成、王红丽：《人口发展与人口科学全国学术研讨会综述》，《中国人口科学》2001年第6期。
⑤ 邬沧萍、穆光宗：《低生育研究——人口转变论的补充和发展》。

两类：一类是人口过程内部出现的矛盾或者失衡，或称之为原生人口问题；另一类是由于某种人口现象或人口变动与社会、经济、生态环境等的某个方面产生了矛盾或者失衡，或称之为次生人口问题。在大多数情形下，原生问题和次生问题是互相交织的。

1994年，中国生育率下降到更替水平以下后不久，人口学界就分别在北戴河和北京召开了"中国生育率下降过程中的新人口问题及其对策"学术讨论会和座谈会，1995年又在北京召开了第二次同一主题的学术研讨会，以推动中国生育率下降后果的研究。[①] 会议认为，伴随着生育率非同寻常的迅速下降，中国人口问题已开始从高生育率带来的挑战转向低生育率带来的挑战，并将日益强烈地感受到持续的低生育率所带来的诸多问题。会议提出讨论的生育率下降后果问题包括人口老龄化和老年人口问题、出生性别比偏高问题、家庭结构变化、独生子女问题、劳动力短缺等等。可见，生育率下降的后果是广泛、多维和交叉的，既包括直接后果，也包括间接后果。乔晓春认为，如果说直接后果是人口学意义的，那么间接后果则包括了丰富的社会经济含义。[②] 综上所述，伴随着生育率的下降和人口转变，中国的人口问题已从高生育率带来的人口多、增长速度快的单一问题，向伴随生育率下降而出现的多重性问题转变；从人口总量问题过渡到人口结构和分布问题，进而再到低生育水平的社会经济后果和健康后果。

人口学越来越被认为是一门研究人口的决定因素、结构和后果的学

---

[①] 穆光宗、陈卫、乔晓春：《"中国生育率下降过程中的新人口问题及其对策学术讨论会"综述》；"中国生育率下降后果与对策"研究组：《"中国生育率下降过程中的新人口问题及其对策北京座谈会"纪要》，《社会学研究》1995年第1期；穆光宗、陈卫：《第二次中国生育率下降过程中的新人口问题及其对策学术讨论会综述》，《人口研究》1995年第5期。

[②] 穆光宗、陈卫、乔晓春：《"中国生育率下降过程中的新人口问题及其对策学术讨论会"综述》。

科。对人口转变的研究是传统人口学研究最重要的问题之一，通常包括两个方面：一方面是对转变的统计描述，另一方面是对转变原因的理论解释。乔晓春认为，对人口转变原因的解释实际上是研究了人口发展与社会经济发展之间相互关系的一个方面，即社会经济发展采取了何种形式、在何种程度上作用于人口的发展，以及这种作用如何使生育率和死亡率从高向低转变；但如果承认人口发展最终会从高生育率向低生育率转变的话，那么对生育率下降后果的研究恰恰是研究了人口发展与社会经济发展之间相互关系的另一方面。① 因此，人口研究应该既包括解释人口发展的原因，也应该包括探讨人口发展的后果。人口问题的转型客观上要求人口研究也要转型，而从应对高生育率的问题转向面对低生育率的挑战已成为中国人口研究最具吸引力和最富开拓性的领域。

## 三、低生育水平的后果和人口问题

### （一）低生育水平的人口学后果

低生育水平的人口学后果，是指伴随生育率下降而出现的其他人口学变量的统计变化。值得指出的是，由于生育率下降的人口学后果反映的仅仅是统计事实，所以是一种中性结果，只有将其放在社会经济的大背景下才能反映出"问题"，人口学后果只会在一定程度上强化这些问题。例如，人口老龄化本身并不一定就是问题，人口老龄化是否构成人口问题要根据它的发展速度和程度对社会经济造成的影响而定。值得指出的另外一点是，所谓"低生育水平的人口学后果"并不是指这些后果仅仅是由生育率下降所导致的。例如，虽然在中国导致人口老龄化的主要原因是生育率的下降，但死亡率下降、平均寿命不断延长同样会导致

---

① 乔晓春：《关于中国生育率下降后果的理论探讨》，《社会学研究》1996年第5期。

老年人口数量的增加,使得老年人口占总人口的比例上升,并且死亡率的变化对人口老龄化的作用还会逐步加大。①

生育率下降的主要人口学后果包括快速的人口老龄化、少子化以及家庭规模缩小和家庭结构的变化、出生婴儿性别比攀升等等。人口老龄化和少子化是生育率下降的必然结果,而出生性别比攀升虽然也属于人口学后果,但不是生育率下降本身直接所致,而是导致生育率下降的主观行为(或政府行为)所致。②

1. 快速的人口老龄化

持续的低生育率带来的后果很多,快速的人口老龄化是核心问题之一。自1982年维也纳第一次世界老龄大会召开以来,人口老龄化已引起全球的广泛关注。③这场史无前例的人口年龄结构变化正改变着世界,正如联合国前秘书长安南在1998年国际老年人年发起日献辞中所提到的那样,这场静悄悄的革命大大超出人口学的范围,给经济、社会、文化、心理和精神均带来重大影响。

全球绝大多数国家均面临着人口老龄化的挑战,但中国作为一个发展中国家将更为迫切,因为中国是人口老龄化速度最快的国家之一。④65岁以上人口比例从7%提高到14%需要的时间,法国、瑞典、德国、英国和美国分别为115年、85年、45年、45年和70年,而中国仅为26年。根据联合国的估计,我国大约在20世纪70年代人口年龄结构开始老化,1970—2000年,中国60岁及以上老年人口从5273万增加到1.28

---

① 杜鹏:《中国人口生育率的下降与人口老龄化》,《中国人口科学》1995年第2期。
② 乔晓春:《关于中国生育率下降后果的理论探讨》。
③ 陈功、宋新明、杜鹏等:《国际老龄行动:从维也纳到马德里》,《市场与人口分析》2002年第3期。
④ 张恺悌、郭平主编:《中国人口老龄化与老年人状况蓝皮书》,北京:中国社会出版社,2010年。

亿,老年人口比例从 6.5% 增加到 10.0%。进入 21 世纪,我国老年人口数量开始加速增加,20 世纪 70—90 年代平均每年增加的老年人口数量分别为 245 万、235 万和 275 万,而 21 世纪前三个十年平均每年增加的老年人口数量分别达到 407 万、735 万和 1032 万。2000—2030 年,我国 60 岁及以上老人数量将从 1.28 亿激增到 3.46 亿,80 岁及以上高龄老人数量将从 1348 万增加到 3700 万。

快速老龄化和老龄化程度的提高,对于经济发展和社会福利供给带来了巨大压力,包括经济增长可持续性的压力、养老保险基金的平衡压力以及养老服务和老年生活福利的巨大需求。随着人口结构更加老龄化,老年人口的需求及带来的压力将表现得更加突出。如果能采取适当的社会经济、健康促进、医疗卫生等多方面的对策措施,完全有可能解决或至少可以缓解人口老龄化的一系列问题。[1] 目前面临的重大挑战是如何实现健康老龄化,即让老年人活得更健康,生命质量更高。对健康老龄化影响因素的理论探索与实证研究将有助于发展预防性措施,以提高老年人的健康水平和减少残障老人的比例。任远认为,社会经济运行体系需要进行适应性的调整,从而适应不断增加的人口总量、不断提高的老年人口比重,这包括加快完善健全养老医疗保险体系,完善养老服务体系和提高劳动生产率增强劳动者的财富生产能力,从而支持老年人口日益增长的物质文化需求。[2] 人口研究可以帮助决策者更好地应对人口快速老化的严峻挑战。Preston 指出,人口学最重要的贡献,是将老龄化问题放入宏观与微观相结合的人口模型中讨论,对微观层面的行为(如与健康相关的生活方式和饮食习惯、生育、迁移)如何影响宏观层面

---

[1] 曾毅:《人口学的过去、现在与未来》,《人口研究》2009 年第 5 期。
[2] 任远:《中国后人口转变时期的人口战略转型》。

的社会经济进行分析和模拟。

2. 少子化以及家庭规模缩小和家庭结构的变化

生育率下降的后果,从微观上讲就是每个家庭的"少子化",即家庭子女数由多到少的变化,直接导致家庭规模和家庭结构的变化。20世纪70年代以来,中国平均家庭户规模伴随着生育率的下降一直呈缩小趋势。人口普查和抽样调查数据显示,1982年、1990年、2000年和2005年的平均家庭户规模分别为4.41、3.96、3.44和3.13人。与人口老龄化一样,虽然生育率下降是导致家庭规模缩小的直接原因,但它却不是唯一的原因。郭志刚的研究表明,1982—1990年家庭户规模下降了0.45人,而同期每户少儿人数下降了0.38人,每户少儿人数的减少量占了平均户规模减少量的85.5%。可见,该时期户规模缩小虽然有其他原因,但主要是由于少儿人口数的减少。[①] 这一研究还表明,这种作用正在减弱,在1990—2000年和2000—2005年这两个时期,每户少儿人数的减少量占平均户规模减少量的比例分别为59.4%和56.6%。

生育水平迅速下降必然会带来家庭结构变化。自1980年实施"一孩政策"以来,"四二一"家庭结构的问题便引起了学者们的广泛关注。严格来讲,所谓"四二一"家庭结构并不是指一种家庭户类别,而是指一种微观上的家庭代际人口结构,即一对夫妇有双方各自父母共4人和1个子女。如果说生育率下降是社会经济发展的必然产物,那么随生育率下降的家庭规模减小和家庭结构变迁也是必然的。与平均家庭户规模的不断缩小相伴随,中国的家庭类型分布也逐步从主干家庭模式向核心家庭模式转变,一代户比例、单身户比例、老年空巢家庭比例、单亲家

---

[①] 郭志刚:《关于中国家庭户变化的探讨与分析》,《中国人口科学》2008年第3期。

庭比例以及隔代户比例等都在不同程度地提高。① 事实上,学者们所关注的不仅仅是中国家庭结构变迁的问题,而是家庭结构急剧变化之后的独生子女教育成长、家庭养老等问题以及由此引出的其他社会问题。

3. 出生性别比攀升

自 20 世纪 80 年代以来,出生性别比升高引起了国内外学者的广泛关注,对这一问题也已有许多深入的分析和研究。数据表明,我国出生婴儿性别比从 1982 年起就超出正常水平(107.6),之后不断上升,1990 年、2000 年和 2010 年分别为 111.1、116.9 和 117.9。中国是世界上出生性别比结构失衡最严重的国家,尽管近年来出生性别比似乎有所下降,但 2014 年仍高达 115.9,我国中南部地区甚至曾报道高达 130—150。②

学者们试图从不同的视角来解释出生性别比升高的影响因素。20 世纪 90 年代早期,冯占联、陈俊杰等学者就从社会学的角度挖掘了性别比异常的非统计含义,即在生育行为深受传统生育文化影响的背景下,人们在生育决策中对男孩强烈的性别偏好是导致出生性别比异常升高的深层动因。③ 之后,学者们着重讨论了生育政策、制度安排、性别选择性流产等对出生性别比的影响。在中国出生性别比偏高与生育政策的关系问题上存在两种截然不同的观点。一种观点认为,出生性别比失调与生育政策没有关系,至少不是直接的因果关系,如马瀛通指出,出生性别比与生育率的下降及其下降速度无关。④ 另一种观点认为,我国出生性别比升高与生育率下降有着紧密的也是必然的联系,如穆光宗认为,

---

① 郭志刚:《关于中国家庭户变化的探讨与分析》;刘爽:《对中国人口转变的再思考》。
② 任远:《后人口转变》。
③ 穆光宗、陈卫、乔晓春:《"中国生育率下降过程中的新人口问题及其对策学术讨论会"综述》。
④ 马瀛通:《重新认识中国人口出生性别比失调与低生育水平的代价问题》,《中国人口科学》2004 年第 1 期。

20世纪80年代以来出生性别比的升高或许可以看作生育政策导致的"生育选择空间狭小"和"偏男生育意愿过于强烈"互相冲突和挤压的结果。[1] 李树茁认为,生育政策本质上并不是形成和实现男孩偏好的根本原因和路径,在影响出生性别比偏高的因素中,直接原因源于女婴的漏报和性别选择性人工流产,根本原因在于社会经济文化以及背后的制度性原因。[2] 徐岚、崔红艳的分析表明,在造成出生性别比偏高的因素中,女婴漏报因素约占24%,人为的性别选择性因素约占76%,认为对胎儿进行性别鉴定后的选择性人工流产是导致我国出生性别比失调的主要原因。[3] 杨菊华根据在湖北的访谈资料,实证分析了刺激农民生育儿子的潜在因素和制度因素,认为是根深蒂固的家族政治制度、城乡二元分割的经济体制和积重难返的社会文化惯习导致了偏高的人口出生性别比。[4] 综合已有研究,可以认为生育选择意愿、生育选择空间、生育选择路径是影响中国出生人口性别比的水平高低和平衡状况的三个基本因素。[5] 因此,中国出生性别比严重偏高主要由性别选择性流产所致,而问题的根源则是"重男轻女"的文化传统,但长期对生育行为的干预控制是一个诱因。[6]

---

[1] 穆光宗:《近年来中国出生性别比升高偏高现象的理论解释》。
[2] 李树茁:《生育政策、男孩偏好与女孩生存:公共政策的取向与选择》,《人口与发展》2008年第2期。
[3] 徐岚、崔红艳:《利用教育统计资料对我国出生婴儿性别比的研究》,《人口研究》2008年第5期。
[4] 杨菊华:《出生性别比与和谐社会建设:一个定性和定量分析》,《人口学刊》2008年第1期。
[5] 穆光宗等:《出生人口性别比异常偏高与生育政策有关吗?》。
[6] 乔晓春:《性别偏好、性别选择与出生性别比》;J. Banister, "Shortage of Girls in China Today: Causes, Consequences", *Journal of Population Research*, Vol. 21, No. 1 (1995).

出生人口性别比的异常升高可以被看作人口发展的一种"生态失衡",因为性别比是人口发展的生物学基础,人口的健康发展也要以两性发展的平衡为基本前提。① 针对出生人口性别比持续和异常偏高这一重大人口问题,学者们应进一步深入研究出生性别比偏高的成因、后果及应该采取怎样的措施以扭转出生性别比异常偏高的局面。

(二) 低生育水平的社会经济后果

低生育水平的社会经济后果,指的是伴随生育率下降而出现的人口与社会经济问题。乔晓春认为,这里所谓"社会经济后果"实际上是通过直接的人口学后果,诸如人口老龄化、家庭规模缩小和家庭结构的变化、出生性别比异常升高等等,间接地作用于社会经济过程,进而出现的人口学后果与社会经济发展不相适应。② 从本质上说,人口问题就是人口发展与社会经济发展的不适应问题,例如,人口老龄化本身并不一定就是问题,人口老龄化问题是人口老龄化这一人口年龄结构的动态变化发展到一定阶段后才形成的,主要是由于应对人口老龄化的措施不健全、福利体制不完善、经济和社会体制不能有效地适应人口的年龄结构变化,而只有制度变化适应人口结构的变化,才是应对人口老龄化问题的根本对策。一般来说,生育率转变越快越突然,其人口学后果与社会经济发展之间就越不相适应,由此所产生的人口问题也会越严重。对生育率下降对社会经济的影响的研究,其目的也正是为了搞清生育率下降的人口学后果与社会经济发展的不适应之处,并对如何使之相适应进行探讨并提出建议。

低生育水平的社会经济后果主要包括家庭功能的弱化、独生子女问

---

① 穆光宗等:《出生人口性别比异常偏高与生育政策有关吗?》。
② 乔晓春:《关于中国生育率下降后果的理论探讨》。

题、人口红利的减弱以及人口安全问题等等。

1. 家庭功能弱化

长期低生育率最为消极的后果是家庭功能的弱化。伴随着生育率的急剧下降,我国家庭平均孩子数的减少,少子化使得家庭养老能力不足,从而对老年人的经济供养和生活照料问题产生了重大的影响。2011—2012年进行的中国健康和养老追踪调查(CHARLS)结果显示,65岁及以上的老年人平均有3—4个子女,45岁至49岁的中年人只有平均不到2个子女。这意味着未来老年人的子女数呈现下降趋势,加之更多的子女外出就业,如何照料父母将是中国人口老龄化社会面临的严峻挑战,未来需要社会为缺乏家庭支持的老年人提供更多帮助。不仅如此,该调查结果还显示,老年人的居住安排已发生显著变化,与子女共同居住的仅占37.8%,与配偶单独居住的占36.8%,独居者占9.2%,与其他人共同居住的占16.2%,而在与其他人共同居住的老年人中,19%与子女的配偶(子女不在家)共同居住,59.8%与孙子女(子女或子女配偶都不在家)共同居住,表明相当比例的老年人在其子女和配偶外出打工后承担了抚养孙子女的责任。少子化还使得家庭变得越来越不稳定、越来越脆弱,如失独问题、残独问题等等。虽然独生子女意外伤残死亡在任何时期都会出现,但由于实行计划生育政策出现的失独和残独问题的规模及其对家庭的影响会更为严峻,政府在应对相关社会问题中也需要承担更大的责任。①

家庭是社会的细胞,是社会生活最基本的单元,承担着一系列社会功能,包括抚养孩子、照顾老人、为家庭成员提供经济和情感支持等。少子女与独生子女家庭的赡养负担将可能大大超过自身的能力,在家庭养

---

① 任远:《后人口转变》。

老功能急剧弱化的情况下，国家与社会理应从家庭手中接过或部分接过养老的接力棒，但由于受社会经济发展水平的限制，可以预见在未来一段时间内国家和社会是难以承担起养老责任的。① 因此，对中国当今社会来说，家庭养老依然十分重要。② 在人口快速老龄化和少子化的背景下，政府应考虑如何让家庭继续成为老年人的主要照料资源，或至少是社会照料的最重要补充。家庭功能的弱化已引起广泛的关注，在家庭结构剧烈变化的重要挑战面前，人口学及相关学科应更为深入地研究影响家庭功能的人口和社会经济因素及其机制。

2. 独生子女问题

"独生子女"政策让中国家庭步入独生子女时代，两次"二孩"政策的调整又推动中国家庭迈向"后独生子女时代"，实行30多年的独生子女政策给中国社会带来了数量超过1亿的独生子女及其家庭。③ 独生子女是与改革开放同时成长的一代特殊人口，是中国有史以来最不平凡的一代。如此庞大的独生子女群体所引发的众多社会现象，所带来的众多社会问题，正在对今天和明天的中国社会产生广泛、深远和长期的影响。

从"独生子女"在中国社会出现的时候开始，国内学术界就对独生子女及其相关现象进行了众多研究，得出了一系列结论，为人们理解和认识独生子女及其问题提供了有益的帮助。独生子女问题是一个复杂的社会学问题，起初的研究聚焦在所谓狭义的独生子女问题，即独生子女的教育问题，这也是独生子女研究中探讨最多的一个方面。西方研究独

---

① 陈友华、徐燕南：《持续超低生育率的社会经济后果——以苏州为例》，《学海》2005年第5期。
② 李建新：《低生育率的社会学后果研究》，《社会科学》2001年第2期。
③ 风笑天、王晓焘：《从独生子女家庭走向后独生子女家庭——"全面二孩"政策与中国家庭模式的变化》，《中国青年社会科学》2016年第2期。

生子女问题的学者普遍意识到,在社会舆论、传统以及民间,存在着一种对独生子女的负面刻板印象,人们普遍认为"与有兄弟姐妹的孩子相比,独生子女会有某种'不良后果'","独生子女常常被溺爱、孤独以及不能适应环境",且这种偏见根深蒂固。[1] 在中国独生子女研究早期,很多结论都延续了西方"问题儿童"的观点,认为相当一部分独生子女具有这样或那样的性格缺陷或行为问题。但20世纪90年代以来,越来越多的研究结果表明,独生子女与同龄非独生子女之间在个性特征、人际交往、社会适应等方面并不存在显著差别。[2] 风笑天特别指出"80后"并不等同于"独生子女",通过研究认为家长溺爱孩子与是否"独生"关系不大,中国独生子女教育问题与整个社会大背景密不可分,背后所折射的是特定的传统文化和社会价值观念。[3]

独生子女问题不仅包括教育、婚姻等独生子女自身问题,还包括独生子女家庭关系问题。广义的独生子女问题还包括诸如独生子女家庭的父母养老问题、独生子女家庭风险问题、兄弟姐妹关系与亲属关系缺失问题等等。家庭养老是基础性的养老方式,由于独生子女家庭只有一个子女养老,养老压力远超于承受能力,更容易引发代际冲突。[4] "失独"更是会给整个家庭带来难以弥补的损失。中国社会长期以来都有着复杂的家族文化和亲属网络,但独生子女成长在缺乏兄弟姐妹关系的家庭中,成家后其子代面临亲属关系大量减少的局面,尤其是双独家庭,子代的亲属关系只剩下了夫妻关系、亲子关系和祖孙关系,难免会带来严重的负面

---

[1] 风笑天:《独生子女:媒介负面形象的建构与实证》,《社会学研究》2010年第3期。
[2] 风笑天:《中国独生子女研究:回顾与前瞻》,《江海学刊》2002年第5期;《中国第一代城市独生子女的社会适应》,《教育研究》2005年第10期。
[3] 风笑天:《中国独生子女问题:一个多学科的分析框架》,《浙江学刊》2008年第2期;《独生子女:媒介负面形象的建构与实证》。
[4] 陈友华:《独生子女政策风险研究》,《人口与发展》2010年第4期。

效应。凡此种种,都值得在理论上进行探讨并在实践中做出努力。

3. 人口红利减弱

人口转变之所以引起人们的高度关注,在于它对于经济增长的意义。人口转变过程既是经济增长的结果,又是影响经济增长的重要因素之一。20世纪90年代以来,关于人口转变与经济增长关系的研究有了一个明显的突破。[1] 尽管该领域的研究长期集中在观察人口规模或人口增长率与经济增长之间的关系上,但得出的结论并不确定,正向或负向关系的证据都存在。[2] 然而,当研究的重心转移到观察人口年龄结构与经济增长的关系时,人们发现,当一个国家经历特殊的人口发展阶段时,即劳动年龄人口增加和抚养比下降,这种特殊的人口结构可以为经济增长提供一个额外的源泉,即所谓"人口红利"。20世纪70年代以来生育率下降带来的劳动年龄人口增加和人口抚养比的下降,推动了改革开放以来中国的经济增长。蔡昉等以人口抚养比为代理指标,估算了人口红利对1982—2000年期间人均GDP增长率的贡献为26.8%,但同时指出,随着人口抚养比由下降转为提高,传统意义上的人口红利趋于减弱乃至消失。

国内对人口红利的研究大约始于21世纪初,从现有研究成果来看,学者们对人口红利的基本要素及实现条件基本达成共识,但对人口红利是否已经消失的分歧较大。[3] 人口红利包含两个基本要素:一是劳动力绝对规模及相对规模较大,二是抚养负担相对较轻。[4] 人口转变始终是

---

[1] 蔡昉:《未来的人口红利:中国经济增长源泉的开拓》,《中国人口科学》2009年第1期。
[2] 蔡昉、张车伟等:《人口,将给中国带来什么》,广东:广东教育出版社,2002年。
[3] 原新、高瑷、李竞博:《人口红利概念及对中国人口红利的再认识——聚焦于人口机会的分析》,《中国人口科学》2017年第6期。
[4] 陆旸、蔡昉:《从人口红利到改革红利:基于中国潜在增长率的模拟》,《世界经济》2016年第1期。

一个动态过程,低生育率虽然在短期内使得人口抚养比下降,从而创造了人口红利的条件,但在长期,持续的低生育率将带来劳动年龄人口绝对数量的减少,而伴随着人口老龄化,抚养比也会随之上升。根据第六次人口普查数据,2010年之后,人口红利的两个基本要素均逐渐向不利于经济增长的方向转变。[1] 进一步的人口结构性转变使得原来的"人口红利"逐步减弱,并有可能转化成为一种"人口负债",即增加的老年人口和社会抚养水平,需要进一步在公共财政支出中扩大对健康、养老服务和社会保障的支出。[2] 但也有文献指出,由人口年龄结构老化带来的潜力巨大的老年人力资源开发、老年人力资本和储蓄的积累或将开启第二次人口红利,即导致第一次人口红利结束的老年人口力量会引发第二次人口红利。蔡昉认为,第一次人口红利仍然有其发掘潜力,而第二次人口红利有着巨大的开发潜力。[3]

无论是第一次还是第二次潜在的人口红利,要想得到现实的开发,都需要通过艰巨的改革。中国具有人口转变速度快的特点,因此人口红利在得以利用之后也迅速消失。相应地,未富先老的国情也带来空前的挑战,表现为在劳动力逐渐成为稀缺生产要素的情况下,潜在经济增长率趋于降低。应对这一问题,富有挑战性的任务是如何通过制度创新和政策调整,延长第一次人口红利,并创造条件开发第二次人口红利。[4]

4. 人口安全问题

"人口安全"是安全研究领域的一个重要分支,重在探讨长期的人口变化对于安全可能产生的影响。传统的安全概念主要是指国防安全和

---

[1] 陆旸、蔡昉:《从人口红利到改革红利:基于中国潜在增长率的模拟》。
[2] 任远:《后人口转变》。
[3] 蔡昉:《人口转变、人口红利与刘易斯拐点》,《经济研究》2010年第4期。
[4] 蔡昉:《人口红利与中国经济可持续增长》,《甘肃社会科学》2013年第1期。

军事安全,人口安全属于非传统意义上的安全概念,是我国最基本的安全问题之一。陆杰华、傅崇辉认为,人口安全问题从理论上讲属于人口问题的范畴,但在实践上却不仅仅局限于人口问题本身,人口问题要上升到人口安全问题需要具备两个必要的条件:一是这些问题所引发的矛盾是所有人口问题中最突出最尖锐的;二是如果这些问题解决不好,会使国家的社会经济出现局部或全局性的灾难。①

2003年,张维庆指出,"不仅要关注国家经济安全、军事安全、信息安全,而且更要关注国家人口安全"②,并将"人口安全"定义为"一个国家的综合国力和国家安全不因人口问题而受损害,能够避免或化解人口方面可能出现的局部性或全局性危机"③。穆光宗还从人口风险的角度提出狭义和广义两种人口安全问题。狭义的人口安全问题是指"人口生态"失衡给自身发展所带来的严重威胁,而广义的人口安全问题是指主要由于人口因素的变化而引发的对人口、资源、环境、经济、社会复合巨系统和谐运行的严重威胁。④

长期的低生育率将会使未来社会成为高风险的社会,给人的全面发展和社会的和谐发展带来新的巨大挑战。防范人口安全问题是一项重要任务,人口问题往往是多方面问题长期积累的结果,一旦出现,势头较猛,惯性较大,需要人口研究尽快提供对策,尤其要加强对人口安全问题的预警研究。⑤

---

① 陆杰华、傅崇辉:《关于我国人口安全问题的理论思考》,《人口研究》2004年第3期。
② 宋健、姚远、陆杰华、张敏才、杨文庄、顾宝昌:《中国的人口,安全吗?》,《人口研究》2005年第2期。
③ 张维庆:《关注人口安全,促进协调发展》,《人口与计划生育》2003年第12期。
④ 穆光宗:《对人口安全大势的几点认识》,《北京工业大学学报》(社会科学版)2016年第4期。
⑤ 陆杰华、傅崇辉:《关于我国人口安全问题的理论思考》。

## （三）低生育水平的健康后果

快速的人口转变和人口老龄化，加之经济转型所带来的膳食结构、生活工作方式及环境的显著变化，导致中国人口健康问题的性质发生了根本性的转变。中国人口的疾病谱已从以罹患营养不良和传染病为主向以罹患慢性非传染性疾病为主转变，学术界将之称为"健康转变"。2002 年召开的第二次世界老龄大会特别指出这种转变与人口老龄化的共同作用对发展中国家冲击最大，"因为与发达国家不同，发展中国家将面临双重疾病负担：在继续与营养不良和传染病作斗争的同时，将不得不应付日益严重的慢性非传染性疾病的挑战"[1]。

早在 1992 年，世界银行就指出，伴随着传染病的大幅度下降，我国经历了显著的健康转变。进入 20 世纪 90 年代以后，我国人口死因结构和疾病模式还在继续发生着深刻和更为快速的变化。Yang 等的研究表明[2]，从 1990 年到 2010 年 20 年间，我国慢性病导致的死亡人数从 593.8 万增加到 701.7 万，占总死亡的比例从 74.2% 增加到 84.5%，尤其显著的是心脑血管疾病、癌症和糖尿病。采用残疾调整生命年（disability adjusted life year，DALY）作为测量指标，从 1990 年到 2010 年，传染病、母婴疾病和营养不良导致的疾病负担从 26.6% 下降到 10.1%，而慢性病导致的疾病负担从 59.4% 增加到 77.0%。2011 年，世界银行指出，慢性病已经成为中国的头号健康威胁，是当今和未来影响中国人口健康、导致过早死亡和残疾的首要原因。该报告估计我国在未来 20 年中，

---

[1] 宋新明：《流行病学转变——人口变化的流行病学理论的形成和发展》，《人口研究》2003 年第 6 期。

[2] Yang G., Wang Y., Zeng Y., et al., "Rapid Health Transition in China, 1990—2010: Findings from the Global Burden of Disease Study 2010", *The Lancet*, Vol. 381 (June 2013).

40岁及以上人群慢性病的患病人数将成倍增长。任强等的研究还表明,人口总量缓慢增长和人口结构快速转变推动着我国卫生支出规模的不断上升。[①]

伴随着现代化、工业化和城市化的进程和更为广泛的社会变化,人口转变和健康转变带来了一系列健康挑战,包括出生缺陷负担日益突出、残疾人口规模急剧增长、老年健康和长期照料问题日趋严峻、人口健康水平地区差异趋于扩大等等。

1. 出生缺陷负担日益突出

出生缺陷已成为导致婴儿死亡的主要原因。2009年我国大城市、中小城市和农村先天性畸形和染色体异常导致婴儿死亡的比例已分别占36.4%、27.9%和22.5%。[②] 根据国际权威机构估计,我国每年有96万遗传性和部分遗传性缺陷儿出生,约占出生总人口的51.2‰,这还不包括由于孕后各种环境致畸物所导致的出生缺陷。边远贫困地区出生缺陷发生率更高,郑晓瑛等的研究发现,山西省贫困地区的出生缺陷发生率竟高达84.6‰,其中神经管畸形的发生率为19.9‰,大约是目前全球平均水平的20倍。[③]

2. 残疾人口规模急剧增长

根据第二次全国残疾人抽样调查结果推算,2006年全国各类残疾人的总数为8296万人,与1987年第一次全国残疾人抽样调查结果相比增加3132万人,增长了60%。尽管我国残疾人数呈现增长趋势,但在消

---

[①] 任强、张洁羽、吕智浩:《人口转变、经济发展与卫生支出增长——以人口普查为基础的因素分解》,《人口与发展》2014年第1期。

[②] 中华人民共和国卫生部编:《中国卫生统计年鉴2010》,北京:中国协和医科大学出版社,2010年。

[③] 郑晓瑛、宋新明、陈功等:《中国出生缺陷高发地区出生缺陷的发生水平和流行病学特征》,《中华流行病学杂志》2007年第1期。

除人口年龄结构的影响后,我国人口残疾率(年龄调整残疾现患率)从1987年到2006年,以年均0.5%的速度下降,但城乡间和不同残疾类型的变化趋势存在显著差异。城市年均下降速度为3.9%,但农村以年均1.0%的速度上升。按照残疾类别估算,听力言语、视力以及智力残疾都出现了显著的下降趋势,年均下降速度分别为4.6%、3.7%和7.1%,但肢体和精神残疾呈现了显著的上升趋势,年均上升速度分别为11.2%和13.3%。

3. 老年健康和长期照料问题日趋严峻

随着人口老龄化,老年健康问题尤其是老年人生活自理能力丧失和长期照料问题正变得越来越突出,对社会和医疗保健系统提出了巨大的挑战。1994年和2004年全国人口抽样调查中专门针对老年人的生活自理能力进行了调查。杜鹏等的研究表明,除个别年龄组外,2004年老年人各年龄组生活不能自理的比例均显著高于1994年。[①] 全国老龄办的数据显示,2010年末我国失能老年人约3300万,到2015年已达到4000多万。随着我国人口老龄化高峰的到来,这将严重影响我国未来老年人照料需求的服务总量和费用支出,对于日益众多的独生子女家庭来说,形成很重的照料压力。

上述挑战带来一个与社会服务和卫生保健负担密切相关的问题:随着死亡率的不断降低和人口老龄化,增加的寿命到底是处于健康状态还是处于疾病或残疾状态?关于这一问题,研究者们根据研究和观察提出了多种不同的观念,包括"疾病压缩理论""疾病扩展理论"和"动态平衡理论"等等。"疾病压缩理论"是一种乐观的观点,提出存在自然死亡,认为死亡率的进一步下降将推迟慢性疾病和残疾的发生,处于疾病或残疾

---

[①] 杜鹏、武超:《中国老年人的生活自理能力状况与变化》,《人口研究》2006年第1期。

状态的时间缩短,带病带残疾状态被压缩到生命最后短暂的时间内,从而提高健康生存时间的比例。"疾病扩展理论"认为患病并不伴随着死亡率的下降而下降,而是处于慢性疾病和残疾状态的时间延长。"动态平衡理论"认为随着寿命的延长,人群的慢性疾病和残疾会增加,但其严重程度却明显减轻。

20世纪八九十年代以来,我国学者利用多种来源的数据对这一问题进行了积极的探讨。王梅利用1987年全国第一次残疾人抽样调查数据和1992年中国老年人供养体系调查数据的研究表明活得长并不等于活得健康。[1] 其后,杜鹏、乔晓春、汤哲、郑晓瑛等对此做了进一步的研究。[2] 多数研究结果倾向于支持"疾病扩张理论",但利用1987年和2006年两次全国残疾人抽样调查数据,郑晓瑛、刘菊芬等研究发现我国老年人口的残疾呈现"动态平衡趋势",即60岁时残疾预期寿命占预期寿命的比例有所上升,但严重程度有所降低。

与上述挑战密切相关的另一个问题是:在一个快速老龄化的社会,如何促进全民的健康长寿,如何帮助老年人使老年人保持自立和活力,提高他们的生活质量?这一问题迫切需要人口学与相关学科的研究者共同努力予以回答。2013年《柳叶刀》(The Lancet)杂志发表述评认为,中国正处于人口健康模式转变的关键时期,要解决面临的健康问题,需要深刻理解这一转变的根本原因。普遍认为,人口老龄化是慢性病增长和健康模式转变最主要的驱动力,但也有认为,由于既往一些研究存在方法学缺陷,人口老龄化的这种作用被夸大了。人口老龄化是人口慢性

---

[1] 王梅:《活得长≠活得健康:长寿质量与医疗保障》,北京:中国经济出版社,1993年。
[2] 杜鹏、李强:《1994—2004年中国老年人的生活自理预期寿命及其变化》,《人口研究》2006年第5期;汤哲、项曼君、Z. Zimmer等:《北京市老年人健康预期寿命及其变化》,《中华流行病学杂志》2005年第12期。

病增长的重要因素,但慢性病的增长不仅取决于人口转变的程度,还取决于经济增长率。基于系统的文献回顾,郑晓瑛等认为,宏观社会和经济因素是导致慢性病增长的主要决定因素,而人口老龄化又进一步放大了这种作用。① 他们还认为,对中国这样一个经历快速经济发展的国家而言,慢性病增长和健康模式快速转变的另外一个深层次原因是当今中老年人群在胎婴儿时期普遍存在营养不良。20世纪90年代,有学者提出胎儿、婴儿营养不良增加了成年后冠心病、脑卒中、高血压、糖尿病等慢性病的发生风险,形成了"成人疾病的胎源假说"。② 我国学者对1948—1954年在北京协和医院出生的婴儿的追踪研究也得出类似的结论。

4. 人口健康水平地区差异趋于扩大

中国东西部地区、不同社会经济状况人群的健康状况存在显著差异。与东部地区相比,西部地区传染性疾病及与贫穷相关的疾病仍然是主要的卫生问题。令人担忧的是,西部地区人口老龄化速度相对较快,到2050年将是中国老龄化程度最高的地区。由于相对较快的老龄化速度,西部地区患慢性病人口的增长速度将有很大的可能超过东部地区。③ 这一变化趋势将会进一步扩大东西部地区人口健康水平的差异。由于西部社会经济发展水平较低,社会卫生条件相对较差,卫生保健水平还很低,与东部相比,西部地区同时应对新老健康问题的能力更加薄弱。

---

① 郑晓瑛、宋新明:《中国人口转变、经济发展与慢性病增长》,《中国高校社会科学》2014年第4期。
② D. J. P. Barker, *Mothers, Babies, and Diseases in Later Life*, London: BMJ Publishing, 1994.
③ 宋新明:《西部大开发与人口健康之间的双向关系》,《人口与经济》2000年第5期。

人口变量与健康的关系十分密切,但长期以来我国人口学界相对忽视了人口变量与健康关系的研究。伴随着快速的人口转变和人口老龄化,越来越多的学者开始关注伴随人口转变过程所出现的有关健康问题,认识到健康变量是人口本身所固有的变量,研究与人口变量有关的健康问题是深化人口研究的必然趋势。[1] 尤其是健康人口学在国内的创立,拓宽了中国人口研究和解决人口问题的视野。为推动健康人口学在我国的发展,郑晓瑛等在国内外相关研究基础上探讨了几个基本问题:第一,提出了健康人口学的新定义,认为"健康人口学是一门主要从人口学的角度,利用多个相关学科的理论和方法综合研究健康、健康相关行为和卫生保健服务,利用在不同人口特征人群中的分布和动态变化过程,从而找出人口特征变化与健康转变间相互作用和相互制约规律的学科"[2]。第二,提出和界定了若干相关概念,如人口健康、人口健康储量、健康储量代际交流、医学敏感人群等等。[3] 第三,提出健康人口学的研究内容大致包括六个方面:健康人口学理论和方法;人口健康、健康相关行为和卫生保健服务的需求和利用的统计指标和指标体系;人口特征与健康状况、健康相关行为和卫生服务利用等之间的静态和动态关系;人口变化与健康转变之间的关系、相互作用及其规律;处于某种健康状态或具有某种健康相关行为或利用某种服务人口的规模、分布、结构以及未来变化趋势的预测;人口变化和健康转变对人口和健康政策、卫生保健服务系统的管理和发展的影响等等。[4]

---

[1] 苏苹:《研究与人口变量有关的健康问题是新世纪深化人口研究的必然趋势》,《人口学刊》2002 年第 4 期;乔晓春:《人口发展与健康问题——人口研究的新视角》,《人口研究》1996 年第 6 期。
[2] 郑晓瑛、宋新明:《健康人口学的定义界定和内涵研究》。
[3] 郑晓瑛:《再论人口健康》。
[4] 郑晓瑛、宋新明:《健康人口学的定义界定和内涵研究》。

立足全人群和全生命周期,实施全民健康和健康老龄化战略是应对人口转变健康后果和人口老龄化的最佳方法。邬沧萍早在20世纪90年代就将健康老龄化的概念引入中国,指出健康老龄化的目标是老年人口群体的大多数人的健康长寿,强调健康老龄化是全民健康的题中应有之义,不仅是指在老龄化社会中多数老年人处于生理、心理和社会功能的健康状态,同时也指社会发展不受过度人口老龄化的影响。[①] 2016年,党中央、国务院召开21世纪第一次全国卫生与健康大会,全面部署健康中国建设,党的十九大报告更是将实施健康中国战略纳入国家发展的基本方略。应该充分认识到健康中国建设的复杂性、长期性和艰巨性,有许多重大问题需要多学科联合攻关,人口学在健康中国建设中不可或缺。

## 四、当今和未来人口问题的复杂性和人口的多学科交叉研究

### (一)当今和未来人口问题的复杂性

2000年以后,我国人口变化开始进入"后人口转变"时期,人口格局正在发生重大转折,在人口总量、结构和分布等方面都出现了和过去人口变动完全不同的新特点。[②] 在人口总量方面,将在2025—2030年左右达到顶峰,随后出现转折性快速下降。在人口结构方面,从21世纪第二个十年开始,我国劳动年龄人口总量和比重均开始下降,社会抚养水平上升;生育率的持续下降或维持在极低水平意味着未来的少年儿童和新生劳动力数量将继续萎缩;老龄化继续保持快速提高的态势,逐步向深

---

[①] 邬沧萍、姜向群:《"健康老龄化"战略刍议》,《中国社会科学》1996年第5期。
[②] 任远:《中国后人口转变时期的人口战略转型》;任远:《后人口转变》;王培安:《人口新形势与人口研究》,《人口研究》2016年第5期。

度老龄化发展。在人口分布方面,城乡之间、区域之间人口转变的不平衡和经济发展机会的不平等,带来了显著的人口迁移和城镇化发展,人口迁移流动对人口格局和动态的影响表现得越来越显著。

改革开放后,在中国经济、社会、文化全方位的变化中,最具有历史意义的重大事件之一,就是实现了人口再生类型的历史性转变。[①] 这一转变不仅从根本上改变了中国人口增长变化的轨道,也对经济社会发展和资源环境产生了广泛和深远的影响。当今和未来人口和发展的关系和马寅初时代讨论的人口论与改革开放以来的人口与经济增长有着历史的继承性,但已表现出完全不一样的特征。任远认为,如果再继续抱着"人口多、底子薄""需要加强人口数量控制"等旧的人口观念,不仅已不能适应人口和国家发展的真实需要,而且可能还会带来有偏差的公共政策。[②] 于学军在《再论"中国进入后人口转变时期"》一文中也指出,之所以以"后人口转变"为题,其目的就是要提示人们尽快跳出"人口数量多少"和"生育水平高低"的狭隘视野,更多关注今后低生育水平下的中国人口质量、结构、分布和开发问题。[③]

问题在于,当今和未来人口问题越来越多样化和复杂化。[④] 其一,与人口结构和分布问题相比,单纯控制人口数量相对简单。其二,人口作为一种复杂、多维的社会现象,其数量、结构与分布等要素之间也是前所未有地紧密交织在一起,彼此互动,形成了"牵一发而动全身"的格局。其三,经济社会发展已成为影响人口发展的最重要因素,除了人口格局发生了根本性变化以外,国际国内形势变了,解决中国人口问题的经济

---

① 刘爽:《对中国人口转变的再思考》。
② 任远:《后人口转变》。
③ 于学军:《再论"中国进入后人口转变时期"》,《中国人口科学》2001年第3期。
④ 刘爽:《对中国人口转变的再思考》;于学军:《再论"中国进入后人口转变时期"》。

基础、社会条件、资源环境变了,人们的观念也变了。在工业化、城市化和现代化的推动下,社会结构、制度和技术等因素对人口变迁的影响力日益增强,人口与经济、社会、文化和政治的关系空前紧密,这些不仅直接映照到人口的数量上,而且折射到人口的结构、质量和分布上。

(二)人口的多学科交叉研究

学科交叉是人口学的三大主要特征之一。人口学的概念从创立至今已发生很大的变化,主要体现在人口学已从传统的规范人口学扩展到涉及人口学、社会学、经济学、老年学、地理学、生物学、健康科学等多门学科的人口研究。[①] 人口研究的综合性和学科交叉特征是显而易见的。许多人口问题虽然表现在人口变量上,但问题的根源并不单纯是人口因素,问题的解决也不能仅靠调控人口变量。随着中国人口问题的多元化和复杂化,加之要认识当前和未来中国的人口和发展,迫切需要我们将中国的人口问题置于它自身的历史、文化、政治和经济的情境中去理解,人口研究在未来将进一步朝着多学科交叉的方向发展。[②]

正如前面已经提到的,人口问题的转型客观上要求人口研究也要转型,也要求人口研究进一步朝着多学科交叉的方向发展。[③] 在人口转变的过程中,降低生育率和控制人口增长逐步构成我国宏观人口战略的核心,人口转变研究主要集中在生育率研究及其转变原因上,并将社会经济因素作为人口发展的原因来考虑,因此更侧重于在人口学领域进行探讨。控制人口增长的理论依据是把经济发展作为目的,研究的是人口发展是否适应于经济的发展,如果人口发展不适应经济发展,则提出从人口方面入手来解决相适应的问题,而不是从经济方面解决相适应的问

---

① 于学军:《从人口学的定义看中国的人口学研究》。
② 曾毅:《人口学的过去、现在与未来》。
③ 乔晓春:《关于中国生育率下降后果的理论探讨》。

题。人口转变完成后,人口和发展的核心矛盾已经不是人口数量压迫生产力的问题,虽然生育率依然是研究的重点,但更侧重于生育率转变的后果,将人口发展作为影响社会经济发展的原因来考虑。从本质上看,伴随生育率下降而来的人口问题并不是生育率下降本身造成的,而是社会体制转型跟不上人口结构转型的步伐,解决问题的方法主要是改进社会体制,而不是要改变人口结构。因此,对低生育水平后果的研究最终要落实在社会经济方面,应更多地促进人口学与多学科的交叉和融合,开拓人口研究的新视野。

# 第七章 以分析技术为基础：
# 基础数据与大数据的整合

武继磊　庞丽华　王振杰

## 一、经典人口分析技术

### （一）人口总量与环境承载力分析

西方适度人口理论产生于19世纪末20世纪初，起初研究的是一个国家最适宜的人口数量、人口规模，后来又研究最适宜的人口密度和人口质量等。适度人口思想最早来源于英国经济学家坎南（Edwin Cannan），他在1888年出版的《初级政治经济学》中从人口增长是否有利于获得最大生产率的角度，研究了适度人口问题。他认为研究"人口规律"就是去寻求能获得最大生产率的人口数量。人口过多或过少都不利于国家或地区的发展，二者之间必有一个最合适的人口数量。在任何一段时间里，假定资源、资金、技术等条件不变，一国的适度人口是使人均产量或人均收益最大的人口数，与这个人口数相对应的人均产量或收益最大的点称为"最大收益点"。人口增长在未达到"最大收益点"之前是人口不足，超过"最大收益点"之后则是人口过剩（见图7-1）。

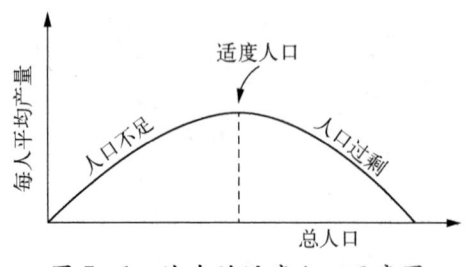

图 7-1 坎南的适度人口示意图

瑞典经济学家威克塞尔(Johan G. K. Wicksell)在 1910 年发表的《适度人口》中最早使用了"适度人口"这个术语。他强调,一个国家的人口应当有适度的规模和合理的密度,这个"适度人口"必须同经济发展和技术进步相一致,不应超过该国农业资源及其提供食物的能力所允许的限度;适度人口是该国工业潜力允许的最大规模生产所能容纳的人口。英国人口学家卡尔-桑德斯(A. M. Carr-Saunders)在《人口问题:人类进化的研究》一书中最先比较系统地阐述了"适度人口论"。[1] 他认为人口的"适度数量",是考虑到自然环境、已经采用的技术水平以及人民的风俗习惯等因素,能够提供按人平均最大收益的人口数量。面对当时人口城市化所出现的各种问题,他又提出了能使居民获得高生活水平的"适度密度"问题。美国人口学者费伦奇(J. Ferenchi)在《人口的综合适宜》中把适度人口研究扩展到人口质量,提出了人口的"适度质量"概念,主张适度的人口数量和质量,应能使每人获得最高的人均收入,并保证社会的和平与幸福。[2]

当代适度人口论的主要代表人物是法国著名人口学家阿尔弗雷德·

---

[1] A. M. Carr-Saunders, *The population problem: A study in human evolution*, Oxford: Clarendon Press, 1922.
[2] 李仲生:《欧美人口经济学说史》,北京:世界图书出版公司,2013 年。

索维(Alfred Sauvy)。他在1952年出版的《人口通论》中,一方面继承前人从经济学的角度分析"适度人口"的传统,另一方面把"适度人口"的概念扩大到非经济领域,考察许多非经济的社会因素同人口增长的关系。他认为"适度人口也就是一个以最令人满意的方式达到某项特定目标的人口"。在这些目标中,首先应当考虑个人福利,所以要着重考察"经济适度人口"。索维所说的"经济适度人口"是指在最有利的条件下达到最高生活水平的,即最高的按人平均产量和收入的人口,也就是获得最大经济福利的人口。他比坎南等人前进一步的地方,是考察了技术进步等经济增长变量对"适度人口"的影响,提出了人口"适度增长"的概念,由"静态适度人口论"推向"动态适度人口论"。通常所谓"静态适度人口",是指假定在生产技术、经济结构、物质资源、产品分配、年龄构成、工作日等条件不变,并且充分就业,又没有国际贸易和移民的情况下,按照一定的经济标准所确定的最适合的人口。而所谓"动态适度人口",是指假定在上述条件发生变动的情况下,按照与经济增长有关的经济标准所确定的最适合的人口,主要研究在生产技术等条件发生变动的情况下,人口增长率同经济增长或社会福利增长的关系。索维还提出了"实力适度人口",即一个国家达到最大实力时的人口。"最大实力"随边际产量和生活水平而变动,当边际产量刚好超过最低生活水平时的人口,就是一个国家的"实力适度人口"。一般情况下,一个国家的实力目标和经济目标是一致的,但是执政者往往为了达到自己的政治和军事目的而要增加人口,认为随着人口数量的增长,国家的实力也会增长。所以,索维断言"实力适度人口永远高于经济适度人口"。在索维看来,重要的是精确计算"适度人口",只有对它作定量分析,才能知道实际人口低于还是高于"适度人口",即一个国家是人口不足还是人口过剩。索维还认为,要改善人口的现状,必须缩小适度人口与实际人口之间的差距。和一些马尔萨斯主义者解决人口过剩问题的主张不同,索维认为,如果人口过剩,除非有可能向外移民,否则最好是提高适度人口,而不是减少实际人口。办法是增加就业机会,而不降低个人效率和福利。他提出了人口上限和人口下限的概念及其制定办法,界定了人口过剩的内涵及其表现特征。他还具体定量地计算出法国适度人口约在5000万—7500万人。①

经济学家科尔(A. J. Coale)和胡佛(E. M. Hoover)提出从人口增长和经济发展宏观模型出发,来确定最佳人口规模的理论。② 根据科尔和胡佛的理论,可以把人均收入与人口规模看成函数关系,在一个国家的特定时期内,当非劳动资源的供给不变时,存在一个能使人均收入最大化的人口规模,这一规模就是最佳人口规模;与之相适应的人口,就是适度人口。适度人口并不是固定的,当资本积累,技术进步和新的自然资源获得开发时,人均收入的增加和最佳人口的扩大就会同时出现。

由此可见,适度人口概念是指当一个国家或地区的劳动力恰好能够最充分地利用本国可获得的资源时的人口,或当某国在一定条件下达到最高生活水平时的人口。适度人口概念与人口承载力有关,它展示了人口与经济、资源、环境的关系。适度人口思想包括三个方面的内涵:一是适度人口是人类追求的人口与经济、资源和环境关系的理想状态,其标志是人口充分就业、平均生活水平高、均衡的人口构成和丰富的资源(潜力)等,是人口与经济、资源和环境的高度平衡关系;二是适度人口是一个弹性的概念,强调人口与经济、资源和环境的关系的可变性,即不同的技术水平下有不同的适度人口;三是适度人口是一个相对概念,它是相对于经济、资源和环境而言的。适度人口理论认为,任何一个城市和地

---

① 索维:《人口通论》,查瑞传等译。
② A. J. Coale, E. M. Hoover, *Population Growth and Economic Development*, Princeton: Princeton University Press, 2015.

区都存在理想的人口规模和结构,因此人口调控是必须的。当人口过多时需要进行调节达到适度人口,当人口过少时需要进行干预,从而实现适度人口。适度人口理论不仅表达了人口调控的必要性,而且指明了人口调控的目标,尽管适度人口很难界定和测量。不过,适度人口理论更多从人口数量调控出发,而对人口结构调控关注不够。

(二)人口迁移相关研究

在我国改革开放的四十年间,人口迁移主要表现为城镇化进程与人口流动的关系[①],人口迁移流动为中国经济的高速发展提供了丰富劳动力,为新型城镇化的发展奠定了基础。

人口迁移含义是指人们由于经济原因或社会因素离开居住地转移到其他地区,通过地域的移动行为改变人口规模和结构。可以说,人口迁移实质是动态的人口分布。国外对人口迁移研究较早,形成较系统的人口迁移理论思想体系。最早研究人口迁移的当属17世纪的威廉·配第,他首次从经济角度对人口迁移流动进行解释,认为决定人口迁移的关键是比较经济利益,当经济收益出现差异时,就会推动人口向比较经济利益较高地区迁移,使他们能在迁移后获得更大的个人效用。持此观点的还有托达罗(M. P. Todaro),他认为决定农民能否实现由农村向城市迁移的主导因素是城乡实际收入差别以及能否在城市找到一份工作。舒尔茨也认为,迁移是一种由成本决定行为的活动,只有当迁移效益大于迁移成本,才会产生实际人口的迁移行为。国外经典人口迁移理论主要从宏观(国家或地区)和微观(家庭或个人)两个层面来展开研究。

1. 宏观视角人口迁移理论

人口迁移理论鼻祖、统计学家莱文斯坦从人口学角度全面分析了人

---

① 陈云松、张翼:《城镇化的不平等效应与社会融合》,《中国社会科学》2015年第6期。

口迁移的原因,并通过数据对人口迁移规律进行了具体总结,提出了人口迁移的六项法则:① 迁移人口与空间距离呈反向变动关系,离商业中心距离越远的地区,迁移人口数则越少;② 人口迁移流呈阶梯递进的模式,距离城市较近地区人口迁移带来的人口空缺会由更远地区的人口添补,这样人口迁入城市的吸引力可以波及最偏远地区;③ 迁移流的方向是双向的;④ 迁移倾向的区别,即不同类别和性别居民的迁移倾向也存在差异,城镇居民相对农村居民的迁移倾向较小,女性更倾向于短距离迁移;⑤ 交通运输工具的便利与城镇工商业的发展均能促使人口迁移;⑥ 经济原因是促使人口迁移的主要因素。莱文斯坦这一法则被认为是人口"推拉理论"的渊源。"推拉理论"是人口迁移理论中受到研究学者广泛认同、应用最广泛的理论之一。早在20世纪30年代,在赫博尔发表的《乡村——城市迁移的原因》一文中就提出了人口迁移的"推力"和"拉力"概念。后来,唐纳德·丁·博格(D. J. Bogue)等人对该理论进行完善,主要是从迁出地和迁入地的自然环境、就业机遇、社会经济发展的差异等方面构成的推拉力量对人口迁移的原因进行解释。

1966年,李在莱文斯坦和博格的基础上发展了迁移理论,在《迁移理论》一文中再次对"推拉理论"进行深入拓展,提出影响人口迁移的因素,试图解释从人口迁出地到迁入地的迁移过程中,迁移人口对吸力和阻力所做出的不同反映,从迁入地、迁出地的影响因素,迁移过程的障碍因素,以及个人因素四个方面讨论其对人口迁移的影响。他认为人口在迁移的过程中存在许多障碍因素,一方面是迁入地和迁出地的许多因素对迁移决策产生影响,人们对迁入地的了解也会在很大程度上影响人们的迁移行为,具体包括:① 人口的迁移选择性;② 正向人口迁移与负向人口迁移的划分;③ 迁移的中间障碍越大,淘汰率越高,迁移的选择性也就越强;④ 迁移选择的过程与人的生命周期密切相关;⑤ 迁移人口的特征介于原居住地人口和迁入地人口之间。① 李虽对推拉理论进行了完善,但由于缺乏科学的推断和前提假设的检验,因此在应用上具有一定局限。

古典推拉理论认为,人口迁移的主导因素是迁入地和迁出地工资差别所导致的,人口的迁出将降低迁出地的劳动力供给,从而导致迁出地工资水平上升;而人口迁入地会由于劳动力供给的增加而使工资水平趋于下降。最后,当迁入地与迁出地工资水平达到均衡时,劳动力也将停止迁移流动。

第二次世界大战以后,伴随经济发展和科技进步,学者们将科技进步成果和实践经验融入人口迁移研究,提出了嵌入模型。其中最为有名的是刘易斯和托达罗的"新古典迁移模型"。刘易斯在其《劳动力无限供给条件下的经济发展》一文中,构建了经典二元经济及其劳动力转移模型,首次从宏观层面解释劳动力迁移的动因和过程。② 但是,刘易斯的理论也存在一定缺陷。工业部门并不能无限吸纳农业部门的剩余劳动力,资本积累的扩大和就业水平的提高并不能同比上升,农业剩余劳动力向城市迁移后,也不能立即找到工作。因为,发展中国家农业的隐性失业和城市失业问题是并存的。虽然刘易斯二元理论为研究人口迁移提供了有效理论依据,但也要具体问题具体分析。针对刘易斯模型存在的缺陷,拉尼斯和费景汉对其二元模型进行了修正,提出了两个"转折点",将劳动力转移过程分为三个阶段:第一个阶段是最初劳动力的边际生产力为零,处于劳动力无限供给阶段;第二个阶段是农业劳动力的边际生产率开始为正,农业部门工资有上升趋势,此时为"第一转折点";第三个阶段是农业劳动力的边际生产力与工资率水平达到平衡,农业部门

---

① Everett S. Lee, "A Theory of Migration", *Demography*, Vol. 3(1966).
② V. A. 刘易斯:《二元经济论》,施炜等译,北京:北京经济学院出版社,1989年。

和工业部门开始争夺劳动力,此时为"第二转折点"。

此前,中国东部沿海地区出现"民工荒",由此"中国是否进入刘易斯拐点"成为舆论焦点。实际这里刘易斯拐点指的是第一转折点,也就是劳动力由无限供给向有限剩余的转变。

20世纪六七十年代,发展中国家出现了有悖于刘易斯二元经济理论的现象,即城市的严重失业与持续上升的人口迁移并存。托达罗认为,人口迁移并不仅仅取决于城乡实际收入差距的大小,还取决于失业率。但农民在迁移时也会权衡在城市承受失业的风险与获得较高收入的大小利弊,就此提出"预期收入理论"。因此,失业与持续上升的人口迁移并存的现象是农民对迁移后的预期收入较高,人们预计未来的收入能够弥补现在短期失业的损失。①

此外,Zelinsky根据西方国家历史经验,将人口转变理论、城市化及工业化过程结合起来,提出了"迁移率转变"理论。该理论认为人类迁移活动可分为五个发展阶段:第一阶段发生在人类出生率和死亡率均较高的传统社会,此时,可能只存在少量人口迁移;第二阶段是工业革命早期,当时死亡率有所下降,人口自然增长率出现上升,人口规模开始不断扩大,因此,农村人口开始向城市和未开发地区扩散;第三阶段发生在工业革命晚期,也是人口转变的后期阶段,由于出生率和死亡率均出现大幅下降,所以人口自然增长率开始下降,而且在第二阶段,多数农村劳动力已迁移到城市,人口迁移增长率开始放缓,但迁移数量仍呈上升趋势;第四阶段处于发达经济社会时期,人口转变已完成,人口自然增长率更低,此时,城市之间和城市内部的迁移取代过去由农村向城市迁移模式;

---

① M. P. 托达罗主编:《第三世界的经济发展学》,印金强等译,北京:中国人民大学出版社,1988年。

第五阶段是在未来发达社会,人口迁移模式应主要是城市之间和城市内部的流动,并且迁移数量可能会出现下降。

2. 微观视角人口迁移理论

舒尔茨在其著作《论人力资本投资》中,把"个人和家庭迁移以适应不断变化的就业机会"看作人力资本投资的主要因素之一。舒尔茨的理论将人口迁移归为人力投资前提下的迁移,这可以用来解释人口迁移的原因,即人口迁移时的现金花费和非现金花费是投资,而迁移后的所得收入是收益,是否迁移的行为决策取决于在迁入地获得的平均收益能否超过迁出地获得的收入和迁出过程中所付的成本之和。[1] 达万索对迁移成本与迁移收益进行系统总结,得到迁移成本主要包括交通成本、信息成本、心理成本、寻找工作和待业过程中的收入损失、迁出地的资产损失等;迁移收益包括工资水平上升、享受更完善的福利服务、更宜人的气候。这一理论能很好解释迁移群体多是年轻人的原因,因为年轻人迁移成本相对较低,且迁移后有较长时间提高收入水平,迁移预期收入较高。所以,年龄越轻的人口迁移动机越大。

新经济迁移理论又被称为新迁移经济学理论或新劳动迁移理论。该理论由斯塔克和布鲁姆提出,他们从微观家庭和个人角度分析劳动力迁移动机,迁移者更强调家庭因素的重要性,会考虑迁移能使家庭承担的风险最小化,且预期收入最大化。[2] 因此,劳动力的迁移并不仅仅是由地区收入差距决定的。在新经济迁移理论中,有三个核心概念,包括"风险转移""经济约束""相对剥夺"。[3] 首先,"风险转移"是一种分散风

---

[1] 舒尔茨:《论人力资本投资》,吴珠华等译,北京:北京经济学院出版社,1990年。
[2] O. Stark, D. Bloom, "The New Economics of Labor Migration", *American Economic Review*, Vol. 75(1985).
[3] 舒尔茨:《论人力资本投资》,吴珠华等译。

险的方式。由于当地传统的经济收入并不稳定,家庭单位会决定让部分家庭成员外出务工,以分散风险,减小对当地单一收入的依赖。其次,劳动力的转移是由于资本市场的不完全性导致的,这是"经济约束"的概念。由于在原住地,许多人缺少社会保险,同时也缺少资金支持,这些制度和资金的约束导致家庭决定让部分成员外出务工,从而能获得一定数量的资金支持和福利保障。最后,新迁移理论对传统理论中绝对收入差距对迁移的影响提出质疑,该理论认为家庭在做出迁移决策时,不仅仅考虑绝对预期收入水平,还会与社区内其他家庭单位或参照人群的收入水平相比较,从而减轻相对剥夺的压力,即使预期收入水平很高,但如果低于比较对象,就会产生相对剥夺的压力,因此,会产生迁移的想法。

3. 我国的人口流动与城镇化

我国关于流动人口及人口迁移的研究众多,可以分为迁移规模、迁移空间分布、迁移的影响因素和时空发展趋势等方面。关于人口迁移的规模和方向的研究已经趋于成熟,近年来特别是21世纪以来人口迁移的因素分析是学界一直关注的热点话题。①

在对迁移人口规模和空间分布的研究上,张善余、王桂新等人指出20世纪80年代以后,中国人口迁移日趋活跃,而且迁移方向是从内陆向东南沿海地区。② 鲍曙明等人根据历次人口调查数据和"五普"数据,综合分析了50年间我国迁移人口的空间形态变化,认为以北京、上海、广州为主的人口迁移吸引中心已经形成。③ 此外还有许多学者运用不

---

① 张冬敏:《省际人口迁移的研究方法综述》,《改革与开放》2009年第5期。
② 张善余:《我国省际人口迁移模式的重大变化》,《人口研究》1990年第1期;王桂新:《中国经济体制改革以来省际人口迁移区域模式及其变化》,《人口与经济》2000年第3期。
③ 鲍曙明、时安卿、侯维忠:《中国人口迁移的空间形态变化分析》,《中国人口科学》2005年第5期。

同的空间分析方法,就人口迁移的流向、源地、空间结构等内容展开了一系列的探讨,为了解人口迁移分布及其变化规律提供了新的研究思路。

人口迁移的影响因素一直是学者们持续争论的热点问题,因此各种理论和模型层出不穷。最先开始从事人口迁移影响因素相关研究并总结出各种理论及模型的主要是欧美学者。莱文斯坦法则、推拉理论、托达罗模型、二元劳动市场论和移民网络理论等都为迁移因素的研究提供了指导。我国学者在这一领域的研究起步较晚,研究内容方面较多的是结合具体数据从实证的角度验证哪些因素影响了人口跨越地区的迁移和流动。

经济因素历来被学者们认为对人口迁移行为发挥了重要的作用。蒋正华等探讨了全国尺度的人口迁移行为和数量与经济发展诸多指标的关联,数据分析表明 1982—1985 年期间我国跨省人口净迁移和经济因素不存在显著相关关系,而在 1985—1989 年间,净迁移与人均收入、增长速度和产业结构有关。[1] 王桂新通过构建人口迁移影响因素的引力模型发现,收入对人口迁移行为的发生和变动存在显著影响,并且主要表现为收入水平高带来的吸引作用和收入水平低所产生的推拉作用。[2] 朱传耿把研究定位在流动人口数量在五万以上的城市,通过对反映社会、经济等方面因素的各项指标进行主成分分析,在提取指标中的主成分后,运用相关分析方法发现流动人口规模与经济和投资的关系密切。[3] 严善平对 1990—2000 年我国省际人口迁移流动存在的内在机制

---

[1] 蒋正华、李南:《中国近期区域人口迁移及与经济发展的关系分析》,《人口与经济》1994 年第 6 期。
[2] 王桂新:《中国省际人口迁移地域结构探析》,《中国人口科学》1996 年第 1 期。
[3] 朱传耿、顾朝林、马荣华、甄峰、张伟:《中国流动人口的影响要素与空间分布》,《地理学报》2001 年第 5 期。

进行讨论,表明不同地区间的经济差距只是促使人口发生迁移和流动的前提条件,净收益才是影响流动的决定因素。① 于涛方通过对 2000 年以来流动人口的定量研究,发现投资对城市流动人口增长具有较强的驱动作用,消费等因素的影响则不突出。② 刘生龙用人口普查数据对推拉理论进行验证,发现以人均 GDP 水平、就业率等为代表的经济发展指标是影响人口迁移的重要因素。③ 冯健等运用"六普"数据进行回归分析,得出了迁入地居民收入与迁移率的正相关关系。④

此外,学者们也十分关注并强调空间距离对人口迁移行为的重要性,指出省与省的空间距离和跨越省份的省际人口迁移规模存在着负相关。王桂新等运用区域间的距离、引力模型等对跨省人口迁移和省级空间距离之间隐含的关系进行探讨,揭示出 1985 年及其后的六年间中国省际人口迁移的方向具体是从经济相对欠发达的中西部地区向经济水平较高较为发达的东部地区进行迁移,在此期间,我国各省人口迁移、迁出、迁入的影响因素与机制并不相同。⑤ 段成荣的研究则表明了人口迁移的迁入地与迁出地之间所存在着的经济社会发展差异和省际间空间距离等各方面综合因素是居民做出迁移决策与否的重要依据。⑥

人口迁移除了与经济和距离有关外,也受到资源、环境与生态的制约。杨金星和贾秀嵩基于环境人口容量和实际人口容量在我国各省市

---

① 严善平:《中国省际人口流动的机制研究》,《中国人口科学》2007 年第 1 期。
② 于涛方:《中国城市人口流动增长的空间类型及影响因素》,《中国人口科学》2012 年第 4 期。
③ 刘生龙:《中国跨省人口迁移的影响因素分析》,《数量经济技术经济研究》2014 年第 4 期。
④ 刘晏伶、冯健:《中国人口迁移特征及其影响因素:基于第六次人口普查数据的分析》,《人文地理》2014 年第 2 期。
⑤ 王桂新:《我国省际人口迁移与距离关系之探讨》,《人口与经济》1993 年第 2 期。
⑥ 段成荣:《省际人口迁移迁入地选择的影响因素分析》,《人口研究》2001 年第 1 期。

地区分布存在较大差别的实际,对我国环境人口容量和人口迁移的内在联系进行了深入的探讨,认为环境人口容量的高低对人口迁移可以产生不容忽视的作用。① 郑艳在全球化、一体化和气候问题国际化的宏观背景下,对环境移民的概念、理论基础及其政策含义进行了全面的定义和解析,提出建立一个包括人口迁移和资源稀缺理论、环境承载力理论于一体的综合研究框架。② 余庆年等对 2010 年西南特大干旱时期农村人口迁移进行了调查,揭示出在政府的帮助下农户采取了多样化应对措施,减轻特大干旱对农户生活带来的困难,从而减弱了农户向其他地区迁移的行为。③ 张怡基于汶川地震的案例,探讨了灾区人口迁移过程中能否优化人口结构的问题,提出将灾区农业人口向城镇迁移是优化人口结构的重要途径。④

## 二、生命统计下的人口分析技术

影响和决定人口数量和人口结构变化的各种因素都是人口研究的内容,人口的出生、死亡是决定人口规模和结构的主要因素。这两个议题统一起来,往往作为生命统计指标,体现在政府主导的各项数据监测或者调查及人口普查之中。

(一)人口出生及人口健康指标衡量下的人口分析技术

人口出生及统计分析是人口研究中极为重要的内容。人口出生往

---

① 杨金星、贾秀嵩:《我国的人口迁移与环境人口容量》,《经济地理》1991 年第 3 期。
② 郑艳:《环境移民:概念辨析、理论基础及政策含义》,《中国人口(资源与环境)》2013 年第 4 期。
③ 余庆年、施国庆、陈绍军:《气候变化移民:极端气候事件与适应——基于对 2010 年西南特大干旱农村人口迁移的调查》,《中国人口(资源与环境)》2011 年第 8 期。
④ 张怡:《灾区人口迁移下的人口结构优化》,《现代经济信息》2009 年第 24 期。

往是指活产婴儿并进行登记的人口事件,联合国从人口统计角度给出定义,胎儿离开母体后具有心脏跳动等生命特征,无论脐带是否被切断、胎盘是否脱离母体等,都称为"活产"。因此在人口统计中,无论婴儿是生下后立即死亡还是登记时已经死亡,都应该登记为出生人口。由于出生事件发生在孩子和母亲双方,因此人口研究过程中,往往将出生人数和育龄妇女人数、总人数等相结合,得出不同的出生和出生率指标值。此外,研究过程中也往往结合母亲的婚姻状况以及父亲的特征,判断夫妇在自然生理、社会、经济、文化等多个方面的差异,将生育行为和人口出生进行综合分析,研究起来更为复杂。

人口出生在传统人口分析技术层面上主要是生育率的统计分析,即从各个角度和侧面描述妇女的生育状况,对不同的现象和问题采用不同的指标进行衡量和分析;而人口健康指标中所衡量的出生质量指标,在这里往往更加关注婴儿出生的生命质量特征,经常以婴儿的死亡率、疾病发生率等进行衡量。下面分成两个部分进行阐释。

1. 传统人口分析技术下的生育统计分析

从生育率衡量人口出生,主要是判断其变化受到人们的生育观念、社会经济因素以及生理因素的影响,重点分析和解释生育率的变化。在人口分析技术中,人口出生的最直接、最重要的指标是妇女生育水平、生育年龄、人口的性别、年龄分布以及妇女的婚姻状况等,此外对妇女生育孩子次序(孩次)、结婚年龄和生育间隔等也有涉及。在社会经济因素中,主要讨论的范围包括民族、宗教、职业、经济状况、文化程度以及区域差异等等。依据人口调查或者普查的数据资料,人口分析技术重点进行出生人口统计,指标包括:出生人数、出生率(粗)、一般生育率、分年龄生育率、总和生育率、分年龄已婚生育率、平均生育年龄、终身生育率、累计生育率,以及孩次比例、平均孩次等等。

第一,出生和生育统计指标,包括:

1) 出生人数,是指离开母体时具有生命现象的活产婴儿数,这是一个时期指标,可以统计在任何时期内的出生人数,也是度量生育的最基本指标。出生人数可以粗略比较不同地区未来人口规模相对变化的情况,但不同地区的出生人数不同,并不能直接反映出生水平和生育水平的差异,因为人口规模会影响出生人口的状况。

2) 出生率,也称粗出生率,即在任意长的时期内活产婴儿数与该时期内总人口的生存人年数之比。指标单位为人/人年,属于强度指标,反映的是人口的出生水平。在假定人口出生死亡分布均匀的情况下,人年数等于时期长度乘以该时期内的平均人口数,由此可得:

$$CBR = \frac{B}{n\overline{P}}$$

这里,$CBR$ 为粗生育率,$B$ 为时期内出生人数,$n$ 为时期长度(转换为年为单位),$\overline{P}$ 为期内平均人口,出生率统计指标一般按照年进行计算,统计单位为‰。

3) 一般生育率,又称总生育率,理论上与出生率一样,分母都是人年数,但分母为某一时期内育龄妇女的存活人年数,该时期的一般生育率为:

$$GFR = \frac{B}{n\overline{W}_{15-49}}$$

这里 $GFR$ 是一般生育率,$B$ 为期内出生人数,$n$ 为时期长度(以年为单位),$\overline{W}_{15-49}$ 为期内 15—49 岁育龄妇女平均数。

4) 分年龄生育率,是指按不同年龄计算妇女的生育率,通常以一年为单位,计算一年内每一千名某一年龄或年龄组妇女所生育的孩子数为:

$$f_a = \frac{B_a}{W_a} \times 1000‰, 或 {}_5f_a = \frac{{}_5B_a}{{}_5W_a} \times 1000‰$$

5) 总和生育率，当时期长度为一年，年龄分组组距为1岁的情况下，总和生育率等于分年龄生育率之和，能够较为清晰地反映人口的生育水平，且不受年龄结构影响，计算公式为：

$$TFR = \sum_{a=15}^{49} f_a = 5\sum_{k=1}^{7} 5f_{10+5*k}$$

总和生育率是假定一批同期出生的妇女按照这一年的分年龄生育率度过整个育龄期，平均每个妇女所生的孩子数量，但综合生育率的假定不是真正的一批妇女一生平均生育的孩子数。

6) 分年龄已婚生育率，由于大多数生育事件都发生在妇女结婚以后，因此分年龄生育率容易受到各年龄妇女婚姻状况的影响，将各年龄妇女生育人数与已婚妇女人数进行比较，即可得到分年龄已婚生育率，主要用于分析已婚妇女生育水平和妇女婚姻状况的变化对生育率的影响程度。

7) 妇女平均生育年龄，是从年龄角度反映妇女生育状况的指标，计算公式为：

$$\bar{a} = \frac{(a+\frac{n}{2})_n f_a}{\sum {}_n f_a}, 或 \bar{a} = \frac{\sum a_n f_a}{\sum f_a} + \frac{n}{2}$$

这里要注意，平均生育年龄与统计学上关于算术平均数的一般定义不同，这里的加权方式不受年龄结构的影响。

8) 终身生育率，是指采用队列分析方法，计算同时出生的一批妇女在各个年龄的生育率之和，称为终身生育率，表示妇女一生的生育状况和生育结果，它的数值表示在不考虑死亡的情况下，该批妇女一生平均

生育的孩子数,计算公式为:

$$CFR = \sum_{a=15}^{49} f_a^{T+a}$$

终身生育率反映的是妇女一生的真实生育水平,而总和生育率则是假定的生育过程。

9) 累计生育率,即从生育起点年龄开始,依次将各年龄生育率累加,直到所规定的不能生育年龄位置,计算公式为:

$$f_c(N) = \sum_{a=15}^{N-1} f_a$$

这里 $f_c(N)$ 为截止到 N 岁(不包括 N 岁)的累计生育率。计算同批人累计妇女生育率对人口分析很有意义,可以表示到某一年龄前妇女已经完成的生育量和完成的百分比。

10) 孩次比例,孩次的定义是某一期间内有生育行为的妇女在期内所生的是其生育的第几个孩子,一定时期内(通常为一年)某一孩次出生的婴儿总数与期内全部出生的人数之比称为孩次比例,计量单位通常用百分比。作为第一个孩子的出生人数除以全部出生人数称为一孩比例,作为第二个孩子的出生人数除以全部的出生人数为二孩比例。

11) 平均孩次,是指某时期内妇女生育孩次的平均值,反映时期内的生育妇女孩次状况,不等同于总和生育率,更有别于终身生育率,主要受到妇女年龄结构的影响。

第二,生育率指标之间的关系和因素分析。某些出生和生育率指标之间存在关系,即某个指标可由其他指标进行推算或表示,把一个因素分解为两个以上的因素,这样可以运用因素分析方法,分析各种因素对生育指标的影响。

1) 出生人数与生育率、一般生育率的关系,出生人数是人口出生统计的最基本指标，能够反映地区出生人口规模并进行人口规划。了解出生人口的变化规律，掌握作为绝对量的出生人口数据和作为相对量的出生率、生育率之间的关系是非常重要的。出生人数与出生率的关系为出生人数＝平均人数×粗出生率，即 $B=\overline{P}\times CBR$，而出生人数与一般生育率的关系是出生人数＝育龄妇女平均人数×一般生育率，即 $B=W_{15-49}\times CFR$。也就是说，出生人数分解为育龄妇女平均人数和一般生育率两项，出生人数的变化受育龄妇女人数和一般生育率变化的影响。

2) 出生率(粗)与一般生育率的关系，出生和生育是一个事情的两个方面，二者紧密联系，但因多胎状况的存在，二者在数值上并不完全一致，出生反映新生婴儿的状况和数量，而生育则反映生育妇女的状况和数量。出生率是从新生婴儿的角度上反映其数量和总人口的对比关系，并未考虑妇女的生育状况，也未涉及生育妇女的数量。一般生育率准确地讲应该是指某一时期内发生生育事件的育龄妇女人数和育龄妇女总人数之比，它反映的是妇女的生育水平，而且可以不考虑出生情况。但由于发生在一定时期内的出生事件和生育事件是一致的，出生人数和生育人数相差又很小，因此在实际人口统计和分析汇总方面往往将二者近似或者等同使用。

3) 一般生育率和分年龄生育率的关系。根据一般生育率和分年龄生育率的定义，二者关系为：

$$GFR=\frac{B}{W_{15-49}}=\frac{\sum_{a=15}^{49}f_a W_a}{\sum_{a=15}^{49}W_a}=\sum_{a=15}^{49}(f_a*\frac{W_a}{\sum_{a=15}^{49}W_a})$$

即一般生育率＝$\sum$（各年龄组妇女生育率×各年龄组妇女人数占全部育龄妇女的比重）。在实际人口变动中，即使各年龄妇女的生育率不变，而且育龄妇女的总人数不变,育龄妇女的年龄构成的差异也会影响出生率的变化。

4) 总和生育率和分年龄已婚生育率的关系,总和生育率是一种年龄标准化的生育率指标,不受年龄结构变动的影响。但由于生育多发生在婚内,因此已婚生育率和已婚妇女比例对总和生育率变动产生较大的影响。通常已婚妇女的比例比较稳定,这时分年龄生育率和分年龄已婚生育率的变化一致,但若婚姻状况发生变化,则总和生育率会受到妇女婚姻状况的影响。

2. 人口转变下的出生人口质量统计分析

随着人口再生产模式的转型,人口生育状况和人口结构发生了重要的改变,而人口年龄结构的变化和生育意愿的变更,对人口出生状况产生了影响。如出生人口在健康统计过程中,风险暴露水平差异导致人口出生对应的健康统计衡量面临困难,传统的出生率、死亡率等衡量指标因研究对象和区域的细化而难以反映出生人口质量等类似人口健康指标的差异。因此,在出生人口健康或者类似人口统计分析模式中,需要充分借助人口的时间、空间等多维度衡量指标,借鉴流行病学上的"三间"分布概念、蒙特卡罗模拟以及吉布斯采样等方法,采用数理统计分析方法对原有人口出生等事件进行仿真模拟,在保证虚拟数据不悖原有统计对象的时间、空间分布特征的情况下,采用小概率扩增方法进行统计分析。

第一,原理概述。小概率扩增方法的核心在于通过时间和空间等多维要素相关性,将现实人群的发病状况作为人群在疾病风险因子胁迫下的真实发病情况,作为人群健康水平的最大似然反映,然后通过时间维度和空间维度的数值分析和模拟,得到标准感染率/死亡率的计算条件,从而得出稳定的人群健康水平的量化指标。在时间维度上,借助研究对象,即人群疾病的先验知识,进行真实发病数据的扩增,即采取随机方法进行数据模拟,如利用泊松分布等概率分布函数,其约束条件为流行病学统计疾病发生率的样本估计量:

$$n=K*Q/P$$

式中,$n$ 为调查例数,$P$ 为预期阳性率,$Q=1-P$,$K$ 为误差经验系数,当容许误差为 10% 时,$K=400$,当容许误差为 15% 时,$K=178$,当容许误差为 20% 时,$K=100$[①],即按照流行病学统计惯例执行。

在空间维度上,首先通过对现实疾病发生状况的空间相关性研究,得出在既定自然环境、社会经济等条件下的人群健康水平的空间关联状况,作为在空间尺度上扩展的依据。其次,人群即公共卫生研究的对象在空间上的分布受到自然环境、社会经济等诸多条件的影响,借助这些空间要素,可以通过空间回归分析得出人群分布的空间度量指标,根据这一指标可以将在时间维度上的人群健康的扩增事件在研究区域进行分配。最后,对扩增事件利用空间相关性再次验证,比较现实疾病发生状况的空间相关性与扩增后的相关性差异,根据差异性的大小选择空间过滤方法或者空间插值方法进行数据的平滑,最终得到区域的人口健康事件的人群分布。

在人群健康的小概率事件进行扩增后,采取传统的标准感染率/死亡率的计算,这时所得人群健康水平的衡量尺度不受研究区样本量扩大和人群健康层次结构变异的影响。同时,根据人口健康事件模拟过程中时间维度和空间相关性的差异,也可以得出扩增方法带来的人口健康水平估计误差,从而更加精确地衡量人群健康水平。

---

① 曾光主编:《现代流行病学方法与应用》,北京:北京医科大学、中国协和医科大学联合出版社,1996年。

与传统流行病学以及公共卫生领域的研究方法不同,小概率事件扩增是根据对事件的认知,依据现有数据的空间性进行量化和扩充,保证了扩充结果的可验证性。而传统流行病学以及相关的疾病发生率估计,则是在对疾病进行大样本分析,了解和获取疾病的先验知识,计算统计所需的基本样本量,通过扩充样本并选择不同的采样方案进行分析,这往往会因样本量的增加、统计区间在空间上的拓展而产生空间非均质性,从而产生分析结果的空间误差,而这种空间误差的存在会对数据的描述、解释、评估等产生不可忽视的后果。[①] 而小概率扩增则减少了样本区间的扩展,充分利用现有样本的空间属性和先验知识,即通过时间维和空间维两个方面增加样本量,尽可能避免样本区间扩展带来的异质性,从而获取以现有疾病发生状态为极大似然的逼近真实估计。

第二,计算步骤。根据小概率扩增的方法原理,在利用模型进行计算时,包括一组模型进行串行运算,具体包括如下:

1) 空间相关性检验。首先在地理信息系统平台上,将研究对象数据,即人群疾病事件进行空间定位,根据这些事件本身的特征,进行点模式分析(point pattern analysis,PPA)或者格数据统计(lattice statistics)。采取的模型包括全局空间相关性统计分析,辨别人群疾病发生是否存在空间相关性,如果不存在,则直接进行时间维数据扩增,然后随机在空间上维度扩增,这时统计的人群健康水平指标不具有空间意义,且误差不易度量,建议选择其他模型或方法进行统计分析。如人群健康事件存在空间相关性,则需要做局部空间相关性检验,并将结果存储,以便于在数据扩增后重新做数据空间相关性检验,确定扩增方法的不确定性。

---

① 应龙根、宁越敏:《空间数据:性质、影响和分析方法》,《地球科学进展》2005 年第 1 期。

这里,全局空间相关性检验模型可采用 Moran's I 或者其他类似功能的方法,其中 Moran's I 模型及其检验为:

$$I = \frac{n\sum_{i}^{n}\sum_{j}^{n}w_{ij} \cdot (y_i - \bar{y})(y_j - \bar{y})}{(\sum_{i}^{n}\sum_{j}^{n}w_{ij}) \cdot \sum_{i}^{n}(y_i - \bar{y})}; Z_I = \frac{I - E(I)}{\sqrt{Var_R(I)}}$$

这里,$n$ 表示统计报告单元的数目,$y_i$ 和 $y_j$ 分别是 $i$、$j$ 统计单元的出生人口或者其他关注的人口健康事件,$w_{ij}$ 是统计单元之间的空间关系表达矩阵。

局域空间相关性检验可以采用 LISA 或者其他类似方法模型,其中 LISA 模型的表述为:

$$I_i = \frac{y_i - \bar{y}}{S^2}\sum_{j=1}^{N}w_{ij}(y_j - \bar{y}); S^2 = \frac{\sum_{j=1,j\neq i}^{N}y_j^2}{N-1} - \bar{y}^2$$

2) 空间回归分析。在确定人群健康事件的空间相关性后,则需要对人口与其他具有空间属性的数据进行回归分析,以便于将扩增人口和健康事件在空间维进行展开。当然,也可以不考虑空间相关性下的一般回归分析,只是从病原学角度出发,考虑疾病的"三间"分布下,空间回归分析对于人口与其他易获取的具有空间属性的数据之间的关系更加符合人群健康水平的机理。与一般回归分析不同,空间回归分析的一般形式可以表述为:

$$y = \rho W_1 y + X\beta + \varepsilon; \varepsilon = \lambda W_2 \varepsilon + \xi$$

这里,$W_1$ 和 $W_2$ 作为表征研究区域统计汇报单元空间相互关系的权重矩阵的取值与空间相关性描述中的权重矩阵一致。

根据人口数据与空间属性的解释数据之间的关系,模型可以分解为空间自回归、移动平均以及条件回归模型,但为了最终验证扩增方法的不确定性,一般采取的模型可以确定形式的空间混合自回归模型和移动平均模型两种方式:

$$Y_i = \mu_i + \sum_j s_{ij}(Y_j - \mu_j) + e_i ; Y_i = \mu_i + \sum_j m i_j e_j + e_i$$

空间回归分析模型的目标在于确定研究区的人口空间结构及其解释变量,为出生或者人群健康事件的扩增提供依据。

3) 时序数据模拟。小概率事件分析的关键在于样本量,采取扩增方法对人群健康事件进行研究,其目标是根据事件发生的机理或者先验知识,获取模拟的大样本量。在时序上进行人群健康事件的扩增研究,目前较为有利的方式就是利用对疾病的认识,用概率分布函数进行疾病发生情况的模拟,具体如泊松分布、二项式分布等情况。以泊松分布函数为例,假定 n 个统计单元的人群健康事件发生为 $y=(y_1,\cdots,y_n)$,人群的健康事件发生期望为 $e(e_1,\cdots,e_n)$,而每个统计单元的风险为 $r=(r_1,\cdots,r_n)$,则按照泊松分布有每个统计风险参数 $r_i$:

$$[y_i \mid r_i] = exp\{-e_i r_i\} \frac{(e_i r_i)^{y_i}}{y_i!}$$

根据现实人群健康事件求解风险参数,然后对统计单元的人口进行扩增,求出每个统计单元扩增后的时序人群健康事件的分布序列 $E(y_i)$。

此外,也可以通过基于贝叶斯方法的数值模拟方法,如马尔科夫蒙特卡罗方法或者吉布斯采样方法等,即从多元分布中反复生成近似于目标分布样本的算法过程。

4) 扩增数据的分配。获取扩增的时序人群健康数据,则需要按照空间回归分析的结果,借助具有空间属性的中间变量 X 对这些数据在空间上进行定位。步骤如下:假定统计单元扩增后人口健康事件的发生

数为 $E(y_i)$，各个统计单元的人口健康事件的发生符合二项分布，参数为 $N(U_i)$，则每个单元发生人口健康事件的概率为 $P_i$，显然根据先验知识，每个统计单元的发生概率 $P_i$ 为固定的，其最大似然期望值为 $E(y_i)/N(U_i)$，对这个人口健康事件的概率分布进行对数转化，有：

$$Logit(P_i) = \log[P_i/(1-P_i)] = \mu + v_i + \varepsilon_i$$

这里 $\mu$ 为每个统计单元的期望值，$v_i$ 为由于整个研究区域人口自相关空间相关量，$\varepsilon_i$ 为符合正态分布的随机量。

人群健康事件受到各单元人口规模自身 $Pop_i$ 和回归分析中的 $X$ 影响，故对于人口健康事件概率 $P_i$ 有：

$$Logit(P_i) = \log[P_i/(1-P_i)] = u_i + v_i + \varepsilon_i;$$
$$u_i = \beta_0 + \beta_1 Pop_i + \beta_2 X_i$$

在求解出统计单元人口健康事件的发生概率后，则可以将时序扩增人口健康事件在空间上进行分配。

5) 结果的误差分析。为了确定扩增结果的不确定性或者说扩展结果的可靠性，还需要针对扩增结果与原始观测数据的空间相关性进行对照分析，根据扩增前后的空间相关性的变异程度，分析扩增结果的不确定性程度，从而完成对扩增后人群健康水平估计进行误差分析，得出扩增结果的可靠性程度。

(二) 人口死亡及预期寿命、健康预期寿命分析

死亡同出生一样，是人口自然变动的因素之一。对死亡人口的统计不仅对研究人口变动和变化规律具有重要意义，也对分析人口健康状况，如预期寿命甚至健康预期寿命，提供卫生决策和健康人口战略制定等，具有极其重要的意义。在我国现实情况下，统计和分析死亡人口状况有以下五个方面的作用：1) 了解现实人口的死亡水平及其潜在发展

趋势;2)研究死亡率的变化规律和地区差异,以及不同人口特征人群的差异及其相互关系;3)对人口健康、社会福利、公共卫生决策和医疗资源配置等提供准确的数据资料;4)为国家宏观决策和社会发展提供依据;5)分析以往人口变化过程,并用于对未来人口发展趋势的预测。

联合国和世界卫生组织将死亡定义为"出生后的任何时间生命现象的永久性消失",由此死亡事件及其统计分析只能在活产之后发生,因此死亡的意义和出生的意义是紧密地联系在一起的。胎儿(或宫内)"死亡"以及完成出生过程以前的死亡都不作为死亡统计数据,胎儿死亡往往包括死产、自然流产和人工流产等。

1. 传统人口分析技术下的死亡统计分析

死亡人口分析指标主要包括死亡人数、死亡率(粗)、死亡人口年龄分布、分年龄死亡率、平均死亡年龄、婴儿死亡率等描述人口的死亡状况。这些指标既可以用来度量死亡率水平,也可以用于对死亡人口的各方面特征进行比较和评价。某些社会经济特征以及生活区域和环境对人口死亡风险影响很大。人口年龄和死亡率的关系最为密切,是人口分析的最重要内容。分析不同性别和区域的人口死亡率差异也是死亡率分析的主要内容。除此之外,婚姻状况、社会经济特征、民族等因素对死亡率也有影响,人们生活的自然和社会环境如气候、海拔、医疗资源可及性、生活用水、环境污染等因素对死亡率也产生影响。

第一,死亡分析统计指标,包括:

1)死亡人数。死亡是人的生命过程终止。死亡人数是一定时期内永久失去生命现象人数的总和。死亡与出生是相对应的,如对某个人进行了死亡登记,则就一定登记过出生,尤其是对刚出生就立即死亡的婴儿,不仅需要登记出生,同时也要登记死亡。任何一方的漏登都会导致人口统计数据的不准确。死亡人数是时期指标,一般按照时期进行统计，具有可加性。死亡人数的多少受总人口规模的影响，一般来说，一个区域的人口总数越多，对应的死亡人数也就越多，同时死亡人数受年龄结构影响，老年人口比例高的区域人口死亡率和死亡人口较多。

2) 死亡率。由于死亡人数受总人口规模的影响，因此不能直接进行国家或者地区之间的比较，必须用死亡人口与总人口的相对比例才能比较，这个相对比例就是死亡率。其严格定义为一定时期死亡的人数与该时期内总生存人年数之比，统计单位是人/人年。由于死亡人口常以一年为单位进行统计，死亡率也以一年为单位进行计算，因此通常情况下，把死亡率定义为某年内死亡人数与该年的平均人口或者年中人口之比，统计单位用千分比表示，计算公式为：

$$CDR = \frac{D}{\overline{P}} \times 1000‰$$

这里 $CDR$ 是死亡率（粗），$D$ 为年内死亡人数，$\overline{P}$ 为年平均人口数或者年中人口数。

3) 死亡人口的年龄分布。死亡人口的年龄分布是指各年龄组死亡人口占总人口的比例。通常具有两个峰值，一个峰值在 0—4 岁组，另一个峰值在 70 岁以上年龄组，即通常婴幼儿死亡率都比较高，相应的死亡人数也比较多。这里需要注意，死亡人口部分受现实存活人口年龄结构的影响，一般情况下，发展中地区和国家年龄结构较年轻，少年儿童所占比例大，老年人比例小，因此少年儿童死亡人口也相对较多，老年死亡人口在全部死亡人口中相对比例小；而发达地区或者国家人口年龄结构长期老化，本身老年人口占总人口的比例就比较大，老年死亡人口也多。如要排除人口年龄结构对死亡的影响，需要计算分年龄死亡率。

4) 分年龄死亡率。年龄是分析死亡率变化的主要变量，在人口规模足够大的情况下，死亡率在年龄上的分布具有一定的规律并且比较稳

定。分年龄死亡率可以粗略地表述为每千名某年龄的人口在一年内死亡人口的比例,用公式表示为:

$$m_a = \frac{D_a}{P_a} \times 1000‰$$

这里 $m_a$ 为 $a$ 岁人口死亡率;$D_a$ 为年内 $a$ 岁死亡人口数,$P_a$ 为 $a$ 岁的年平均人口或 $a$ 岁年中人口数。分年龄死亡率可以按 1 岁一组计算,也可以用 5 岁或者 10 岁一组计算分年龄组死亡率,消除随机影响。死亡率分布曲线与死亡人口分布曲线在形状上大体相同,从 0 岁开始死亡率急剧下降,在 10—14 岁组达到最低,50 岁以后死亡率逐渐上升。

5) 死亡人口的平均年龄和平均死亡年龄。死亡人口的平均年龄是指某死亡人口年龄的平均值。注意,在计算死亡人口的平均年龄时,总体为全部死亡人口,标志为年龄,总体标志总量就是死亡者的年龄总和,总体单位总量则是全体死亡人数,计算死亡人口平均年龄的公式为:

$$\text{死亡人口平均年龄} = \frac{\sum(\text{年龄组组中值} \times \text{该年龄组死亡人口数})}{\text{死亡人口总数}}$$

$$= \sum(\text{年龄组组中值} \times \text{该年龄组死亡人口占总死亡人口的比例})$$

死亡人口的平均年龄是以死亡人口分布为权数计算的,它是死亡人口年龄水平的综合值,是死亡人口年龄的真实反映。但由于死亡人口的年龄分布受存活人口年龄结构影响,因此死亡人口的平均年龄也受到存活人口年龄结构的影响,其可比性较差。为了消除人口年龄结构的影响,根据人口变动的特殊规律,用死亡率在年龄上的分布作为权数,计算平均死亡年龄,定义为:

$$平均死亡年龄 = \frac{\sum(年龄组组中值 \times 相应年龄组死亡率)}{\sum 各年龄组死亡率}$$

6）婴儿死亡率。婴儿是指年龄不满1周岁的儿童。与各年龄死亡率相比，婴儿死亡率是比较高的。由于婴儿死亡率的高低直接受到医疗条件的制约，从而可以反映一个国家或者地区社会经济条件、人口健康素质和社会保健以及医疗卫生事业的差异。不满周岁的婴儿实际上是出生后未满1周岁的人口，婴儿死亡人口即还未达到1周岁尚在0岁期间死亡的人口，但由于婴儿在一年内死亡风险的分布非常不均匀，因此0岁死亡人口在年内均匀分布的假设不存在，不能用0岁年平均人口或者年中人口代替存活人年数，即不能用计算分年龄死亡率的办法来计算婴儿死亡率。婴儿死亡率的严格定义为在一定时期内新出生的活产婴儿中，不满周岁死亡的婴儿占全部活产婴儿的比例，用千分比表示。因此，这个指标虽为"率"，但实际为比例的概念，传统计算公式为：

$$IMR_1 = \frac{D_0}{B} \times 1000‰$$

$IMR_1$是传统的婴儿死亡率，$D_0$为年内0岁死亡人口，$B$为同一年内出生人口。

第二，死亡率指标的关系与死亡率分析。各死亡率指标之间存在着一定的关系，通过这种关系，可以对死亡率进行因素分解，从而研究各因素对某因变量的影响程度和影响方向。

1）死亡人数和死亡率指标之间的关系。在死亡率关系中，最简单、最实用的是死亡人数和死亡率（粗）的关系，可以用于人口预测和人口规划。死亡人数＝死亡率（粗）×年平均人数。

2）分年龄死亡率分析。分年龄死亡率不受人口年龄结构的影响，可以直接反映死亡水平，从而反映一个国家或地区的人口健康水平。随着社会经济、卫生医疗条件等的发展，分年龄死亡率通常是下降的，但需要注意，不同时期分年龄死亡率下降水平存在差异，男性和女性分年龄死亡率也有差异，对不同地区、民族、文化程度、婚姻状态以及行业和职业结构的人口死亡率也往往存在差异。

3) 婴儿死亡率的计算和分析。在 $t-1$、$t$、$t+1$ 连续三年中出生和死亡人口在时间分配如下：

$$B_{t-1} \qquad B_t$$
$$t-1 \qquad t-1$$

这里，$D_t'$ 表示 $t$ 年出生($B_t$)并在 $t$ 年死亡的人口，$D_t''$ 为前一年出生($B_{t-1}$)在 $t$ 年死亡的人口。$D_t'$ 与 $D_t''$ 之和为 $t$ 年全年死亡人口($D_t$)，则改进的婴儿死亡率计算公式常采用：

$$IMR = \frac{Dt}{f'B_t + f''B_{t-1}} \times 1000‰, \quad f' = \frac{Dt'}{Dt' + Dt''}, f'' = 1 - f'$$

但这种改进的方法，分离系数不是直接从调查数据中获取，存在主观性而不精确；一般情况下，需要从人口普查资料中直接得到 $Dt'$ 和 $Dt''$，或者已知死亡婴儿的准确存活时间。

4) 死亡率标准化分析。死亡率(粗)是反映死亡水平最基本的指标，但容易受到人口年龄结构的影响，如当老年人口比重较大时，死亡率(粗)往往相对较高。故而在进行横向或者纵向比较时，需要消除年龄结构的影响，即选择一个共同的标准年龄结构，代替各特定人口的年龄结构，再计算各人口的死亡率，从而可以直接比较死亡水平。这种利用同一年龄结构计算各人口死亡率的方法叫作直接标准化，此外也可以通过影响人口死亡水平的其他因素，如城乡构成、婚姻状况、职业和行业构成等进行标准化。直接标准化的公式为：

$$CDR_1 = \sum m_a c_a^s = \sum m_a \cdot \frac{D_a^s}{D_s}$$

这里 $CDR_1$ 是直接标准化死亡率（粗），$m_a$ 为 $a$ 岁的死亡率，$c_a^s$ 为标准年龄分布。用直接标准化方法计算标准死亡率时，需要各人口的分年龄死亡率，若只有死亡人口总数和分年龄人数，则无法进行直接标准化，这种情况下，可以用间接标准化方法计算标化死亡率：

$$CDR_2 = (\frac{D}{\sum m_a^s P_a}) CDR^s$$

$CDR_2$ 为间接标准化死亡率，$D$ 为死亡人口总数，$P_a$ 为 $a$ 岁人口数，$m_a^s$ 为标准人口年龄分布死亡率，$CDR^s$ 是标准人口的死亡率（粗）。

5）死亡率比较指数。死亡率比较指数主要用于考察死亡率的相对水平，通常在研究某地区死亡率在时间上变化的过程中使用。该指数的计算使用标准人口年龄分布，经过不断替换从而消除了使用第一年的年龄结构作为标准年龄结构这一缺点，计算公式为：

$$CMI = \frac{\sum W_a m_a}{\sum W_a m_a^s}; \quad W_a = \frac{1}{2}(c_a^s + c_a) = \frac{1}{2}(\frac{P_a^s}{P^s} + \frac{P_a}{P})$$

这里 $CMI$ 为死亡率比较指数，$m_a^s$ 为标准人口分年龄死亡率（初始人口死亡率），$m_a$ 为标准人口（或初始人口）以后时期的分年龄死亡率，$W_a$ 为人口分布权数，它是标准人口年龄分布和后期人口年龄分布的平均。

2. 预期寿命与健康预期寿命分析

随着人口年龄结构日益老化，流行病从传染病转向慢性非传染性疾病，伤残模式由传统的先天障碍或身体伤害转变为由精神障碍和行为障碍导致的伤残，这些转变使得单纯从死亡的角度用期望寿命、婴儿死亡率等指标已无法全面评价全人群全生命周期的健康水平或者评估健康干预策略的效果,也就是说,单纯靠原有以死亡为主导的统计指标所提供的人口分析不能充分研究人口健康。随着平均预期寿命的深入研究,健康预期寿命的概念应运而生。

1964年,Sanders首先将伤残的概念引入期望寿命。1971年,沙利文(Sullivan)首次提出了无残疾期望寿命(disability-free life expectancy,DFLE)的概念,并运用生命表方法测算出了无残疾条件下的健康预期寿命,由此提出了健康预期寿命的经典算法——沙利文生命表法。1983年,Katz在其20世纪60年代提出的日常生活基本活动自理能力指数的基础上,提出了活动期望寿命(active life expectancy,ALE)的概念,指老年人日常生活自理能力保持良好状态所能维持的预期寿命。1984年,世界卫生组织的老年流行病学科学小组支持发展一个指标来测量健康期望。1985年,世界卫生组织欧洲区域性小组用无残疾期望寿命作为备选的区域性指标。

1989年,法国国家健康和医疗研究所联合加拿大魁北克社会事务理事会和美国杜克大学人口研究中心成立了专注研究健康预期寿命的学术网络,即国际健康预期寿命研究网络(REVES)。起初该网络只有来自6个国家的50名学者,如今发展到由来自30个国家的150名研究人员组成,涉及领域包括人口学、流行病学、老年医学、社会学、心理学、公共卫生、健康经济学、医学、生物学、统计学等。REVES在全球范围内每年举办一次年会,旨在推动健康预期寿命概念的传播以及对健康预期寿命的概念和测量的统一化。REVES包括Euro-REVES和Asia-REVES两个区域性分支机构。Euro-REVE在欧洲地区健康预期寿命概念的使用、测量的统一、欧洲健康与期望寿命信息系统(European Health and Life Expectancy Information System,EHLEIS)的建设、欧洲健康与期望寿命信息系统项目联合行动等发挥了基础性、引领性作用,对健康预期寿命的概念、方法、理论等发展发挥了关键性作用,是当前研究健康预期寿命领域的全球知名网络。[1]

REVES 的核心成员 Robine 于 2002 年对当时国际上所使用的健康预期寿命的英文术语进行了厘清。他将所有的健康预期寿命的术语统称为健康预期寿命(health expectancy,HE;与 life expectancy,LE 相对应),然后根据是否按权重调整,将健康预期寿命分为健康状态期望寿命(health state expectancy,HSE)和健康调整期望寿命(health-adjusted life expectancy,HALE)。所有的涉及具体疾病、功能损伤、失能等方面的术语归入 HSE,而经过加权调整的都归入 HALE(图 7-2)。

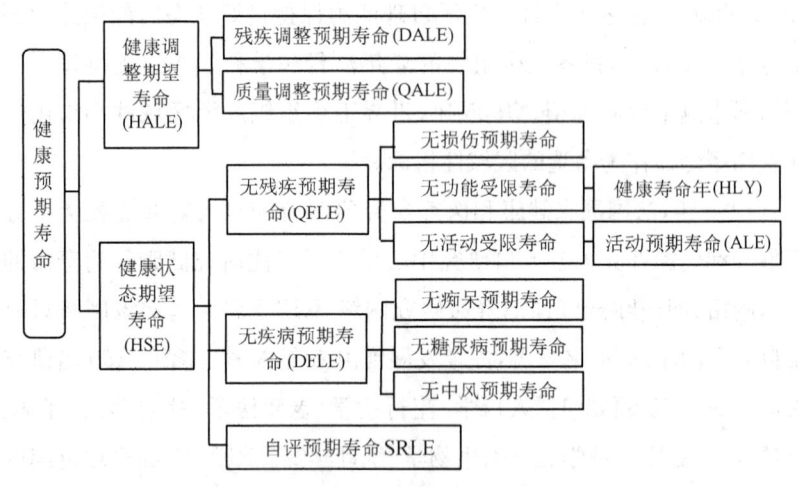

图 7-2 健康预期寿命测量指标类型

Robine 认为,这些概念之间存在一定的联系。健康调整期望寿命(HALF)等于各种健康状况期望寿命(HSE)加权后的总和,期望寿命

---

[1] 乔晓春:《健康寿命研究的介绍与评述》。

(LE)还等于无残疾期望寿命(DFLE)和残疾期望寿命(LEWD)之和。或者期望寿命(LE)等于自评好的期望寿命(LEGPH)和自评差的期望寿命(LEBPH)之和。此外,期望寿命(LE)还等于无残疾的期望寿命(DFLE)与轻度残疾期望寿命(LEWSD)和重度残疾期望寿命(LEWLMD)之和。

健康预期寿命作为健康测量的综合性指标,是在期望寿命(life expectancy)指标的基础上进一步识别预期寿命的健康部分和非健康部分。但是,一个预期寿命为90岁的人群,如果其有八年的非健康期望年数,并不意味着这些人群大多会在生命的最后八年内经历残疾、疾病和失能,而是指这些人群的全生命周期内会有八年左右非健康年数,这也正是健康预期寿命的全生命周期的特征。这八年非健康状态可能在婴幼儿时期的患病或者年轻时期的体育运动损伤,也可能是中年期因为交通事故导致的身体损伤,或者在老年期的残疾或失能。正确理解健康预期寿命的真正内涵是测量和预测健康预期寿命的前提。

第一,健康预期寿命的理论框架。健康预期寿命概念的发展得益于20世纪七八十年代关于疾病压缩(compression of morbidity)还是扩展(expansion of morbidity)的争论。正是因为这场争论,推动了健康预期寿命概念和测量的快速发展,也形成了关于健康预期寿命的基本理论,即病态压缩理论、病态扩展理论和动态平衡理论。

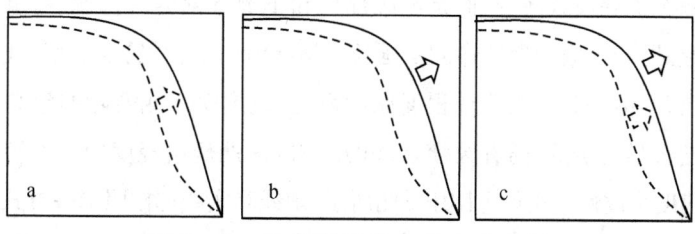

图 7-3 健康预期寿命状态示意图

病态压缩理论最早由 Fried 于 1980 年提出，后经过不断论证，逐渐形成了病态压缩理论。病态压缩理论认为，人类的生命有其无可避免的极限，当预期寿命相对固定时，经济社会环境和医疗卫生条件的改善以及疾病预防延缓了病态的发生，缩短了病态的时间，主要是将病态的发生时间延迟了，人们的健康预期寿命得到延伸和拓展。正如上图中的 a 图，虚线沿着箭头方向移动，而实线相对恒定。根据病态压缩理论，健康预期寿命不仅在数量上会增加，而且占预期寿命的比重也会提高。

病态扩展理论由 Gruenberg 和 Kramer 于 20 世纪七八十年代提出，其基本观点认为，随着医疗技术的进步、经济社会的发展、人们生活方式的改变，尤其是医疗护理以及预防措施的改进，人类的病态可以得到延缓，由此导致预期寿命的增加，而人类的健康预期寿命并没有增加，人类寿命的增加是因为病态预期寿命的增加。正如上图 b 图所示，实线沿着方向移动，意味着预期寿命在延长，而虚线部分却岿然不动，因为人类寿命的延长主要是病态期的延长以及健康预期寿命占预期寿命的比重下降，病态预期寿命占预期寿命的比重逐渐扩大。Kramer 认为期望寿命的增长是延长了濒临死亡人群的生命，人的寿命没有明确的极限，寿命延长或死亡率下降会导致带病期和由此引起的残障期的延长。

动态均衡理论由 Manton 于 1982 年提出。Manton 认为，人类的预期寿命和健康预期寿命变动既不是按照病态压缩理论那样发展，也不是遵循病态扩展模式演变，而是健康部分和不健康部分平行发展，也就是说，病态期和健康预期寿命同步延长。Manton 认为尽管发病率、残疾率可能上升，但是其平均严重程度保持恒定，重度疾病或残障的年数与寿命的增长是同步的，随着医疗条件的改善，慢性病由轻度向重度转变的递进速度会放慢。正如上图中 c 图所示，虚线和实线都按照箭头方式平行演进。三种理论都有发达国家的实证，三种理论的互相争论推动了健康预期寿命概念和测量方法的发展,成为健康预期寿命的基本理论框架。

第二,健康预期寿命的测量方法。关于健康预期寿命的测量方法日益增多。目前大致有七种主要的测量方法:一是开始于1971年的基于患病率的生命表法(又称沙利文法),二是开始于1983年的双递减生命表法,三是开始于1989年的多状态生命表法,四是开始于1993年的隶属等级法,五是于1997年开始的全球疾病负担法,六是于1995年引入的微观仿真法,七是于2003年引入的贝叶斯方法。这七种方法中,微观仿真法和贝叶斯方法最近几年开始引入到健康预期寿命估计中,主要用于对患病率或者转移概率的估算。健康预期寿命研究中使用最多的是沙利文法和多状态生命表法以及全球疾病负担法。本文重点对这三种数据方法进行介绍。数据决定方法,上述七种方法,除了沙利文法和疾病负担法可以采用横截面数据(cross sectional data)外,其他五种方面都需要追踪数据(longitudinal data)或者面板数据(panel data)。

1)沙利文法。这是目前国际上使用比较多的计算健康预期寿命的方法。沙利文法的计算方法比较简单,它用一个人口的分年龄的健康率($tx$)乘以生命表中相应年龄组的生存人年数($Lx$),得到这一人口分年龄的健康生存人年数($tx*Lx$);在通过 $tx*Lx$ 得到累计健康生存人年数 $\sum t_x \times L_x$,最后除以这一年龄组的尚存人数($lx$)得到健康预期寿命。

沙利文法在计算健康预期寿命的具体步骤如下:

(1) 计算各年龄的死亡概率($qx$)。

(2) 计算尚存人数($lx$)。假设 $lx=100000$,根据公式 $lx+1=lx\times(1-qx)$,据此由低年龄组向高年龄组的顺序进行递推计算。

(3) 计算生存人年数($Lx$)。主要根据公式 $Lx=5\times[lx(lx(1)/2]$。特殊地,$Lw+=lw+/mw4+$。

(4) 计算累计生存人年数($Tx$)。将获得的 $Lx$ 按从高年龄向低年龄的顺序进行累加 $Tx = \sum_{i=x}^{w+} L_i$,其中 $Tw+=Lw+$。

(5) 计算平均预期寿命($Ex$)。根据公式 $Ex=Tx/lx$。

(6) 计算年龄别照料率 $Cx$。根据研究所用数据中的照料需求状况,汇总出的各年龄组与不同性别、城乡区域等特征的照料需求列联表,根据公式 $Cx=CPx/Nx$ 可计算得出。其中 $CPx$ 为分年龄组的需要照料的老年人口数,而 $Nx$ 则为该年龄组相应性别和城乡区域的老年人口总数。

(7) 计算需要照料的生存人年数($Lcx$)。根据公式 $Lcx=Cx\times Lx$,其中 $Lx$ 是上述生命表求出的生存人年数;

(8) 计算需要照料的累计生存人年数($Tcx$)。将上述 $Lcx$ 按从高年龄向低年龄的顺序进行累加,即 $Tcx = \sum_{i=x}^{w+} L_{cx}$,其中 $Tcw+=Lcw+$。

(9) 计算预期照料寿命($ECLx$)。根据 $ECLx=Tcx/lx$,其中 $lx$ 是上述生命表求出的尚存人数。

2) 多状态生命表法。多状态生命表有两种计算路径:一种是以人口为基准,一种以状态为基准。后者比前者揭示的信息更多。多状态生命表假定不同的健康状态间可以相互转换且不同健康状态的死亡率不同。

构造多状态生命表需要先估算转移概率。记 $Pij(x)(i,j=1,2,\cdots,N)$ 为 $x$ 岁时处于 $i$ 状态的人将于 $x+n$ 岁时处于 $j$ 状态的概率。为了数学表达与计算的方便,各年龄区间的状态转移概率可写成矩阵(一般以黑斜体字母表示矩阵)$P(x)$:

$$P(x) = \begin{pmatrix} P_{11}(x) & P_{21}(x) & \cdots & P_{N1}(x) \\ P_{12}(x) & P_{22}(x) & \cdots & P_{N1}(x) \\ \vdots & \vdots & & \vdots \\ P_{1N}(x) & P_{2N}(x) & \cdots & P_{NN}(x) \end{pmatrix}$$

与传统生命表中的死亡概率一般由死亡发生/风险率估算而来类似,多状态生命表中的状态转移概率一般也是由状态转移发生/风险率估算而来的。定义从状态 $i$ 到 $j$ 的状态转移发生/风险率 $mij(x)$,为年龄区间 $(x, x+n)$ 从状态 $i$ 转移到状态 $j$ 的人数,除以该年龄组的人存活于状态 $i$ 的人年数(通常以年中处于状态 $i$ 的人数接似)。记处于 $i$ 状态的死亡率为 $mi(x)$,将各状态转移率与死亡率组合成一个特殊矩阵 $m(x)$:

$$m(x) = \begin{pmatrix} m_1(x) + \sum_{k \neq 1} m_{1k}(x) & -m_{21}(x) & \cdots & -m_{N1}(x) \\ -m_{12}(x) & m_2(x) + \sum_{k \neq 2} m_{2k}(x) & \cdots & -m_{N1}(x) \\ \vdots & \vdots & & \vdots \\ -m_{1N}(x) & -m_{2N}(x) & \cdots & m_N(x) + \sum_{k \neq N} m_{Nk}(x) \end{pmatrix}$$

根据状态转移概率矩阵估算状态转移概率矩阵的公式,与传统的生命表根据死亡率估算存活概率的公式结构相似:

$$P(x) = \left[ I + \frac{n}{2} m(x) \right]^{-1} \left[ I - \frac{n}{2} m(x) \right]$$

或

$$P(x) = exp\left(-nm(x)\right)$$

其中,$I$ 是 $N \times N$ 的单位矩阵。

多状态生命表从 $y$ 岁($y$ 可以等于或大于零)开始,记 $iyl(x)$ 为 $y$ 岁时处于状态 $i$ 而在 $x$ 岁时存活于状态 $j$ 的人数。根据马尔可夫假设,即从 $x$ 岁到 $x+n$ 岁的状态转移概率仅取决于 $x$ 岁时的状态而与 $x$ 岁以前的状态无关,可以得出:

$$iylj(x+n)(iylk(x)$$

其中，$i,j,k=1,2,\cdots,N$。$N$ 是状态总数。$iylj(x)(i,j=1,2,\cdots,N,x\geqslant y)$ 写成矩阵形式为 $yl(x)$。因此，$yl(x+n)=P(x)\ yl(x)$。

在多状态生命表中，记 $iyLj(x)$ 为 $y$ 岁时处于 $i$ 状况，而在 $(x,x+n)$ 年龄区间处于 $j$ 状态的存活人年数，记 $iyTj(x)$ 为 $y$ 岁时处于 $i$ 状态，在 $x$ 岁以上处于 $j$ 状态的存活人年数，记 $iyej(x)$ 为 $y$ 岁时处于 $i$ 状态的人在 $x$ 岁以后处于 $j$ 状态的期望寿命。$iyLj(x)$、$iyTj(x)$ 与 $iyej(x)$ $(i,j=1,2,\cdots,N,x\geqslant y)$ 可分别与 $yl(x)$ 的结构完全相同的矩阵表示，即 $yLj(x)$、$yTj(x)$ 与 $yej(x)$。

多状态生命表的主要函数和计算公式如下：

(1)—(13)中的符号 $u$ 表示不需要照料，$c$ 表示需要照料，$d$ 表示死亡，$n$ 表示年龄组间距。

(1) 尚存人数：$lx=lu,x+lc,x$；$lu,x$ 为尚存且不需要照料的人数，$lc,x$ 为尚存且需要照料的人数。

(2) 尚存且不需要照料人数：$lu,x=lu,x-n-lu,x-n\times puc,x-n-lu,x-n\times qud,x-n+lc,x-n\times pcu,x-n$，其中，$puc,x-n$ 为 $x-n$ 岁不需要照料到 $x$ 岁需要照料的概率，$qud,x-n$ 为 $x-n$ 岁不需要照料到 $x$ 岁死亡（暂不区分临终前是否需要照料）的概率；$pcu,x-n$ 为 $x-n$ 岁需要照料到 $x$ 岁不需要照料的概率。

(3) 尚存且需要照料人数：$lc,x=lc,x-n-lc,x-n\times pcu,x-n-lc,x-n\times qcd,x-n+lu,x-n\times puc,x-n$。其中，$puc,x-n$ 为 $x-n$ 岁不需要照料到 $x$ 岁需要照料的概率；$qud,x-n$ 为 $x-n$ 岁不需要照料到 $x$ 岁死亡（暂不区分临终前是否需要照料）的概率；$pcu,x-n$ 为 $x-n$ 岁需要照料到 $x$ 岁不需要照料的概率。

(4) 生存人年数：$Lx=(Lx+Lx-n)\times n/2$。

(5) 需要照料的生存人年数：$Lc,x=(Lc,x+Lc,x-n)\times n/2$。

(6) 不需要照料的生存人年数：$Lu,x=(Lu,x+Lu,x-n)\times n/2$。

(7) 累计生存人年数：$Tx=\sum_{x=1}^{w}L_x$（$w$ 为年龄组数）。

(8) 需要照料的累计生存人年数：$Tc,x=\sum_{x=1}^{w}L_{c,x}$。

(9) 不需要照料的累计生存人年数：$Tu,x=\sum_{x=1}^{w}L_{u,x}$。

(10) 预期寿命：$ex=Tx/lx$。

(11) 需要照料的预期寿命：$ec,x=Tc,x/lc,x$。

(12) 不需要照料的预期寿命：$eu,x=Tu,x/lu,x$。

(13) 预期照料寿命占预期寿命比值：$r=ec,x/ex$。

3）全球疾病负担法。全球疾病负担法主要来自全球疾病负担项目的研究，主要基于残疾调整生命年（DALY），DALY可以理解为一个人损失的健康生命年数。不同人群的DALY之和可以认为是一个理想健康状况（整个人口活到高年龄和无疾病、残疾）和现在健康状态的差距。一个疾病或健康状况的DALY可以计算为人口群体中因为早期死亡导致的生命损失年份（YLL）和因为疾病或疾病恶化导致的残疾损失年份（YLD）。所以DALY的计算公式为：

$$DALY=YLL+YLD$$

其中，生命损失年份（YLL）等于死亡数乘以死亡时的标准预期寿命。特定死因、特定年龄和特定性别的生命损失年份的计算公式为：

$$YLL=N\times L$$

其中，$N$ 为死亡数，$L$ 为死亡年龄时的标准预期寿命。

因为YLL测量由于死亡导致的损失年数，在GBD1990和随后的2000年以及2004年更新中计算YLD是采用发生率（incidence）的视角。

也就是说，特定时间的特定死因的 YLD 等于该时期的该死因的发生数乘以该死因的平均持续长度，并乘以反应该疾病的严重程度的加权因子（介于代表完全健康的 0 和代表死亡的 1 之间）。YLD 的基本公式如下：

$$YLD = I \times DW \times L$$

其中，$I$ 指的是新增发生数，$DW$ 是残疾权重，$L$ 是该疾病持续到死亡或者消失的平均长度。

2012 年由 IHME 发布 GBD2010 之后，YLD 的计算公式调整为：

$$YLD = P \times DW$$

其中，$DW$ 依然是残疾权重，$P$ 则是患病人数。

最近几年，全球疾病负担法在很多细节上进行了完善，改善了不少算法。

第三，健康预期寿命的常用软件。目前国际上有五款软件来计算健康期望寿命，五款中四款采用的是多状态生命表法，另外一款采取的贝叶斯方法。这五款软件分别为 IMaCH、STATA 程序包、SPACE、ELECT 和 GSMLT。

（1）IMaCH 软件。IMaCH 软件是全名是 a Maximum Likelihood Computer Program using Interpolation of Markov Chains，由法国国家人口研究所研究人员 Nicolas Brouad 和 Agnes Lievre 开发。软件手册和软件包可以在网站上下载。该软件需要输入文本格式的数据，首先通过最大似然估计的多分类 logistic 回归技术来估计转换概率。根据转换概率，IMaCH 软件不仅建构了以人口为基础的多状态生命表，而且建构了以状态为基础的多状态生命表，提供包括标准误在内的很多统计指标，并自动生产图表。

(2) STATA 程序包。STATA 程序包顾名思义就是镶嵌在 STATA 软件的程序包,由 Weden 撰写。可以从网站上下载,同样需要年龄别的转换概率。

(3) SPACE 软件。SPACE 软件的全称是 Stochastic Population Analysis for Complex Events,由美国疾病预防中心的国家健康统计中心研究人员蔡立明(Liming Cai)开发。软件的程序和手册均可以通过网站下载。SPACE 软件由 SAS 软件编程。SPACE 软件首先通过追踪调查数据或者估计转换概率,或者转换率。然后基于估计的转换率,SPACE 软件使用确定性或者微观仿真方法和步长法(bootstrap approach)估计的标准误去建构多状态生命表。

(4) ELECT 程序。ELECT 程序是在 R 语言环境下撰写的,同样可以用来建构多状态生命表。由 Ardo Van Den Hout 撰写的手册用来建构多状态生命表可以通过网站获得,还可以通过网站下载程序。ELECT 程序使用 R 语言中的 msm 软件包。msm 软件包由 Jackson 开发,是基于马尔科夫假设的基础上计算转换概率。

(5) GSMLT 软件。GSMLT 软件的全称是 Gibbs Sampler for Multistate Life Tables Software,由 Lynch 和 Brown 采用贝叶斯方法估计和开发出来的。

## 三、人口预测与大数据下人口研究进展

(一) 改革开放四十年中国人口预测研究进展

改革开放和计划生育政策的推行具有时间上的相近性。同时,人口预测与人口政策密不可分。改革开放已经走过四十年,生育政策从一孩政策过渡到全面二孩。四十年,随着人口政策的变化,我国人口预测在方法、内容、研究价值等方面也取得了很大发展。本节将基于文献角度,

全面梳理四十年人口预测的相关研究。首先是对人口预测的相关概念进行界定。其次是从时间角度、预测内容三方面阐述四十年的研究进程。最后，基于文献内容，探讨人口预测与人口政策的互动关系，并总结人口预测的内容。

1. 人口预测的概念

人口预测是运用现代科学技术方法，根据人口变化规律，预测人口过程的发展趋势，测算在未来某个时间的人口规模、水平和趋势，以协助政府决策机构制定政策，并选择人口的最佳发展方案，提出改进措施的一种预测方法。

其基本内容包括人口总数的预测、分年龄分性别人口的预测、生育率死亡率的预测、平均预期寿命的预测、出生性别比、某一时期的出生人数、死亡人数和迁移人数等其他人口指标的预测。

人口状况处于变化之中，但这种变化有一定的内在规律性，这使人口预测成为可能。只要了解当前人口状况，并正确把握和遵循人口发展和变化的内在规律性，便可推算未来的人口状况。人口变化的内在规律性，主要表现在人口的发展变动一般都有一定的方向性，人口的发展变动具有一定的惯性，人的生命周期保证了一个人在一生中的发展变化具有一定的阶段性和连续性，各个人口要素及其发展变动都具有一定的内在联系。

人口预测是在一定的假设条件下进行的。不同的假设条件，会得出不同的预测结果，因此能否作出合理的假设，对人口预测的结果具有重要影响。如在静态人口预测中，一般假定分年龄生育率和分年龄死亡率都不随时间变化；在动态人口预测中，则假定生育率和死亡率是随时间变化的参数。因此，人口预测的结果只有在假设的范围内或前提下才有意义。

人口预测的基本原理，主要体现在如何动态把握某一区域某一时点的人口状态与另一时点人口状态之间的联系和规律。即人口预测在采用不同的方法时,本质上都是利用事物之间的比例关系,一是同一人口现象在不同时期数量之间的比例关系,如出生人口与育龄妇女人数正相关,死亡人数随总人数的变化;二是两个有关联的人口现象在同一时期的比例关系,如出生性别比、人口抚养比等。

2. 中国人口预测研究进展

本部分将从时间和内容两个维度,阐述中国人口预测研究四十年的发展历程。

(1) 中国人口预测研究四十年历程

生育政策是人口预测的重要依据。本部分依据我国生育政策的调整,从时间角度划分为 1978—2013 年和 2013—2018 年两个时间段。1978—2013 年主要梳理该时间段相对重要的人口预测文献,并且针对人口预测的核心内容人口总量进行阐述。2013—2018 年主要是梳理"单独二孩"和"全面二孩"的预测内容。

① 1978—2013 年人口预测进展

我国人口预测研究起步较晚。1949 年后人口再生产迅速转变为高出生率、低死亡率、高增长率模式。这种情况下,马寅初最早提出控制人口增长,在他的《新人口论》中蕴含着人口预测的思想。20 世纪 70 年代政府提出控制人口增长的主张,学术界对我国人口的预测开始步入正轨。

20 世纪 70 年代末,宋健、于景元开始关注人口政策对人口数量和结构的影响,并在其后的《人口预测和人口控制》和《人口控制论》中提出了完整的预测结果。[1] 他们预测按中国 1975 年妇女平均生育数为 3 的趋势延续下去,2000 年中国人口要超过 14.2 亿,2050 年中国人口达

---

[1] 宋健、李广元:《人口控制问题》,《自然杂志》1979 第 9 期。

29.49亿。① 这些预测为我国实施严格一孩的人口政策提供了研究支持。人口发展方程,把总和生育率(TFR)直接纳入模型,这使得预测参数设置更加合理。宋健的研究将我国的人口研究从定性分析引入定量分析,对我国后续人口预测研究产生了较大影响。

进入20世纪90年代,研究者利用第四次人口普查数据对我国人口预测进行了新探讨。中国人民大学人口研究所林富德和路磊在分析90年代计划生育形式的基础上,提出了TFR=2.3五十年不变、TFR减速递减、TFR从2.3到1.7三种方案,同时对城乡变化趋势和死亡水平变动也作了假定。② 在此基础上对人口数量和结构进行了预测。在中位与低位的生育水平下,总人口最大值分别是15.19亿和14.41亿,出现的年份大约是2033年和2030年。在中位生育率设想中,65岁及以上的人口比重将由1990年的5.6%上升到2020年的10.9%,再上升到2040年的19.5%。人口老龄化将是我国未来的一大问题。

曾毅提出人口动态预测模型,分别对城乡人口进行了预测研究。③ 其研究重点是模拟出不断提高的平均生育年龄对中国人口发展的影响,并在中国的平均生育年龄逐步提高的现实情况下,如何确定妇女的年龄别生育率进行了详细的研究和讨论,该模型一方面考虑到了国外的多区域人口预测模型在中国具体应用的缺点,另一方面也根据中国的具体情况对参数进行了修正,是对于人口预测十分有益的尝试,提高了人口预测的准确度。④

进入21世纪初,计算机的广泛应用和人口研究的定量转变推动了

---

① 宋健、于景元、李广元:《人口发展过程的预测》,《中国科学》1980年第9期。
② 林富德、路磊:《低生育率下的人口发展前景》,《人口研究》1994年第3期。
③ 曾毅:《试论我国城乡人口老化趋势及对策》,《人口研究》1990年第2期。
④ 曾毅:《逐步提高平均生育年龄对我国人口发展的影响》,《人口与经济》1991年第2期。

人口预测研究的发展。在基础数据、预测方法、预测内容和预测结果方面和之前不太规范的研究显著不同。当然,也有学者对人口预测的准确性进行了反思①,指出人口预测需要在基础数据、技术方法、原理和机制以及检验等方面加以注意。

人口总量的预测一直是人口预测的核心内容,改革开放四十年以来的预测包括了对人口总量的峰值、人口数量的变化趋势进行了预测,同时预测方法也有很大的突破。

针对人口总量峰值,蒋辉分别采用 Logistic 和灰色模型对我国 2015—2030 年人口作了预测。② Logistic 模型显示:我国总人口 2030 年将达到 14.13 亿。灰色模型预测显示:我国总人口 2030 年将达 13.73 亿。解保华等对我国人口总量和年龄结构进行了预测,认为在现行计划生育政策不变的情况下,中国人口总量将在 2024 年前后达到峰值 14.2 亿。③ 任强等基于 Leslie 矩阵和 ARMA 模型对我国 2010—2050 年期间每五年总人口作了预测,预测结果显示我国总人口将在 2020 年达到历史最大值 14.35 亿,之后呈下降趋势。④ 王焕清以计划生育政策、经济发展水平、城市化率、出生率为解释变量,建立我国总和生育率的多元回归模型⑤,人口峰值会在 2021 年达到 13.7 亿人。如果取消现行政策,人口会迎来报复性增长;如果适度放松政策,人口峰值会在 2045 年达到 15.2 亿人,人口结构会向平衡的自然更替水平发展,适度放松政策是比

---

① 黄荣清:《关于人口预测问题的思考》,《人口研究》2004 年第 1 期。
② 蒋辉:《我国人口预测分析》,《科技管理研究》2005 年第 11 期。
③ 解保华、陈光辉、孙嘉琳:《基于 Leslie 矩阵模型的中国人口总量与年龄结构预测》,《广东商学院学报》2010 年第 3 期。
④ 任强、侯大道:《人口预测的随机方法:基于 Leslie 矩阵和 ARMA 模型》,《人口研究》2011 年第 2 期。
⑤ 王焕清:《不同计划生育政策下的我国人口预测研究》,《统计与决策》2013 年第 5 期。

较合理的选择。

针对人口数量的具体变化趋势,易亮采用曲线拟合模型和灰色模型预测我国未来人口变化,其中,拟合模型预测我国总人口在 2015 年、2020 年将达到 14.79 亿、17.73 亿;灰色模型预测我国总人口在 2015 年、2020 年将达到 14.23 亿、14.83 亿。[1] 金露、夏万军基于 ARMA 组合模型对我国人口总量预测,认为 2014 年我国人口将突破 14 亿,2015 年我国人口总量将达到 14.68 亿。[2] 邓艳娟以 2005 年全国 1‰ 人口抽样调查结果为初始数据,发现生育率和死亡率不随时间发生明显变化,采用 Leslie 矩阵模型对中国 2015—2035 年人口总量进行估计判断,数据表明,中国未来总人口数量呈现先增加后减少的趋势,人口老龄化趋势加重,提出放开二孩政策,缓解老龄化进程。[3]

针对人口总量预测方法,李姝敏、张勋尘以兰州市 1998—2012 年人口总数为样本序列,先进行单位根检验、阶数识别、参数估计建立 ARMA 模型,最后确立 AR(1) 模型并预测该城市 2013—2015 年总人口数。[4] 安和平选取中国 1992—2002 年的人口数据,以人口年增长量为内生变量,人口出生率、人口年增长量的滞后量和人口死亡率的滞后量为外生变量,建立并选取较优的自回归分布滞后模型,预测模型不仅精度高,而且具有再开发的潜力。[5] 陆文珺、柳炳祥通过 BP 神经网络模型以 1970—2010 年中国总人口数为样本预测 2011—2014 年人口数量,并与

---

[1] 易亮:《基于 MATLAB 的人口预测方法分析》,《价值工程》2012 年第 9 期。
[2] 金露、夏万军:《基于 ARMA 组合模型的我国人口增长预测分析》,《哈尔滨商业大学学报》(社会科学版)2012 年第 3 期。
[3] 邓艳娟:《基于 Leslie 模型的中国未来人口预测》,《通化师范学院学报》2015 年第 10 期。
[4] 李姝敏、张勋尘:《基于 ARMA 模型的兰州市人口短期预测研究》,《中国市场》2015 年第 39 期。
[5] 安和平:《中国人口预测的自回归分布滞后模型研究》,《统计与决策》2005 年第 16 期。

实际数据进行对比,结果表明,预测结果相对误差较小,模型精确度较高。[1] 何思兰、孙红兵选取云南省 2000—2013 年人口总数,采用了灰色预测方法和 BP 神经网络方法相结合的组合预测方法,对 2014—2025 年的人口总数进行估计,结果显示,组合预测方法优于单一的灰色预测和 BP 神经网络预测模型,大大提高了预测的准确性。[2] 吴琼、陈永当、秦路宇采用 GM(1,1)方法对陕西省 2005—2012 年人口数量进行预测,统计检验和相对误差计算结果显示灰色预测方法的准确度较高。[3] 李富荣以 1999—2012 年人口数据进行幂函数变换,以改善数据的光滑性并结合等维灰数递补的优点,采用变形的 GM(1,1)方法对中国 2013—2022 年的人口数量进行估计,使最终预测结果更加精确和合理。[4] 王学保、蔡果兰采用线性估计方法和数值微分技术对 Logistic 增长模型进行了参数估计,并验证了 2005—2007 年中国人口数量的误差较小,预测效果理想。[5]

② 针对"二孩政策"的人口预测的研究

随着我国人口进入低生育率时代,严格人口控制增长的政策面临调整。研究者根据政策变化的需要,预测生育政策变化后可能出现的人口变化。

---

[1] 陆文珺、柳炳祥:《一种基于 BP 神经网络的人口总数预测方法》,《中国管理信息化》2016 年第 20 期。
[2] 何思兰、孙红兵:《基于灰色预测和 BP 神经网络模型的云南省人口总量预测研究》,《计算机与数字工程》2016 年第 2 期。
[3] 吴琼、陈永当、秦路宇:《GM(1,1)模型及其在陕西省人口数量预测中的应用》,《中国管理信息化》2015 年第 3 期。
[4] 李富荣:《改进的动态 GM(1,1)模型在人口预测中的应用》,《统计与决策》2013 年第 19 期。
[5] 王学保、蔡果兰:《Logistic 模型的参数估计及人口预测》,《北京工商大学学报》(自然科学版)2009 年第 6 期。

从生育意愿和生育率的角度预测的研究有:王焕清以计划生育政策、经济发展水平、城市化率和出生率为解释变量,建立中国总和生育率的多元回归模型,并将其引入人口发展方程中构造联立方程模型,对中国不同人口生育政策下的人口状况进行预测分析,提出应该放松生育政策。[1] 庄亚儿等对城乡居民的生育意愿进行调查分析,认为完善生育政策有助于缩小居民生育意愿与生育行为之间的差距,全面实施"单独二孩"政策不太可能出现出生堆积现象。[2] 陈卫在广泛稳定人口模型基础上提出整合法和变量 R 法,对中国 1982 年以来的生育水平进行估计。[3] 虽然这两种估计方法得到的结果存在差别,但对于 2000—2010 年的年均总和生育率的估计在 1.6 左右,是对中国生育率水平的又一探索。王广州依据 2010 年人口普查数据,采用孩次递进生育预测方法对未来中国人口发展过程进行情景模拟。[4] 研究表明,全面二孩生育政策调整不足以实现总和生育率稳定在 1.8 左右的人口发展战略目标。

从人口结构角度预测的研究主要有:关于单独二孩,李新运等为了分析"单独二孩"政策对我国人口增长及人口结构变化的影响,以 2010 年第六次人口普查数据为基础,同时考虑近几年来我国人口增长的新特点,按照调整后的生育政策建立了队列要素预测模型,对 2015—2050 年我国人口变动趋势进行了定量测算。[5] 结果显示,生育政策的调整能适度改善我国人口出生率过低、老年化程度持续加深、劳动力快速减少等

---

[1] 王焕清:《不同计划生育政策下的我国人口预测研究》,《统计与决策》2013 年第 5 期。
[2] 庄亚儿、姜玉、王志理、李成福、齐嘉楠、王晖、刘鸿雁、李伯华、覃民:《当前我国城乡居民的生育意愿:基于 2013 年全国生育意愿调查》,《人口研究》2014 年第 3 期。
[3] 陈卫:《基于广义稳定人口模型的中国生育率估计》,《人口研究》2015 年第 6 期。
[4] 王广州:《中国人口预测方法及未来人口政策》,《财经智库》2018 年第 3 期。
[5] 李新运、徐瑶玉、吴学锰:《"单独二孩"政策对我国人口自然变动的影响预测》,《经济与管理评论》2014 年第 5 期。

问题。陆伟锋等人建立了系统动力学模型,对我国 2011—2050 年的人口总数和人口结构进行仿真。① 结果表明"单独二孩"政策下,人口总数将在 2020 年达到峰值 14.09 亿,2050 年降为 8.97 亿,人口结构将依旧呈现明显的倒三角形状。陆伟锋建议在 2025 年前后进一步放松计划生育政策。孙丽娟等通过构造遗传学模型分析"单独二孩"政策下总和生育率的变化,预测分析黑龙江省在"单独二孩"政策下 2005—2025 年 0—9 岁幼儿人口数量。② 关于全面二孩,翟振武等通过观察 2005 年的 1‰ 的人口抽样调查数据,对 2012 年全面放开二孩政策之后年度出生人口规模进行了预测,结果显示,立即全面放开二孩政策的效果大大好于单独二孩政策,会明显改善现在的老龄化和劳动力不足的问题。③ 乔晓春针对翟振武的预测结果进行了重新估计,结果显示符合政策的目标人群为 9652.2 万人,潜在生育人群在 4642.7 万—5955.4 万之间;年度出生人口峰值将在 3224.9 万—3684.4 万之间;总和生育率峰值将在 3.21—3.67 之间。④

(2) 我国人口预测研究内容的扩展

40 年来,人口预测范围不断扩大。从单一的人口总量预测,发展到对年龄结构、生育率、人口性别、流动和迁移人口、劳动力供给、人力资本等领域的预测。本部分将从七个角度梳理四十年来的人口预测进展。

---

① 陆伟锋、吴鹏昆、吴园园:《单独二孩政策下的人口预测研究》,《统计与决策》2015 年第 7 期。
② 孙丽娟、沙元霞、党有权、马荣:《"单独二胎"政策下黑龙江省幼儿数据的 Leslie 预测模型》,《齐齐哈尔大学学报》(自然科学版)2015 年第 1 期。
③ 翟振武、张现苓、靳永爱:《立即全面放开二胎政策的人口学后果分析》,《人口研究》2014 年第 2 期。
④ 乔晓春:《实施"普遍二孩"政策后生育水平会达到多高?——兼与翟振武教授商榷》,《人口与发展》2014 年第 6 期。

① 生育水平预测

改革开放以来我国生育率实现了快速转变,20世纪90年代降低至更替水平。目前我国的生育究竟多高一直处于争议状态,因此对我国生育的预测也处于讨论之中。

关于生育率预测方法和生育水平,宋健构造了阶梯生育密度函数模拟未来生育水平的下降[①],将总和生育率纳入人口发展方程预测模型[②],完善了人口预测方法。张青在计算中国1994—2004年的总和生育率时,发现决定中国总和生育率的因素是国家经济发展水平、生育年龄高低、一般生育率大小和城镇化进程等,并建立多元回归方程,对未来生育率进行了预测。[③] 郭志刚对模拟生育政策调整的人口预测方法进行了探讨,指出常规生育率预测方法不能控制妇女孩次结构的缺陷,并介绍了年龄递进生育模型的应用。[④] 姜全保基于矫正过的生育率数据,使用随机预测方法,对1998年以后的生育水平进行了预测。[⑤] 结果发现,到2028年中国的总和生育率有可能降低到1.3的超低生育水平。

② 年龄结构预测

人口年龄结构的预测对社会经济发展具有重要的指导作用。人口年龄结构模型人口分要素推算模型,即通过预测人口自身要素的生育、死亡、迁移的变化来预测人口结构的变化。目前,我国常用的人口年龄结构预测模型有Leslie模型、人口发展方程、年龄移算法和王广州的系统仿真结构功能模型(CPPS)等。

---

① 宋健、李广元:《人口发展问题的定量研究》,《经济研究》1980年第2期。
② 宋健、于景元、李广元:《人口发展过程的预测》,《中国科学》1980年第9期。
③ 张青:《总和生育率的测算及分析》,《中国人口科学》2006年第4期。
④ 郭志刚:《关于生育政策调整的人口模拟方法探讨》,《中国人口科学》2004年第2期。
⑤ 姜全保:《中国生育水平预测与生育政策展望》,《公共管理学报》2010年第4期。

针对未来人口年龄结构,方建卫以离散形式的人口发展方程为主模型,构建了死亡率、生育率和迁移率的时间序列模型,对我国未来的人口年龄结构进行了预测。[1] 方建卫的预测结构表明我国人口将在2020—2045年达到最高点,在平均生育率保持1.8的情况下,到2050年老龄化指数和65岁及以上老年人口比例分别达到0.561和16.9%。韩晓庆利用Leslie模型对我国未来人口进行模拟研究,预测未来我国人口的发展状况。[2] 张迎春、侯园园等采用Leslie模型,对模型参数做了尝试性调整。[3] 经计算得到我国人口总量在2025年开始进入负增长趋势,届时人口年龄结构严重失调,总抚养比未来高达82.94%。郭震威、郭志刚等设计了基于年龄—孩次递进生育预测方法的两阶段分析测算模型,初步计算了农村实行计划生育的60岁以上人口的数量及中长期变化趋势[4],到2025年、2029年、2034年分别突破2000万、3000万和4000万人,直到21世纪40年代后期,才达到最高峰,峰值人数约4800万。

有学者关注于某一地区的人口结构。樊延和陈国柱运用年龄移算法[5],分别对贵州和湖南的人口年龄结构进行了预测。虞丽萍以中国历年统计数据为原始数据,验证了主模型和各子模型的有效性,并预测

---

[1] 方建卫:《人口预测方法的研究及改进——以中国人口总数及人口结构预测为例》,成都理工大学硕士学位论文,2008年。
[2] 韩晓庆:《基于Leslie模型中国未来人口策略模拟研究》,东北财经大学硕士学位论文,2012年。
[3] 张迎春、侯园园、韩晓庆:《"单独"二胎政策条件下人口年龄结构预测研究》,《经济统计学》(季刊)2014年第2期。
[4] 郭震威、郭志刚、王广州:《2003—2050年农村实行计划生育的老年夫妇人数变动预测》,《人口研究》2005年第2期。
[5] 樊延:《贵安新区"十三五"时期人口发展研究——基于"年龄移算法"的人口预测》,《法制与社会》2016年第17期;陈国柱:《不同生育政策对湖南省人口发展趋势影响的预测研究》,湖南师范大学硕士学位论文,2011年。

2015 年上海市人口年龄结构,绘制了人口年龄树。①

③ 死亡水平预测

人口死亡率代表着人口死亡水平的高低,死亡率的精确预测是人口预测的重点探索方向。在死亡率参数研究中最常用的是 Lee-Carter 模型和此模型的拓展方法。

关于男性人口死亡预测方法。王晓军等用贝叶斯信息准则和最大似然比方法比较一些经常使用的随机死亡率模型,结果显示 Cairns-black-Dowd 双变量扩展模型的估计效果较好,在此方法的基础上对中国男性群体的死亡率进行了预测。② 黄顺林等运用基于出生年效应的一模型对中国男性人口死亡率数据进行拟合,通过残差比较发现该模型拟合效果更优。③

还有学者预测了港澳台人口死亡率。王建平、涂肇庆运用 Lee-Carter 模型拟合香港 1971—1999 年的人口死亡率数据,对未来 50 年分性别的人口死亡率进行预测。④ 他们采用瞬时死亡率代替原始的 Lee-Carter 模型中的中心死亡率,并在预测死亡率基础上,对香港未来新生婴儿的平均预期寿命进行预测,然后将预测结果与官方预测数据比较,发现 Lee-Carter 模型预测出的未来香港人口死亡率下降趋势比官方预测结果要乐观。柳向东、范洋洋以 Lee-Carter 模型为基础,选取 1994—2010 年人类死亡率数据探究中国大陆和台湾地区之间死亡率的相关关

---

① 虞丽萍:《人口年龄结构模型建模和预测》,上海交通大学硕士学位论文,2007 年。
② 王晓军、黄顺林:《中国人口死亡率随机预测模型的比较与选择》,《人口与经济》2011 年第 1 期。
③ 黄顺林、王晓军:《加入出生年效应的死亡率预测及其在年金系数估计中的应用》,《统计与信息论坛》2010 年第 5 期。
④ 王建平、涂肇庆:《香港人口死亡率演变及其未来发展》,《人口研究》2003 年第 5 期。

系,为两地联合长寿债券的价格确定提供了一定的参考依据。①

对于婴儿死亡率和死亡率预测方法,卢仿先等基于我国 1986—2002 年分性别死亡率数据,预测出了我国未来分性别死亡率,并依据预测到的死亡率对新生儿的未来预期寿命进行预测以及和官方预测结果相比较,在关于估计模型参数中运用了奇异值分解法。② 祝伟等针对我国部分年份数据缺失的情况,运用死亡人数服从泊松分布的 Lee-Carter 模型进行预测,结果表明该模型的拟合较好。③ 李志生等基于一年中人口分年龄组死亡率数据,通过比较不同模型参数估计的方法,得出加权最小二乘法的拟合和预测效果最佳的结论。④

④ 人口出生性别比预测

出生性别比偏高是自 20 世纪 80 年代以来我国人口的显著特征,20 世纪关于出生性别比的研究主要以描述性分析和探究原因为主。关于出生性别比预测的研究主要集中于 21 世纪。在出生人口性别比参数的预测上以非线性分形分析 RlS、Bootstrap 方法、计算机模型为主。近年来比较有代表性的研究如下:

针对预测未来出生性别比周期,聂坚、孙克利用分形分析 RIS 法的非线性分析方法,实证分析了中国 1950—2003 年的出生人口性别比的变化特征。⑤ 结果发现:中国出生人口性别比的变化过程存在着显著的

---

① 柳向东、范洋洋:《基于均衡关系的中国人口死亡率预测模型》,《统计与信息论坛》2016 年第 10 期。
② 卢仿先、尹莎:《Lee-Carter 方法在预测中国人口死亡率中的应用》,《保险职业学院学报》2005 年第 6 期。
③ 祝伟、陈秉正:《中国城市人口死亡率的预测》,《数理与精算》2009 年第 4 期。
④ 李志生、刘恒甲:《Lee-Carter 死亡率模型的估计与应用:基于中国人口数据的分析》,《中国人口科学》2010 年第 3 期。
⑤ 聂坚、孙克:《中国人口出生性别比的空间计量分析》,《人口与发展》2008 年第 6 期。

分形特征和明显的持续性,存在着 27 年左右的周期。

关于区域性人口性别比的预测,向华丽针对性别比严重失衡的鄂州地区,运用该市 2000 年人口普查数据,在现行生育政策和不同实施方案的"二孩政策"前提下对该市未来人口发展进行了计算机模拟预测与对比分析,结果表明二孩间隔生育政策在保证正常的出生性别比方面优于现行政策和无间隔二孩政策,该政策对于解决出生性别比严重失衡地区的人口问题仍然具有明显的作用。①

在出生性别比与生育政策关系上的预测方面,胡海兰等建立了出生人口性别比模型,采用极大似然估计法,计算未来十年出生人口性别比。② 结果表明,实施单独二孩政策,有利于降低出人口性别比例。苗红军等通过对未实施"全面二孩"政策和实施"全面二孩"政策两种生育方案下未来中国的人口规模、人口结构进行预测对比,发现实施"全面二孩"政策将有助于减缓我国人口规模急剧下降的趋势,缓解人口老龄化压力,实现未来劳动力资源的持续供给,平衡人口性别结构,人口性别年龄结构趋于均匀至少需要 84 年时间。③ 瞿凌云根据普查数据采用 Bootstrap 方法进行统计模拟分析了我国出生人口性别比的现状,并以湖北省为例,分析了湖北省目前胎次性别比、孩次递进生育表及实际生育行为与意愿生育行为的悖离程度,研究了导致出生人口性别比偏高的各种原因。④

---

① 向华丽:《高出生性别比地区人口预测研究:基于育龄妇女生育意愿调查》,《公共管理学报》2011 年第 4 期。
② 胡海兰、袁晨:《基于单独二孩政策预测我国未来人口性别比例》,《法制与社会》2015 年第 19 期。
③ 苗红军、张文君:《"全面二孩"政策的人口学预测分析》,《长江论坛》2016 年第 5 期。
④ 瞿凌云:《中国出生人口性别比失衡的影响因素及统计模拟》,《统计与决策》2012 年第 2 期。

⑤ 流动和迁移人口预测

人口迁移和流动是我国当前突出的人口特征。对流动人口和迁移人口的准确预测是城市人口发展的重要依据。

区域性流动人口预测。黄健元等在分析各种流动人口模型适用性的基础上，构建了先采用 Logistic 曲线拟合法进行拟合修正，再应用拟合修正后的数据，通过等维递补灰色预测法进行流动人口预测的预测模型，对江苏省 2010 年、2015 年、2020 年流入人口的低中高方案进行预测，取得了较好的效果。[①] 李永浮等采用 Logistic 曲线拟合和等维递补灰色预测理论，预测"十一五"期间北京流动人口的增长情况[②]，确定北京市流动人口增长预测的高、中、低方案。逄锦波、武博采用 Logistic 模型对青岛地区常住总人口数量进行预测，并且与青岛市不断增多的迁移人口进行比较，分析青岛地区迁移人口和常住人口之间的关系，研究显示，到 2020 年该地区常住人口呈现平稳增加趋势，总人口数量的增加主要来源于迁移人口的增加。[③]

流动人口内部变化预测。向晶等利用事件史分析法对城乡分年龄、性别人口的迁移率和流动率进行测算，并利用年龄推移法对 1991—2010 年的中国农村常住人口、农村户籍人口和农村流动人口进行重新估计，研究发现，在城乡间流动的人口中，50 岁及以上的劳动力占比呈上升态势，农民工群体的老龄化趋势非常明显，并且农村留守儿童规模整体呈下降态势。[④]

---

[①] 黄健元、冯成颖、徐国强：《江苏省人口发展趋势预测》，《西北人口》2007 年第 5 期。
[②] 李永浮、鲁奇、周成虎：《2010 年北京市流动人口预测》，《地理研究》2006 年第 1 期。
[③] 逄锦波、武博：《基于 Logistic 模型的青岛常住人口预测》，《山东科技大学学报》(自然科学版)2008 年第 3 期。
[④] 向晶、钟甫宁：《中国城乡迁移和流动人口规模重新估计——基于农村整村调查的分析》，《劳动经济研究》2017 年第 2 期。

⑥ 劳动力供给预测

人口老化和低生育水平,给我国劳动力供给带来了严峻挑战。劳动力供给数量的预测是学者一直关注的重点。

针对人口迁移预测方法,我国的研究大致可划分为两类:第一类研究以劳动力供给历史数据为基础,通过建立数学模型预测未来趋势。这种方法本质上是劳动力供给的趋势外推,往往难以将影响劳动供给的因素考虑进来。第二类研究先预测劳动年龄人口数量,再建立劳动参与率变化影响因素模型,预测劳动参与率,最后用劳动年龄人口乘以劳动参与率得到劳动供给。这类研究预测的准确性关键取决于劳动参与率的设定。

针对未来劳动力数量走势,齐明珠采取人口预测、经济预测等多种预测方法,对我国 2010—2050 年劳动力供给和需求进行了预测。[①] 预测表明,2016 年后我国劳动力供给和需求的关系将发生反转,即使总和生育率到 2020 年提升至更替水平 2.1 并假定一直保持不变,我国也将长期面临劳动力短缺的问题,低生育水平的巨大惯性对我国中长期劳动力市场具有不可逆转的影响。张车伟运用多种方法对"十三五"以及更长一段时期内中国的劳动供求变化进行预测和分析,并使用脱离教育人数法预测了每年新增劳动力的规模和结构。[②] 预测显示:"十三五"时期,新增劳动力供给规模稳中略降,年均增加 1568 万人,劳动需求增长也比较平稳,年均增加 1542 万人,劳动供求呈现基本平衡的格局。龙晓君等运用队列要素人口预测算法,结合预测的劳动参与率,预测未来劳动力

---

[①] 齐明珠:《我国 2010—2050 年劳动力供给与需求预测》,《人口研究》2010 年第 5 期。
[②] 张车伟、蔡翼飞:《中国"十三五"时期劳动供给和需求预测及缺口分析》,《人口研究》2016 年第 1 期。

供给情况。① 发现劳动力规模在 2015 年左右开始缩减,尤其在 2025 年以后快速下降。预计在 2030—2035 年间 45—64 岁中老年劳动力比重超过 25—44 岁中壮年劳动力比重,劳动力内部年龄结构老化趋势日益明显。

针对农村劳动力供给预测,李崇梅等利用多变量非平稳时间序列的状态空间模型对 2017—2020 年的农业劳动力供给状态进行趋势预测。② 结果发现 2017 年以后农业劳动力供给量下降趋势平稳,劳动力供给与需求缺口进一步扩大。赵卫军等通过构建效用工日折算模型对 1984—2050 年中国农业剩余劳动力存量进行估算和预测。③ 结果表明 1984—2024 年,农业剩余劳动力比例整体上处于较快的发展趋势。2024 年后剩余比例开始在 56.56%—56.64%的区间缓慢增长。

⑦ 人力资本预测

人力资本的预测方法主要有 PDE 模型和 BP 神经网络。PDE 模型可以预测未来人口的教育水平。在 20 世纪 70 年代,多状态方法被运用于研究 17 个国际应用系统研究所(International Institute of Applied System Analysis,IIASA)成员国的人口迁移和分布模式的多地区人口预测项目。中国成为 IIASA 成员国后,PDE 也被应用于中国人口预测研究。2003 年北京大学人口所与国际应用系统科学研究所合作利用 PDE 模型,以 2000 年人口普查数据为预测的基础数据,通过对出生、死亡和迁移等进行参数设定,对中国和重点省、直辖市、自治区,如北京、上

---

① 龙晓君、郑健松、李小建:《"全面二孩"背景下我国劳动力供给预测研究》,《经济经纬》2017 年第 5 期。
② 李崇梅、王文军、胡际莲:《基于多变量非平稳时间序列模型的农业劳动力供给预测》,《统计与决策》2018 年第 10 期。
③ 赵卫军、焦斌龙、韩媛媛:《1984—2050 年中国农业剩余劳动力存量估算和预测》,《人口研究》2018 年第 2 期。

海、广东、山西、甘肃、贵州和内蒙古自治区等未来人口规模、年龄结构和人力资本变化进行预测研究。[①] 於世为等针对人力资本计量的非线性特征,将 BP 神经网络引入人力资本模拟预测领域,运用 BP 网络高度并行互联结构和高速的自学习、自适应处理能力,对我国各地区人力资本投资进行预测研究,解决了人力资本投资计量必须建立模型的问题。[②]

3. 人口预测研究展望

(1) 人口预测与人口政策

从宏观角度,自从我国实行计划生育政策以来,人口预测就致力于为实施有效的人口控制政策提供科学依据,我国学术界真正开始对人口预测的研究也起始于 20 世纪 80 年代前后。进入 21 世纪以来,随着人口与资源环境、经济社会之间的矛盾越来越突出,人口预测的意义和作用也越来越受到广泛关注。根据生育政策调整,研究者及时改变研究背景,从近期、中期、远期进行预测,致力于为未来人口发展提供思路。从过去的预测结果来看,很多已经成为现实。

从微观角度,人口预测被广泛应用于教育、保险、消费、环保、交通、土地规划、城市规划、旅游规划、社会保障等众多领域。例如,如何根据未来学龄人口的变动趋势来制定相应的教育发展规划,更好地合理配置教育资源的问题,如何预测未来人口城市化对城市交通设施的影响,未

---

① 郑晓瑛、陈功、庞丽华、曹桂英、任强、刘玉博、张蕾、纪颖:《中国人口、人力资本变化趋势》,《市场与人口分析》2007 年第 1 期;庞丽华、王海涛、刘玉博、张蕾、曹桂英、郑晓瑛:《上海市未来人口和人力资本的变化趋势分析》,《市场与人口分析》2006 年第 6 期;陈功、曹桂英、刘玉博、庞丽华、张蕾、任强、王海涛、郑晓瑛:《北京市未来人口发展趋势预测——利用多状态模型对未来人口、人力资本和城市化水平的预测分析》,《市场与人口分析》2006 年第 4 期。

② 於世为、诸克军、黎金玲、苏顺华:《基于 BP 网络的人力资本预测研究》,《中国地质大学学报》(社会科学版)2005 年第 3 期。

来城市人口增长与生态等等。这给相关政策制定者提供了依据。

(2) 人口预测总结和展望

通过对四十年来我国人口预测研究文献的梳理,得到以下结论和研究展望:

首先,选择合理的人口预测模型,是预测人口数量和人口结构的关键。四十年来国内对人口预测的技术逐步走向成熟。各种参数的设置不断优化,研究方法不断创新。人口预测的方向从简单的数学推导过渡到和仿真技术、控制论、大数据等结合的现代方法。传统人口预测方法包括基于简单数学推理的预测方法、以人口规模发展的阈值来预测人口的方法、基于经济社会发展与人口规模变动的预测方法等。现代人口预测方法主要有 BP 神经网络方法、灰色预测模型、ARMA 模型、Logistic 增长模型、Leslie 矩阵模型等。从研究方法四十年的变化,可以看出我国对人口预测的研究实现了从无到有、从简单到科学、逐步规范的转变。

其次,从预测时间角度,四十年的研究中出现了一系列具有重大影响的成果。从内容来看,预测包含了对人口总量、生育、死亡、年龄结构、人口性别、人口流动和迁移、劳动力供给等各个方面,几乎涵盖了人口领域的全部要素。

最后,虽然人口预测对人口政策起了推动作用,但大部分预测过程中仅考虑了人口的基本要素数据及部分的经济要素,忽略了对生育和健康有重要影响的社会、环境、经济等综合因素的影响,研究者的预测不能全面反映人口数据变化的真实趋势。如何在考虑性别、年龄等基本结构数据的基础上,综合经济、医疗、受教育程度、环境等因素对生育、死亡、总人口寿命的影响关系,对人口总数量、人口增量、人口增长率等数据进行预测,成为人口预测的潜在研究方向。

## (二) 大数据下人口健康研究进展

随着社会发展,数据已成为重要的战略资源。每天,各个领域都产生大量数据,特别是健康相关领域。据专业数据资讯公司统计,海量数据年均增长约50%。① 从文明社会开始到2003年为止,人类已经创造了约5兆亿字节的数据信息。海量数据需要用新的方法来处理,并且正在开启一个重大的时代变迁。

人口健康领域,由于其每天产生海量的数据正成为大数据应用的重要领域。大数据将对人口健康研究领域产生深远的影响,许多健康数据潜在的价值正随着大数据的应用逐步显现。国内相关学者提出,大数据将可能对整个健康系统造成"创造性破坏",如何更好地开发和利用海量的健康医疗数据已成为被关注的热点。

人口健康大数据不仅包含人口相关数据信息、健康相关数据信息,还包含了卫生管理部门数据、专业医疗机构诊疗数据、生命健康等可数字化储存的庞大数据。② 下面将从健康大数据的采集和挖掘两个方面进行研究进展的综述。

### 1. 人口健康数据的采集

移动终端采集到的数据与医疗机构通过专业设备采集到的数据具有不同之处。首先,由于移动终端设备的功能和技术限制,获取的健康数据无法达到专用的医疗设备所能采集到的水准,在专业性和全面性上都无法与医疗机构的检测相比。③ 再者,移动健康所具备的随时随地性是优于医疗机构诊治信息的地方。最后,移动互联网中的一些新的非结

---

① 郭晓科主编:《大数据》,北京:清华大学出版社,2013年。
② 宋波、杨艳利、冯云霞:《医疗大数据研究进展》,《转化医学杂志》2016年第5期。
③ 颜延、秦兴彬、樊建平、王磊:《医疗健康大数据研究综述》,《科研信息化技术与应用》2014年第6期。

构化数据,比如说社交文本信息、非医学图像信息、语言信息等,在新的信号分析和数据分析技术下,也可以为传统的医疗诊断带来新的思路。现有的穿戴式传感器和移动终端可获得的数据和相关技术如下:

(1) 心电数据。心电图反映心脏兴奋的电活动过程,它对心脏基本功能及其病理研究方面具有重要的参考价值。心电图可以分析与鉴别各种心律失常,也可以反映心肌受损的程度和发展过程,以及心房、心室的功能结构情况。[1] 在日常生活中对患者进行心电监护可以为医生临床诊断提供参考。对普通人而言,心电图有助于用户监测身体健康状态。在实现移动健康的心电信号监测中,与 Holter 系统、TTM 心电监护系统有所区别,其具有的移动通信功能可以为用户提供更大活动范围、更为灵活的通讯方式。[2] 传统的心电图机的心电测试可以以居家的方式在用户端实现,用户只需经过简单的操作就可以完成心电信号的采集。心电信号的长期监测也在传统 Holter 之上实现了终端智能设备上的应用,更低功耗和更长续航时间的心电监测设备也得到了相应的应用。心电参数的监测被广泛应用到患者疾病跟踪、运动员生理状态监测中。心率参数的监测被广泛应用到一些运动相关的移动应用之中。

(2) 生命体征参数。呼吸、体温、脉搏、血压,在医学上被称为人体四大体征。它们是维持机体正常活动的支柱,缺一不可,不论哪项异常都会导致严重或致命的疾病,同时某些疾病也可导致这四大体征的变化或恶化,用户生命体征数据的采集对用户疾病预防及治疗跟踪具有重要的意义。穿戴式设备以及智能终端可以通过集成的生物传感器实现对

---

[1] 庞志茹:《动态心电图与常规心电图诊断冠心病患者心律失常的比较》,《中外医疗》2009 年第 13 期。
[2] 朱凌云:《移动心电监护系统 ECG 信号的智能检测与分析方法研究》,重庆大学博士学位论文,2003 年。

生命体征参数的采集。一般常见的穿戴式设备主要通过声音和电容传感器对呼吸率进行监测。此外还有对连续血压、血氧以及睡眠质量的监测。除了专用的穿戴式设备之外,利用移动终端的图像采集功能,扩展出一些基于图像处理技术的生命体征监测技术,如利用摄像头实现生命体征参数的监测。

(3) 运动健康。伴随移动互联网快速发展,运动健康类的移动应用以其关注程度和实现便利性得到了最为广泛的推广。利用移动终端的定位、记录和交互式的引导功能,用户的健康数据、个人信息得到了有效的积累。如通过网络健身平台及外设健身产品,实现运动健身的网络互动的网络健身概念和网络健身干预;通过运动传感器的数据监测来实现对人的行为和运动进行记录应用在慢性病管理中。在运动健康的健康数据采集中,主要分为两种数据类型:一种是基于用户的行为模式以及活动记录相关的数据,主要集中在地理信息、锻炼信息、习惯记录等,部分会采用传感器用以辅助完成;另外一种是基于运动传感器的身体运动信息的监测,主要应用于用户的跌倒检测、步态分析等基于人体传感器网络的健康监护系统。

(4) 其他。实际上,现有的健康监测技术往往是多参数的同步提取,比如在基于图像信息的生理参数提取技术中,可以通过PPG图像完成脉率、呼吸率的提取。又如在基于织物的生理参数采集系统中,可以完成心电、体温、呼吸、运动等多参数的采集。基于多参数的传感系统传感器技术的发展,带来的是对人体参数的检测和记录更加全面,对个人的健康和状态的分析与认识也更加清楚,但是所带来的数据类型也越来越多,数据的结构更加复杂。

另外,在上述内容中提及的健康参数之外,还有一些未被归类的相关信息,例如针对糖尿病人的血糖分析参数,针对运动员的肌电信号、脑电信号监测等。诸多的生理信号、参数都是在医生的指导下完成的,移动互联网技术为这些信号的采集、存储带来了相应的便利,但本文仍将远程监护归纳到健康记录或理疗数据范畴。相关的数据或者记录从宏观角度看来应当蕴含在医院信息系统之中。

2. 健康大数据的挖掘

2013年,美国制定了大数据研究及发展计划,通过对大数据的应用,为生物医药、环境保护、科研教学、工程技术、国土安全等各个领域创造未开发的数据价值。同年,英国投资打造英国国民医疗服务系统,该国民医疗服务拥有庞大且齐全的医疗数据。我国在2015年第十二届全国人民代表大会上,提出了"互联网+",推动了我国大数据相关应用的发展。2015年3月国家卫生计划生育委员会网络安全和信息化工作组全体会议提出了"推进健康医疗大数据应用,制定促进健康医疗大数据应用的相关方案,推动健康医疗大数据有序发展"的意见。

(1) 健康大数据相关研究探索。2009年,Google公司用几十亿条网络上的信息,处理分析了上亿数字模型,研发了"谷歌流感趋势"系统,该系统可以及时判断美国流感传播的源头,比传统的疾控中心数据更加有效和及时。[1] 斯坦福大学医学院院长Lloyd Minor研发的医疗系统能够基于患者信息进行自动分析,并基于分析结果提供给医生和患者一个明确的疾病诊断结果和个性化的治疗方案,节省了患者和医生的时间。[2]

(2) 健康大数据挖掘算法。健康大数据是非常复杂、丰富的数据,所以在对数据的存储、分析、处理上也要有一些更加有效的方法,才能够

---

[1] 黄文莉:《探讨大数据技术在疾病防控上的应用》,《电子技术与软件工程》2016年第6期。
[2] 徐建军:《医学影像数据挖掘中的人工神经网络方法研究》,《实用放射学杂志》2006年第11期。

挖掘出其潜在的价值。健康大数据挖掘常用方法包括分类、聚类、回归分析、关联规则、决策树、人工神经网络算法。[1]

① 聚类。聚类把不同的对象集合分成若干个不同类别的模型,每个模型具有相似的对象,有着基本相似的特征,又与其他类别中的对象不相同。通过聚类方法可以对健康大数据进行分类处理,找出相似的病症和与其他病症的不同,从而能够分析出同一病种的微小差异,做到精准治疗。Miller 等通过对人们的日常数据中的摄入量、输出量和排泄习惯进行聚类分析,研究了将复杂排泄变量转变为离散模式,从而进行集群的命名和有效性测试。Hastie 等通过对疼痛反应结果的聚类分析,完成了多种疼痛诱因的研究。

② 关联分析。关联分析是在给定的数据集中发现频繁出现的项集模式。这一方法能够发现健康信息数据库中满足目的的最小支持度和最小可信度的所有关联规则,从而揭示隐藏在大数据中的关联关系。[2] 在一些存在大量用户健康信息的数据库中,包括个人健康信息、临床治疗信息、临床诊断信息等,可以通过这一方法进行数据的挖掘处理,实现对疾病的检测和预测。通过运用关联规则技术和处理大量的健康信息,经大数据技术寻找实现不同因素相关性疾病的生命周期,用于进行临床决策和特殊疾病的诊断。关联规则方法对患者表现的疾病特点、诊疗过程的研究非常有效。

③ 决策树方法。决策树是一种典型的分类方法,从一组无序、无规则的事例中推理出决策树表示形式的分类规则,然后使用决策对新数据进行分析。决策树算法在医药大数据处理中的应用很常见,包括 ID3 算

---

[1] 杨华昆:《大数据时代数据挖掘技术探讨》,《电脑编程技巧与维护》2015 年第 24 期。
[2] 孙艳秋、王甜宇、曹文聪:《基于云计算的医疗大数据的挖掘研究》,《计算机光盘软件与应用》2015 年第 2 期。

法、C4.5 算法。这些算法都可以处理高维、数量巨大的医药数据,提高处理的速度,对数据量巨大的健康大数据的处理带来了便利。而且,此方法不仅能够对一些医学图像建立分类器,也可以用于一些需要长期观察的慢性病研究,分析病种的变化趋势,对疾病作出预测。

④ 人工神经网络。人工神经网络算法是一种模仿生物神经网络的算法,神经元个数庞大而且能够对输入信号进行非线性处理,模拟大脑风格的处理方式,具有非程序化和适应性的特点。它能够对大量的、不确定的、非线性的健康大数据进行智能处理,非常适合现阶段数量巨大的健康大数据的挖掘研究,能够满足医药数据挖掘模型的要求,对数据进行更加精准的处理。通过人工神经网络算法,对医院数字医疗设备产生的数字化医学图像信息进行处理,建立人工神经网络辅助诊疗系统,帮助医生提高放射、CT、癌症普查等临床诊断的精准性。[1]

3. 健康大数据的应用

信息化的健康数据、病人特征数据以及移动设备、社交网络和传感器产生的相关数据为从业人员提供了新的思路,利用大数据技术可以从中发现潜在的关系、模式,从而帮助医师提高诊断精度、预测治疗效果、降低医疗成本,帮助医药公司发现潜在的药物不良反应,帮助公共卫生部门及时发现潜在的流行病等,总结目前健康大数据的应用热点包括如下几个方面。[2]

(1) 助力公共卫生检测。Google 先于美国疾病控制与预防中心提前 1—2 周预测到甲型流感爆发。Google 借助大数据技术,从用户的相关搜索中预测到流感爆发。具体来说,预测流感爆发分为主动收集和被

---

[1] 徐建军:《医学影像数据挖掘中的人工神经网络方法研究》。
[2] 董诚、林立、金海、廖小飞:《医疗健康大数据:应用实例与系统分析》,《大数据》2015 年第 2 期。

动收集。

①被动收集利用用户周期提交的数据分析流感的当前状况和趋势。首先,用户在网站上注册,随后每个星期用户将收到一封电子邮件,指引用户登录网站。在网站上,用户填写一份关于自己是否有流感症状的调查。最终,收集信息并利用大数据技术生成目前流感疾病和未来流感疾病预测的可视化图表。

②主动收集则是利用用户在微博的推文、搜索引擎的记录进行分析预测。流感爆发初期,通常伴随着用户在搜索引擎搜索相关内容或在社交网络上发布相关内容,这些信息可以作为流行病爆发的初期预警。以用户的推文以及英国健康保健局发布的城市流感样病例率为数据源,通过LASSO算法进行特征选择,选择推文关键字,建立未来数天流感样病例率的预测模型,取得了比较精确的结果。

(2) 帮助发现药物的副作用。药品上市后的不良反应检测一般依赖被动检测和主动检测。主动检测则是利用文本挖掘、数据挖掘技术从搜索引擎中发现潜在药品导致的不良反应事件。例如,根据数据挖掘方法发现药品不良反应的关联。

(3) 助力治疗预测与降低医疗成本。目前,高昂的医疗健康行业成本部分来自医疗失误,部分来自医疗浪费。有研究利用医疗账单建立关于治疗费用、住院时间的预测模型,使用数据挖掘技术发现账单中的异常数据;使用领域专家建立的规则库分析异常账单,发现其中可能存在的问题并给出警告。应用环境包括医疗器材滥用、手术过程与病情诊断不符、过度收费等。提早检测出医疗过程中的问题将为国家保险机构、患者、私立保险机构节省大量花费。

(4) 辅助诊断。患者自身的基因、生活方式、身体特征、患病特征均会影响其治疗效果,相关研究发现基于患者的特征,设计针对个体特征的治疗方案,将大大地降低成本,减少医疗事故发生的概率。有研究者通过挖掘用户基因信息和电子病例,可以做到根据用户基因信息和用户的其他特征预测各种治疗方案可能的副作用,进而选择更适合用户的治疗方案,而不是尝试各种不同的治疗方案;可较大程度地帮助用户预防疾病或削弱疾病的负面影响,并且设计了一套系统用来收集、存储所需要的数据,并为数据分析师提供分析数据的平台。

4. 我国健康大数据面临的问题

(1) 数据收集。非临床的健康数据包括运动数据、饮食数据(含饮酒数据)、睡眠数据、日常生活作息数据等严重缺乏。[1] 目前,出生和死亡微观数据库均尚未成熟,人口健在或死亡的信息的缺失比较严重。由于健康大数据类型多样化和异源异构等特点,所以现有的健康数据存在可用性低、数据质量较差等问题。数据质量问题已成为限制健康大数据效能发挥的瓶颈。数据质量涉及许多因素,包括完整性、准确性、一致性、时效性、可信性和可解释性,如何更好地进行数据治理、控制数据质量已成为健康大数据应用亟待解决的关键问题。

医疗卫生机构作为采集和存储健康数据的主要机构,其数据比较准确,并且具有较高的开发利用价值。[2] 医疗数据孤岛不仅造成了患者数据被不同的医疗卫生机构重复采集,也阻碍了医疗卫生机构的健康大数据的系统性开发和建设。人口健康大数据系统的最基本信息还没有实现全部的互联互通,共享基础信息,比如姓名、性别、出生年月、身份证号等也没有被完全收集,人口的自然、社会、经济属性信息的实时开发利用

---

[1] 陈敏、刘宁、肖树发、肖兴致、邹玲:《医疗健康大数据应用关键问题及对策研究》,《中国数字医学》2016年第8期。
[2] 王忠、陈伟:《我国健康大数据发展的障碍及对策》,《卫生经济研究》2017年第11期。

还面临很多挑战和实际困难。①

(2) 数据应用。医疗卫生机构业务部门其实不是很了解大数据的应用场景及其应用价值,因此难以提出准确的大数据应用需求。医疗卫生机构信息管理部门往往根据现有数据状况探讨健康大数据"可以做什么",而无法确定"应该做什么"。健康大数据应用涉及包括非关系型数据库(NoSQL)、分布式存储/分布式文件系统、大规模并行处理技术(MPP)、云计算、互联网、数据管理、数据挖掘与分析等一系列复杂技术。人口健康领域数据管理技术和信息平台架构相对比较落后,多数不具备大数据处理能力。目前尚缺乏专门面向健康领域的分析方法库、挖掘算法库和模型库。对于数据内容的语义处理,缺少健康知识库的支撑。因此,如何利用先进的统计分析方法和工具(包括数据/文本挖掘、机器学习、模式匹配、语义分析、情感分析、图形分析、模拟和神经网络等),深入和精准洞察数据之间的关系,并基于大数据构建健康知识管理体系是面临的一大技术难题。健康大数据分析可划分为事务性分析、诊断性分析、高级分析三个发展阶段。目前,医疗卫生机构多数还处于事务性分析阶段,与达到高级分析阶段的数据驱动型组织尚存在较大距离。

(3) 数据安全。更好地应用健康大数据,必须平衡数据使用和隐私保护之间的关系。健康隐私与社会学、法学、信息技术密切相关,对之明确界定难度较大。

① 匿名化更难。大数据时代数据规模、种类不断增长变化,某方即便发布了匿名化数据,也可能根据别处发布的数据,重新识别出个人隐私,实现去匿名化。

② 元数据敏感化。元数据本身可能无意义,但大量元数据汇集起

---

① 王广州:《大数据时代中国人口科学研究与创新》,《人口研究》2015 年第 5 期。

来与复杂的大数据分析技术相结合,可能勾勒出详细的个人敏感信息和行为。因此,需要新的技术和手段,在保证隐私的同时更好地引导数据在医疗机构之间流动,发挥健康大数据的优势。

由于我国法律尚不能很好地解释和界定健康数据的权属问题,在实践中存在该健康数据所有权到底属于患者个人还是属于卫生医疗机构的争议。医院和患者均参与健康数据的形成,因此数据是共有的;也有观点认为,数据的所有权在患者个人,控制权在医院,管理权在政府。数据权属的模糊性,不仅掣肘数据的授权使用,也给患者的个人隐私保护埋下隐患。

(4)发展策略。根据医疗卫生机构业务应用分析和业务发展趋势要求,研究建立完善的健康大数据应用功能体系。陈敏认为,一方面可促进大数据应用的统筹规划和设计,推动大数据应用项目建设的快速发展;另一方面可促进健康大数据的有效积累,建立起完善的与功能体系相适应的数据体系,避免很多有价值的历史数据因为现在没有应用场景而删除与丢失导致的数据资产流失,以适应健康大数据未来发展的需要。此外,她还认为构建健康大数据治理体系是数据治理工作的基础,数据治理的有效实施必须采用规划先行原则,制定适合健康业务特点的管理流程,选择可行的技术方案和实施工具,明确数据治理的工作机制和工作内容,稳步推进数据治理各项工作。最后,她还指出数据治理体系一般包括战略目标与规划、组织架构、政策制度、流程规范、数据标准、技术平台与工具、监督及考核等。数据治理是一项系统、长期的工程,一些大型企业已开始实施并取得一定成果,健康领域还未开始真正意义上的实践。究其原因,一方面医疗卫生机构尚未将数据治理的重要性提升到战略高度,另一方面没有将数据治理单独作为课题研究,没有形成系统的实施方法论。

医疗卫生机构大数据平台先期宜采用混合式架构进行建设；由于原有信息系统一般采用传统的管理信息系统策略进行建设，其数据层、应用层设计与大数据、互联网的工作理念不太相同，为保持业务连续性，建议在保留传统基础设施和软件的基础上逐步搭建大数据平台，实现传统结构与大数据平台的互联，即采用混合式架构，避免一次性转向大数据平台出现不可预料的问题。

医疗健康大数据相关研究中指出完善的健康大数据安全防护体系应包括安全技术和管理制度两个方面，在技术方面要求达到"进不来、拿不走、看不懂、改不了、跑不了"。在隐私保护方面可采用技术包括：数据加密技术，多用于分布式应用环境，在数据挖掘过程中隐藏敏感数据，如安全多方计算；数据匿名技术，根据具体情况有条件地发布数据，如不发布数据的某些域值、数据泛化等；数据扰乱技术，使敏感数据失真但同时保持某些数据或属性不变的方法，如采用添加噪声、交换等技术对原始数据进行扰动处理，但要保证处理后的数据仍可保持某些统计方面的性质，以便进行数据挖掘等操作；数据分级保护技术，如对患者基本信息、诊断、医嘱、检验检查、药品、收费、主治医生等数据赋予隐私保护不同权重，对于不同级别数据采用不同的访问控制权限；访问控制技术，根据用户的角色和获取数据的目的不同分配不同的数据操作权限。

另外，要增强健康大数据技术保障能力：加强安全测评、电子认证、应急防范等信息安全基础性工作，大力推广国产密码算法应用；加快健康大数据安全软硬件技术产品研发和标准制定，建立健康大数据安全评估体系，提高健康大数据平台信息安全监测、预警和应对能力；加强测试工具研发，开展健康大数据平台可靠性及安全性评测服务；要提高健康大数据安全管理能力，建立集中统一的健康大数据安全保障管理体制，在平衡创新发展与信息安全关系的同时，探索建立健康大数据安全管理规则、管理模式与管理流程,引导健康大数据安全可控和有序发展。

健康大数据标准体系应由基础标准、技术标准、产品和平台标准、数据安全标准、应用和服务标准五部分组成。基础标准:为整个标准体系提供包括总则、术语和参考模型、元数据等基础性标准;技术标准:对健康大数据相关技术进行规范,包括数据治理和数据质量两类标准,数据治理标准主要针对数据的收集、预处理、分析、可视化、访问、能力成熟度评价模型等方面进行规范,数据质量标准主要针对数据质量提出具体的管理要求和相应的指标要求,确保数据在产生、存储、交换和使用等各个环节中的质量,包括质量评价、数据溯源、质量检测等标准;产品和平台标准:对健康大数据相关技术产品和应用平台进行规范,包括关系型数据库产品、非结构化数据管理产品、智能工具、可视化工具、数据处理平台、测试规范;数据安全标准:在传统的网络安全和系统安全基础上,大数据安全标准主要包括通用要求、隐私保护两类;应用和服务标准:对大数据所提供的应用和服务从技术、功能、开发、维护和管理等方面进行规范,主要包括开放数据集、数据服务平台和相关数据集三类。开放数据集标准主要对向第三方提供的开放数据包中的内容、格式等进行规范。数据服务平台标准是针对大数据服务平台所提出的功能性、维护性和管理性的标准。相关数据集是指根据健康领域特性产生的专用数据标准。

大数据时代每个人都是数据贡献者,公众在贡献健康数据的同时其信息安全也面临着滥用或被盗用的威胁;允许共享则意味着面临信息泄露的风险,拒绝共享将无法享受到某些便捷的服务。因此,必须加快制定健康大数据采集和管控、敏感数据管理、数据交换、个人隐私、数据权益和合理利用等法规制度,明确相关主体在健康大数据采集、传输、存储、利用、开放等环节的权利、责任和义务,以加强对数据滥用、侵犯个人隐私等行为的管理和惩戒,实现风险可控原则下最大限度的健康数据开放,同时研究促进健康大数据应用和发展的相关政策法规和保障制度,在坚持应用驱动,创新引领,应用、数据、技术三位一体协同发展的基础上,建立起具有中国特色的健康大数据市场体制和运行机制。

# 第八章 以社会发展为目标：服务于国家重大需求的实践经验

裴丽君　陈　功

## 一、生命历程视角下的人口健康问题

生命早期的健康素质对人一生的健康和发展、人口素质和人力资本均有着重大影响，胎婴儿期和儿童早期发育不良对人类的整个生命历程产生近期及远期影响。大量流行病学和动物实验研究显示，发育早期宫内暴露于营养不良或有害的环境因素可导致机体生理和代谢发生永久性改变，导致其成年期肥胖、2型糖尿病、高血压、冠心病、认知障碍等成年慢性疾病发生风险增加，这一过程发生在胎儿发育的窗口期，即健康和疾病的发育起源。在胎儿发育关键窗口期，母体宫内营养不良与子代成年后的冠状动脉粥样硬化性心脏病（冠心病）、精神分裂症、肺功能低下、高脂血症、糖耐量减低、超重肥胖等有关。宫内发育受限的胎儿出生后多数出现代偿性生长。低出生体重儿加上出生后的追赶性生长，可大大增加儿童期高血压以及糖尿病等成年慢性疾病的风险。慢性疾病已成为影响我国人口健康的重大公共卫生问题，随着我国人口的快速老龄化和高龄化,慢性病的绝对数量将会急剧上升。因此,预防和延缓老年慢性疾病的发生及发展,提高全人群的健康预期寿命,是我国目前及未来面临的亟待解决的国家重大需求问题。

(一)出生人口健康研究实践经验

1. 出生缺陷发生变化趋势与人口转变的关系

出生缺陷发生趋势及与婴儿死亡的关系。1949—1970年,中国出生人口健康问题主要针对导致新生儿、婴儿死亡的疾病开展研究,该期间主要以控制传染病、营养不良所致的出生人口死亡为主。随着计划生育、儿童计划免疫、传染病控制、初级卫生保健、营养、安全饮用水和环境卫生等方面的改善,我国婴儿死亡率大幅度下降,从1949年的大约260‰以上到20世纪90年代末期下降至36‰。但是,从70年代后期到90年代末期,婴儿死亡维持在一定水平上,下降幅度很小,究其原因,是因为该时期的婴儿死亡构成发生明显变化,主要是由过去以新生儿营养不良、破伤风等感染导致的婴儿死亡得到了有效控制,1990—2000年出生缺陷所致的婴儿死亡占婴儿总死亡比例逐年升高。并且出生缺陷总体发生水平在8.83‰—20.51‰,男性为13.1‰,女性为12.5‰。从80年代开始,我国的出生缺陷引起卫生部门的关注,因为出生缺陷已经成为我国新生儿和婴儿死亡的重要组成部分。

出生缺陷的长期趋势变化伴随着中国人口的转变进程。人口转变是指人口增长从高出生率、高死亡率、低自然增长率,经过高出生率、低死亡率、高自然增长率,向低出生率、低死亡率、低自然增长率转变的过程。这一转变过程实际上是分为三个阶段,简称为高—高—低、高—低—高、低—低—低三个阶段,它描述的是人口再生产类型从传统模式向现代模式过渡的趋势,反映社会经济现代化进程与人口再生产的内在关系。人口转变理论最初是对欧洲人口再生产动态特征的总结性描述,由 W. W. 汤姆逊最先提出,后经 A. 兰德里、F. 诺特斯坦等发展完善,形成了目前在宏观人口经济学中占有重要地位的"人口转变理论"。根据以往的经验,一般来说人口转变首先是从死亡率转变开始,经历一段时间后生育率会出现转变。死亡率的下降直接导致了人口的增长。死亡率下降的原因主要是社会生产力的发展提高了人民生活水平,并推动了医学手段和技术的进步,这是死亡率下降的首要原因;而社会经济的发展导致人们的生活水平不断提高,从而使死亡率能够持续地下降。与此同时,在新生儿和5岁以下儿童死亡中,由于新生儿和儿童的营养不良、感染等导致的死亡在逐年降低,出生缺陷所致的死亡占婴儿总死亡或儿童死亡的比例逐年升高。因此,出生缺陷成为世界范围的一个重要公共卫生问题,我国也是出生缺陷的高发国家。出生缺陷是反映出生人口素质的重要组成部分。出生缺陷患儿常常需要长期的医疗和康复、特殊教育和其他支持性服务,不仅产生巨大的经济损失,同时给患儿家庭带来巨大的精神负担和疾病负担。估计全国用于先天病残儿童和痴呆儿童的抚养费用、医疗等费用会达到上百亿人民币。我国边远贫困农村地区出生人口素质问题异常突出,贫困家庭很少有大病保险,一次严重的患病就可以使贫困的家庭沦为赤贫。如果贫困地区出生人口素质低下的问题得不到解决,国家的扶贫目标是难以实现的。综合我国出生缺陷监测数据及20世纪80年代以来我国一些遗传病和出生缺陷的专题调查,估计我国出生缺陷的发生率至少在50‰—60‰以上,我国每年实际发生的出生缺陷至少有80万—120万。近年来,由于环境污染等原因导致的新生儿出生缺陷的发生率有升高的态势。[①]

人口模式的变化也与流行病学模式的转变密切相关,由于流行病学

---

① 郑晓瑛:《实施出生缺陷干预战略的思考与建议》,《中国计划生育学杂志》2001年第2期。

模式转变所致的人群死亡年龄构成发生变化,进而导致了死因谱的变化,这种变化被称为"流行病学模式的转变",进一步分析表明:导致流行病学模式变化的又有两个重要原因,一是感染性疾病的下降导致疾病之间的相对重要性发生了转变;二是由疾病危险因素改变引起某些疾病死亡率的绝对上升,中国近几十年来传染病和母婴疾病的发病率和死亡率下降非常明显。从1950年到现在,很多烈性传染病和肠道传染病如霍乱、痢疾、伤寒的发病率都大幅度下降。自20世纪60年代末70年代初全国实施计划免疫以来,脊髓灰质炎、麻疹、百日咳、白喉等疾病的发病率和死亡率也有明显下降,因此慢性病在疾病谱中的构成比例显著地上升。与20世纪70年代相比,90年代慢性病在总死亡人口中的比例从60%上升到80%。通过全国疾病监测系统在同一人群中的动态监测表明,在不到10年的时间内慢性病在人口总死亡原因中所占的比例从76%(1990年)上升到82.4%(1998年),综合考虑患病和死亡所导致的疾病负担,慢性病所致疾病负担在1990年已占总疾病负担的60%。[1]

2. 出生缺陷病因及干预策略研究历程

我国出生缺陷病因研究和干预策略研究经历了以下三个阶段。即我国出生缺陷监测的发展历程、出生缺陷与残疾预防和干预研究阶段、出生缺陷病因的多学科研究阶段。[2] 以下从三个阶段阐述出生缺陷研究历程。

(1) 我国出生缺陷监测的发展历程

监测在英文中翻译为 surveillance 或 monitoring。1963 年 Langmuir 将疾病监测定义为通过系统地收集、汇总和评价发病与死亡的报告以及有

---

[1] 杨功焕:《健康模式转变与中国慢性病控制策略》,《中国疾病预防与控制》2001年第4期。
[2] 裴丽君:《出生缺陷流行病学现场研究及生物标本资源管理》,北京:中国医药科技出版社,2012年。

关资料,持续地观察疾病的分布和趋势,并且常规地把资料分发给需要知道这些情况的人。出生缺陷监测(birth defect surveillance)属于疾病监测的一种,是指长期、系统地收集某一人群中出生缺陷的相关资料,并对收集的资料进行整理、分析、反馈和利用的过程。世界上最早的出生缺陷监测系统是在 20 世纪 60 年代初开始建立,是人们对"反应停"事件的积极反应。20 世纪 50 年代末,一种可以有效治疗妊娠呕吐的药物"反应停"作为非处方药在西德市场畅销后,相继在全球数十个国家获准销售。随后许多国家相继报告了孕妇早期服用"反应停"作为镇静或止吐剂后,引起大量以肢体短缩为主要特征的多发畸形儿出生的情况。由于患儿形似海豹,故又称为"海豹畸形"。在前后共四年的时间内,30 多个国家或地区共报告了"反应停"畸形儿童一万余例,成为世界范围流行的出生缺陷灾难性事件。这一出生缺陷灾难性事件使许多国家或地区意识到出生缺陷监测的重要性。因此,从 20 世纪 60 年代开始,一些欧洲国家如英国、芬兰首先开始探索开展出生缺陷的监测工作,随后,美国亚特兰大、加拿大、丹麦、以色列、挪威和南美的许多国家也陆续建立了出生缺陷监测系统,开展出生缺陷的监测和防治工作。

我国出生缺陷监测工作起步较晚,1981 年北京医科大学(现为北京大学医学部)与美国疾病控制中心合作,首先在北京市顺义县(今顺义区)试点,建立了围产保健监测系统,从妊娠结局监测结果中发现了出生缺陷(特别是神经管畸形)的严重性,随后计划在我国建立出生缺陷监测系统。1982—1985 年,华西医科大学在成都以及四川省其他城市进行了以医院为基础的出生缺陷监测,此期间参与的医院有 207 所。1984 年卫生部批准在北京医科大学建立出生缺陷监测中心,并开始在北京、天津、甘肃、江苏、安徽、云南等省市进行以医院为基础的出生缺陷监测,同时在江西省和河北省部分地区进行了以人群为基础的出生缺陷监测,监测对象为孕 28 周及以上的胎婴儿。1985 年四川省被接纳为国际出生缺陷监测交换所成员。1986 年 10 月到 1987 年 9 月，在卫生部领导下，由华西医科大学牵头组织了 29 省（自治区、直辖市）945 所医院参加全国性出生缺陷监测，监测孕 28 周及以上的出生婴儿 124 万余名，第一次获得了全国性的出生缺陷资料。上述监测系统的建立基本摸清了我国围产儿出生缺陷的种类、顺位、发生率及其地域、人群和季节的分布，并编著出版了《中国出生缺陷地图集》。监测发现，全国出生缺陷总发生率为 13.0‰，围产儿的死亡率为 26.7‰；出生缺陷导致的死亡约占全部围产儿死亡的 18%；在各类出生缺陷中，神经管畸形最为常见，占出生缺陷总例数的 21.1%，其次为唇腭裂，占 14.0%。

监测资料还发现，中国神经管畸形总出生患病率为 2.74‰，是已知的世界神经管畸形的高发国家。这为在中国开展神经管畸形防治工作的必要性和紧迫性提供了确凿的科学依据。在此基础上，1987 年卫生部决定在华西医科大学出生缺陷监测中心的基础上，成立了中国出生缺陷监测中心，组织进行全国常规出生缺陷监测。1988 年卫生部将全国以医院为基础的出生缺陷监测转为常规动态监测工作，与当时全国范围的孕产妇死亡监测、5 岁以下儿童死亡监测合称为"三网监测"。1996 年卫生部决定将上述三大监测系统"三网合一"，其目的就是要加强对监测工作的行政管理，发挥协调、监督作用，使行政和业务部门密切配合，确保监测工作能顺利持久地进行下去。全国 132 个监测市县的 460—480 所医院参加了出生缺陷监测项目，年均监测 45—50 万围生儿，覆盖人群约 8000 万，形成了我国妇幼卫生领域最大的流行病学调查现场。与此同时，各省也先后在国家级监测医院的基础上扩大监测点，建立了各省的出生缺陷监测点和出生缺陷的本底资料，逐步形成省级出生缺陷监测系统，以获取能反映本省情况的代表性数据，为地区公共卫生决策提供重要依据。1997年卫生部成立了全国妇幼卫生监测办公室,主要负责全国孕产妇死亡监测、全国5岁以下儿童死亡监测和全国出生缺陷监测工作。同年,北京大学在山西、河北、江苏和浙江四省建立的出生缺陷监测系统也被接纳为国际出生缺陷监测交换所正式成员。出生缺陷监测系统的建立和完善为我国出生缺陷预防和干预研究奠定了基础,也为解决国家层面的预防干预策略提供了重要依据。

(2) 出生缺陷与残疾预防和干预研究

在建立完善的出生缺陷监测和围产保健监测系统基础上,我国在1993—1996年开展了对重大出生缺陷神经管畸形(NTDs)的干预效果评价研究。在中国NTDs高发地区山西省和河北省、NTDs低发地区江苏省和浙江省进行了中国妇女妊娠前后单纯服用叶酸对NTDs预防效果的评价研究,妇女在妊娠前后每天服用单纯叶酸400微克,在NTDs高发地区和低发地区的预防率分别为85%和41%[1],证实了怀孕前后增补单纯叶酸400微克可以有效预防胎儿神经管畸形的发生,这一研究成果成为许多国家及中国卫生部实施增补叶酸预防胎儿神经管畸形在育龄妇女人群中推广的重要参考依据。妇幼保健系统将妇女增补叶酸列入常规围产保健服务内容,进行婚检、孕检、围孕期监测系统管理。在叶酸推广初期,全国每年有2000万名以上准备生育的妇女,但成果推广的目标人群覆盖率总体上还不足10%。每年都有一批新婚妇女加入成果推广目标人群的行列,叶酸制剂的重复用药比例较低,只用于在准备生育第二胎的妇女,要使广大育龄妇女接受这项实用的生育健康新技术成果,做到"知情同意"和"知情选择",社会宣传和健康教育的任务十分

---

[1] 李竹、Robert J. Berry、李松、J. David Erickson、王红等:《中国妇女妊娠前后单纯服用叶酸对神经管畸形的预防效果》,《中华医学杂志》2000年第7期。

艰巨。

　　通过出生缺陷监测系统长期的、动态的、实时的收集病例及分析其分布特征,发现重大出生缺陷神经管畸形在我国北方部分地区异常高发。NTDs 是人类常见而又严重的一组先天畸形,我国是世界上 NTDs 的高发国家,有人称之为"不光彩的珠穆朗玛峰"。以医院为基础的出生缺陷监测数据显示,我国北方 NTDs 的平均发生率约为 4.11‰,南方为 1.04‰,NTDs 发生最高地区山西省达到 10.23‰。① 全国南北方四省以人群为基础的监测结果显示,北方 NTDs 发生率为 5.57‰,南方为 0.88‰,北方总 NTD 发生率是南方的 3—7 倍,北方农村 NTD 发生率是北方城市的 3—4 倍。② α 和 β 地中海贫血也是我国南方和西南省份的一个严重公共卫生问题。根据流行病学调查结果,广东省 α 和 β 地中海贫血的人群携带率分别为 8.53% 和 2.54%。我国边远贫困农村地区出生人口素质问题异常突出,智力低下和残疾人口比重相当高。重大出生缺陷的后果极为严重,常常导致躯体和精神功能障碍或死亡。出生缺陷已成为婴儿死亡的主要原因之一,先天性畸形导致婴儿死亡的比例至少有十年已超过 20%,到 1999 年已达到 30%。出生缺陷也已成为我国导致儿童和成人残疾的主要原因。根据全国残疾调查数据,我国先天性残疾儿童占残疾儿童总数的 50% 以上;在智力残疾人中,先天性致愚者也占到一半以上。③

　　2002 年 7 月,卫生部、中国残联开始在全国实施《中国提高出生人口素质、减少出生缺陷和残疾行动计划(2002—2010)》,每年在全国开展

---

① 肖坤则、张芝燕:《中国神经管缺陷的流行病学》,《中华医学杂志》1989 年第 4 期。
② 裴丽君、李竹、李松等:《中国神经管畸形高低发地区季节及性别分布特征》,《中华流行病学杂志》2003 年第 6 期。
③ 全国残疾人抽样调查办公室:《中国 1987 年残疾人抽样调查资料》,1989 年。

预防出生缺陷的宣传活动,对全国的妇幼卫生和医疗保健人员进行专业培训,推广落实预防出生缺陷的一、二、三级措施等。2005年我国成功地举办了"第二届发展中国家预防出生缺陷和残疾国际大会",在本次大会上,卫生部确定每年的9月12日为"中国预防出生缺陷日",以进一步宣传预防出生缺陷,提高公众的知晓度。2006年全国性的出生缺陷监测进一步发展,国家级以医院为基础的监测扩大至784所,监测能力进一步提高。同时在30个省、自治区、直辖市的64个监测区县开展了以人群为基础的出生缺陷监测工作,覆盖人口约200万出生人口,监测期限由生后7天扩大至生后42天,在探索和发展具有中国国情的出生缺陷人群监测模式上迈出了重要的步伐。

(3) 出生缺陷病因的多学科研究

出生缺陷病理解剖信息数据库的建立及对病因研究的作用。由北京大学人口研究所牵头,在山西省出生缺陷高发区开展的出生缺陷胎儿病理解剖研究发现,大多数情况下,出生缺陷发生不是单一发生,而是多发的,合并两种及以上畸形的死胎死产占到全部畸形病例的74.1%,而仅有一种畸形者仅占25.9%。研究结果表明,在胚胎发育阶段,可能同时有多个脏器同时发生先天畸形,开展死胎死产内脏畸形和多发畸形的病理解剖诊断可以减少出生缺陷的漏报,为提高出生缺陷监测质量提供更为精确的数据。

出生缺陷环境致畸因子识别空间探索分析。廖一兰等利用山西省和顺县1998—2005年出生人口数据和NTDs数据,采用空间过滤模型,分析和顺县1998—2005年期间NTDs分布的时空变化,提示产煤区可能是NTDs的高发区。武继磊等利用江苏省无锡地区人群出生缺陷发生的人群调查数据和GPS定位后的土壤样本采样数据,通过GIS空间插值方法,找出对应人群出生缺陷发生水平数据的环境砷元素(As)暴露水平,然后在控制社会环境和样本个体差异的情况下,用回归分析进行砷元素与出生缺陷风险之间的关联分析。土壤砷元素含量和出生缺陷发生水平成正相关,但受社会经济因素和个体差异的影响,中低砷元素含量的地区风险更高。结果表明,土壤砷元素含量水平对出生缺陷发生风险有显著影响,如果人们意识到砷元素的暴露风险,则可以降低出生缺陷的发生。利用空间相关性统计分析方法 Moran's I 和空间热点探测 Getis' G 统计对山西出生缺陷高发地区神经管缺陷和非神经缺陷发生病例进行空间相关性分析以及不同尺度的分析。结果显示,尽管神经型和非神经型的出生缺陷发生病例在空间上均存在正相关,但按照 Moran's I 的得分检验标准,可以认为神经管缺陷在该研究区域具有显著的空间聚集性。

不同的出生缺陷类型在空间上的分布模式不同,其中神经管缺陷具有显著空间相关性。通过对神经管缺陷实施不同空间尺度的热点探测统计,发现在两个典型尺度上呈现两种模式,即在社会交往尺度(6.84 km)上为聚集分布,在地质类型尺度(22.8 km)上为条带形分布,空间相关性分析揭示了研究区域内出生缺陷可能具有相同的环境致畸因子,在两个典型空间尺度上进行热点探测,揭示了研究区域内出生缺陷的发生受遗传和环境致畸因子共同作用,这些研究结果为出生缺陷致畸因子的识别提供了有效线索。[①] 出生缺陷是否与土壤环境砷暴露有关,一直是出生缺陷环境危险因素关注的热点,利用空间条件自回归模型估计各村出生缺陷相对危险度,探索农作物和森林土壤中 15 种化学元素与村级出生缺陷发生危险之间的关联,结果显示,农作物土壤中砷

---

① 武继磊、王劲峰、郑晓瑛、孟斌、宋新明、张科利:《出生缺陷环境致畸因子识别空间探索分析》,《环境与健康杂志》2004 年第 6 期。

浓度与出生缺陷发生危险存在显著关联,与砷作为致畸物的动物实验研究证据一致。[1]

李智文等开展了山西省燃煤致室内空气污染与出生缺陷发生危险关联研究,利用出生缺陷高发区山西省农村地区 NTDs 病例对照调查数据[2],探讨室内燃煤空气污染指数(IAPCC)与 NTDs 发生危险的关联。将一系列与室内居住和生活方式有关的指标整合后产生一个室内空气污染暴露综合指数,与不具备 IAPCC 暴露的妇女比较,暴露于室内空气污染的妇女可增加后代神经管畸形,发生风险为 60%,并且随着室内空气污染暴露综合指数的升高,NTDs 发生危险增加,二者存在剂量反应关系。与此同时,采用病例对照研究方法探索中国出生缺陷高发区 NTDs 病例胎盘内选择性环境污染物(POPs)水平与 NTDs 发生危险之间的关联,结果发现多环芳香烃浓度可增加总的 NTDs、无脑畸形、脊柱裂的发生危险,分别是对照组的 4.52 倍、5.84 倍和 3.71 倍;PAH 水平与 NTDs 发生危险之间存在剂量反应关系。[3] 上述关于环境危险因素的宏观水平、中观水平和微观水平的研究结果,为后续环境污染与出生缺陷病因关联机制研究提供了重要基础,也为出生缺陷的人群干预策略提供依据。

郑晓瑛等开展了重大出生缺陷神经管畸形代谢组学研究。比较中

---

[1] Wu Jilei, Zhang Chaosheng, Pei Lijun, Chen Gong, Zheng Xiaoying, "Association Between Risk of Birth Defects Occurring Level and Arsenic Concentrations in Soils of Lvliang, Shanxi Province of China", *Environmental Pollution*, Vol. 191(2014).

[2] Li Z, Zhang L, Ye R, Pei L, Liu J, Zheng X, Ren A, "Indoor Air Pollution From Coal Combustion and the Risk of Neural Tube Defects in A Rural Population in Shanxi Province, China", *Am J Epidemiol*, Vol. 174(2011).

[3] Ren A, Qiu X, Jin L, Ma J, Li Z, Zhang L, Zhu H, Finnell RH, Zhu T, "Association of Selected Persistent Organic Pollutants in the Placenta with the Risk of Neural Tube Defects", *Proc Natl Acad Sci USA*, Vol. 108(2011).

国神经管畸形高发区吕梁地区 101 例生育 NTD 的孕妇与 143 例正常妊娠结局孕妇的血清代谢物特点,该研究还利用血清代谢组学研究手段检测了邻苯二甲酸盐(DBP)诱导的致畸小鼠血清代谢产物的显著改变。生育 NTD 妇女的代谢特征是具有受损的线粒体呼吸、神经递质 γ-氨基丁酸和蛋氨酸循环。更有意义的是 DBP 诱导小鼠致畸的血清代谢组学检测结果与 NTD 孕妇血清检测结果相一致,均发现血中琥珀酸增加而延胡索酸减少,提示琥珀酸脱氢酶受抑制,线粒体发生缺陷。这些母亲代谢紊乱结果为探讨人类 NTD 发生的潜在代谢机制及其 NTD 的预防提供新了的认识。NTDs 中紊乱最严重的代谢通路是糖酵解、三羧酸循环、线粒体电子转移、BCAA 代谢和蛋氨酸循环等。[1]

3. 出生缺陷研究成果在全人群干预中的应用及推广

我国出生缺陷监测初获成果。20 世纪 80 年代末,以医院为基础的全国出生缺陷监测摸清了我国围产儿出生缺陷的种类、顺位、发生率及其地域、人群和季节的分布,并编著出版了《中国出生缺陷地图集》。监测的各类出生缺陷中,神经管畸形最为常见,占出生缺陷总例数的 21.1%,其次为唇腭裂,占 14.0%。监测资料还表明,中国 NTDs 总出生患病率为 2.74‰,是已知的世界 NTDs 的高发国家。全国监测数据显示,出生缺陷发生率具有农村高于城市、男性略高于女性的特征。这些数据为在中国开展 NTDs 防治工作的必要性和紧迫性提供了确凿的科学基础资料。1987 年,卫生部决定在华西医科大学出生缺陷监测中

---

[1] Zheng Xiaoying, Su Mingming, Pei Lijun, Zhang Ting, Ma Xu, QiuYunping, Xia Hongfei, Wang Fang, Zheng Xiaojiao, Gu Xue, Song Xinming, Li Xin, Qi Xin, Chen Gong, Bao Yihua, Chen Tianlu, Chi Yi, Zhao Aihua, Jia Wei, "Metabolic Signature of Pregnant Women with Neural Tube Defects in Offspring J", *Proteome Res*, Vol. 10 (2011).

心基础上，成立中国出生缺陷监测中心，组织全国进行常规出生缺陷监测。

出生缺陷监测系统在出生缺陷预防干预中的作用。利用出生缺陷监测系统收集出生缺陷病例，分析其患病率的三间分布，病例的转归等自然史、治疗史以及手术费用等社会经济数据。并对多种出生缺陷的疾病经济负担进行测量，Waitzman等人的研究估计，1992年美国18种主要出生缺陷所造成的终生经济损失约为80亿美元，平均每例出生缺陷带来的损失为24万美元，而那些需要长期照顾的出生缺陷，如脊柱裂、脑瘫平均每例造成的经济损失更高。此外，利用这些数据，还对出生缺陷的主要干预措施如增补叶酸预防NTDs、超声产前诊断和产前戒酒等进行了成本效益的经济学评估。

预防出生缺陷机遇与挑战并存。已有一些经济有效的预防控制方法和手段，可以显著地降低出生缺陷所带来的负担。世界上不少国家已将这些预防控制方法和手段应用于出生缺陷的预防并已产生显著的效果。但是，要大幅度降低我国出生缺陷的发生水平，仍然面临着很多挑战。挑战之一，大部分出生缺陷的病因不明，如何开展和加强出生缺陷的一级预防？挑战之二，如何提高出生缺陷诊断和筛查的安全性、准确性、覆盖率、检出效率和投入产出？挑战之三，如何充分利用相关的保健服务体系，有效地组织出生缺陷预防干预活动？[1]

（二）我国残疾人口研究的实践经验

残疾（disability）指由于疾病、意外伤害等各种原因所致的人体解剖结构、生理功能的异常或丧失，从而导致部分或全部丧失正常人的生活、

---

[1] 宋新明：《中国出生缺陷预防策略的思考》，《中国计划生育学杂志》2006年第10期。

工作及学习能力,无法负担其日常生活和社会职能。[1] 残疾并不是注定要发生的,也并不是不可控制的。现代科学技术,特别是医学技术和公共卫生的发展,为残疾预防提供了强有力的技术支撑。人类征服残疾的希望在于预防。世界卫生组织指出,利用现有的技术可以使至少50%的残疾得到控制或者延迟发生。我国的实践经验也充分证明了这一点。如中国20世纪70年代末开始推行的全民食盐加碘运动[2],经过20年左右的推广和努力,有效降低了碘缺乏率,基本消除碘缺乏导致的儿童智力发育迟滞和智力残疾;80年代开始实施的国家出生缺陷干预工程,使得神经管畸形的发病率大幅下降。

改革开放四十年来,我国残疾人口研究取得了长足的进步。1987年,我国进行了首次残疾人抽样调查[3],在29个省、自治区和直辖市,共调查了369 448户,1 579 316人,占全国总人口的1.5‰,调查发现有残疾人的家庭为66 902户,占调查总户数的18.11%,相当于中国居民每五六户人家中,就有一个残疾人户;确诊的各类残疾有77 345人,占调查总人数4.89%,相当于每20人中,就有一名残疾人。2006年第二次全国残疾人抽样调查结果显示,我国残疾人总量呈迅速增加趋势。根据第二次全国残疾人抽样调查推算数据,2006年我国各类残疾人总数为8296万人,占全国总人口的6.34%,相当于每16人中,就有一名残疾人。与1987年相比,有较大幅度的增长。加之人口快速老龄化、慢性疾病和意外伤害增加等因素,我国仍然面临着较大的残疾人口规模和发生

---

[1] 刘民、刘闯:《中国残疾人群现状与预防研究进展》,《中华流行病学杂志》2011年第6期。
[2] Wang Y. L., Zhang Z. L., Ge P. F., et al., "Iodine Deficiency Disorders after a Decade of Universal Salt Iodization in a Severe Iodine Deficiency Region in China", *Indian Journal of Medical Research*, Vol. 130(2009).
[3] 郑晓瑛等主编:《中国残疾预防对策研究》,北京:北京大学出版社,2015年。

风险,研究估计,我国残疾人每年增加约 200 万,2020 年后每年将以 250 人的速度高速增加,至 2050 年我国残疾人口将达到峰值 1.68 亿,占全国总人口的 11%。积极开展残疾预防是新时期提高我国人口素质的重要举措,也是我国公共卫生和人口健康的重要目标。

1. 我国社区残疾预防概况

我国自 20 世纪 80 年代初期起系统地开展残疾人康复工作以来,一直十分重视残疾预防工作。残疾预防是指在了解致残原因的基础上,积极采取各种有效措施和途径,避免、控制和延缓残疾的发生和发展,减轻残疾的程度。① 中国已从以疾病为中心、以个体为对象的医疗卫生服务模式逐渐转向以健康为中心、以群体为对象的社区卫生服务模式。相应地,残疾预防和康复服务也逐步转向了以社区为基础的服务模式。

社区残疾预防是从源头抓起的防患于未然的工作,可以起到事半功倍的效果。社区卫生服务是社区建设的重要组成部分,是在政府领导、社区参与、上级卫生机构指导下,以基层卫生机构为主体,全科医师为骨干,合理使用社区资源和适宜技术,以人的健康为中心、家庭为单位、社区为范围、需求为导向,以妇女、儿童、老年人、慢性病人、残疾人等为重点,以解决社区主要卫生问题、满足基本卫生服务需求为目的,融预防、医疗、保健、康复、健康教育、计划生育技术服务功能等于一体的综合、基本、便捷、连续、有效、经济的管理或实施行为。② 我们每个人、每个家庭都生活在社区中,社区是残疾预防工作的基础和重要基地。社区工作直接深入每一个家庭、每一个居民,在社区中做好残疾预防工作,可以在方方面面随时发现问题并及时解决,有利于普遍性地预防宣传和采取预防

---

① 卓大宏主编:《中国残疾预防学》,北京:华夏出版社,1998 年。
② 梁万年:《社区卫生服务的概念、功能与意义》,《中华全科医学》2003 年第 1 期。

措施,有利于针对主要致残原因开展预防教育与预防咨询,也有利于在残疾发生、发展过程中进行干预、控制和康复。

根据世界卫生组织的报告和我国残疾预防的实践经验,三级预防模式已被证明是残疾预防的可行模式。一级预防的目的主要是预防致残性疾病和伤害的发生,通过免疫接种、预防性咨询及指导、预防性保健、避免引发伤病的危险因素或危险源、实行健康的生活方式、提倡合理行为及精神卫生、安全防护照顾等措施,预防致残性伤害和残疾的发生;二级预防主要是在发生病伤后预防残疾的发生,通过残疾早期筛查、定期健康检查、控制危险因素、改变不良生活方式、早期医疗干预、早期康复治疗等措施防止伤害后出现残疾;三级预防是在残疾发生后预防残障的发生,通过康复功能训练、假肢矫形器及辅助功能用品用具使用、康复咨询、支持性医疗及护理、必要的矫形替代性及补偿性手术等措施防止残疾后出现残障。[1] 社区残疾预防的重点是一级预防,需要全社会各部门联合行动。

《中国残疾人事业"九五"计划纲要(1996—2000)》开始明确地提出了"系统开展残疾预防,努力减少残疾发生"的总目标,逐步形成了我国残疾预防的主要策略:① 残疾预防是一项社会系统工程,必须总体规划,多部门协作开展;② 完善相关法规,普及预防知识,增强全民防残意识;③ 实施重点残疾预防工程,加强高危人群残疾防控。

2005年国务院《关于进一步将残疾人社区康复纳入城乡基层卫生服务的意见》中特别强调建立健全残疾预防体系问题:"制定和实施国家残疾预防行动计划,建立综合性、社会化预防和控制网络,形成信息准

---

[1] 李爱兰、李立明、钱宇平:《我国肢体残疾致残因素的分析及预防重点的建议》,《中国公共卫生》1995年第8期。

确、方法科学、管理完善、监控有效的残疾预防机制。广泛开展以社区为基础、以一级预防为重点的三级预防工作。提高出生人口素质,开展心理健康教育和保健,注重精神残疾预防,做好补碘改水等工作,强化安全生产、劳动保护和交通安全等措施,有效控制残疾的发生和发展。制定国家残疾标准,建立残疾报告制度,加强信息收集、监测和研究。普及残疾预防知识,提高公众残疾预防意识。"近年来,我国社会公共预防服务力度逐渐加大,在社会治安、交通安全、公共场所安全措施等方面得到了明显改善,免疫接种、预防性筛查、预防性咨询与指导、围产期保健和早期干预等方面取得了明显成效,健康、安全的生活方式日渐深入人心。

2008年修订的《中华人民共和国残疾人保障法》第一章第十一条规定:"国家有计划地开展残疾预防工作,加强对残疾预防工作的领导,宣传、普及母婴保健和预防残疾的知识,建立健全出生缺陷预防和早期发现、早期治疗机制,针对遗传、疾病、药物、事故、灾害、环境污染和其他致残因素,组织和动员社会力量,采取措施,预防残疾的发生,减轻残疾力度。"同时,《环境保护法》《母婴保健法》《环境噪声污染防治法》《海洋环境保护法》《大气污染防治法》《人口与计划生育法》《职业病防治法》《药品管理法》《安全生产法》《放射性污染防治法》《固体废物污染环境防治法》《传染病防治法》《水污染防治法》《食品安全法》《婚姻法》《道路安全法》《戒毒法》《道路交通法》等多部法律中都有残疾预防相关内容,给予社区残疾预防工作强有力的支持。

社区残疾预防工作在法治社会的大背景下,通过与人民群众接触最多、距离最近、联系最密切的优势条件,从源头抓起,预防各种事故造成的损害,预防残疾的发生与发展,预防残疾造成的残障。[1] 通过优生优

---

[1] 赵悌尊主编:《社区康复学》,北京:华夏出版社,2005年。

育、计划免疫、补碘运动、新生儿出生缺陷干预等有效措施,麻风、营养素缺乏和药物性致聋等传统致残因素得到明显控制,如我国实施计划免疫后的九年中(1982—1990),与实行计划免疫前的九年相比,有致残作用的四种疾病——脊髓灰质炎、麻疹、白喉、百日咳的年平均患病人数减少了323万例①,有效地预防了部分残疾的发生;通过开展免费白内障复明手术、免费唇腭裂手术、肢体残疾矫治手术、精神病综合康复防治、聋儿语训等重点康复工程,上千万残疾人得到了不同程度的康复,减少减轻了数百万残疾的发生和发展。

根据我国2006年残疾人抽样调查数据估计,我国有8296万残疾人,其中有康复需求的残疾人接近5000万。每年因车祸、疾病等原因新增加的残疾人数量就有100多万。同时,我国已经进入老龄化社会,60岁以上老年人2.41亿,有康复需求的老年人数量巨大。再加上大量因慢性病致残的患者,社会对康复医疗应该有巨大的需求。② 随着我国社会和经济的进一步发展,老龄化程度不断提高,社会工业化、信息化和城镇化进程,新的致残因素也在不断凸显,如快速增长的老年病和慢性病致残、各种毒性物质致残、精神因素致残、交通事故致残等,以社区预防为重点的残疾预防工作将迈入新的阶段。

2. 我国残疾预防研究的历程

我国自20世纪80年代初期起系统地开展残疾人康复工作以来,一直十分重视残疾预防工作。我国残疾预防工作的长期目标是系统开展残疾预防,减少和控制残疾的发生和发展,但在不同的时期各有工作重点。

---

① 崔斌、陈功、郑晓瑛:《中国残疾预防的转折机会和预期分析》,《人口与发展》2012年第1期。
② 张稚、陈曦:《社会对康复服务需求将出现"井喷"现象》,《中国残疾人》2010年第12期。

1988年国务院批准颁布的《残疾人事业五年工作纲要》中,把积极开展残疾预防工作视为仅次于立法和制定政策的第三项任务。1990年,国家颁布《中华人民共和国残疾人保障法》,把残疾预防作为该法律总则中的一条,强调国家承担做好残疾预防工作:"国家有计划地开展残疾预防工作,加强对残疾预防工作的领导,宣传、普及优生优育和预防残疾的知识,针对遗传、疾病、药物中毒、事故、灾害、环境污染和其他致残因素,制定法律、法规,组织和动员社会力量,采取措施,预防残疾的发生和发展。"1994年颁布的《中华人民共和国母婴保健法》及其实施办法规定了,对接触致畸物质或者可能严重影响孕妇健康和胎儿正常发育的,医疗保健机构应当予以医学指导;对经产前诊断发现胎儿患严重遗传性疾病或胎儿有严重缺陷,应当向夫妻双方提出终止妊娠的医学意见,有效地减少了出生缺陷等先天性残疾的出生。1996年发布的《中国残疾人事业"九五"计划纲要》中,设立了"系统开展残疾预防,努力减少残疾发生"的工作总目标,详细制订了重点残疾预防的任务目标和主要措施。2002年,卫生部和残联制定的《中国提高出生人口素质、减少出生缺陷和残疾行动计划(2002—2010年)》,提出了我国不同时期减少出生缺陷和残疾的目标,并制定了"政府领导,部门配合""社会参与,预防为主""重点突出,简便易行""因地制宜,分类指导"等四个指导原则,以及广泛持久开展社会宣传和健康教育、专业技术培训、人群重点干预、健全出生缺陷监测体系、开展提高出生人口素质工作的政策与技术推广应用的研究等五个方面的行动措施。2004年,卫生部等六部委和中国残联共同发布《关于进一步加强精神卫生工作的指导意见》,对我国的精神残疾预防工作进行了规划,提出了预防为主、防治结合、重点干预、广泛覆盖、依法管理的原则,建立政府领导、部门合作、社会参与的工作机制。2008年国务院发布《关于促进残疾人事业发展的意见》,明确提出要建立健全残疾预防体系,制定和实施国家残疾预防行动计划,为下一步的残疾预防工作指明方向和工作重点。

3. 我国残疾康复研究在残疾康复需求与服务中的应用

康复是残疾人实现其所能达到的最高健康水平和功能水平必不可少的措施。联合国《残疾人权利公约》第26条,要求对残疾人"通过采取适当的措施,伴之长期支持,使残疾人能够实现和保持在身体、心理、社会、职业等各方面的能力及最大程度的独立,进而全面融入和参与社会生活。"

人类社会对康复的认知经历了漫长的历史过程,逐渐认识到,挽救生命后,疾病可能稳定下来或者继续发展,从事日常活动和工作的能力可能是会打折扣的。如果在抢救生命、治疗疾病的同时,将保护功能、恢复功能的措施一起开展,不少人不仅疾病得以恢复,并且能回归家庭,回归社会正常生活和工作,生活质量全面提高。我国的实践经验充分证明了残疾康复研究可以有效控制和延缓残疾的发生和发展:脑卒中患者早期康复训练,90%能够达到生活自理,避免或减轻残疾;脑瘫儿童6岁前进行早期干预,半数患儿可显著改善功能,减轻残疾程度。辅助器具指为改善病残者日常生活及学习、工作能力而应用的设备和器具。辅助器具的应用属于积极的治疗手段,能够改善残疾人功能活动和提高其独立性,树立生活信心。联合国《残疾人权利公约》要求各国为残疾人提供适当的辅助器具和有关信息。

目前,我国各类残疾人总数8296万人,有康复需求者接近5000万人。此外,老年人康复需求也相当巨大。[1] 近年来,结合第二次全国残疾人抽样调查,中国残联与北京大学、吉林大学等高校联合建立了残疾

---

[1] 郑晓瑛、程凯:《中国残疾预防对策研究》。

人事业发展中心,并以此为平台开展了不少残疾预防专题研究,对现阶段残疾预防工作和残疾康复工作的开展有一定的指导作用。[1]

2009年,中国残联、北京大学联合承担并组织实施的国家社科基金重大项目"中国残疾预防对策研究"(项目编号09&ZD072),项目集中了国内知名高校和机构优秀的残疾预防、社会学、心理学、康复医学等领域的专家学者,对我国当前的致残因素、预防对策、工作机制等进行深入的调查研究和论证,提出"十二五"期间以及今后更长时期我国残疾预防的对策。这是做好残疾预防的基础性工作之一。2010年,中国残联、北京大学等团体和机构对青海玉树地震灾区的震后救援和心理救护工作进行了调研[2],并组织研究团队赴河南漯河各有关部门深入考察其肢体伤残综合预防试点,总结经验,形成多部门残疾系统预防新模式。2016年,中共中央、国务院发布《"健康中国2030"规划纲要》,将残疾预防和残疾人康复工作纳入健康中国建设的整体规划,强调解决好残疾人等重点人群的健康问题,在2030年实现残疾人"人人享有康复服务"的目标。2017年,国务院印发了《"十三五"推进基本公共服务均等化规划》,提出构建与残疾人康复需求相适应的多元化康复服务体系、多层次康复保障制度,并依托残疾人精准康复服务行动,把残疾儿童、贫困残疾人作为重点服务人群,确保有需求的残疾儿童和贫困残疾人得到基本医疗和康复服务。[3] 未来,要继续加强以循证为基础的残疾预防对策研究,进一步总结和研究科学、经济、有效的残疾预防措施。

---

[1] 中国残疾人联合会、中国残疾人康复协会:《残疾预防和残疾人康复条例课题研究报告》,北京:华夏出版社,2012年。
[2] 姚翔、张燕:《突发事件及其应对现状的综述:以玉树灾区灾后救援为例》,残疾预防国际学术研讨会暨中国残疾人事业发展论坛会议论文,2010年。
[3] 邱卓英、李欣、李沁燚等:《中国残疾人康复需求与发展研究》,《中国康复理论与实践》2017年第8期。

## 二、我国老龄化及老年健康研究实践经验

### (一) 日益严峻的人口老龄化问题

所谓人口老龄化是指总人口中年轻人口数量相对减少、年长人口数量相对增加而导致的老年人口比例相应增长的动态过程。[①] 联合国提出的老龄化标准有两个：(1) 60 岁及以上的人口超过 10%；(2) 65 岁及以上人口超过 7%。联合国目前使用的标准是前者，而且已经成为普遍的国际共识。

人口老龄化是经济社会发展进步的产物，也是 21 世纪人类社会共同面临的世纪课题。作为行将进行、方兴未艾的客观发展趋势，人口老龄化伴随着"全球化""城镇化"将持续、深刻地对人类社会的发展产生重要的影响，其作用范围之广，作用力之强大，使任何国家都不可避免地卷入这场"无声的较量"。当然对人类社会来说，这既是机遇也是挑战，在承受人口老龄化带来的沉重压力的同时，我们也将会在与人口老龄化的博弈过程中吸取有益经验，获取丰硕果实。

我国人口老龄化发展迅猛，形势日益严峻。根据中国人口老龄化发展态势预测，2017—2050 年，我国老年人口（60 岁及以上人口）将由 2.41 亿增长到 4.83 亿，老龄化水平将由 17.3% 提高到 34.1%，是世界上人口老龄化速度最快的国家之一。[②] 欧美发达国家与经济社会发展同步进行，依靠逐步完善的制度设计，长时期、逐步消解的老龄化问题将在我国集中、瞬时爆发。这对我国的政策决策、社会保障及一系列配套的制度设计将会是一个不小的挑战，科学、合理的阐释，积极、扎实的实践探

---

① 杜鹏：《中国人口生育率的下降与人口老龄化》，《中国人口科学》1995 年第 2 期。
② 总报告起草组：《国家应对人口老龄化战略研究总报告》，《老龄科学研究》2015 年第 3 期。

索,对于我国来说至关重要。

改革开放以来,我国的人口研究开始步入正轨。以人民福祉、社会发展为目标的人口研究开始将民众深为关切、国家发展现实需要的重大人口问题纳入自身的研究范畴,并不断推陈出新,出现了一大批优质的、付诸实践产生良好的社会效应的研究成果。其中,对于我国人口老龄化的研究正是此类优秀成果的代表。本节将对我国人口老龄化的变化趋势及健康老龄化的概念框架做一简单介绍。

1. 我国人口老龄化变化趋势

随着中国人口平均预期寿命的延长,特别是全面实行计划生育政策之后,我国人口出生率明显下降,中国人口渐趋老龄化。综合诸多学者的研究,改革开放以来我国人口老龄化的变化趋势可大致分为以下几个阶段。①

一是人口成年型向老年型的过渡期,即 1978—1999 年。若按照下表五项有关老龄化程度指标对 1982 年和 1990 年普查时中国人口年龄结构类型进行划分,则 1982 年除了老少比 14.62% 仍呈现年轻型特征(15% 以下)外,0—14 岁人口系数、60 岁及以上老年人口系数、65 岁及以上老年人口系数、年龄中位数均呈现成年型特征;1990 年除了 0—14 岁人口系数 27.69% 已呈现老年型特征(30% 以下)外,60 岁及以上老年人口系数、65 岁及以上老年人口系数、老少比、年龄中位数均呈现成年型特征。可见,1982 年和 1990 年普查时中国的人口年龄结构基本属于成年型,但此时期中国人口逐渐老龄化。以此五项老龄化程度指标对 2000 年普查时中国人口年龄结构进行划分,除了 65 岁及以上老年人口系数 6.96% 仍呈现成年型特征(7% 以下)外,0—14 岁人口系数、60 岁

---

① 原新、邬沧萍、李建民、王桂新、桂世勋:《新中国人口 60 年》,《人口研究》2009 年第 5 期。

及以上老年人口系数、老少比、年龄中位数均呈现老年型特征。可见2000年普查时中国的人口年龄结构已基本进入老年型。

《国家统计局统计公报》等权威刊物上未公布1978年的中国人口老龄化相关数据,结合学者们的研究成果,1978—1982年中国的老龄化进程总体上是不断递进的,故此1978—1999年中国人口由成年型到老年型的转变趋势是可信的。

表8-1 中国六次人口普查时点的有关人口老龄化数据

| 普查年份 | 0—14岁人口系数(%) | 60岁及以上人口系数(%) | 65岁及以上人口系数(%) | 65岁及以上人口与0—14岁人口比(%) | 年龄中位数(岁) |
|---|---|---|---|---|---|
| 1953 | 36.28 | 7.15 | 4.41 | 12.16 | 21.70 |
| 1964 | 40.69 | 6.08 | 3.56 | 8.75 | 20.20 |
| 1982 | 33.59 | 7.63 | 4.91 | 14.62 | 22.91 |
| 1990 | 27.69 | 8.58 | 5.57 | 20.12 | 25.25 |
| 2000 | 22.89 | 10.46 | 6.96 | 30.41 | 30.85 |
| 2010 | 16.60 | 13.26 | 8.87 | 53.43 | 35.93 |

资料来源:中华人民共和国国家统计局编:《中国统计年鉴2008》,北京:中国统计出版社,2008年;邬沧萍:《社会老年学》,北京:中国人民大学出版社,1999年;中国年鉴资源全文数据库历次全国人口普查年龄分布数据。

二是人口老龄化加速期,即2000—2010年。以上述五项老龄化程度指标对2010年人口普查时中国人口年龄结构进行划分,可以发现,0—14岁人口系数、60岁及以上老年人口系数、65岁及以上老年人口系数、老少比、年龄中位数均呈现老年型特征,且非常显著。在这一阶段,60岁及以上老年人口系数增长水平与1978—1999年基本持平,说明该时期的老龄化速度并不是特别快,部分原因是由于此时期我国少儿的绝对数仍较大,计划生育工作所造成的家庭"少子化"还没有充分表现出来。2010年普查时中国的人口年龄结构已完全进入老年型,且人口老龄化开始步入加速期,中国开始面临人口老龄化的巨大挑战。

三是人口老龄化高速增长期,即2010—2018年。60岁及以上老年人口数量从1.78亿增至2017年底的2.41亿,人口老龄化水平从13.26%升至17.30%。此阶段的典型特征是底部老龄化显著,老龄化速度明显加快,少儿人口数量和比重不断减少,劳动力资源供给充分,是我国社会总抚养比相对较低的时期,有利于我国做好应对人口老龄化的各项战略准备。

2. 人口老龄化与健康老龄化

随着人口老龄化进程的进一步加深,相较于寿命的长度,个体的寿命质量越来越受到全社会的广泛关注,健康预期寿命在这个背景下被提出。相比平均预期寿命,健康预期寿命是对寿命数量和寿命质量的综合考量。它将健康纳入人口老龄化研究的分析范畴,是对人们关于生命质量关切的积极回应。

(1) 概念的提出及我国的引进

为了积极应对人口老龄化,提高健康预期寿命,1990年,世界卫生组织适时提出了"健康老龄化"的概念。2002年,世界卫生组织又在健康老龄化的基础上,提出"积极老龄化"的政策框架。2015年10月,《关于老龄化与健康的全球报告》的发布使健康老龄化的理念更加深入人心。作为一项关注医疗保健和老年人健康问题的战略构想,健康老龄化聚焦于提高老年人的生命质量,缩短带病生存期,延长健康预期寿命。

中国人口学家对健康老龄化给予了较高的关注。20世纪90年代,邬沧萍最早将健康老龄化理论介绍到国内。随后,我国学术界对其在中国的实践进行了大量探讨,推动了我国政府将健康老龄化逐步纳入国家发展战略布局的进程。作为指导健康中国建设的行动纲领,《"健康中国

2030"规划纲要》(以下简称《规划纲要》)明确提出了推动老年卫生服务体系建设等多项举措,旨在促进健康老龄化。2017年3月,《"十三五"健康老龄化规划》的出台则标志着健康老龄化战略在我国正式进入规划实施阶段。

(2) 定义

世界卫生组织提出的"健康老年化"的定义:延长人类生物学年龄和心理、社会年龄,使老年人健康和独立生活的寿命更长、生命质量更高。并进一步提出"积极老龄化"的概念:在健康基础上突出参与和发展。从个体层次来说,积极老龄化是在全生命周期保持机体、社会和心理的良好状态,按照自己的需要、愿望和能力参与社会活动,并能及时得到帮助、保障与安全;从群体层次来说,积极老龄化从多个方面应对老龄化挑战,如老龄化与经济协调发展,老年服务供给,承认老年人对社会发展的贡献等。联合国大会于2001年将"健康老龄化"正式定义为:健康老龄化指从整体上促进老年人健康,使老年人在体力、才能、社会、感情、脑力和精神等方面平衡发展。[1]

(3) 健康老龄化的中国方案的核心理念、特征及目标

健康老龄化中国方案的核心理念。从健康老龄化被引入国内开始,就开启了本土化的步伐,并逐渐形成了中国自身的健康老龄化体系架构,即健康老龄化中国方案。维护健康公平和全生命周期视角为健康老龄化中国方案的核心理念。[2] 一是健康老龄化中国方案将维护健康公平放在优先地位,推动老年健康基本公共服务均等化,逐步缩小健康服务领域的城乡差异、区域差异和阶层差异。《关于老龄化与健康的全球

---

[1] 何耀:《我国的人口老龄化与健康老龄化策略》,《中国慢性病预防与控制》2012年第5期。
[2] 陆杰华、阮韵晨、张莉:《健康老龄化的中国方案探讨:内涵、主要障碍及其方略》,《国家行政学院学报》2017年第5期。

报告》认为,社会经济资源导致的健康不平等将长期积累,并最终导致老年人在内在能力和功能发挥方面的差异。[①] 在区域发展不平衡、阶层分化等宏观背景下,当前我国老年群体的健康不平等现象趋于严重。而要遏制上述趋势,就必须建立完善立足全人群的老年健康服务体系,不断改善健康公平水平。二是健康老龄化中国方案强调全生命周期,重视"中上游干预",将提高全人口在各个时期的健康水平作为基本任务。老年健康问题是生命周期各个阶段的健康问题不断积累而成的。因此,无论是个体健康还是群体健康,健康老龄化战略所着眼的是对健康长期的、全面的干预和促进。我国于2017年颁布的《"十三五"健康老龄化规划》就从生命全过程的角度出发,将健康老龄化定义为从生命早期开始,对与健康有关的所有要素进行综合性和系统性的干预政策。

　　健康老龄化中国方案的主要特征。一是以"健康维护"为核心的服务主导模式。伴随着平均预期寿命的延长,我国疾病谱逐渐由急性病、传染病向慢性病转变。这也导致健康服务供给的侧重点由疾病治疗转向健康管理和慢性病防治。因此我国的健康服务主导模式也应该由过去的"治病"转变为"健康维护"。二是坚持因地制宜的原则。中国是一个幅员辽阔的国家,长期存在着地区发展不平衡、城乡发展不平衡的现象。健康老龄化中国方案的实施,必须遵循这一基本国情。健康老龄化中国方案应当立足于当地的社会经济发展水平,因地制宜,结合具体实践经验,在切实把握老年人健康需求特征的前提下,分类别、多层次、有针对性地发展老年健康事业。三是将对全人口、全周期的健康保障视作促进人力资本积累的战略性投资。国际经验表明,健康保障制度的建设能够促进人力资本的恢复和积累,提升人力资本使用效率,是实现人力

---

① 世界卫生组织:《关于老龄化与健康的全球报告》,2015年。

资本可持续发展的重要基础。中国目前正处于"刘易斯拐点",人力资本供给由充裕走向短缺,通过建设全人口、全周期的健康保障体系,将促进全社会,尤其是老年群体人力资本的恢复、积累和使用效益。

通过以上分析,健康老龄化中国方案的内涵可以概括为:以维护健康公平和全生命周期视角为核心理念,遵循因地制宜的原则,由"治病"向"健康维护"转变的健康服务模式,把健康保障视作促进人力资本投资,并围绕着行动能力和社会功能的维持和优化,以延长平均预期寿命,提升寿命质量的战略框架。

健康老龄化中国方案的目标。以下三个核心目标可被视为健康老龄化中国方案取得成效的标志:一是老年人的寿命质量得到普遍提升。随着平均预期寿命的延长,我国老年群体的慢性疾病负担日趋严重,而健康老龄化中国方案最根本的宗旨就是提升老年人的寿命质量,减轻慢性疾病的影响。二是实现年龄友好的社会人文环境。在宏观层面,建立年龄友好的社会人文环境能够消除年龄歧视,有利于老年人的自我发展,加强该群体的社会参与、社会融合以及社会贡献。三是老年人的健康功能得到全面发挥。健康老龄化在中国的实践既要提倡"尊老敬老"的优良传统,也要突出老年人的尊严和自主性。从本质上看,国际组织对于老年健康所需的功能发挥的强调,与健康中国建设中以人为本的思想是一致的。

为了实现上述核心目标,应该明确其具体路径。一是完善健康老龄化战略的顶层设计。通过制定和完善相应规划和政策法规,发挥政府的引导性作用,明确健康老龄化战略要做什么、怎么做。二是完善整合型老年医疗卫生服务体系。整合型医疗卫生服务体系的建立和完善,是所有老年人能够得到有效健康服务的保障。三是建立适应我国国情的长期照护体系。针对失能和半失能老年人,协调家庭、社区卫生医疗机构和私人机构进行帮扶合作,构建长期持续性的照护体系,提高老年人的生活质量,维护他们的生存尊严。四是提升尊老爱老的社会人文环境。老年友好环境的打造,要从城乡、社区到家庭等多层次着手,将老年友好城市的建设与老年友好社区、老年友好家庭的构建相联系。五是提高对于健康老龄化的测评和监督水平。无论是打造老年医疗卫生综合服务体系还是建立长期照护体系,健康老龄化的实现必然伴随着科学测评和有力监督。[1]

实现健康老龄化中国方案的目标,我们还有很长的路要走。人口多、底子薄、资源少、发展不平衡是我国在社会主义初级阶段的基本国情,而伴随着老龄化加剧,人口结构的变化势必给我国经济社会发展带来持续的冲击,应对人口老龄化成为21世纪我国社会经济发展必须面对的一项新基本国情。以我国当前的经济社会发展水平、人口老龄化发展速度、医疗保障和健康服务的供给能力来看,实施健康老龄化中国方案所面临的压力和挑战是十分巨大的。

(二)老年人口健康研究对于应对人口老龄化需求的实践经验

1. 老年慢性疾病预防与控制

慢性病发生的一个显著特点是随着年龄的增加而显著升高(见图8-1和图8-2),快速的人口老龄化导致慢性病易患人数的急剧增加。20世纪70年代以来我国人口慢性病快速增长,人口老龄化是重要的推动力。世界银行报告估计,2010—2030年,快速的人口老龄化将至少使慢性病负担增加40%。[2]

---

[1] 杜鹏、董亭月:《促进健康老龄化:理念变革与政策创新——对世界卫生组织〈关于老龄化与健康的全球报告〉的解读》,《老龄科学研究》2015年第12期。
[2] 赵冬:《我国人群脑卒中发病率、死亡率的流行病学研究》,《中华流行病学杂志》2003年第24期。

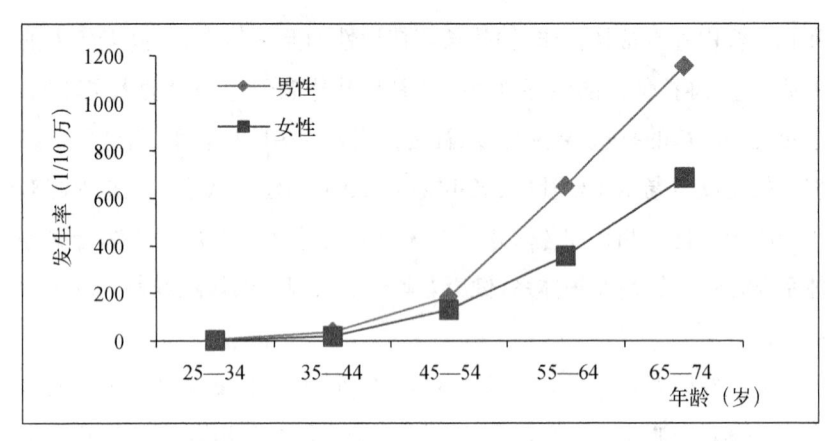

图 8-1 中国 MONICA 研究人群急性脑卒中年龄别发病率

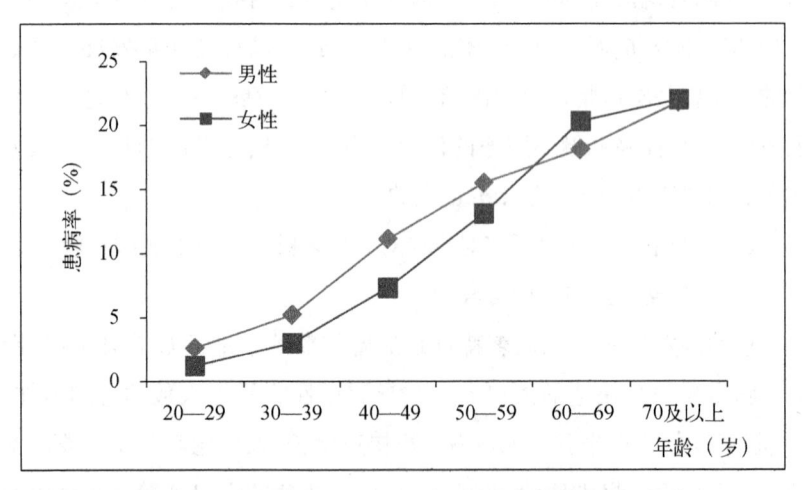

图 8-2 中国 2007—2008 年糖尿病年龄别患病率

随着疾病模式由传染性疾病为主,逐渐转为慢性非传染性疾病为主,改革开放以来,国家、社会对慢性病也越来越重视,相关研究也不断涌现:1984年德惠县老年人口调查结果显示,60岁以上老年人的慢性病患病率为 55.91%[①],1989 年卫生部医政司主持的九省市城市居民住院情况调查显示,60 岁以上老年人慢性病患病率为 58.84%[②],1992 年于学军利用"中国老年供养体系"数据分析,结果显示老年人口没有患慢性病的事件与年龄之间存在 U 型关系,受教育程度对老年人口的慢性病患病概率和数量影响较大,孩子数量多的老年妇女患慢性病的概率相对较高[③]。1993 年我国开始实施国家卫生服务利用调查,每五年一次,20 年来,我国城乡老年人慢性病患病例持续上升,近十年来的增长快于前十年,城市地区慢性病患病率始终高于农村地区,但差距在逐渐缩小。

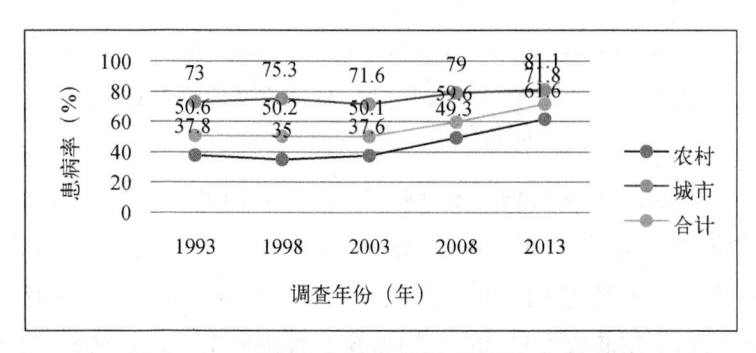

图 8-3 不同年份调查老年人慢性病患病率

Yang 等[④]的研究结果表明,糖尿病、冠心病和肺癌是我国 1990—2010 年导致死亡人数增长幅度最为显著的慢性病,20 年间分别增长了 127.1%、110.7% 和 97.3%。除了人口老龄化的作用外,危险因素流行

---
① 陈剑:《德惠县老年人口的文化程度和健康状况》,《人口学刊》1984 年第 4 期。
② 林岩:《九省市城市老年人医疗服务研究》,《中国医院管理》1989 年第 9 期。
③ 于学军:《中国老年人口健康研究》,《中国人口科学》1999 年第 4 期。
④ Yang G., Wang Y., Zeng Y., et al., "Rapid Health Transition in China, 1990—2010: Findings from the Global Burden of Disease Study 2010", *Lancet*, Vol. 381(2013).

日益严重导致标化死亡率的增加起着重要作用。在这 20 年间,糖尿病、冠心病和肺癌的标化死亡率分别增加了 43.8%、25.9%和 19.3%。

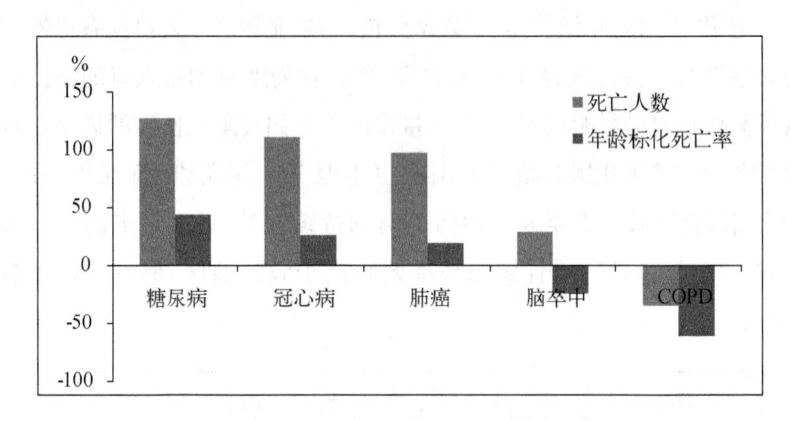

图 8-4　中国 1990—2010 年五种主要慢性病死亡人数和年龄标化死亡率的变化

随着慢性非传染性的问题越来越突出,我国制定了提升居民健康行为,早发现、早治疗,降低发病、病残和病死率的慢性病防控策略,面向一般人群、高危人群、患病人群,关注危险因素的控制、早诊断、早治疗、规范化管理,运用健康促进、健康管理、疾病管理的手段进行防控。1997年在 17 个省份建立社区慢性非传染性疾病综合防治示范点;2003 年启动中国糖尿病管理模式探索项目,2006 年开展慢性病综合干预项目。[1] 2009—2011 年医疗改革中健全基层公共卫生服务体系为慢性病防治带来了契机,针对全体人群:建立统一、规范的居民健康档案,提供健康教育宣传信息和健康教育咨询服务;针对重点人群:65 岁及以上老年人健康指导服务;针对疾病预防控制:高血压、糖尿病等慢性病高危人群指

---

[1] 赖建强、施小明、王丽敏:《慢性病预防与控制研究》,中华科学技术协会主编:《公共卫生与预防医学学科发展报告(2009—2010)》,北京:中国科学技术出版社,2010 年。

导,确诊高血压和糖尿病患者登记管理,定期随访重性精神疾病患者进行登记管理、治疗随访和康复指导。[①] 近年来,对于慢性病的监测与调查也越来越丰富全面,如以人群为基础的慢性病危险因素监测、死因监测、肿瘤登记和部分地区开展的以医院为基础的脑血管疾病、糖尿病等主要慢性疾病发病、患病监测;此外,还有一些追踪调查相继出现,如中国慢性病前瞻性研究(CKB)、中国老人健康长寿影响因素调查(CLHLS)、中国健康与养老追踪调查(CHARLS)都对老年人的慢性病状况进行了追踪调查。

2. 老年人失能和残疾问题研究及其实践

失能是影响老年群体健康的一个关键变量,失能是非健康状态转变为健康状态的最后机会。如果由失能转变为残疾后,再转变为健康状态的可能性就不大了。日常生活功能评价是了解老年功能以及老年人不同状态下适应社会的能力的综合指标,其测定包括两个方面,即日常自理功能(ADL)和社会服务设施利用功能(IADL)。在人口学研究中将ADL和IADL与健康预期寿命结合研究,可以较好地分析老年人口生活质量。[②] 人口老龄化背景下我国城乡的老年健康及老年照料问题日益严重,关于老年人失能的研究主要集中于长期护理的需求分析、自理能力影响因素的研究。

关于老年人照护需求的研究如下。对北京市老年人口长期护理的需求分析,提示高龄老人将成为长期护理需求最高的人群,现阶段家庭

---

① 黄成礼:《北京市老年人口长期护理需求分析》,《卫生经济研究》2005年第4期;黄成礼:《中国老年人口的健康、负担及家庭照料》,《中国卫生资源》2006年第5期;张文娟、魏蒙:《中国老年人的失能水平和时间估计——基于合并数据的分析》,《人口研究》2015年第5期。
② 杜鹏、孙鹃娟、张文娟、王雪辉:《中国老年人的养老需求及家庭和社会养老资源现状——基于2014年中国老年社会追踪调查的分析》,《人口研究》2016年第6期。

仍然是老人长期护理服务的主要提供者,不同成员在老人长期护理中的作用有所不同,失能可以导致医疗费用的增加,因此增加机构对老年人的护理可以节省一定的医疗费用。[1] 随着我国人口的老龄化,失能老年人口数量和比重将会有较大程度的增加,有更多的老年人需要长期护理与照顾。由家庭提供长期护理越来越难以维持,因此,由正式机构提供的长期护理将会有很大的发展空间,我国对于老年人口长期护理的负担将会有很大的增长[2],也有研究将2010—2011年期间的三项老年专项调查数据合并,并结合"六普"数据的人口结构对中国老年人口的失能率以及生活自理预期寿命进行评估,结果显示2010年中国老年人口的失能率为11.2%,农村、女性老年人的中、重度失能的风险以及失能人口的绝对规模均高于对应的城市、男性老年人群。2010年中国60岁老年人口的生活自理预期寿命为17.22岁,平均的残存活时间约为2.53年,但女性超过男性0.71年。两性老年人生活自理预期寿命在余寿中所占比例的差异随年龄增加而扩大。[3] 根据2014年中国老年社会追踪调查(CLASS)数据,从身体和心理健康、经济状况、社会参与、养老期望几个方面探讨我国老年人养老的突出需求和特点,对老年人家庭规模、成员构成、居住方式、子女状况等家庭养老资源和社会保障、医疗卫生服务、养老设施、社会服务等社会养老资源的分析发现:空巢家庭的老人已达47.53%;有12.54%的老年人需要不同程度的照料;失能老年人的孤独感问题和农村老年人的认知问题比较突出;我国老年人在享受老年优

---

[1] 顾大男、曾毅:《1992—2002年中国老年人生活自理能力变化研究》,《人口与经济》2006年第4期。
[2] 顾大男、曾毅:《高龄老人个人社会经济特征与生活自理能力动态变化研究》,《中国人口科学》2004年第S1期。
[3] 宋新明、周勇义、郭平等:《中国老年人慢性病的致残作用分析》,《人口与发展》2016年第3期。

待、高龄津贴等福利方面取得了显著进展,但养老设施或机构的覆盖面存在明显的城乡差异。[1]

对于老年人自理能力影响因素的研究如下。基于1992年中国老年人供养体系调查和2002年中国老年人健康长寿第三期调查的分析结果显示,1992—2002年十年间中国老年人生活自理能力失能率平均年下降1‰。其平均年下降特点有:高龄老人高于中低龄老人;城镇老人高于农村老人;男性老人高于女性老人;非文盲老人高于文盲老人;有配偶老人高于无配偶老人。[2] 基于中国老人健康长寿影响因素调查1998年、2000年和2002年三期数据研究结果显示,年龄、性别、城乡、民族和居住安排对高龄老人生活自理能力动态变化的影响作用明显。慢性病已成为我国导致残疾的首要原因,尤其是老年人群。某种疾病所导致的残疾负担取决于该疾病患病率的高低和该疾病致残作用的强弱。利用2006年中国城乡老年人口状况抽样调查数据估计14种慢性病的致残作用,研究结果发现痴呆症、脑卒中、肿瘤/癌症、糖尿病、心脏病、慢性支气管炎、骨质疏松症、关节炎和高血压具有显著的致残作用;致残作用最强的为痴呆症,脑卒中也具有很强的致残作用;致残作用处于中等程度的包括肿瘤/癌症、糖尿病和心脏病,而慢性支气管炎、骨质疏松症、关节炎和高血压的致残作用相对较弱。

在老年人残疾方面,对照1987年和2006年两次全国残疾人抽样调查的数据,我国60岁及以上残疾人由2051万上升到4416万,增加了

---

[1] 赵建玲:《中国老年残疾人现状与长期照护制度探索》,《中国老年学杂志》2014年第10期。
[2] 杜鹏、杨慧:《中国老年残疾人口状况与康复需求》,《首都医科大学学报》2008年第3期。

2365万,占全国残疾人新增总量的75.5%。① 通过对第二次全国残疾人抽样调查的相关数据进行分析发现:女性老年残疾人数多于男性,残疾率随老年人增龄而提高,绝大部分老年残疾人生活在农村。老年残疾人以听力残疾、肢体残疾和视力残疾为主,此三项占各项残疾的90%以上。绝大部分老年残疾是由疾病所致。老年残疾人的康复需求存在性别、年龄和残疾类别差异。医疗服务与救助、辅助器具、康复训练是老年残疾人最主要的康复需求,但大部分康复需求未能得到满足。② 利用中国城乡老年人状况调查数据、全国残疾人抽样调查数据以及国家卫生服务利用调查数据分析发现,人口老龄化会加剧老年人患病率和残疾水平,我国城镇主要以家庭的非正式照料为主,配偶和成年子女是最主要的照料提供者。因此,促进健康老龄化、加强疾病预防、调整财政支出结构、加大公共财政支出力度和加强康复技术人才队伍建设,对于降低老年残疾发生率、满足老年残疾人康复需求具有重要意义。

3. 健康预期寿命及健康老龄化的对策

2015年10月1日,世界卫生组织首次发布了《关于老龄化与健康的全球报告》,提出了维持老年人健康功能的健康老龄化新模式。该报告以新的理念诠释了健康老龄化的丰富内涵和政策导向,纠正了当前在人口老龄化与健康领域存在的偏见;倡导通过开展健康老龄化的综合性公共卫生行动,发展面向21世纪的人口老龄化应对战略新模式。报告的观点对于我国"十三五"期间推进积极应对老龄化战略有很强的借鉴意义,结合世界卫生组织报告中提出的理念变革与政策创新,提出在完善中国健康老龄化的政策体系中需要突出以下三点内容:建立老年医疗卫

---

① 郑晓瑛:《疾病和失能对老年人口健康预期寿命的影响——兼论卫生资源在老年人口健康分类投资的方向》,《中国人口科学》2001年第4期。
② 乔晓春:《健康寿命研究的介绍与评述》,《人口与发展》2009年第2期。

生综合服务制度、建立长期照护制度并推进医养结合、全面建设老年友好环境及维护老年人的自主权。

测量人口健康的指标从20世纪60年代开始提出,将健康状况与死亡状况结合起来计算人口健康寿命则开始于20世纪70年代。预期寿命是根据死亡率估计出的人口平均寿命期望值,用预期寿命表达老年人口的生活质量也有一定的局限性,因为这个指标没有能够反映出老年人的健康水平。在某种意义上,人口预期寿命能够说明一个大人口的宏观特征,但不能表达一个特殊人群的特异状态。在老年人不健康状态下,老年人实际能够健康生活的年限并不能在人口预期寿命中体现。这就需要对老年人口在不同健康状态下的健康预期寿命给予评价,进一步衡量老年人客观健康状态与健康之间的关系,在衡量生存时间长短的同时更多地关注生存质量,将非健康状态、疾病、失能、残疾对老年人口健康水平的影响定量地表示出来。[①]

为了分析健康期、带病期和寿命期的关系,引导研究方向,学者们提出了三种不同的理论假说。第一种叫作"疾病压缩假说"(compress of morbidity),认为人的寿命是存在极限的,因此由于生活方式的改变会推迟甚至避免慢性病的发生。第二种叫作"疾病拓展假说"(expansion of morbidity),这一假说是在否定了死亡率曲线的矩形化趋势前提下提出的,即人们的寿命并没有一个明确的极限,因此寿命延长或死亡率下降会导致带病期和由此引起的残障期的延长。第三种叫作"动态平衡假说"(dynamic equilibrium)。这一假说承认生存期的延长会导致带病期的增加,但却认为重度疾病或残障的年数与寿命的增长是同步的,原因

---

[①] 钟军、陈育德、饶克勤:《健康预期寿命指标计算方法的研究》,《中国人口科学》1996年第6期。

是随着医疗条件的改善和人们生活方式的改变,慢性病由轻度向重度转变的递进速度会放慢。

中国的改革开放导致经济体制和人们观念正在发生着深刻转变。在转变的过程中,经济发展速度加快了,人们的生活水平也有了大幅度的提高。与此同时,人口年龄结构出现了明显的高龄化,中国目前正在经历着一场史无前例的人口高速老龄化,老龄问题将会越来越突出。为了反映改革开放以来中国老年人健康状况的变化,健康预期寿命的计算在老年人健康领域逐渐被广泛运用,主要是通过沙利文法。使用数据主要有居民死亡资料和1993年国家卫生服务总调查家庭健康询问调查、2004年和1994年国家统计局全国人口变动抽样调查中有关老年人生活自理能力的数据、2005年"小普查"及2010年"六普"的主要汇总数据、2010年第六次全国人口普查数据等;利用时点的病伤残率与寿命表生存人年相乘、生活自理预期寿命、自评健康预期寿命等来代表健康预期寿命。

居民死亡资料和1993年国家卫生服务总调查家庭健康询问调查的分析结果为:随着年龄的增加,健康预期寿命占期望寿命的比重呈下降趋势;大城市居民的健康预期寿命低于中小城市的。[1] 2004年和1994年国家统计局全国人口变动抽样调查中有关老年人生活自理能力的数据的分析结果为:女性老年人的预期寿命比男性高,生活自理预期寿命在60—80岁也高于男性;85岁及以上女性的生活自理预期寿命低于男性,而且女性老年人生活自理预期寿命占余寿的比重在整个老年阶段均低于男性老年人;从10年间的变化看,中国老年人的预期寿命和生活自

---

[1] 杜鹏、李强:《1994—2004年中国老年人的生活自理预期寿命及其变化》,《人口研究》2006年第5期。

理预期寿命都有所增长，但是生活自理预期寿命在余寿中的比重反而下降了，随着年龄的增长，下降得也越来越快；就平均水平而言，健康状况改善的程度低于寿命的延长，高龄女性老年人在这个方面尤其处于劣势[1]。东部地区中国老年人口的生活自理能力优于中西部地区，东部的老年男性和中西部的老年人口的预期寿命增长速度快于健康预期寿命，符合功能残障期扩张的特征；而东部的老年女性的健康预期寿命增长则相对较快，符合功能残障期压缩的模式[2]。基于2005年"小普查"及2010年"六普"的主要汇总数据的分析结果为：城镇老年人口预期寿命及自理预期寿命均高于农村，而且随着年龄的提高，预期寿命与自理预期寿命的城乡差异呈缩减趋势。[3] 利用2010年第六次全国人口普查数据计算了全国和各省老年人健康预期寿命分析发现：在低龄期女性寿命更长，但健康期比男性更短；高龄期在女性寿命相对男性更长的情况下，女性无论是健康期还是不健康期均比男性都要长；而女性不健康寿命或生活不能自理寿命的比例明显高于男性；无论在哪个确切年龄，男性的健康平均分值均高于女性，且随着年龄的增长，这种差异在迅速减小。65岁男性预期寿命最长的地区是北京，女性是上海；男性预期寿命最短的地区是云南，女性是甘肃。男性和女性健康寿命最长的地区均是上海。无论是男性还是女性老年人，健康寿命最短、健康寿命所占比例最低的地区都是西藏和甘肃。

---

[1] 乔晓春、胡英：《中国老年人健康寿命及其省际差异》，《人口与发展》2017年第5期。
[2] 张文娟、杜鹏：《中国老年人健康预期寿命变化的地区差异：扩张还是压缩？》，《人口研究》2009年第5期。
[3] 郭未、张刚、杨胜慧：《中国老年人口的自理预期寿命变动——二元结构下的城乡差异分析》，《人口与发展》2013年第1期。

# 第九章 对人口学学科体系在社会科学领域发展的重新审视

张 蕾 庞丽华

一、新时期人口科学的重新审视

进入 21 世纪以来,在经济全球化和高等教育国际化的大背景下,我国人口学的学科建设和发展步入了一个与时俱进的快速发展期。中国人口学作为一门以促进人的全面发展、引导社会全面进步为己任的新兴学科,在历经兴起与发展至今的四十年间,将自身的学科发展与国家现代化建设、政府决策与民生重大需求紧密结合,逐步发展成一门独立的、相对成熟的学科。在"贯彻落实党的十八大精神,繁荣高校哲学社会科学发展"的时代需求背景下[①],在习近平总书记"加强人口发展战略研究"的要求下,在改革开放和现代化建设事业不断深化所带来的人口结构和社会结构快速变迁的现实需求下,中国人口科学未来发展的道路上机遇和挑战并存。如何把握时代的机遇,积极应对挑战,将人口学学科

---

① 王爽、王晓滨:《高校哲学社会科学发展的困境与展望》,《继续教育研究》2016 年第 10 期。

建设不断推向完善和繁荣,成为学界和政界共同关心的问题。

(一)国际人口学发展的态势

当前,国际上人文社会科学综合化、系统化、精细化已经成为主流趋势[①],社会科学发展的特点充分体现为学科之间的开放性更强,学科之间的边界逐渐模糊,交叉研究领域日益增多,并且在学科交叉和边缘学科中产生了大量的新兴学科。人口科学作为人文社会科学的重要组成部分,其重大理论创新与方法发展,越来越依赖于不同学科之间的交叉与融合。

1. 综合化趋势

从国际发展来看,人口学学科的综合化趋势日趋突出,学科交叉跨度很大。首先体现在单一研究视角向综合研究视角的转变,即从单纯的人口学视角研究和解决人口问题,快速向以人口学、经济学、社会学、医学、流行病学、生命科学、心理学等多学科、综合视角为基础开展人口与社会经济问题研究的转变。其次体现在研究领域综合与交叉的趋势,即对全球化人口问题展开各个学科的广泛讨论。举例来说,人口老龄化问题的研究已经变成全球的热点之一,而人口学中对人口老龄化的定义是一个人口年龄结构老化的过程,而当老年人口总量快速增加,在总人口中所占比例不断上升到一定程度时,无论在哪个国家,都会对一国的政治、经济和社会带来挑战。对于这一全球挑战,国际和国内的学者已经从单纯的人口学领域关于人口总量和结构问题的研究,拓展到了相关领域不同学科视角下对人口老龄化所带来挑战的综合性研究,如在生物医学领域开展人口长寿基因、老年人性与生殖健康方面的研究;在经济学领域开展劳动力市场转变、退休年龄、养老保障、医疗费用等研究;在社

---

① 何培忠:《日本人文社会科学的现状与展望》,《国外社会科学》2003年第5期。

会学领域开展家庭养老、老年人照护、家庭结构和代际关系等研究;在地理学领域开展老年人空间流动的研究等。

国际人口学综合化趋势提示我们,当前人口问题的深入研究和探讨单纯依靠人口学的理论和方法,是无法触碰问题的本质的,更无从谈到对问题的解决和对挑战的应对。实践证明,人口学大量创新的理论和应用性强的成果均产生自交叉学科领域,例如,1971年Omran首先提出了"流行病学转变理论",该理论对人口死因模式转变和后果的阐释,为人口学中的死亡研究提供了有力的理论框架,也成为人口学的重要分支学科——健康人口学的学科基础理论之一。再如,"生命周期理论"本身就是在综合多个学科的基础上提出来的,可以称之为学科交叉创新的理论成果,在现今健康人口学、家庭人口学、老年学等人口科学分支学科中得到了广泛的应用。

2. 精细化趋势

一方面,国际人口学学科内容和方法综合化趋势更加突出,学科交叉呈现更大跨度的趋势;另一方面,学科分类更精细、更深入,在深度和广度上继续拓展,新的人口学前沿交叉科学不断涌现。

人口学学科精细化的发展首先体现为研究对象的不断细分和研究问题的深入与指向性更强。人口学的研究对象为"人口各种变量的现象和过程,研究人口诸变量之间的相互关系及其发展变化规律,研究人口变量与社会经济、生态环境等变量之间的相互关系"[①]。除了人口理论与发展史、方法论与方法体系等人口学基础分支学科外,人口学的精细化发展的趋势表现为对人口子群体的细分和交叉学科研究,如老年人口、青少年人口、女性人口、劳动力人口、少数民族人口、残疾人口等;基

---

[①] 邬沧萍主编:《人口学学科体系研究》。

于各人口子群体对人口学变量的不断细分和深入研究,如生育、死亡、迁移、人口老龄化、人口性别比、全生命周期视角促进健康的研究等;对人口系统和非人口系统诸如经济、社会、政治、资源、环境系统相互关系及协调发展的研究。①其次,人口学学科精细化的发展还体现为人口学分支学科的交叉细分。人口学经过长期发展,已从当初独立的几个学科,不断发展细分成为包含着十数个子学科的学科体系。国内外相对成熟的分支学科包括人口统计学、经济人口学、社会人口学、人口地理学、老龄化人口学、医学人口学、家庭人口学等。

人口学学科体系的细分,使得研究内容依据不同的主题和问题做重心转移;对现实问题、子群体问题的深入研究,也使得研究结论更具针对性,应对挑战和问题的措施更具有效性,在问题解决的过程中更体现时效性,对于政策的开发更具指向性的参考意义。如国际上当前人口学研究重点关注的领域包括生育、死亡、健康、预期寿命、老龄化、性别、婚姻家庭、迁移、人口理论、人口方法和人口政策11个主题,这些主题均为全球各个国家和地区当前面临的亟需解决的人口问题,同时也是中国人口和人口学当前所面对的或即将面对的问题。

3. 应用化趋势

人口学未来最具发展潜力的原因在于,它是一门以服务社会经济发展重大需求为目标,以服务于民生为己任,能够将学术研究成果向政策转化的一门综合性学科。国际上人口学学科发展得以呈现迅猛的势头,就是以人口学应用化发展趋势为标志的。②

人口学的应用性发展趋势呈现出以人口为核心,将人口的规模、结

---

① 邬沧萍:《对人口学学科体系的重新认识》。
② 张再生:《从国际视角看中国人口科学研究发展的现状与趋势》,《人口学刊》2002年第2期。

构、空间变动与区域社会、经济、政治文化相结合的特征,通过人口与自然环境、人口与社会环境之间的良性互动规律的判断,实现一个国家或地区未来全面可持续发展的目标。与人口学的理论和方法论相对而言,人口学的应用性特征表现为将前两者揭示的规律、原理和方法体系运用于具体的人口现象,以获得对人口现象发生、发展的具体规律性的认识,并提出相应的应对措施。

人口学的应用领域和范围很广,得益于人口学在发展过程中以问题为导向的特点。例如,基于人口周期性、发展惯性的规律进行的人口和人力资本预测,其对未来人口规模、结构、空间变动、教育与健康储量的判断,几乎能够为所有社会、政治、经济领域的相关规划提供参考。当前形成的人口健康和老龄化挑战的全球共识,是基于人口转变理论和流行病学转变理论对未来人口和健康水平发展态势作出判断的基础上达成的。受益于医疗卫生技术的飞速发展,人口死亡率得以大幅降低,人口平均预期寿命延长的同时,健康问题、老龄化问题日益受到广泛关注,进而由此衍生的老年人社会保障问题、老年人心理健康问题、健康服务供给、卫生保健投入、老年人居家养老和长期照护问题、退休年龄的重设、养老金制度的改革等一系列人口、社会、经济问题,这些问题错综复杂,相互影响,亟待综合各个学科的优势共同关注现状、原因、后果及应对措施,将研究成果在人口、社会、经济、医疗卫生等领域进行综合应用,方为全面应对挑战之良策。

4. 数据匹配与共享趋势

全球互联网信息技术的发展使得数据、信息的高效使用成为可能,云计算、人工智能和大数据的技术优势为当下的人口学研究的发展提供了新的思路和借鉴。当前,大数据作为一种被广泛应用于互联网产业的新型技术,其所拥有的高效采集、有效整合、数据的深化应用等特点,能够提高人口管理的精准性和有效性,提升人口决策和人口风险防范水平。

大数据大体量(Volume)、多变性(Variety)、价值密度低/不确定性(Value/Veracity)和时效性(Velocity)的"4V"特性[1]与通过智能终端进行人口个体信息收集相结合,让实时、动态的人口信息收集变成了可能。数据资源呈几何级数开始快速累积,个体层面人口数据已经具备了个体识别和匹配的技术条件,未来在人口数据的收集变得更为便捷的同时,也对于人口数据的实时处理和开发形成了巨大的挑战。

随着人口大数据的收集和应用,信息垄断在未来将逐渐消失。人口大数据需要共同维护、共同分享、共同开发才能有效地促进其发展和应用。[2] 但是,涉及个人隐私和信息安全的数据在共享的过程中需要构建科学、完善和安全的信息系统以确保数据的安全使用。

综上所述,不论是人文社会科学还是自然科学领域,学科交叉与渗透均为当今科学发展的新趋势与新的生长点。人口与社会、经济、政治、文化、环境之间的互动日趋频繁,相互间的影响日臻密切,国际人口学和国内人口学的发展逐渐趋于一体,相互间联系领域扩大。面对这种发展势头,人口学在研究视野、研究理论以及研究方法上需要不断发展与创新。从其他相关学科的知识体系、理论和研究方法等方面进行借鉴与吸收,对于全球人口学发展趋势而言,显然不是新的焦点问题,然而对于中国人口学的发展来说,却仍旧是需要长期面对的问题。当前,中国人口学交叉学科和边缘学科的发展仍旧不均衡,仍需在了解国际人口学发展趋势的前提条件下,进一步加强对国外人口学交叉学科的借鉴和学习,

---

[1] 陶雪娇、胡晓峰、刘洋:《大数据研究综述》,《系统仿真学报》2013年第S1期。
[2] 王广州:《大数据时代中国人口科学研究与创新》。

逐渐形成学科自身的创新理论和方法体系,并大力发展适用于中国人口发展的交叉学科,在借鉴和学习中推动中国人口学的发展与繁荣。

(二)中国人口学战略地位的重新审视与确立

中国人口学体系自建立至今近四十年发展的历程中,始终以学科建设、学术发展、成果应用之间的相互促进和共同发展为主要任务,开拓了许多创新研究领域,成功地实现了学术研究成果向政策的有效转化,为中国不同社会经济发展的历史阶段中人口政策的发展与调整贡献了大量有价值的参考建议。

1. 人口学在中国社会科学发展领域的基础性地位

学科可以分为基础学科与应用学科,两者之间是基础与延伸的关系,即基础学科以应用学科为基础,是大学开展人才培养和科学研究的基石;应用学科是基础学科的延伸,应用学科的开发以基础学科为前提和后盾。① 国际一流高校都极为重视基础学科的发展。以美国为例,美国一流大学人文社科基础学科中世界优势学科覆盖率为 88.1%,基础学科中位居前 10 的学科数占 70%以上。② 基础学科的学科内容并非一成不变,当已有基础学科知识转化为人们的认知结构的发展后,新的基础学科会逐渐产生、发展和完善。

基础学科是指研究社会基本发展规律,提供人类生存与发展基本知识的学科。基础学科的知识需要通过应用研究才能对人们的生产与生活产生实际的效用。而人口学就是一门在自身体系中兼具基础学科和应用学科特征的学科,现代人口学的学科体系中,主要包括人口理论、人

---

① 李震峰、仲丽娟:《以协同创新为依托的基础学科发展:逻辑、困境与路径》,《教育发展研究》2016 年第 Z1 期。
② 沈健、胡娟:《高水平大学优势学科布局与选择的量化分析——基于中美两国 29 所世界一流高校的数据》,《中国高教研究》2013 年第 9 期。

口统计学、人口学分支学科三个组成部分。① 毋庸置疑,人口理论和人口统计均是研究人口现象、人口过程等人口自身规律,以及人口与自然环境和社会环境之间互动规律的学科内容。在人口学分支学科中,诸如人口思想史、历史人口学、人口经济学、社会人口学、健康人口学、生态人口学、空间人口学和老年人口学等分支学科也从学科建立之初,就立足于对人口历史过程和历史规律的深刻理解和把握,在透彻了解本学科形成发展的历史规律的基础上,不断地对学科发展方向做出准确的判断。可以说,人口是社会科学各个学科研究的核心要素,因此中国人口学在当前社会科学发展进程中和社会经济发展中具有重要基础性地位和作用。

2. 人口学在中国社会科学发展领域的前沿性地位

学科前沿是有关学科基础理论和学科发展方向的重要研究领域,是研究中的重点、难点和热点问题,需要回答这些问题形成的背景、具有的特征、产生的原因和应对的策略。而基于前沿问题所形成的前沿学科,处在成长阶段,有各种各样的观点,也有很多思想的火花。②

人口、社会、经济、环境、生态的可持续协调发展,越来越凸显出人口学的前沿性和重要性。中国身处社会转型时期,发展相对不平衡,城乡差距、地域差距、社会收入分配差距等正在拉大,人口学研究领域所关注的主题均为中国人口和社会经济发展当前所面临的重大人口发展与民生问题。以研究问题为导向形成的前沿分支交叉学科虽然仍处在成长阶段,理论和方法发展仍不成熟,但其所产出的研究成果已经转化成现实的社会效益,推动了人口发展相关政策的决策与开发。

---

① 邬沧萍:《人口学学科体系研究》。
② 李秀果:《要着重学习前沿学科和新兴学科》,《教学与研究》1981年第2期。

以人口学中在健康人口学领域进行人口出生缺陷研究为例。北京大学率先在社会科学领域开展人口健康交叉学科建设之先河,北京大学人口研究所作为国家"973"项目首席科学家单位,通过"中国人口出生缺陷遗传和环境可控性研究"和"中国人口重大出生缺陷遗传和环境交互作用机理研究"两个项目,针对我国发生率高、危害重大的出生缺陷,从中国出生缺陷防治研究和大规模的现场流行病学研究中,拓展研究思路,寻找跨学科结合,以环境和遗传交互作用为切入点与突破口,利用多学科的条件和优势,实现"强强合作",从多个角度系统深入研究重大出生缺陷的发生机理,为实现落实中央"全面做好人口工作"的重大任务、提高出生人口素质、发展经济有效的防控措施提供了科学依据。

除此之外,人口学的研究选题与时俱进地聚焦于社会上的一些热点问题,开展应用对策研究,涉及人口健康、健康与环境、生育问题、预期寿命问题、人口老龄化和老年人问题、青少年性与生殖健康问题、社会性别问题、残疾人口问题、人口流动与迁移问题,以及社会性别与发展问题等一些前沿学术领域。

人口学在社会科学领域的前沿属性能够促进从问题入手对社会需求予以积极快速的反应,能够利用前沿交叉学科的研究成果为相关部门提供理论基础、咨询服务和决策依据,积极服务国家重大战略决策,也能够深化对人口学各分支学科,以及对社会科学其他学科的基础理论研究,更新研究方法和拓展新的研究领域。

3. 人口学在中国社会科学发展领域的前瞻性地位

社会科学和自然科学一样,都是正确认识社会发展规律的学科体系,以此为基础才能够通过正确的思维和行动完成对世界的深入认识,从而改造世界,实现人类文明的不断发展和进步,创造出高品质的生活环境。在社会科学领域中,人口学在其分支学科体系中,既包含了社会科学领域的分支学科,也包含了自然科学的分支学科,借助社会科学其他学科甚至自然科学的学术和思想资源,以社会中人口群体蕴含的客观内容与规律作为各类活动的基础和前提,跳出人口本身来审视人口与发展的问题。

人口问题未来仍是人类社会共同面对的基础性、全局性和战略性问题。进入 21 世纪后,我国人口发展的内在动力和外部条件发生了显著改变,出现重要转折性变化。准确把握人口变化趋势性特征,深刻认识这些变化对人口安全和经济社会发展带来的挑战,不仅对于谋划人口长期发展具有重大意义,而且对于积极有效应对我国人口趋势性变化及其对经济社会发展产生的深刻影响,促进人口长期均衡发展,为经济社会发展宏观决策提供支撑同样具有不可估量的参考价值和意义。换言之,社会经济想要实现长久稳定的发展就必须充分认识人口学的重要性并明确其基础地位。

人口学发展的前瞻性战略地位具体体现在其对未来人口发展规律科学判断的基础上。世界已进入经济全球化、信息化时代,经济与社会发展的科学规划,首先取决于我们对当前和未来全球和中国人口形势的正确认识,这就要通过加强人口学研究来提高思想认识的科学性。我们只有深刻地把握全球人口、经济和社会的发展脉络,立足当代,立足国情,深入实际,不断增强人口学研究的前瞻性、实效性和科学性,经济社会发展的规划决策才能做到科学合理。随着人口与资源环境、经济社会之间的矛盾日益突出,人口预测的意义和作用也越来越受到广泛关注。人口学的发展与政治经济环境密切相关,前瞻性预测人口政策出台后的目标人群、人口结构、人口发展趋势是相应人口政策出台的重要参考依据,[1]能

---

[1] M. Lussier, R. Bourbeau, R. Choinere, "Does the Recent Evolution of Canadian Mortality Agree with the Epidemiologic Transition Theory?", *Demographic Research*, Vol. 18(2008).

够更加广泛应用于人口发展、经济规划与布局、生态治理、城市发展与规划、交通与旅游等众多领域的发展规划工作中,服务于各项政策效应的评估、策略以及相关配套措施实施效果的评价,进而提出政策开发的最优方案。

## 二、未来中国人口学学科群体系的建设与发展思路

人口学在社会科学领域乃至自然科学领域均处于基础性地位,在相当长一段历史时期,中国人口学的发展是以人口问题为推手,并服务于中国的计划生育政策和实践。进入21世纪后,随着人口学在理论、方法、实践与应用领域的研究突破,未来学科的发展势必具有更强的生命力。

（一）中国人口学的发展现况和主要挑战

1. 人口学关于理论的探索讨论较为活跃,但建设与发展步伐缓慢

21世纪人口学理论研究逐渐活跃起来,突出表现为传统人口学和人口学交叉学科的理论探讨齐头并进。传统人口学对于人口生育、死亡和迁移三大核心要素相关的理论有了新的发展,如"后人口转变"理论的争论[1],在"积极老龄化"理论基础上做出的理论本土化发展,"积极应对老龄化"理论的提出[2]。新兴交叉学科中,诸如健康人口学提出的"人口健康储量"的概念和"人口健康储量代际交流"的框架。[3] 上述理论探讨都在一定程度上激活和扩展了学界对人口理论研究的兴趣。

---

[1] 李建民:《后人口转变论》,《人口研究》2000年第4期;李建新:《"后人口转变论"质疑——兼与于学军、李建民博士商榷》。
[2] 邬沧萍、谢楠:《关于中国人口老龄化的理论思考》,《北京社会科学》2011年第1期;世界卫生组织编:《积极老龄化政策框架》,中国老龄协会译,北京:华龄出版社,2003年。
[3] 郑晓瑛:《再论人口健康》;郑晓瑛、宋新明:《健康人口学的定义界定和内涵研究》。

人口学科体系和分支学科的发展需要充分重视和强化基础理论研究,这样才能夯实发展的基石,用以支撑更为广阔的学术发展空间。但是与人口学交叉学科体系中分支学科快速发展势头不相适应的是,用以支撑分支学科壮大与成熟的理论发展的相对滞后,其学科基石的作用无从体现,而学科未来的完善与发展也会后继乏力。这种境况从20世纪70年代末期既已经开始[①],2018年,国内学者对21世纪世界人口学的学术成果进行统计后发现,不仅中国境内,包括境外人口学领域相关理论研究也比较滞后[②]。这给了我们一个关于如何在21世纪进行人口学建设中重新思考建构新形势下的理论与框架的启示,具有创新意义、前瞻意义,但符合人口学学科研究规范的理论建设局面还有待形成。

2. 对其他学科的方法论有所借鉴,但尚未形成交叉学科方法论体系

理论和方法并称为一个学科的两个重要支撑。可以说,近年来,人口学各研究领域的研究方法和分析手段多样,有许多将国际人口学的创新研究方法为我所用的成功案例,如将国际应用系统研究所开发的多状态预测模型(PDE模型)引入中国人口预测和人力资本的研究领域,其应用成果起到了重要的政策参考意义。[③] 再如,将公共卫生领域小概率疾病的扩增研究方法(DEA)创新性地引入人口健康领域,实现了其在中国医学、人口学、地理学、数学、信息科学和环境科学等学科交叉的基础上对提高出生人口质量的创新探索。[④]

---

[①] 郝虹生、陈功:《中国的人口研究与〈人口研究〉二十年》。
[②] 杨菊华、杜声红:《新世纪国外人口学研究动态》,《人口与经济》2018年第1期。
[③] 郑晓瑛、陈功、庞丽华等:《中国人口、人力资本变化趋势》。
[④] 郑晓瑛:《再论人口健康》。

需要警惕的是,一方面,人口学界对传统的人口研究方法更新发展不足;另一方面,也有一些研究"借鉴"大过创新,通常是利用交叉学科的便利,将其他学科的研究方法照搬过来进行人口问题的分析,对于拿来以后方法适用性的改良、发展和创新所做的工作少之又少。除此之外,作为一门交叉学科,人口学领域尚未形成系统的方法论体系,各种研究方法的应用仍旧停留在分析技术的层面。

3. 人口学应用性研究发展迅速,但是未能形成理论—方法—应用共同发展的三脚架

改革开放以来,我国在人口、经济、社会发展方面取得了举世瞩目的伟大成就,创造了"经济高速发展"和"人口得到有效控制"的两大奇迹,被广泛认为是20世纪末以来最具有全球意义的事件。同时,与人口相关的资源过度消耗、环境污染严重、社会进一步分化以及地区发展不平衡、城乡二元结构、产业结构不合理、下岗、失业、相对贫困增加等问题相互交织,人口安全面临复杂多元的态势,也引起国内外的高度关切。人口学领域的应用性研究从问题入手,以国家战略需求为导向,与时俱进地聚焦于社会上的一些热点问题,以人为本,关注弱势人群,开展应用对策研究。应用型分支学科如工商人口学、区域人口学、市场人口学等分支学科相继产生。

一门学科强大的标志之一就是其分支学科向其他学科的延伸和渗透,并能够在应用性问题的交叉学科研究中,将自身理论基础和方法论体系转变为话语权,体现人口学的主导性、主动性和能动性。例如,在贫困、失业等交叉学科研究中,站在人口学的视角综合运用人口和经济现象之间的相互联系及发展规律开展应用对策研究,而不是将人口作为一个变量纳入经济学相关学科的研究中。如若不然,不但人口学的学科特

征无从体现,还会影响到学科的被认知和认可的程度。①

(二) 未来中国人口学学科群体系的建设与发展思路

1. 重新审视"人口科学"的学科性质

对于"人口科学"学科性质的界定始于对"人口学"学科性质的界定,即人口学是研究人口发展、人口与社会经济相互关系的规律性和数量关系及其应用的科学总称。② 未来学科发展趋势决定了人口学必将被范畴更为宽泛的人口科学所取代。因此,"人口科学"不仅是一门专门化的基础性学科,还是一门集多种学科为一体的、具有较强应用性的综合性交叉学科。2000年吴忠观教授主编的《当代人口学学科体系研究》率先提出当代人口科学体系,同我国过去人口学体系三大组成部分(人口理论、人口统计学、人口应用学科或分支学科)相比是一个创新。2006年邬沧萍教授的《人口学学科体系研究》对现代人口学做出了科学定位,明确现代人口学是第二次世界大战后,由于人类出现了人口史无前例的增长这一客观事实的需要,在原有人口学的基础上全面创新而发展起来的崭新科学,可称为"现代人口学",以区别于传统人口学。

现代人口学蓬勃发展的近半个世纪以来人口知识和资料迅速增加,使得这门学科更加成熟和丰富。在当代,许多从传统学科中已经分化出很多的分支学科,其中有些甚至成为相对独立的学科。而到一定阶段,为了更深入认识客观世界,又有各门学科综合起来成为许多交叉学科(或跨学科)。这是科学发展的规律,人口学的发展也遵从这样的客观规律。

---

① 叶文振、石红梅、陆洋:《中国人口学科的发展与挑战》,《人口研究》2009年第6期。
② 吴忠观主编:《人口科学辞典》。

未来人口学仍要在研究人口发展、人口与社会经济相互关系的规律性和数量关系及其应用的基础上,遵循交叉学科的研究范式,在继续吸收与借鉴国外相关理论以及研究方法的基础上,继续探索中国特色的本土化研究,从本国的社会、经济、政治与文化实践出发,大力拓展人口学学科的交叉性与适用性,使中国人口学的发展能够对于中国的人口发展实践发展产生积极影响。基于此,未来人口学的学科基础是在自身学科内部发展的基础上,吸收和融合自然科学(诸如医学、流行病学、生命科学、地理科学等)和社会科学其他学科(诸如社会学、经济学、心理学、政治学等)的多元化研究思路、研究方法和应用领域,最终发展成为一门揭示人口和社会规律,服务于人类和社会发展的综合学科的理论、方法和应用体系。

2. 夯实学科理论基础

虽然中国人口学经过四十年的探索和发展,基本上确立了其理论框架,但其内容体系尚不完善。众所周知,中国人口学现有的理论框架基本上是在借鉴和吸收国外人口学以及相关学科的理论框架和基本理论的基础上形成的,未形成中国自己的可应用于当今世界的理论或结论。[①] 作为一门基础学科和一门交叉学科体系,人口学应当借鉴和吸收各类先进成果,但问题是中国人口学如何通过对这些先进成果进行整合,变成自己理论体系的一部分,使自己的理论体系既能够对相关学科的先进成果兼容并蓄,又不致丧失自我,这是未来中国人口学完善其理论体系所必须处理好的核心问题。

任何一门成熟的学科都必须有坚实的理论基础,一门学科的成熟与完善最终体现在它是否有自己的理论体系。虽然中国人口学尚处

---

① 杨菊华、杜声红:《新世纪国外人口学研究动态》。

在发展过程中,其理论基础相对来说还较为薄弱,但未来亟须在学科的实证研究和政策研究等应用性研究进行到一定阶段、一定程度时,就对其结论或成果进行整合、归纳和提炼,通过描述性的分析结论、数据背后的关联发现现实问题的本质和规律性,充实理论体系的内涵,夯实学科基础。

3. 坚持实证与思辨并重的研究方法

科学研究需要有科学的方法探索出真理。一门学科的发展和繁荣与其研究方法息息相关,从学科发展的角度来看,研究方法是否合理或完善直接影响到该门学科的成熟。长期以来,在我国人口研究领域比较普遍地存在着重实证研究、轻定性研究的倾向,特别是缺乏对人口研究所必要的跨学科比较研究、系统分析和历史分析等方法的运用。实际上,定性与定量研究方法的失衡在很大程度上已成为制约中国人口学学科进一步发展的十分重要的因素。[①] 未来人口学在研究方法的发展设计上应当坚持实证与思辨并重和与时俱进。

首先,要重视理论研究与实证研究、对策研究的紧密结合,改变忽视理论研究的倾向。理论研究是基础,它所研究的规律性问题,具有前瞻性和指导性,是开展实证研究和对策研究的基础,因此,忽视理论研究便不可能出现高水平的研究成果,理论和应用两者不可偏废。传统的人口学被视为一门极其注重定量分析方法和测量技术的学科,但未来研究中还应注重定性方法的使用,加强对因果机制的深入探讨,挖掘数据背后的生命故事。

其次,未来在探索其他学科创新研究方法在人口学领域的应用时,

---

[①] 乔晓春:《中国人口学的发展与展望》,《中国社会科学报》2009年11月12日,第8版。

人口学方法体系的建设可参照其他社会科学研究方法体系的发展层次[①]，即方法论、研究方法、研究的具体方法与技术三个层次(图9-1)。其中方法论是指导研究的一般思想方法或哲学，主要包括研究的基本假设、研究逻辑、研究原则、研究规则、研究程序等问题；而研究方式主要表明研究的步骤与手段，是贯穿于研究全过程的程序和操作方式；研究的具体方法技术，主要包括资料收集方法、资料分析方法和其他技术手段或工具，运用于研究的各个阶段。在当今学科交叉趋势日益明显的背景下，各学科研究方法和技术被广泛应用于交叉学科的研究领域，其内容不断更新、丰富和发展，创新的研究方法也在不断产生。因此，在人口学研究方法体系构建和完善的过程中，要研究各个领域现有的研究方法及其运用和发展，同时也要持续关注各个领域创新提出的新方法，思考借鉴、吸收和整合这些方法的可能性。

最后，要积极推动人口学研究方法服务于其他学科研究，尤其增强交叉分支学科领域的应用。从学科发展角度来看，当前对于人口学新兴交叉学科而言，研究方法体系的建设还缺乏系统性和规范性。人口学实证和思辨相结合的思路在今后的研究中将会逐渐形成一个独立的、完善的研究方法体系，这一体系形成以后，将在很大程度上促进与其他学科之间的相互交叉和渗透，能够让人口学的研究方法服务于其他学科的研究。从现实需求来看，中国人口学正处在一个挑战与机遇并存的十字路口，全球化、工业化、信息化、城镇化、市场化、国际化的纵深发展势必为人口与人口研究的发展带来前所未有的复杂性和多样性，国家和社会对这个学科的需求也势必会更加强劲。因此人口学研究方法体系的创新与完善，最终会促进多学科共同繁荣发展，服务国家重大需求。

---

[①] 袁方：《社会研究方法教程》，北京：北京大学出版社，1997年。

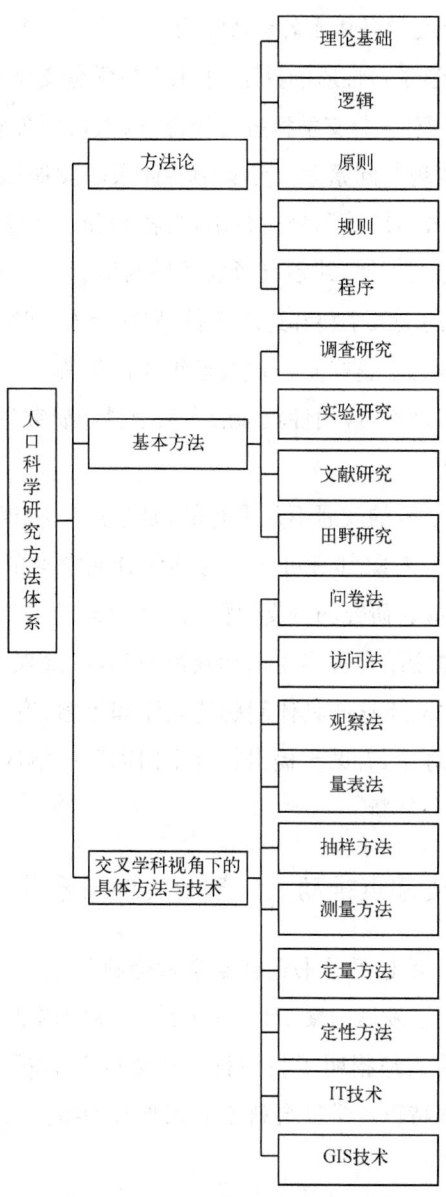

第九章 对人口学学科体系在社会科学领域发展的重新审视　387

```
                          ┌─ 理论基础
                          ├─ 逻辑
                  方法论 ──┼─ 原则
                          ├─ 规则
                          └─ 程序

                          ┌─ 调查研究
人口科学研究方法体系 ─── 基本方法 ──┼─ 实验研究
                          ├─ 文献研究
                          └─ 田野研究

                          ┌─ 问卷法
                          ├─ 访问法
                          ├─ 观察法
                          ├─ 量表法
  交叉学科视角下的 ────────┼─ 抽样方法
  具体方法与技术           ├─ 测量方法
                          ├─ 定量方法
                          ├─ 定性方法
                          ├─ IT技术
                          └─ GIS技术
```

图 9-1　人口学研究方法体系

4. 人口学分支学科体系的发展方向

基于对人口学学科性质的界定,未来人口学分支学科体系应当依靠网络化发展模式①对各分支学科进行统筹,以人口原理和人口方法论作为研究的核心,实现共同繁荣。分支学科体系的发展以人口学(包括人口史、人口理论、人口统计和分析技术)为核心和主干学科,以交叉学科为分支,向两个方向延伸,并各自形成学科网络。一个方向为兼具基础研究和应用研究的交叉学科和边缘学科,如社会人口学、人口经济学、健康人口学、人口生态学、空间人口学、老年人口学等;另一个方向以问题为导向、关注人口现实、应用性较强的交叉学科和研究领域,如工商人口学、人口政策学等。

各交叉分支学科的发展不是平行的,是呈网络状相互交织的,各分支学科的核心研究对象都有可能作为其他分支学科的研究控制变量。兼具基础研究和应用研究的分支学科既离不开理论的指引,也需要将理论和规律落地,紧密结合现实生活和政策现实,探索现实中不断出现的新问题、新挑战。对于这些具体问题的关注和思索,有助于形成具有中国特色的人口学理论,有助于提出符合中国国情的解决路径,进而实现中国人口学的学科创新。

## 三、在新的历史起点推动人口学的发展与繁荣

2016年5月,习近平总书记在哲学社会科学工作座谈会上发表重要讲话,明确指出了发展与繁荣哲学社会科学在中国社会经济发展中的重要地位,高屋建瓴地指明了我国哲学社会科学不断发展的方向与前景,也提出了中国特色哲学社会科学应该具有的特点、发展的不足和解

---

① 郑晓瑛:《对人口学学科建设和发展的建议》,《中国人口科学》2000年第1期。

决的途径和办法,给予广大哲学社会科学工作者,尤其是人口学工作者极大的鼓舞和启示。

(一)"大人口观"下进行人口学的学科建设

1. "大人口观"下的人口学

人文社会科学和自然科学技术是现代社会的基石,是保障人类社会可持续发展的无尽的资源。[①] 社会科学主要指对人类关系的学习和研究领域,包括经济学、社会学、人类学、心理学、人口学等,学科之间是相互关联的有机整体。社会科学在发展的进程中,其学科内容的划分是随着研究的深入而不断细化的,其形式、结构和功能的变化都反映着时代特征和需求,这些特征既体现在社会领域,也体现在经济领域、政治领域和文化领域。

人口学是社会科学的重要组成部分,也是社会科学系统有机运转的子系统,人口学的产生与发展具有社会科学的一般特性,即在科学研究成果不断突破创新的基础上,学科自身不断细分,学科之间不断交叉。中国人口学在发展的过程中也经历了由狭义人口学向"大人口观"下的人口科学发展的过程,形成人口与资源环境可持续性和经济社会发展相结合的人口发展战略。[②] 通过对人口子群体精细化的研究,通过交叉学科理论与方法的综合运用,不断深化对人口发展、社会经济发展的认识,从而科学地把握人口、社会、经济、环境、生态相互协调发展的内在规律。[③] 可以说,人口学精细化、综合化的发展也在进一步推动社会科学综合化的发展。

---

① 丁玉灵:《人文社会科学肩负引导明天的时代使命——"21世纪社会科学与人文科学的展望"国际研讨会综述》,《社会科学管理与评论》2000年第8期。
② 蔡昉:《科学发展需要树立大人口观》,《人民论坛》2006年第8期。
③ 邬沧萍:《人口学学科体系研究》。

## 2. "大人口观下"人口学与社会科学的关系

社会科学核心问题是研究人的行为和关系,而所有这些研究都离不开人的性别和年龄状况、家庭结构状况、受教育状况、民族和种族状况、就业状况等等。这些变量均为人口学变量。随着对人口现象和人口过程认识的深化,社会科学中的许多学科都开始开设人口学课程,并把人口变量及其变化与该学科的内容相结合,并在该学科领域产生了与人口学有关的一些分支学科,并开展交叉学科研究。人口学学科体系的划分就是顺应人口学知识发展和研究领域的拓展而提出来的。因此可以说人口学与所有的社会科学学科都有不可分割的关系,人口变量是各门社会科学都要涉及的变量,所以人口学处于社会科学的基础性位置,并可以将人口学与各门社会科学结合起来成为许多交叉学科(或跨学科)。

作为对习近平总书记在哲学社会科学工作座谈会上重要讲话的响应,新时期"大人口观"下人口科学的发展在中国特色哲学社会科学发展的框架内应具备以下特点。

(1) 传承性和民族性。学科发展好比大树的生长,所有的养分需从树根向树枝、树杈进行输送,方才能历久而枝繁叶茂。人口学在历史的发展进程中,首先要做好学科的传承,主要包括理论体系、研究方法体系和应用研究领域形成的思想和成果。其次要做好"养分"的横向吸收与本土化,即吸收和借鉴国内外一切对人口学发展有益的理论观点和学术成果,研究其产生所在的地域和历史文化背景,对真正能够适用于中国的理论和成果进行分析识别,发展具有中国特色的、民族性的创新理论和实践。最后要回顾过往,立足当下,面向未来,分别从理论和实践维度认识中国当前的人口问题,深化对目前和未来人口形势的认知,准确判断学科的发展趋势,把学科交叉的思路引入人口思维框架并进行创新整合,使学科的整体发展战略更加符合科学发展观的要求。

(2）创新性和时代性。习近平总书记指出，"我们的哲学社会科学有没有中国特色，归根到底要看有没有主体性、原创性"。一门学科只有不断提出具有主体性、原创性的理论观点，其所构建的学科体系、学术体系、话语体系才能凸显自身的特质，才能在学科发展的过程中形成自己的特色和优势。

对于人口学而言，学科的创新主要体现在：第一，加强对理论本身的探求，全面理解相关人口理论的内涵与外延，加深对人口热点问题的重新认识与判断，找出存在于新挑战、新问题中的本质和规律。第二，加强现有方法的拓展和交叉学科研究方法的创新探索。第三，加强交叉学科研究视域的开拓。人口、经济、社会三者之间并非独立运行，而是相辅相成，相互促进，必须跳出"就人口谈人口"的狭隘视域，拓展人口学与其他学科的融合，将人口现象和人口问题置于经济、社会、生态等宏大环境中进行综合研究。创新是人口学发展的永恒主题，也是人口发展和历史前进对这一学科的必然要求。

学科的时代性与研究成果的应用性、时效性密不可分。人口学的发展与政治、经济、环境密切相关，研究成果是相应人口、社会、经济政策出台的重要参考依据，也是衡量政策效果的重要标准。因此，加强学科研究成果的政策转化与应用、关注各项政策的实施效应，才能真正服务于现实社会，服务于这个时代。

（3）系统性和专业性。习近平总书记在"讲话"中明确要求，要将人口学作为对哲学社会科学具有支撑作用的学科积极完善。本章前述内容已经对中国人口学的学科体系、亟待解决的问题进行了阐述。在学科建设的系统性方面，应当保持和哲学社会科学的学科体系建设一致的指导思想，打造具有中国特色和普遍意义的学科体系。同时要在学科内部发展优势重点分支学科，使基础交叉学科的发展健全扎实，使交叉学科的实践应用实现不断创新，使两者之间相辅相成、互相促进，使学科研究的研究成果成为我国哲学社会科学的重要突破点。

（二）改变人口学的公众认知

20世纪70年代至20世纪末，中国人口学领域的研究成果大多以"生育率调节""稳定低生育水平"为讨论主题，因此，公众对于人口学的认知一直囿于"计划生育"的范畴，认为中国的人口学就是服务于计划生育政策的学科。这种误读和误解一直延续到今天，因此，在学科蓬勃发展的21世纪，人口学研究和工作者有义务改变人口学的公众认知，这样才能在人才队伍的建设和人才培养的过程中吸收更多有志于投身人口学事业的专家学者以及青年人。

1. 通过服务于民生改变公众认知

人口学是一门综合性、应用性的交叉学科，其理论、方法和技术都是服务于民生、服务于现实的。目前，我国正处在全球经济一体化背景下的社会转型期，全球经济发展的复杂态势和国内社会转型期的种种矛盾都向中国人口学研究提出了一系列新的课题。一门学科在百姓心中的地位最终取决于其在多大程度上能够解决现实的民生问题。由于人口研究领域的拓宽，更多的亚人口问题受到学科各分支领域的密切关注，过去的人口研究大多是针对与生育有关的育龄妇女，现在人口老龄化研究提出要研究各种老年人口，如老年妇女、空巢老人、五保老人、失能老人等；研究迁移涉及流动人口，如农民工、返乡农民、留守儿童、流动儿童等。人口学的新问题和新形势既推动了人口学及其分支学科的繁荣发展，也通过研究成果政策转化的途径实现了社会效益的最大化。例如，分支学科健康人口学的发展日臻完善，在学科建设过程中始终将全人口的健康放到重要的位置，不光从提升整体健康水平层面进行探索，更重要的是对少数人群和弱势群体的健康问题的关注和重视。十九大报告中提到的"实施健康中国战略",立足"全人口和全生命周期"两个基本点,促进全民健康,恰恰是健康人口学公众认知、政策认知转变后顶层设计对于学科的最大认可。

2. 通过增强国际话语权改变公众认知

21世纪是人口学大有作为的世纪,在全球范围里,对人口问题、人口现象、人口过程展开多学科、跨领域、综合性的研究格局已经形成,人口大国尤其重视人口学的发展。人口学的研究能够作为开展国际对话、增进理解、促进合作的重要平台。几乎每一所世界一流大学都设有人口研究机构,约翰霍普金斯大学更是倡导在"全校激励和服务跨学科人口研究平台"。与世界一流大学的人口科研机构相比,北京大学人口研究所的研究方向与国际优先领域是一致的,如人口健康、人口老龄化、人口、资源与环境、人口迁移和城市化、社会性别,且在研究对象的多样性、研究现场的代表性、研究资源的丰富性上处于优势地位。

在国际上增强学科的话语权能够强有力地改变公众对于学科的认知,搭建人口学高端国际学术平台和智库,能够实现在国际舞台上进行学术成果交流与表达、学术思想交换与碰撞的需求。人既具有自然属性也具有社会属性,"人口"是能够把社会科学和自然科学相关领域联系起来的载体。可以利用"人口"这一特点,通过实现"人口发展"的全新定位,搭建起多学科交叉、具有实质内容的国际研究平台;整合社会科学和自然科学相关领域的资源,不仅可以借鉴吸收国际先进的理论发展和学术研究成果,推动"大人口"研究,也可以推动国内交叉学科和跨学科研究,同时构建多学科交叉的人才培养平台。

国际平台搭建可以从以下几个方面展开:(1)国际项目平台。通过申请国际和国内关于理论、方法、前沿人口问题等基础研究项目、科技支撑和重大专项研究项目,促进跨国家(地区)、跨学科、跨部门的国际合作。(2) 充实社会科学领域中最为丰富的原始数据资源共享平台。例如,北京大学人口研究所已经建立了包括国家卫生服务利用数据库、国家生殖健康调查数据库、国家营养调查数据库、人口普查数据库、中国GIS数据库、国家残疾调查和监测数据库、中国AIDS哨点监测数据库等30多个原始数据库,在数据资源共享平台和机制建设方面可以考虑通过国际合作的形式共同建设涵盖国内外优质数据资源的网络数据中心。(3) 合作开展人口学研究方法培训平台,为学者、专业从业人员、国际和国内学生提供一个可以不断"充电"的基地。(4) 建设国际合作平台,参与并牵头国际重大研究网络合作研究。

北京大学人口健康交叉研究国际平台的搭建属于国内较为成功的案例。在社会变迁、经济发展变革的大背景下,APEC成员经济体所面临的人口健康挑战正与日俱增。生命科学创新论坛(LSIF)由APEC领导人在2002年成立,是APEC成员经济体在健康和健康科学创新领域中的主导力量,在促进人口健康发展、社会经济增长以及提高APEC贸易投资进程方面都起到重要作用。北京大学与LSIF在建立健康科学和卫生政策网络方面存在共识,双方都致力于建立一个国际公认的、以科学为基础的、并鼓励区域健康创新的网络。北京大学与LSIF有富有成果的合作,并且北京大学有着丰富的人口健康研究项目资源和人口健康交叉学科研究的综合优势,在促进政策发展和亚太经济合作方面发挥着重要作用。经国家食药监总局、国家卫计委、商务部和外交部等同意,2015年APEC高官会通过,教育部正式批准在北京大学成立亚太经合组织健康科学研究院。健康科学研究院是APEC成立的第一个健康领域的专业研究机构,从此,人口学在引领亚太地区健康相关的研究和合作交流方面有了更多的话语权。

再如2015年上海大学成立的"亚洲人口研究中心",承接了原新加坡国立大学"亚洲人口与可持续发展元中心"的职能,旨在将该中心建设成为新的亚洲地区从事人口研究、交流与培训的区域研究中心。[①]

3. 通过人才培养改变公众认知

学科的建设和发展延续最终都要以源源不断输入的后备力量为支撑。发展中国特色人口学,还要下大力培养和储备人才。高水平的人才培养能够为学科专业人力资源的可持续性增砖添瓦。

当前中国具有人口学人才培养资质的单位主要有两类:一是各大院校,如北京大学、中国人民大学、首都经济贸易大学、复旦大学、华东师范大学、南京大学、南开大学、西安交通大学、吉林大学等学校的教学研究机构。二是中国社科院(现为社科院大学)和各省、直辖市、自治区的社科院中的人口研究部门。[②] 随着人口学本科专业设置的取消,当前各单位的人才培养主要面向硕士研究生和博士研究生进行招生。

2009年,教育部决定增招硕士研究生,招收应届本科毕业生全日制攻读硕士专业学位。国内高校社会科学领域各个学科相继进行了人才培养的转型,按照培养目标将硕士研究生阶段的招生划分为学术硕士学位和专业硕士学位两类。专业学位是相对于学术型学位而言的学位类型,其目的是培养适应特定行业或职业实际工作需要的应用型高层次专门人才。学术型学位按学科设立,其以学术研究为导向,偏重理论和研究,培养大学教师和科研机构的研究人员。[③] 由于人口学自身的学科性质决定,人才培养的方向势必既要包含大批专门人才,也需培养一批跨

---

[①] 郭未:《中国人口学学科发展的实然困境与应然向度——基于教育学视角的分析》,《学海》2016年第6期。
[②] 尹豪、景跃军、王晓峰等:《中国人口科学发展的二十年》,《人口学刊》1999年第1期。
[③] 曹洁、张小玲、武文洁:《对专业学位硕士研究生教育与培养模式的思考与探索》,《清华大学教育研究》2015年第2期。

学科的具有战略性思维能力的人才。将高层次的人才培养与高层次的学科水平相结合才能互为相长,才会有越来越多真正了解人口学学科本质和重要性的人正确地向公众做客观的评价和宣传。

本科和硕士研究生阶段是培养高层次复合型人才最关键的时期,而学科交叉教学则是其中的重要环节,因此,对于人口学在人才培养上应当大力倡导学术型和专业型并重,在政策导向上给予鼓励。例如建议考虑恢复人口学在本科阶段的招生,进行人才培养;同时以致用实务为指向,跨学科招收专业型硕士。恢复本科的原因有三:一是因为我国人口多,人口问题在发展中具有特殊重要地位;二是因为人口学科未来发展空间相当大,具备开设本科的条件;三是国际学术界对中国人口学的发展早就给予同行的肯定。

除此之外,一门学科的发展离不开专门人才的培养,而优化的课程设置是培养高质量专业人才的基本前提条件。建立中国的人口学教育体系、完善中国人口学学科的课程设置已经成为迫切的呼声。

(三)将学科发展趋势与人口、社会经济发展战略紧密结合

由于社会多样性和科学技术的发展,重视新兴学科和交叉学科的发展已经成为社会科学发展的大势所趋。① 人口学在学科发展的过程中始终采用多学科的优势,从多视角研究重大复杂问题,是交叉学科中的重要的发展方向之一,它具有强大的生命力,并呈现出新的发展特点与新的发展方向。

1. 将学科发展趋势与人口发展战略紧密结合

习近平总书记在党的十九大报告里深刻阐述了实施健康中国战略,专门提出要加强人口战略研究,体现了中央对于人口发展和人口学发展

---

① 梁莹编著:《公共管理研究方法》,武汉:武汉大学出版社,2010年。

的高瞻远瞩、长远谋划，也体现出中央对人口工作提出的新任务和新要求。《国家人口发展规划(2016—2030年)》强调："面对人口发展重大趋势性变化，必须把人口均衡发展作为重大国家战略，加强统筹谋划，把握人口发展的有利因素，积极有效应对风险挑战，努力实现人口自身均衡发展，并与经济社会、资源环境协调发展。"上述人口发展战略内容对于人口学的学科发展内容做出了重要的指示，其一是重视人口自身发展的规律研究，其二是人口与经济社会发展的互动关系的研究，这与我们对人口学学科性质和未来发展方向的判断不谋而合。

人口学繁荣本身并不是目的，其目的在于满足人口发展战略需求和发展人口事业的需要。就"大人口观"下的人口学来说，其发展首先要满足学科建设的需要，其次要将能否满足人口全面、均衡发展的需要及程度作为繁荣与否的主要标识。

2. 将学科发展趋势与社会经济发展战略紧密结合

中国人口学学科最终的发展和繁荣从根本上也取决于它在多大程度上介入和参与了中国改革开放和现代化建设的进程并做出有价值的贡献，这就决定了人口学发展的道路需要符合国民经济建设和社会发展的综合实际需求。"十三五"规划将"提升全民教育和健康水平""推荐健康中国建设""积极应对人口老龄化"等人口学领域的研究问题作为社会经济发展的重点领域，无疑也给人口研究的发展注入一针强心剂。人口研究既服务于中国人口全面发展，这是核心；同时又要服务于中国的经济增长、社会发展以及环境与生态的可持续发展。社会经济发展战略下的人口学发展必须要密切地和社会经济发展的主体趋势相适应。只有将学科建设与国民经济建设需求相结合，学科的未来才有更广阔的发展空间。

# 第十章 对人口学的人才培养和展望

郑晓瑛 郭 超

## 一、改革开放以来人口学人才培养的历史

（一）人口学人才培养的历史回顾

1. 人口学教学与培训

（1）人口教育与早期人口工作者培训

我国人口学的人才培养历程与社会经济的发展和改革开放的进程息息相关。中华人民共和国成立后，随着西方人口统计的方法被介绍到中国，中国也有一批统计学、经济学、社会学等学科的学者开始研究中国人口的变化规律，人口学科在社会主义经济建设和发展中真正形成，也开始注重人口教育和人才培养。

人口教育是指以人口学知识、人口的历史与现状和人口政策为内容的教育活动。从广义上来说，凡是进行关于人口知识和计划生育的宣传教育活动，都可以称为人口教育。我们通常所说的人口教育是指狭义的人口教育，即比较正规、比较系统的人口教育活动。追本溯源，我国的人口教育最初开始于对计划生育知识的宣传。1957年10月毛泽东同志提出中学

也要加一门节育课。后来,周恩来同志提出在中学设立"晚婚与计划生育讲座"并组织编制课本,但是真正开设课程的学校还是较少。①

中国人口学教育和人才培养真正的繁荣是人口与计划生育政策在全国广泛推行后开始的。随着计划生育政策的实施,对人口学人才的需求日益增长,然而当时全国包括定性的理论研究和定量的数据分析在内的人口学专业人才严重不足,面临数十万的人才缺口。在这种巨大的人才需求背景下,我国陆续启动了一些以地方计划生育政策制定和数据分析相关的工作人员为对象的、以人口理论知识和分析技术为内容的短期人口培训项目。②然而,这些培训仅能短暂解决一些实际工作的紧急需求,人口学科人才培养亟需更加系统化的教育。

(2) 人口学学历教育的兴起和发展

随着改革开放政策的春风和人口与计划生育政策在全国的广泛推行,我国人口学开启了真正的繁荣,人口学科高层次专业人才培养也正式起步。1979年开始,一些设立在高等院校的人口学研究机构开始陆续开展人口学学历教育。

① 研究生教育。最先兴起的人口学的学历教育是研究生教育。1979年,中国人民大学开始招收人口学硕士研究生,此后北京大学等其他院校也陆续开展了人口学研究生的招收。1985年人口学博士点在中国人民大学设立,1991年在北京大学设立。与此同时,中国人口教育也受到了联合国人口基金、世界卫生组织等国际组织的援助和支持,人口学的国内外交流也开始于此,对中国人口学人才的培养起到了一定的作用。随后,全国高校纷纷成立人口学教学科研机构,人口学学历教育发

---

① 向洪、邓明主编:《人口管理实用辞典》,成都:成都科技大学出版社,1990年。
② 翟振武、刘爽、段成荣、宋健、陆杰华:《中国人口学专业人才的培训与需求》,《市场与人口分析》2001年第6期。

展达到了空前繁荣的阶段,几乎所有的各级社会科学院、高等学校都有人口学研究机构,人才队伍壮大。

此后,人口学研究生人才培养逐渐系统化、丰富化、学科交叉化。2018年,全国招收人口学硕士研究生的高校和科研机构共有30所,分布在19个省、直辖市,分别是北京大学、中国人民大学、中国社会科学院、南开大学、河北大学、山西大学、辽宁大学、吉林大学、复旦大学、华东师范大学、南京大学、浙江大学、安徽大学、厦门大学、华中农业大学、中南财经政法大学、华中师范大学、中南大学、湖南师范大学、广东省社会科学院、中山大学、重庆工商大学、四川省社会科学院、四川大学、西南财经大学、贵州大学、贵州民族大学、云南师范大学、云南大学、兰州大学。

随着我国社会和经济的发展对人口学综合人才需求的增加,人口学硕士教育方向不断细化,教育内容不断综合。以北京大学人口研究所为例,除人口学硕士专业外,陆续于1995年和2001年开设政治经济学硕士以及人口资源环境经济学硕士,应对人们对日益变化的经济环境及其与人口关系了解的需求;2005年,开设老年学硕士,标志着北京大学老年学的教学和科研进入系统发展的阶段。此后,北京大学和中国残联、全国第二次全国残疾人抽样调查领导小组办公室以2006年第二次全国残疾人抽样调查为契机,共同签署全面合作协议,对中国残疾人口现状、发展趋势进行系统研究和分析,重点关注和研究残疾老龄化和老龄残疾化现象。2014年起,北京大学人口研究所开始招收以老年照料、残疾康复为主要方向的社会工作专业硕士招生,以应对人口老龄化形势下对老龄化和残疾问题研究和教育的需求。此外,北京大学还通过开展暑期课堂的形式,丰富人口学教育的多元化和普及性,如自2005年开始,由北京大学人口研究所承办"社会科学研究方法暑期班",至今已经开办了13届,除了北京大学的学生,更惠及了众多来自国内外的学生、学者,对人口学、社会学方法进行推广和普及教育。

在博士研究生培养方面,人口学教育的学科交叉性得到更好的体现。目前,全国有包括北京大学、中国人民大学、中国社会科学院研究生院、复旦大学、华东理工大学、华东师范大学、南开大学、西南财经大学、浙江大学九所高校招收人口学博士研究生。其中,人口学博士专业内研究方向涉及面最广泛的还是北京大学,其人口研究所目前招收的人口学博士方向包括人口、环境与健康,健康经济与科技政策评估,残疾人口学,社会老年学,人口与发展,人口分析技术,社会科学定量分析方法,人口健康流行病学,出生缺陷与残疾预防,社会性别与发展十个方向。其他高校人口学博士专业的研究方向如下表所示。

表 10-1 目前全国人口学博士招生方向情况统计

| 高校 | 院系所 | 方向 |
| --- | --- | --- |
| 北京大学 | 人口研究所 | 人口、环境与健康,健康经济与科技政策评估,残疾人口学,社会老年学,人口与发展,人口分析技术,社会科学定量分析方法,人口健康流行病学,出生缺陷与残疾预防,社会性别与发展 |
| | 社会学系 | 人口经济学 |
| 复旦大学 | 社会发展与公共政策学院 | 人口控制和人口管理、人口迁移与社会政策 |
| 华东理工大学 | 社会与公共管理学院 | 不区分研究方向 |
| 华东师范大学 | 社会发展学院 | 人口地理与城市化、人口经济与就业、人口社会与老龄化、国际移民与侨务政策 |
| | 思勉人文高等研究院 | |
| 南开大学 | 周恩来政府管理学院 | 人口社会学 |

续表

| 高校 | 院系所 | 方向 |
|---|---|---|
| 西南财经大学 | 中国西部经济研究中心 | 人口与可持续发展研究、人口与经济发展研究 |
| 浙江大学 | 公共管理学院 | 不区分研究方向 |
| 中国人民大学 | 社会与人口学院 | 人口过程、人口与社会经济发展中的人口定量研究,人口与社会发展研究,人口与经济发展研究,人口迁移流动研究,人口管理与政策研究,人口社会问题研究,人口的生育研究,人口死亡研究 |
| 中国社会科学院 | 人口与劳动经济系 | 老年与家庭研究、应用人口学 |
|  | 马克思主义学院 | 马克思主义人口学 |

数据来源:中国研究生招生信息网;《人口学博士专业目录(2018年)》,http://yz.chsi.com.cn/bsmlcx/query.do? method=queryD。

② 本科教育。人口学本科教育起步略晚于研究生教育。1981年,中国人民大学设立人口学系,复旦大学建立了人口学专门化班,两个学校开始招收人口学本科学生,标志着中国人口学专业本科学历教育的开始。[1] 1985年,首届人口学专业本科学生31人结束四年的学习过程顺利毕业。随后,一些高校设立人口学系,并开展本科教育,如西南财经大学、重庆医科大学、湖北大学、河北师范大学等,对政治经济学和哲学等共同理论课,外语、数学等基础课,人口统计学、人口理论、人口思想史、人口分析技术等人口学基础课程,以及人口经济学、人口地理学、人口生物学、数理人口学等人口学分支课程进行授课。[2] 然而在1996年联合国

---

[1] 章学新:《有望于高等学校的人口学工作者》,《人口与经济》1982年第1期;《高等学校人口学的现状和趋势》,《人口研究》1984年第5期。
[2] 任扬:《我国首届人口学专业本科生业毕》,《人口研究》1985年第5期。

宣布停止对华人口学教学和科研援助后,国内有关资助也相对紧缩,人口研究机构开始萎缩[①],人口学本科教育也逐渐没落。1998年,根据教育部调整高校学科院系的有关规定,当时唯一的人口学本科专业——中国人民大学人口系人口学专业,停止向全国招生。2001年7月,人口学本科的最后一届14名人口学本科生毕业,我国的人口学本科专业从此消失。

③ 专门机构培训与大中专教育。在人口学研究生和本科学历教育兴起和发展的同时,对人口学和计划生育实际工作者的培训也在一直发展。一方面,如吉林大学、河北大学等大学的人口研究机构也和当地的计划生育部门协作,有计划地训练计划生育干部。另一方面,人口学专门机构培训也一直在不断发展。20世纪70年代,在早期以计划生育工作人员为对象的短期人口培训项目基础上,一些专门的计划生育干部培训中心等机构逐渐成立,单纯承担我国计生战线干部的培训任务。随后,一些发展较好的人口学专门培训机构开始与科研院所合作,面向社会招收成人大中专学生。八九十年代,大中专教育与培训成为当时国内人口学教育与培训中最为普遍和普及的一个等级。如1980年由国家成立的南京计划生育干部培训中心,是我国最早接收外援的项目之一。1984年更名为南京计划生育管理干部学院,开始招收成人大专学生,承担国家计生委下属的大专和成人大专教育。1991年更名为南京人口管理干部学院,从单纯的培训计划生育管理干部扩展为培养人口及经济社会发展需要的各类人才。

2000年以后,随着社会经济发展和多次高校体制改革,这类大中专

---

[①] 杜鹏:《改革开放30年来中国人口学的发展》,改革开放与理论创新——第二届北京中青年社科理论人才"百人工程"学者论坛文集,北京,2008年。

院校逐渐与其他专科院校合并，或并入综合性大学。如 2001 年泰安人口学校并入泰山医学院。2001 年江苏省人口学校并入常熟高等专科学校，后发展成常熟理工学院。2014 年，山东省人口学校并入山东医学高等专科学校。虽然如今这类人口专门机构已经少见，但其为我国培养了众多的基层人口和计划生育工作者，对人口知识的宣传和普及工作做出了重要的贡献，在我国人口学人才培养的历史中占有一席之地。

在计划生育干部之外，我国还十分重视对民众人口知识的教育和普及。广义的人口学校，就是以普及讲授人口学知识、提高群众人口意识的社会性教育形式，其名称可以不仅是人口学校，还包括独生子女学校、新婚学校、父母学校、孕妇学校、计划生育中心等，遍布各地，尤其活跃在乡村。① 同时，1980 年开始，全国有十所教育学院试点培训中学教师，训练了大量的中学人口学师资，编写了人口学教材和教学参考资料，制作了幻灯片、挂图和各种教具，为在十个省市的中学全面开展人口教育作准备。② 这些人才也为后来我国生殖健康和生理知识的学校教育打下了基础。

2. 人口学专业人才的就业状况

经过学历教育的人口学专业人才的就业状况与改革开放以来我国社会经济发展的特征密不可分。在 20 世纪八九十年代计划生育工作开展如火如荼的阶段，人口学专业人才需求量巨大，经过系统专业培训的人口学本科毕业生，除一部分考取了研究生在人口学或社会学方面进一步深造外，一般分配到高等院校、各级国家机关和人口统计部门和计划生育部门参加工作。如中国人民大学 270 名人口学本科毕业生中，31％分配到中央和省级政府部门（主要是计划生育、统计、公安、民政等部门）

---

① 翟振武、刘爽、宋健、段成荣、陆杰华：《中国的人口学研究与人才培养》，《人口研究》2003 年第 5 期。
② 章学新：《高等学校人口学的现状和趋势》。

工作,6%分配到教学单位任职,8%在科研单位任职,7%在企业和公司工作,2%在宣传和新闻单位就业,20%考取研究生,其他多数出国深造、发展;湖北医科大学培养的124名人口学本科学生的绝大多数分配单位为计划生育部门,且其中50%左右是县级计划生育委员会。随着中国的经济改革进入一个新阶段,开始从计划经济向市场经济转变,政府机构进行缩编和精简,大学生毕业分配制度也被取消。随着市场化的进程,用人单位对人才的取向从关注行业背景逐渐转向看重知识面宽的复合型人才,相比八九十年代人口学的繁荣,人口学本科招生和就业都遇到了相当的困难,这也是人口学本科招生停止的原因之一。

人口学硕士和博士研究生的毕业去向相对广泛。有研究者对13所高校或科研机构培养的461名人口学研究生就业状况进行了调查,结果显示人口学研究生毕业以后的就业去向构成如下:12%在中央和省级政府部门任职,10%在省级以下地方政府部门任职,40%在高等院校或研究机构从事教学和科研工作,16%左右在各种类型的企业工作。[①]

整体来看,人口学硕士研究生更倾向于在政府部门和企业工作,博士研究生则更多在教学和科研等学术机构就业。以北京大学人口研究所为例,纵观其1991—2018年期间培养的294名硕士研究生的毕业去向(图10-1),比例最高的是各种类型的企业(29%)如银行、保险公司、市场调查和分析公司、网络公司、出版公司、传媒企业、一些大型企业的人力资源和市场调查部门等;其次是留学或在国内高校继续攻读博士学位(27%);有20%毕业生在各级政府部门如卫计委、统计局、财政部、组织部,以及儿童、妇女和老龄等相关部门任职;12%在高校或科研机构从事行政、教学和科研工作;另有12%返回生源国家、港澳台地区或从事

---

① 翟振武、刘爽、宋健、段成荣、陆杰华:《中国的人口学研究与人才培养》。

自由职业。在57名非定向或委培博士研究生中(图10-2),74%在国内外高校或科研机构从事教学科研工作,17%在各级政府部门任职,9%在咨询公司、基金会等企业工作。

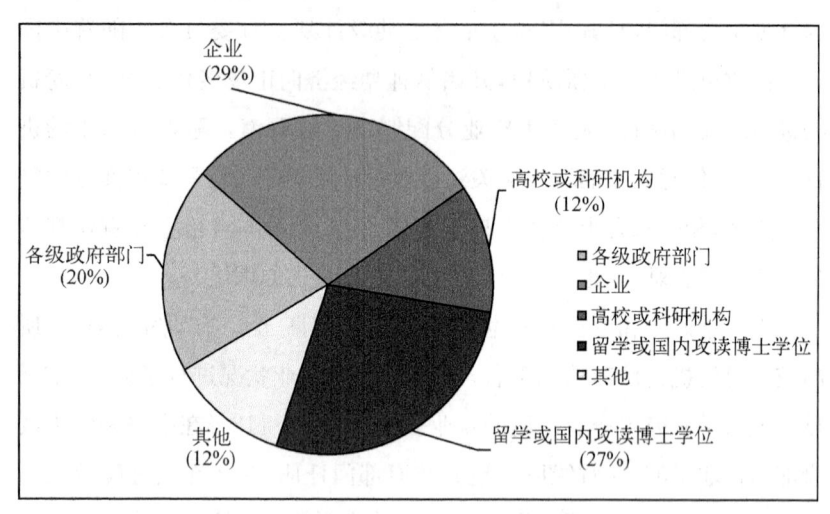

图10-1 北京大学人口研究所硕士毕业生就业去向构成

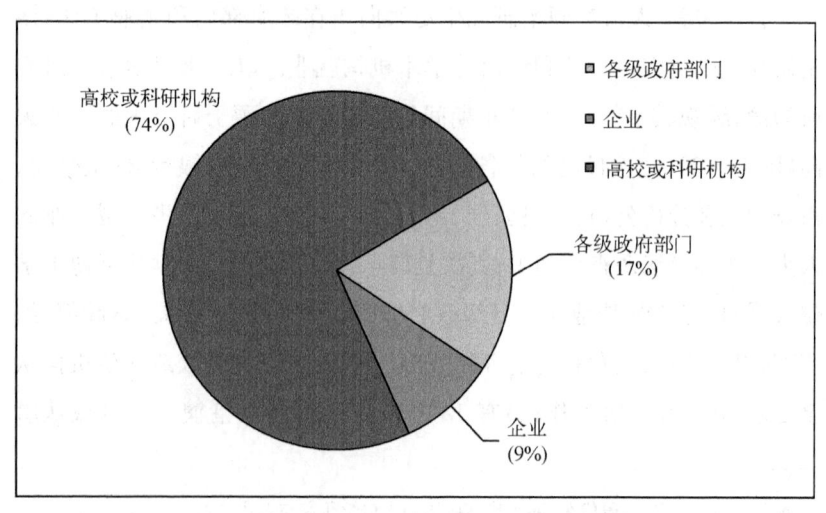

图10-2 北京大学人口研究所博士毕业生就业去向构成

(二) 人口学人才培养的反思

1. 人口学人才的客观需求

纵观改革开放以来我国人口学人才的培养历史，虽然不同阶段人口学表现出了相对的"热"或"冷"，但其实无论哪个阶段，中国对人口学专业人才都有着较大的客观需求，尤其是在社会主义建设进入新时代的当下，这是由以下几方面决定的。

（1）中国人口及人口问题的现状对人口学人才的客观需求。中国是世界上人口规模最大的国家。2016年末，我国人口总数为13.83亿。人口数量的调控、人口结构的优化、人口质量的提高、人口迁移流动等基本问题错综复杂，需要具有人口学专门知识的人才做出贡献。

随着社会经济的发展，在新时代新的社会环境下，人口事业所涉及的领域和具备的功能也在不断扩展，由最初引起人们对人口问题重视的单纯的计划生育问题逐渐扩展到人口与经济、人口与资源环境、人口与市场分析、信息化和数据分析、老龄化及老龄问题，以及包括出生健康、生殖健康、精神健康、老年健康、残疾预防等全生命周期健康在内的诸多领域。领域的拓展，使得社会发展对人口学人才的客观需求进一步扩大。

（2）中国现有人口相关制度和体制对人口学人才的客观需求。改革开放以来，人口问题一直是我国政府高度重视的议题，也是牵动百姓民生的问题。在从中央到地方的各级政府部门均设立了与人口有关的统计、健康、计划生育、社会保障以及老龄工作等部门。随着机构改革和调整，这些部门形成种类多、层次全、覆盖广的体系。

人口工作的高效运行是维持国家和社会发展的基础之一，为此我国出台了相关法律和制度保障人口工作的顺利进行。如《中华人民共和国统计法》规定，每十年举行一次全国人口普查，在两次普查的中间举行一次1％人口抽样调查。这些周期性的大型调查工作,与人口相关制度和体系下的大量的常规和机动工作,需要大量的人口学专业人才方可以高质量地完成,这持续不断地形成对人口学专业人才提出客观需求。

同时,现有的人口学教学和科研人员以及大量人口统计和计划生育现职干部也需要进一步的培训以更新知识,这也对人口学人才培训提出了要求。以非学历培训和学历教育为特色的人口学人才培养体系,仍有不断发展的客观需求。

(3) 新时期社会经济发展趋势对人口学人才的潜在客观需求。一方面,随着社会经济的发展,人口事业所涉及的领域和具备的功能从最初的人口数量的调控,不断扩展到涉及人口自身结构和质量以及可持续发展,及与其相互作用的资源环境发展的方方面面的问题。另一方面,随着新技术、新概念的兴起和迅猛发展,如我国社会的高速信息化、大健康大卫生等概念的普及化等,都离不开人口学人才的参与。

此外,随着城镇化进程的加速,近年来,中国劳动力的流动越来越活跃。人口学人才也如同其他学科人才一样存在着不断流动和转行的问题,需要不断的人才培养以填补由于流动造成的空缺。这些都对人口学人才提出了潜在的客观需求。

2. 人口学专业人才的供求错位

然而,尽管存在对人口学人才巨大的客观需求,但是我国人口学专业人才的供给却并没有表现出来应有的水平。随着经济社会的发展,逐渐出现了对人口学毕业生供需结构不平衡的矛盾,即社会各行业一方面客观上缺乏人口学专业人才,而另一面却往往招不到合适的人才,人口学相关就业市场也出现了供求错位的矛盾。这也在一定程度上,打压了学生学习人口学和高校培养人口学人才的热情,在一定程度上导致了人口学本科教育的没落。

人口学主要的人才培养模式——学历教育方面,基础人才的培养环节由于人口学本科教育从1998年取消而缺失,只剩下研究生教育,且并不是在所有高校开设和招生,每年毕业的人才数量远不如其他应用类学科。

3. 人口学专业人才的供求错位的原因

这一方面是制度结果,另一方面也是人才在市场中实际体现的需求不足的反映。这种供求错位的原因可能包括:

(1) 就业市场对人口学人才的认识不足。由于人口学在我国的兴起和推广是伴随着计划生育政策的推行,导致人们对人口学人才的功能认知产生范式化,忽视了其交叉学科属性,产生"人口学就是计划生育""人口学的对口单位就是计划生育部门"等错误认识。就业市场对人口学人才的定位有了误区,导致人口学毕业生在就业市场中遇冷。这也说明人口学对本身交叉学科特点的宣传和普及有待加强。

(2) 人口学人才对市场变化的把握不及时。另一方面,人口学人才对当前就业市场的整体变化趋势的把握能力也有待提高。当前,我国经济正处在转型发展的新常态,市场经济由过去以增长速度为重点的外延式发展,变成了现在以发展质量为重点的内涵式发展。对大学生敬业精神、职业道德、思想道德觉悟和能力素质水平等提出了越来越高的要求,看重"人品"和能力,而淡化了对专业的限制。这本来是具有交叉学科特点的人口学人才的机遇,却由于未能及时把握市场规律,加之就业期望值与现实需求的市场结构性矛盾,限制了人口学人才在就业市场的发展。

(3) 现有体制对人口学人才培养的重视不够。在我国现有的学科设置和体系下,人口学是社会学下的二级学科,无论是已经取消的本科教育,还是现有的研究生教育,都并不是所有高校都开设和招生,即使招生也是数量有限,这也限制了很多对人口学有兴趣的人才的加入。同时,现有的体制虽然体现了传统人口学的特点,但是无法体现随着人口学科发展愈发突出的交叉学科的特点,这也在一定程度上导致了就业市场对人口学认识的不足。

此外,教育系统和各高校,对人口学学科发展的资金支持并没有随着国际人口学援助的撤离而过多补充,人口学教学和科研的经费不足。人口学的发展面临包括专业人才流失等很多实际困难。

(4) 人口学自身人才培养体系有待完善。随着我国经济转型的加速,经济发展速度由高速降为中高速,传统企业出现了产能过剩和库存积压等供需矛盾,以"互联网+"为代表的一系列以技术和人才为支撑而发展起来的新兴企业却势头更为强劲。但面对新常态经济所带来的产业升级,大学生就业已经完全从卖方市场过渡到买方市场,高校大学生就业各个方面竞争也日趋激烈。这给曾经以专门人才培养为起初目的的具有"专业对口"特点的人口学带来了巨大的压力。

一些培养单位的传统人口学人才培养方式和内容便出现了与新形势对人口学专业人才的需求之间不相适应的问题。如忽视人才层次化发展,只看重高学历培养,忽视了本、专科生的培养;只关注传统人口学方面的研究和培训,导致毕业生知识面过窄;部分单位培养水平不够、办学条件有限等。这些从根本上限制了人口学人才在就业市场的竞争,反过来也限制了人口学自身的发展。

## 二、人口学人才培养的展望

通过上述对人口学人才培养历史的梳理和问题的反思,为解决当前人口学人才培养方面面临的困境,我们建议从以下四个方面——认识人口学人才培养的"非独立性",理解人口学人才培养的"不确定性",推动人口学人才培养协作平台与体系的建立，实现新时代全球性人口学人才培养——来推动未来我国人口学人才培养体系的发展。

（一）认识人口学人才培养的"非独立性"

"非独立性"，在这里是一个中性表达，是指人口学科人才培养不应是一个孤立的系统，是需要其他学科广泛联动、共同参与的。这是由人口学本身的学科交叉属性导致的人口学人才输入端的多元性特点和输出端的跨学科属性决定的。

1. 人口学人才输入端的跨学科属性

人口学是一门典型的多学科交叉学科群，对不同学科背景的人才都具有一定的吸引力，使得在现有的人口学研究生教育中的输入端保证了人才的跨学科属性。人口学研究生生源的本科背景覆盖了广泛的自然、社会、人文科学，如数学、生物学、医学、经济学、社会学、管理学、地理学、环境学、历史学、语言文学、外语、新闻传播、体育科学、建筑学等等。有调查表明，在人口学研究生不同的本科专业学科背景中，人文社会科学背景的约占60%，理工科背景的学生约占40%[1]，充分说明了人口学人才输入端的跨学科属性。在未来的招生中，这种趋势会继续保持，并随着学科的不断发展，纳入更多的相关学科。

2. 人口学人才输出端的多样性特点

人口学的交叉学科属性也使得其在理论和方法上的独立性和特异性都比不上其他较早成熟的学科。人口学学科建设一般都是在经济学或社会学中作为一个方向而发展起来的，而方法学都是从经济学和统计学继承、引用和发展的。随着学科的逐渐发展，更多的自然、社会、人文

---

[1] 翟振武、刘爽、段成荣、宋健、陆杰华：《中国人口学专业人才的培训与需求》。

科学的理论和方法陆续被引进到人口学科中来,并形成了不同的学科分支。① 这就决定人口学的教学在主观和客观上都需要形成一个多学科丰富的体系。这样在人口学专业知识学习过程中,通过多种交叉学科课程学习,最终培养成型的毕业生具备了交叉学科人才的基本特点。这也是人口学科人才培养应该保持和继续发展的方向。

(二)理解人口学人才培养的"不确定性"

同时,因为人口研究的基础和应用内容都是综合性、交叉性科学,人口学很难严格地归属为基础学科或应用学科。由于人口的社会、生物等多重属性,使我们很难准确推演未来,由于人口指标需要再加工的特点,更延缓了人口信息在发展程序中介入的速度。这就使得人口学科的研究成果和技术人才不像某些学科那样,可以被直接用于政策形成或实践中,它需要再次转化才能显示出其效益。人口学人才培养过程和结果存在一定的"不确定性",在一定程度上限制了人口学的应用。②

然而,另一方面,这种"不确定性",其实也是一种"多种可能性"。在人口学科中,有比较明确的基础方面的内容,也有明确的应用方面的内容,所以,人口学科是基础和应用的复合学科。从这个角度,人口学培养的人才是具备成为复合型人才的潜力的,要求人口学人才培养体系以此为目标从以下几方面不断完善。

1. 人口学人才培养的广泛性

随着社会经济的发展和人才需求的转变,在人口学人才培养的体系内,应该在传统人口学之外继续拓宽,才能更好地适应市场对复合型人才的需求。人口学人才培养方向的广泛性,应该充分体现在学科设置上。

---

① 郑晓瑛:《对人口学学科建设和发展的建议》。

在学科设置上，一些培养机构已经意识到人口学人才培养应该在传统人口学方向外，更加细化内部的培养方向。如北京大学人口研究所在硕士培养阶段，先后开始了人口学硕士、政治经济学硕士、人口资源环境经济学硕士、老年学硕士，以及以老年照料、残疾康复为主要方向的社会工作专业硕士；在博士研究生培养方面包括人口、环境与健康，健康经济与科技政策评估，残疾人口学，社会老年学，人口与发展，人口分析技术，社会科学定量分析方法，人口健康流行病学，出生缺陷与残疾预防，社会性别与发展等方向。然而很多其他高校的人口学方向设置还没有明确的区分，有待进一步拓宽和发展。

2. 人口学学科广泛的服务对象

随着社会对人口学需求的转变，和人口学自身学科内容不断扩展，人口学人才的服务对象愈发广泛。人口学人才的专长既有理论研究，也有方法创新，既有科学研究，也有实际应用。例如，从北京大学人口研究所的博士学科设置的方向上可以看出，既涵盖了定性的理论方面，也有定量的分析方法，既有政策制定方面，也有残疾预防等实践性的内容。这体现了人口学科人才培养应该注重专长性教育的特点，也预示着人口学人才在未来就业市场的广泛服务对象。

人口学学科广泛的服务对象既包括人口学及其相关交叉学科的科研和教学，也包括相关领域的政策制定、数据分析等不同的工作性质，更包括全生命周期中与人口学相关的人群。人口学应该在学科方向设置中对此进行关注，使得未来毕业生能够更好地学以致用，在就业市场上保持优势。

3. 人口学人才丰富的就业选择

从现有的人口学人才就业状况可以看出，人口学研究生的就业方向已经相对广泛，与其他学科高端人才的就业选择类似，既有与人口学相关内容的各级政府部门，又有与人口学及其交叉学科相关的各类型企业，还有高校和科研机构等。在对广泛的培养方向和潜在服务对象有了充分的了解后，人口学人才的就业选择的丰富性，就更加显而易见了。

其实，任何行业中，都与人口学在一定程度上有关联，人口学培养的人才本身也具备复合型人才的特点。关键在于学科和人才本身都要对社会经济、市场和行业的发展密切关注，做到供需相适应、相匹配，才能在社会主义建设过程中真正发挥人口学人才的功能和作用。

（三）推动人口学人才培养协作平台与体系的建立

为了推动人口学人才培养的进一步发展，需要通过搭建多部门协作平台、整合多渠道社会资本的方式，最终实现打造全方位培养体系的目标。

1. 搭建多部门协作平台

人口学人才培养需要搭建多部门、多学科的综合性协作平台。首先，在师资上，需要具有高学历、多学科交叉、结构合理的学术团队和学科梯队，为人才培养提供充分的养料；其次，要从人才培养的整个环节考虑，对生源、教学、科研、实践、就业等各个环节设置专门部门或人员加强关注；此外，人口学人才培养综合平台中还应加强国内外相关研究领域机构之间的相互合作，促进我国人口学人才培养的整体进步。

2. 整合多渠道社会资本

在多部门、多学科的综合性协作平台基础上，还应集合政策、产业、教学、科研等多个领域、渠道的社会资本，充分调动人口学学科交叉、领域复合的特点，实现全方位人才培养。

在政策上，人口学科的发展和人才的培养都受到较强的政策性影响。总的来讲，长期以来的政策氛围对学科发展起到了积极的作用。人口学人才培养需要整合政策资源进一步探索政策发展的走向。产业与行业资源一直以来被人口学人才培养环节所忽视,导致市场对人口学人才特点认识不足。人口学人才培养需要积极整合产业资源,在教学中加强实习和实践,促进产业与人才的相互了解。在教学和科研中,则需要充分调动交叉学科资源,根据社会发展的不断变化,纳入新兴的相关学科理论与方法,实现自身的不断创新。

3. *打造全方位培养体系*

在培养体系上,一旦认识到人口学交叉学科属性后,便会很自然地理解人口学本科教育对培养复合型人才的重要意义。当前,由于本科教育的缺失,人口学人才体系其实出现了缺口,或者很多硕士研究生其实在承担本科生的功能,造成了人才和资源的浪费。因此,未来人口学应该恢复本科学制的建设,通过本科的人口学系统相关的跨学科教育,培养更多的应用型人才;而硕士阶段应该通过更加专业化的分类培训,优化人口学人才的内部结构;在博士阶段集中进行科研能力和自主创新能力的提高,推进前沿性、交叉性的科学研究,以推动人口学科整体的进步。

(四)实现新时代全球性人口学人才培养

1. *全球化视野下的国际人口学人才培养*

随着经济全球化的迅猛发展,政治、文化和所有社会关系在全球范围的扩展和相互联系的发展,资本、劳动力、科学技术、信息、产品、服务等在全球范围的流动加强,包括所有经济活动和经济关系在全球范围内的相互交织和融合越发紧密。此外,包括思想文化也在全球范围内产生广泛交流,包括政治制度、意识形态、科学技术、文化艺术等在全球范围的沟通和相互影响与日俱增。培养能够抓住全球化机遇、应对全球化挑战的全球化人口学人才,是新时代社会发展给人口学人才培养提出的进一步新要求。

事实上,我国人口学人才培养中的国际交往早已有之。自 1980 年起,联合国人口基金开始了对中国人口学研究长达 15 年的全方位、多层面的援助。这不仅进一步推动了中国国内的人口科研活动,也及时打开了中国人口学界通向世界的大门。早期的国内人口学者和人口工作者有的通过出国培训的方式系统学习了西方人口学理论与方法,有的通过考察和国际会议的形式了解了国际人口学发展的学术动态。20 世纪八九十年代,也有一批人口学青年学者赴美国、英国、加拿大、澳大利亚等发达国家攻读硕士和博士学位,然而他们毕业以后回国的比例很低,绝大多数人毕业后留在发达国家就业。① 如今,从北京大学人口研究所的毕业生就业构成可以看出,仍有相当一部分的人口学人才毕业后选择出国留学深造。随着我国经济的发展和就业吸引力的增加,现在的人口学留学生回国率已经大大增加。

除了出国留学的方式,培养全球化的人口学人才还需要多种形式共同参与,人口学高校和科研机构可以考虑通过以下途径提高自身全球化发展:1) 重视国际合作,通过机构之间在科研项目、教学等方面的合作,互派教师和学生,通过在岗和在校期间的项目参与、进修、学习等方式扩展国际化视野;2) 重视国际参与,通过鼓励教师和学生积极参加国际活动,如国际会议、讲座、夏令营、公共课程等提升自身的国际化程度;3) 重视国际人才的引进,包括邀请海外名家、学者讲学,聘请国际高水平人才等方式,提高自身的教学和科研能力。

2. 新时代以需求为导向的人才培养之区域合作

新时代,在全球化的背景下,人类命运已经成为一个一荣俱荣一损俱损的共同体关系。在谋求本国人口学科发展中促进区域的共同发展,

---

① 翟振武、刘爽、宋健、段成荣、陆杰华:《中国的人口学研究与人才培养》。

是新时代以需求为导向的人口学人才国际培养的新命题。

2016年4月,中共中央办公厅、国务院办公厅印发了《关于做好新时期教育对外开放工作的若干意见》,指出要实施"一带一路"教育行动,充分发挥教育在"一带一路"人才建设中的重要作用;2016年7月,教育部出台了《推进共建"一带一路"教育行动》。未来五年,每年资助一万名沿线国家新生来华学习或研修,并在未来三年每年向沿线国家公派留学生2500人。远期还将共商共建区域性职业教育资历框架,逐步实现就业市场的从业标准一体化。《推进共建"一带一路"教育行动》引领了我国人才教育领域发展。近些年,发展中国家相继面临人口转变和健康转变。我国在人口和健康领域的成绩显著,将为这些国家应对当前问题提供丰富的经验。

教育部数据显示,近几年来,"一带一路"沿线国家留学生数量增长明显。相较2012年,巴基斯坦、哈萨克斯坦和泰国留学生数量排名分别上浮了5位、2位和1位。2016年,沿线64国在华留学生共207 746人,同比增幅达13.6%,高于各国平均增速。

其实,除了对本国人口学人才进行培养,中国的人口学研究生教育中,也不乏国外留学生的身影。如由联合国资助建立,设在中国人民大学的中国人口学培训中心,在1990—1995年期间培训了56人次的外国留学人员。

又如1992年在联合国人口基金(UNFPA)和世界卫生组织(WHO)资助下,北京大学人口研究所又建立了向外籍学生授予人口学硕士学位的培训中心;2005年经国家批准开始向国外学生授予人口学博士学位,我国人口学研究生教育进一步发展并产生一定的国际影响力。自1992年起,北京大学人口研究所陆续开设了17门英文课程,开始进行中英文双语教学,已招收来自17个海外国家的35名留学生,其中硕士研究生

29人,博士研究生6人。这些留学生大部分来自发展中国家和"一带一路"沿线国家,从其毕业论文可以看出,他们关注的主题主要涉及经济发展、人口政策、生殖健康、避孕、农村、妇女、老年、儿童、死亡等关键词(表10-2)。

表10-2 北京大学人口研究所留学生毕业论文题目选摘

| 论文题目 ||
| --- | --- |
| 男性与计划生育:性别角色及性行为对男性避孕模式的影响 | 影响乌干达、肯尼亚、坦桑尼亚女性辍学的社会经济因素分析 |
| 种族语言群体的差异是否影响妇女的生育行为 | 埃塞俄比亚人口政策的过去、今天和未来 |
| 蒙古乌兰巴托妇女妊娠结局及相关因素分析 | 非洲撒哈拉以南地区HIV/AIDS的社会文化影响因素 |
| 移民汇款对农村收入分配的影响 | 埃塞俄比亚女性割礼的习俗与后果 |
| 孟加拉国妇女生育间隔的动态研究 | 赞比亚的婴儿死亡率研究 |
| 菲律宾妇女地位、老年保障期望及生育节育分析 | 北京四高校国际学生的婚前性行为和态度 |
| 孟加拉国避孕研究:水平、趋势及影响因素 | 接受政府管理计划生育服务的妇女研究 |
| 影响尼泊尔人使用避孕药具及种类的因素的统计分析 | 孟加拉国儿童死亡率的动态变化:趋势、模式及5岁以下儿童的存活状况 |
| 埃塞俄比亚产前保健和分娩服务在减少孕产妇死亡率方面的影响因素 | 人类发展大会对坦桑尼亚已婚妇女避孕措施的贡献 |
| 印度和中国的妇女发展区域研究 | 赞比亚艾滋病预防项目成效评价 |
| 越南计划生育的生殖健康评估 | 中国城市机构养老的品质内涵研究 |

中国的人口与健康发展经验与人口学知识为这些国家的人口学发展提供了帮助。如1995级硕士研究生马丽安,毕业后顺利在国际组织

任职,曾作为联合国人口基金驻华副代表,为发展中国家的人口事业做出了重要贡献。孟加拉国籍留学生马伊努 2005 年 9 月入北京大学人口所攻读博士学位,2009 年毕业后回到孟加拉国达卡大学(University of Dhaka)任教,现已担任达卡大学人口系主任,成为孟加拉国知名人口学者。

总之,这些高水平大学的国际合作经验为我国人口学人才培养区域合作打下了良好的基础。未来我国的人口学培养应继续围绕国家人口与发展领域的紧迫需求和学科自身特点,以国际性研究视角、多层次教学体系、交叉性学科设置、前沿性科学研究的方式,发挥理论研究联系实际、定性研究与定量研究结合、人口学和其他学科结合的优良传统,把握国际学科动向并服务于新时代国家的重大需求,推动人口学科人才培养,为新时代国家、社会、人民做出贡献。

# 参考文献

《马克思恩格斯选集》(第4卷),北京:人民出版社,1972年。

J.奥威毕克:《人口理论史》,彭松建等译,北京:商务印书馆,1988年。

M. P.托达罗主编:《第三世界的经济发展学》,印金强等译,北京:中国人民大学出版社,1988年。

V. A.刘易斯:《二元经济论》,施炜等译,北京:北京经济学院出版社,1989年。

Д. И.瓦连捷伊主编:《人口学体系》,侯文若译,北京:中国人民大学出版社,1981年。

蔡昉、张车伟等:《人口,将给中国带来什么》,广东:广东教育出版社,2002年。

曾光主编:《现代流行病学方法与应用》,北京:北京医科大学、中国协和医科大学联合出版社,1996年。

曾毅:《人口分析方法与应用》(第2版),北京:北京大学出版社,2011年。

曾毅:《中国人口分析》,北京:北京大学出版社,2004年。

曾毅编著:《人口分析方法与应用》,北京:北京大学出版社,1993年。

查瑞传主编:《人口普查资料分析技术》,北京:中国人口出版社,1991年。

查瑞传主编:《人口学百年》,北京:北京出版社,1999年。

陈达:《人口问题》,北京:商务印书馆,1934年。

陈国强主编:《简明文化人类学词典》,浙江:浙江人民出版社,1990年。

陈江生、李良艳、胡健闽:《中国道路:中国人口发展的政策与实施》(社会建设卷),北京:经济科学出版社,2017年。

陈郁、王建民、支书方编著:《户口登记与人口普查》,银川:宁夏人民出版社,1990年。

段成荣、杨舸、马学阳:《中国流动人口研究》,北京:中国人口出版社,2012年。

段纪宪:《中国人口造势新论:中国历代人口社会与文化发展》,北京:中国科学技术出版社,1995年。

高尔生、吴擢春主编:《医学人口学》(第2版),上海:复旦大学出版社,2004年。

葛剑雄:《西汉人口地理》,北京:人民出版社,1986年。

葛剑雄:《西汉人口地理》,北京:商务印书馆,2014年。

葛剑雄主编:《中国人口史》,上海:复旦大学出版社,2005年。

顾宝昌编:《社会人口学的视野——西方社会人口学要论选译》,北京:商务印书馆,1992年。

郭晓科主编:《大数据》,北京:清华大学出版社,2013年。

郭志刚:《中国的低生育水平与被忽略的人口风险》,北京:北京大学出版社,2012年。

国家人口发展战略研究课题组:《国家人口发展战略研究报告》(上、中、下),北京:中国人口出版社,2007年。

行龙:《人口问题与近代社会》,北京:人民出版社,1992年。

郝虹生、刘金塘、高凌编著:《人口分析与市场研究》,北京:中国人民大学出版社,1997年。

何清涟:《人口:中国的悬剑》,成都:四川人民出版社,1985年。

姜涛:《中国近代人口史》,杭州:浙江人民出版社,1993年。

蒋正华、张羚广:《中国人口报告》,沈阳:辽宁人民出版社,1997年。

金炳华:《马克思主义哲学大辞典》,上海:上海辞书出版社,2003年。

卡洛·M.奇波拉:《世界人口经济史》,北京:商务印书馆,1993年。

李德甫主编:《明代人口与经济发展》,北京:中国社会科学出版社,2008年。
李竞能编著:《人口理论新编》,北京:中国人口出版社,2001年。
李竞能编著:《现代西方人口理论》,上海:复旦大学出版社,2004年。
李树茁、姜全保、费尔德曼:《性别歧视与人口发展》,北京:社会科学文献出版社,2006年。
李通屏编著:《人口经济学》(第2版),北京:清华大学出版社,2014年。
李中清、王丰:《人类的四分之一:马尔萨斯的神话与中国的现实》,陈卫、姚远译,北京:生活·读书·新知三联书店,2000年。
李仲生:《欧美人口经济学说史》,北京:世界图书出版公司,2013年。
李仲生:《人口经济学》(第3版),北京:清华大学出版社,2013年。
联合国国际人口学会编著:《人口学词典》,北京:商务印书馆,1992年。
梁方仲编著:《中国历代户口、田地、田赋统计》,上海:上海人民出版社,1980年。
梁莹编著:《公共管理研究方法》,武汉:武汉大学出版社,2010年。
梁中堂:《人口学》,太原:山西人民出版社,1983年。
梁中堂:《中国计划生育政策研究》,太原:山西人民出版社,2014年。
廖田平、温应乾:《两种生产理论和我国的人口问题》,广州:广东人民出版社,1982年。
刘翠溶、刘克智:《中国人口问题研究》,北京:中央文物供应社,1983年。
刘兴策、李旭初主编:《新编老年学词典》,武汉:武汉大学出版社,2009年。
刘渝琳:《养老质量测评:中国老年人口生活质量评价与保障制度》,北京:商务印书馆,2007年。
刘铮、李竞能主编:《人口理论教程》,北京:中国人民大学出版社,1985年。
刘铮主编:《人口学辞典》,北京:人民出版社,1986年。
路遇、滕泽之编著:《中国人口通史》,济南:山东人民出版社,2000年。
路遇、翟振武主编:《新中国人口六十年》,北京:中国人口出版社,2009年。
路遇主编:《新中国人口五十年》,北京:中国人口出版社,2004年。

马尔萨斯:《人口论》,郭大力译,北京:北京大学出版社,2008年。

马尔萨斯:《人口原理》,北京:商务印书馆,1992年。

马国泉等主编:《新时期新名词大辞典》,北京:中国广播电视出版社,1992年。

马寅初:《新人口论》,长春:吉林人民出版社,1997年。

马瀛通、张晓彤:《人口控制与人口政策中的若干问题》,北京:中国人口出版社,1997年。

孟宪臣主编:《统筹解决人口问题战略研究》,郑州:河南人民出版社,2007年。

米咏梅:《中国古代的人口思想与人口政策》,北京:中国社会科学出版社,2010年。

内森·凯菲茨:《应用数理人口学》,北京:华夏出版社,2000年。

倪跃峰:《西方人口思想史纲要》,北京:中国人民大学出版社,1995年。

潘贵玉主编:《2001年全国计划生育/生殖健康调查分析报告集》,北京:中国人口出版社,2002年。

裴丽君:《出生缺陷流行病学现场研究及生物标本资源管理》,北京:中国医药科技出版社,2012年。

彭克宏主编:《社会科学大词典》,北京:中国国际广播出版社,1989年。

彭佩云主编:《中国计划生育全书》,北京:中国人口出版社,1997年。

齐玲:《人口老龄化问题的动态研究》,北京:社会科学文献出版社,2017年。

乔启明、W. S. 汤姆逊、陈彩章:《近代中国人口统计的一项实验:1931—1935》,南京:南京大学人口研究所,1984年。

乔晓春:《中国人口普查研究:有关问题的理论探讨》,北京:中国人口出版社,1995年。

乔晓春等编著:《人口学教程》,北京:人民教育出版社,2000年。

任远:《后人口转变》,上海:复旦大学出版社,2016年。

沈洁:《换花草:占里人口文化的环境人类学解读》,北京:社会科学文献出版社,2016年。

舒尔茨:《论人力资本投资》,吴珠华等译,北京:北京经济学院出版社,

1990年。

宋健、田雪原、于景元、李广元:《人口预测和人口控制》,北京:人民出版社,1982年。

孙中山:《孙中山选集》(下卷),北京:人民出版社,1956年。

索维:《人口通论》,查瑞传等译,北京:商务印书馆,1982年。

田雪原:《后人口转变迎来新改革机遇》,北京:社会科学文献出版社,2014年。

田雪原:《中国人口政策60年》,北京:社会科学文献出版社,2009年。

田雪原主编:《人口学》,杭州:浙江人民出版社,2004年。

田雪原主编:《中国老年人口社会》,北京:中国经济出版社,1991年。

佟新:《人口社会学》(第二版),北京:北京大学出版社,2004年。

王丰、彭希哲、顾宝昌编著:《全球化与低生育率:中国的选择》,上海:复旦大学出版社,2011年。

王梅:《活得长≠活得健康:长寿质量与医疗保障》,北京:中国经济出版社,1993年。

邬沧萍编著:《漫谈人口老化》,沈阳:辽宁人民出版社,1987年。

邬沧萍主编:《人口学学科体系》,北京:中国人民大学出版社,2006年。

邬沧萍主编:《人口学学科体系研究》,北京:中国人民大学出版社,2006年。

邬沧萍主编:《世界人口》,北京:中国人民大学出版社,1983年。

邬沧萍主编:《中国人口资源环境关系史》,中国人民大学出版社,2004年。

吴群红主编:《医学人口学》,北京:人民卫生出版社,2011年。

吴申元主编:《中国人口思想史稿》,北京:中国社会科学出版社,1986年。

吴希庸:《人口思想史》,郑州:河南人民出版社,2016年。

吴忠观、李永胜、刘家强:《当代人口学学科体系研究》,成都:西南财经大学出版社,2000年。

吴忠观:《人口学》(修订本),重庆:重庆大学出版社,2005年。

吴忠观主编:《人口科学辞典》,成都:西南财经大学出版社,1997年。

向洪、邓明主编:《人口管理实用辞典》,成都:成都科技大学出版社,1990年。

向洪、张文贤、李开兴主编:《人口科学大辞典》,成都:成都科技大学出版社,1994年;

杨德清主编:《人口学概论》,石家庄:河北人民出版社,1982年。

杨中新主编:《西方人口思想史》,广州:暨南大学出版社,1996年。

袁方:《社会研究方法教程》,北京:北京大学出版社,1997年。

袁永熙主编:《中国人口总论》,北京:中国财政经济出版社,1991年。

翟振武、李建新主编:《中国人口:太多还是太老——当代中国人口数量与人口结构问题》,北京:社会科学文献出版社,2005年。

翟振武等编:《常用人口统计公式》,北京:中国人口出版社,1993年。

张纯元、曾毅主编:《市场人口学》,北京:北京大学出版社,1996年。

张纯元:《中国人口政策演变历程》,北京:人民出版社,2000年。

张纯元主编:《马克思主义人口思想史》,北京:北京大学出版社,1986年。

张恺悌、郭平主编:《中国人口老龄化与老年人状况蓝皮书》,北京:中国社会出版社,2010年。

张恺悌:《中国女性老年人口状况研究》,北京:中国社会出版社,2009年。

张善余:《人口地理学概论》,上海:华东师范大学出版社,1999年。

张天路编著:《民族人口学》,北京:中国人口出版社,1989年。

张研:《17—19世纪中国的人口与生存环境》,合肥:黄山书社,2008年。

赵悌尊主编:《社区康复学》,北京:华夏出版社,2005年。

郑家亨主编:《统计大辞典》,北京:中国统计出版社,1995年。

郑晓瑛等主编:《中国残疾预防对策研究》,北京:北京大学出版社,2015年。

中华科学技术协会主编:《公共卫生与预防医学学科发展报告(2009—2010)》,北京:中国科学技术出版社,2010年。

中华人民共和国卫生部编:《中国卫生统计年鉴2010》,北京:中国协和医科大学出版社,2010年。

朱秋莲:《新中国人口生育政策变迁研究》,长沙:湖南师范大学出版社,2015年。

卓大宏主编:《中国残疾预防学》,北京:华夏出版社,1998年。

A. J. Coale, E. M. Hoover, *Population Growth and Economic Development*, Princeton: Princeton University Press, 2015.

A. M. Carr-Saunders, *The Population Problem: A study in Human Evolution*, Oxford: Clarendon Press, 1922.

Anthony Giddens, *The Constitution of Society*, Cambridge: Polity Press, 1984.

G. A. Theodorson, *Studies in Human Ecology*, Evanston, IL. : Row, Peterson and Company, 1961.

J. I. Clarke, *Geography and Population: Approaches and Applications*, Oxford: Pergamon Press, 1984.

J. Snow, *On the Mode of Communication of Cholera*, London: John Churchill, 1855.

J. Star, J. Estes, *Geographic Information Systems: An Introduction*, Englewood Cliffs, N. J. : Prentice Hall, 1990.

P. H. Rees, A. G. Wilson, *Spatial Population Analysis*, London: E. Arnold, 1977.

R. Woods, P. H. Rees, *Population Structure and Models: Developments in Spatial Demography*, Boston: G. Allen and Unwin, 1986.

图书在版编目（CIP）数据

中国人口学四十年 / 郑晓瑛主编. —北京：商务印书馆，2019.10（2021.7 重印）
（改革开放四十年与中国社会科学丛书）
ISBN 978-7-100-17440-4

Ⅰ.①中… Ⅱ.①郑… Ⅲ.①人口学—中国—文集 Ⅳ.①C924.24-53

中国版本图书馆 CIP 数据核字（2019）第 082775 号

**权利保留，侵权必究。**

改革开放四十年与中国社会科学丛书
### 中国人口学四十年
郑晓瑛　主编

陈功　副主编

商 务 印 书 馆 出 版
（北京王府井大街 36 号　邮政编码 100710）
商 务 印 书 馆 发 行
江苏凤凰数码印务有限公司印刷
ISBN 978-7-100-17440-4

2019 年 10 月第 1 版　　开本 880×1240　1/32
2021 年 7 月第 3 次印刷　　印张 14¼

定价：58.00 元